Generative Grammer and
Negation in English and Korean

현대 생성문법과
영어와 국어의 부정법 연구

장경기

UUP

현대생성문법과 영어와 국어의 부정법 연구

■

2010년 6월 16일 **초판 인쇄** ▪ 2010년 6월 23일 **초판 발행** ▪ **지은이** 장경기 ▪ **펴낸이** 김도연
▪ **펴낸곳** UUP(울산대학교출판부) 680-749 울산광역시 남구 대학로 93(무거동) 울산대학교 출판부
▪ **전화** (052) 259-2488 **팩스** (052) 277-3011 ▪ **홈페이지** http://uup.ulsan.ac.kr
▪ **출판등록** 제 370-1996-000001호(1996.3.13)
▪ ₩ 17,000 ▪ 이 책은 2006학년도 울산대학교 저서연구비를 지원 받아 출판되었습니다.

■

이 도서의 국립중앙도서관 출판시도서목록(CIP)은 e-CIP 홈페이지(http://www.nl.go.kr/ecip)에서 이용하실 수 있습니다.
(CIP제어번호: CIP2010002116)

ISBN 978.89.7868.216.9 (93700)

머리말

"도(道)는 빈 그릇과 같다. 얼마든지 퍼내서 사용할 수 있고, 언제나 넘치는 일이 없고, 깊고 멀어서 천지 만물의 근원을 이루고 있기 때문이다. 그릇은 하나인데 그 하나로 인해 안과 밖이 나뉘고, 그릇에게는 밖인데 그 밖이 안을 품고 있고, 비어 있음으로 다른 것을 채운다."

- 노자 -

인식론적 관점에서 볼 때 인간이 자신과 사물을 인식하고 이해하는 가장 일반적인 방법 중의 하나는 상대주의적 접근법이다. 동양문화의 음양(陰陽)사상이나 서양문화의 이원론적 변증법(辨證法)이 이를 잘 증명하고 있다. 우주를 하늘과 땅으로 나누고, 인간을 남자와 여자로 나누어서 이해하였으며, 하루를 낮과 밤으로 구분하고, 인생을 삶과 죽음으로 나누어서 이해하고자 하였다. 안과 밖, 위와 아래, 선과 악, 미(美)와 추(醜), 등 그 예는 헤아릴 수 없이 많아서 거의 무의식적인 인식 작용이 되어왔다.

긍정(肯定)과 부정(否定)도 그 가운데 하나이며, 이러한 인간의 인식이 언어에도 그대로 반영되어 긍정법(肯定法)과 부정법(否定法)으로 실현된다. 긍정법을 실현하는 문장을 긍정문(肯定文)이라 부르고, 부정법을 실현하는 문장을 부정문(否定文)이라 부른다. 문장은 인간의 완전한 생각(complete thought)을 표현하는 최소단위로서, 언어 연구와 기술(記述)의 가장 기본적이고 핵심적인 단위이다. 문장으로서의 부정문은 긍정문을 전제로 하고 있고, 대부분이 긍정문으로부터의 부분적인 변형(transformation)이요, 도출(derivation)이라고 말할 수 있다.

필자는 그동안 영어와 국어의 통사구조에 대한 명시적 기술을 필생의 과제로 삼아오면서 그 가운데서도 부정문의 구조와 의미에 대하여 특별한 관심을 가져왔다. 긍정문과는 별도로 부정문은 단순히 부정의 의미를 전달하기 위한 통사구조가 아니라 긍정문이 할 수 없는 독자적인 기능을 가질 뿐만 아니라 때로는 더 큰 이해에 이르는 과정으로서의 언어작용이라는 생각이 부정문의 신비로운 구조에 빠져들게 하기에 충분하였다. 특히 20세기 중반에 언어학의 혁명을 주도한 Noam Chomsky(1957)의 생성문법(Generative Grammar)이 보편문법(Universal Grammar)의 기술을 통해서 궁극적으로는 인간정신(human mind)의 탐구에 언어학의 목표를 두게 됨에 따라 영어와 국어의 부정법의 구조의 원리와 의미해석에 관한 포괄적인 기술을 하기로 결심하였다. 더 구체적으로 Chomsky(1981)의 지배결속이론(GB이론) 이후의 이론 체계에 따라 영어와 국어의 부정법을 기술하기로 하였으며, 이를 통해서 두 언어에 나타난 보편문법(Universal Grammar)을 확인하고, 나아가서 영어와 국어의 부정법의 교육과 학습 및 실제적인 사용에도 도움이 되도록 하고자 저술의 목표와 방향을 잡았다.

통사적 부정법, 즉 부정문에 관한 연구는 언어학의 어떤 다른 분야에 못지않게 오랜 연구의 역사 속에서 많은 성취가 이루어져왔지만 20세기 중반에 태동한 Noam Chomsky(1957)의 생성문법을 기반으로 하여 새로운 전기를 맞이하게 되었으며, 특히 Chomsky(1981)의 GB이론 이후로 부정문의 구조에 관한 기술에도 혁명적인 성과가 이루어졌다. 그럼에도 불구하고 인간에 대한 탐구의 여정에 끝이 없는 것과 마찬가지로 언어현상의 탐구에도 끝이 있을 수 없다. 특히 인간의 머릿속에 있는 무의식적인 언어지식(unconscious linguistic faculty)을 탐구의 대상으로 하는 생성문법적 관점에서 보면 모든 이론은 가설(hypothesis)이므로 사실(fact)로서 확정된 것은 아무 것도 없다. 우리는 기존의 학술서와 이론을 바탕으로 논의하지만, 이를 모아서 다시 제시하는 설명 방식이 아닌 새로운 틀 안에서 비판적으로 검토하는 논증 방식을 택하기로 하겠다. 그 과정에서 다른 이론을 언급은 하겠지만 직접적인 비판보다는 우리 주장의 정당성을 논증하는데 중점을 두기로 하겠다. 이 배경에는 기존의 이론이 명시적 기술에 이르지 못하고 있다는 반성적 생각이 자리하고 있다. 구체적으로는 부정법의 구조와 의미에 대한 혼돈과 구조적 접근이 최소한의 설명적 타당성을 결하고 있는 경우가 적지 않다고 판단하였다. 우리는 한마디로 검증가능성(falsifiability)이 있는 논증을 하고자 노력하였다.

부정법은 오히려 전통적으로 논리학이나 형식의미론(formal semantics)에서 명제(proposition)의 진리치(truth value) 문제로 진지하게 다루어져 왔다. 긍정명제(positive proposition)가 참이면 부정명제(negative proposition)는 거짓이 되며, 두 명제는 동시에 참이 될 수 없다는 면에서 모순관계(contradiction)이다. 논리학이 언어 자체에 관한 학문은 아니지만 논리가 문장으로 표현될 수밖에 없다는 면에서 언어와 밀접한 관계가 있으며, 특히 논리학의 술어(predicate)는 문장의 동사(verb)와, 논리학의 논항(Argument)은 문장의 명사구의 기능(function), 즉 주어(subject) 및 목적어(object)와 대체로 일치한다. 그러나 실제 언어로 표현되는 긍정명제와 대립관계에 있는 부정명제의 구조와 의미가 매우 복잡하다는 점에서 긍정문과 독립적으로 부정문의 구조와 의미가 논리학뿐만 아니라 언어학에서 중요한 기술의 대상이 되어왔다(Traugott, 1972: 27).

어떤 측면에서 보면 전통적으로 깊이 있게 체계적으로 다루어지지 못했던 부정법이 생성문법에서 구조와 의미를 본격적으로 다루어지게 되었다. 초기 생성문법이 주로 긍정문과 부정문의 통사적 관련성 및 부정문의 심층구조와 표면구조를 연결하는 변형규칙(T-Rule)의 규명에 집중되었다면, 현대생성문법, 즉 Chomsky(1981) 이후의 지배결속이론에서는 부정문의 구조와 의미의 관계 및 의미해석을 집중적으로 탐구하여 왔다. 이러한 경향은 국어의 부정법에 관한 연구에도 직접적인 영향을 미쳐왔으며, 상응하는 이론적 성과를 거두게 되었다. 그럼에도 불구하고 우리는 아주 중요한 부분에서 확립된 이론적 합의를 갖지 못하고 있다고 판단하였고, 그 중요한 이유가 이론의 논증의 방법과 과정에 심각한 문제가 있다고 보았다. 이러한 문제점을 극복하는 대안적 방법으로서 생성문법적 접근법을 적극 수용하기로 하였다.

우리는 전반적으로 생성문법적 관점에서 영어와 국어의 부정법을 탐구하는 것을 목표로 설정하였다. 구체적으로 부정법의 언어적 실현방법을 살펴보고, 주로 부정문의 구조에 관한 체계적 기술과 타당한 설명을 독립적으로 기술하되, 필요하면 다른 언어를 언급하기로 하였다.

부정법에 대한 생성문법적 관점에서의 기술은 다음과 같은 특징을 갖는다.

첫째, 보편문법적 관점에서 기술되었다. 영어나 국어는 인간언어 가운데 하나이며, 모든 인간언어는 본질적으로 보편문법이다. 이런 관점에서 이 저서는 영어와 국어를 기본적인 기술의 대상언어로 하고 있지만 궁극적으로는 언어의 보편문법적 원리를 찾아내고자 시도하고 있다.

둘째, 모든 문법이론은 가설(hypothesis)이라는 관점에서 기술되었다. 우리는 학문적으로 더 잘 기술된 영어의 부정법에 관한 문법을 비판적으로 수용하면서, 이를 토대로 하여 국어의 부정법을 비판적으로 검토하고 부분적으로 대안을 제시하게 될 것이다. 생성문법적 기술은 기존의 이론을 비판하고, 설명적 타당성(explanatory adequacy)을 추구하지만, 논의의 과정 자체가 검증가능성(falsifiability)을 가져야 한다. 우리는 이 점에 유의하면서 기술적 부분(descriptive section)과 논증적 부분(argumentative section)을 분명히 구분할 것이다.

셋째, 현대생성문법이론은 모국어 화자의 언어습득 가능성(learnability)이 높은 이론적 모델을 최고의 문법이론이라고 가정한다. 우리는 이를 외국어로서의 그 언어를 배우는 학습문법과 크게 다르지 않다고 본다. 따라서 우리의 영어와 국어의 부정법에 관한 포괄적인 논의는 순수 학문적 목적뿐만 아니라 영어와 국어의 부정법에 관해서 더 잘 이해하고 싶은 학부 학생이나 대학원생, 영어/국어 교사, 혹은 영어/국어 관련 전문가에게도 유익한 길라잡이로서 충분히 활용될 수 있으리라고 믿는다.

구체적으로 제1부에서는 현대생성문법의 이론적 배경을 다루고, 제2부에서는 영어의 부정법에 관한 체계적 기술을 하며, 제3부에서는 국어의 부정법에 관한 체계적 기술을 하고, 제4부에서는 그동안 필자가 현대생성문법과 보편문법적 관점에서 국내의 여러 학술지에 발표한 국어의 부가의문문과 부정의문문에 관한 논문을 부분적으로 수정, 보완하여 제시하였다.

"언어란 무엇인가?"라는 궁극적 질문에 대한 해답을 영어와 국어의 부정법의 탐구를 통해서 얻고 싶었지만, 막상 돌이켜보면 그저 두려울 따름이다. 끊임없이 저자의 지적 욕구를 자극해준 울산대학교 영문학과 학생과 대학원생, 그리고 저서 연구비를 지원해 준 울산대학교에 머리숙여 사의를 표한다. 끝으로 타이핑을 도와준 2007학년도 2학기 〈영어통사론 연구〉 대학원 수강생들과 교정을 세심하게 보아준 교육대학원 서희숙 선생, 그리고 훌륭한 작품으로 만들어준 울산대 출판부 편집진 자매님들에게 깊은 감사를 드린다.

2010년 6월

문수골 人文學堂에서

목차

제1부 현대생성문법 개관 / 13

제1장 서론 / 15

제2장 생성문법의 탄생 / 19

1 전통문법 / 19
2 구조문법 / 20
3 생성문법 / 22

제3장 현대생성문법의 기본 정신 / 25

1 언어와 언어학 / 25
2 언어지식과 언어 습득 및 사용 / 28
3 보편문법과 개별문법 / 33
4 이론적 타당성의 세 단계 / 34
5 자립통사론 / 36

제4장 현대생성문법의 기본 구조 / 39

1 기본원리 / 39
2 문장의 정의 / 41
3 COMP의 이해 / 41
4 X'-이론의 이해 / 43
5 X'-이론과 IP-구조 / 50
6 X'-구조와 소절 / 52
7 DP-가설 / 55
8 X'-이론과 CP-구조 / 58
9 X'-이론과 부가구조 / 59

10 보충어와 부가어 / 61

제5장 GB이론의 기본원리 / 67

1 지배의 정의 / 67
2 격이론 / 69
3 의미역이론 / 70
4 이동규칙 / 76
5 의문사구 이동과 관계절 / 77
6 내적이동의 정당성 / 79
7 통제이론 / 81
8 결속이론 / 83
9 허가원리와 완전해석원리 / 87

제6장 최소이론의 기본원리 / 89

1 최소이론의 기본 개념 / 89
2 최소이론의 자질 점검이론 / 98

제2부 영어의 부정법 / 103

제1장 부정법의 개념과 유형 / 105

1 부정어의 유형 / 106
2 부정어가 미치는 의미의 범위에 따른 유형 / 109

제2장 부정문의 구조 / 113

1 운용자 부정문 / 113
2 비운용자 부정문 / 115

제3장 부정문의 통사적 성질 / 117

1 부정어 축약의 통사성 / 117
2 부정 극성어 / 118
3 내포문의 부정어 이동 / 125
4 부정어의 대용적 용법 / 128

5 부정문의 강조 용법 / 135
6 관용적 부정 표현 / 140

제4장 명사적 비운용자 부정어의 유형 / 143

1 한정사 / 143
2 비지정 대명사 / 144
3 한정사와 대명사의 용법 / 146
4 부정 부사 / 147
5 부정 연결어 / 147

제5장 부정의문문 / 149

1 부정의문문의 구조 / 149
2 부정의문문에 대한 응답 / 150

제6장 부정명령문 / 153

제7장 간접명령문 / 159

제8장 부정의 의미영역 / 161

1 부정의 기본개념과 부정어의 유형 / 161
2 문부정문의 의미 / 162
3 성분부정문의 의미 / 167
4 문부정문과 성분부정문의 비교 / 169
5 부정 의문문의 특수한 의미 / 170
6 부정의미의 해석단계 / 172

제9장 결론 / 183

제3부 국어의 부정법 / 185

제1장 논의의 기본 입장 / 187

제2장 부정법의 개념과 유형 / 189

1 부정어의 단계별 세 유형 / 190
2 부정의 범위에 따른 유형 / 194

제3장 명시적 부정문의 구조와 성질 / 199

1 명시적 부정문의 용어 문제 / 200
2 명시적 부정문의 유형 / 201
3 전술어 부정문의 구조 / 203
4 후술어 부정문의 구조 / 204
5 후술어 부정문의 NegP의 구조의 통사성 / 206
6 '아니'와 '안'의 통사성 / 222
7 내포문의 부정어 이동의 통사적 의의 / 224
8 내포적 부정어의 통사성 / 226

제4장 부정문의 의미영역 / 231

1 문부정문 / 231
2 양화사와 부정의 영역 / 233
3 '안'-부정문과 '못'-부정문의 의미 / 236
4 '말'-부정문의 의미 / 238
5 부정의문문의 특수용법 / 239

제5장 결론 / 241

제4부 국어의 부정의문문 연구 / 245

제1장 국어에도 부가의문문이 있는가? / 247

1 머리말 / 247
2 영어 부가의문문 / 248
3 국어 부가의문문 / 256
4 맺는 말 / 267
참고문헌 / 269

제2장 국어의 부정의문문과 전제 / 271

1 머리말 / 271
2 김동식(1981)의 '확인문'론 비판 / 272
3 장석진(1984)의 부가의문문 / 276
4 영어의 부정의문문과 전제 / 280
5 국어의 부정의문문과 전제 / 285
6 맺는 말 / 294
참고문헌 / 295

제3장 국어의 부정의문문과 화행 / 297

1 머리말 / 297
2 부정의문문 재론 / 299
3 화행이론과 부정의문문 / 307
4 마무리말 / 314
참고문헌 / 316

제4장 국어 부정의문문의 GB분석 시론 / 319

1 머리말 / 319
2 본론 / 321
3 맺는 말 / 326
참고문헌 / 327

제5장 국어 부정의문문의 구조와 의미해석 / 329

1 서론 / 329
2 문장의 정의 / 330
3 의문문의 통사적 특성 / 334
4 어휘부정문과 통사부정문 / 334
5 영어 부정문의 통사 및 의미론적 특성 / 336
6 국어 부정문의 통사 및 의미론적 특성 / 341
7 국어 부정의문문의 구조와 의미 / 347
8 국어 부정의문문의 의미해석과 GB이론 / 351
9 맺는 말 / 353
참고문헌 / 355

제6장 부가의문문의 보편문법과 경상도 방언 / 357

1 머리말 / 357
2 영어 부가의문문과 보편문법 / 358
3 국어 부가의문문의 기존 이론 검토 / 364
4 경상도 방언의 부가의문문과 보편문법 / 340
5 기존 이론 비판 / 374
6 결론 / 378
참고문헌 / 382

제7장 국어 부정의문문의 통사적 연구 / 385

1 서론 / 385
2 선행연구 검토 / 388
3 구종남(1992)에 대한 비판 / 393
4 '장형부정의문문'론의 통사적 논증 / 401
5 결론 / 410
참고문헌 / 412

참고문헌 / 413

찾아보기 / 417

제1부

현대생성문법 개관

제1장 서론

이 세상에는 우리에게 가장 소중한 것이 값없이 주어지는 것이 많다. 그 가운데 하나가 모국어의 사용 능력이다. 모국어(母國語)를 영어로는 mother tongue이라고 한다. 참으로 적절한 표현이다. 우리가 세상에 태어나서 처음으로 듣는 말이 어머니의 말이다. (요즈음에는 산부인과 의사나 간호사의 말이 되겠지만) 그 말은 주로 혀(tongue)의 작용에 의해서 이루어진다. 우리는 자신도 모르는 사이에 5세 이전에 거의 말을 다 배우게 되고 자유자재로 사용할 수 있게 된다. 그러면 우리의 말, 즉 인간의 언어가 단순해서 우리가 그렇게 쉽게 배워서 마음대로 사용하는 것일까? 아무도 언어가 단순하다고는 생각하지는 않을 것 같다. 인간의 머릿속 만큼이나 언어도 복잡할 것 같다. 혹은 우리 인간의 삶 만큼이나 복잡하다고 말할 수도 있다. 아니 오히려 꿈속에서나 상상의 세계까지도 언어로 표현될 수 있으므로 현실보다 더 복잡하다고 말할 수도 있겠다.

그렇다면 이렇게 복잡한 언어를 그렇게 놀랄 만큼 빨리, 그것도 완벽하게 배운다는 것을 이론적으로 설명할 수 있는 방법은 무엇일까? 그것은 말할 것도 없이 말을 태어나서 배운 것이 아니라 태어나기 전에 이미 알고 태어났다고 가정하는 것이다. 요즈음 온갖 형태의 태교가 소개되고 있기도 하지만 과연 우리는 어머니의 배속에서부터 말을 배워서 일까? 만일 그렇다면 한 가지 심각한 문제가 생긴다. 한국에서 태어나자마자 외국에 입양된 경우나 외국에서 한국인 부모로부터 태어난 어린이가 그 외국어를 모국어로 사용하는 것을 설명할 방법이 궁색해지기 때문이다. 아마도 이 딜레마를 벗어나는 유일한 방법은 부모가 누구냐도 상관없고, 어디에서 또 언제 태어났느냐도 상관없으며, 머리가 좋으냐, 부유한 집안이냐 어려운 집안이냐에 상관없이 모든 인간은 동일한 창조적인(creative) 언어능력을 가지고 있다고 가정하는 것이다. 이것은 매우 자연스럽고 당연한 추론이라고 생각할지 모르나 이러한 생각을 학문적으로 체계화시킨 것은 채 50년도 안된다. 모든 인간은 오직 인간이기 때문에 고유한 언어능력(linguistic competence)을 가지고 태어난다는 것을 학문적으로 체계화한 사람이 바로 미국 MIT의 언어학과 교수 Noam Chomsky이고, 이 언어학을 생성언어학(generative linguistics)이라 부른다. 인간의 머릿속에 들어있는 무의식적인 언어능력이 외부적인 자극, 즉 이 세상의 특정 언어환경에 노출되면 이 환경은 마치 방아쇠(trigger)처럼 작용하여 놀라운 솜씨로 개별언어의 문법을 개발시킨다는 것이다. 그 언어가 바로 이 세상의 모든 종족이 달리 사용하고 있는 각각 다른 언어인 셈이다.

문제는 영어는 국어와 정말 그렇게 다른가, 즉 이 세계의 말이 모두 각각 다른 것인가 하는 점이다. 언어마다 다르다는 생각을 철학으로 받아들인 언어학파가 구조주의(structuralism)이다. 구조주의 언어학은 언어는 정신의 산물이 아니라 습관의 집합(set of habits)이며, 인간의 언어라고 하여 동물의 언어와 특별히 다른 점도 없고, 인간의 다른 기능과도 특별히 구분되지 않는다고 보았다. 언어를 배우기 위해서는 수없는 반복 훈련을 통해서 습관화하는 길뿐이라고 보았다. 모국어의 습득 및 사용도 어머니와 자식 간의 이러한 반복 훈련의 결과라고 본다. 따라서 외국어를 배우는 데는 모국어 지식은 오직 방해가 될 뿐이므로 가급적 모국어는 잊어버리는 것이 상책이라고 가정하였다.

그러나 앞서 언급한 Noam Chomsky의 생성주의 언어학은 바로 구조주의 언어학에 대한 비판에서 출발하였다. 각 언어가 달라 보이는 것은 오직 겉모습만을 보기 때문이며 그 깊은 내면을 들여다보면 다른 점보다 같은 점이 더 많다고 보았다. 그 근거는 모든 인간이 자신의 모국어를 배운 그 무의식적인 지식으로부터 각 언어가 실체화된 것이므로 인간의 언어능력이라는 면에서는 모든 언어가 공통적일 것이라는 생각에서이다. 이를 보편문법(universal grammar)이라 부른다. 이 보편문법적 입장에서 보면 개별언어는 다른 환경의 산물일 뿐 인간의 정신이라는 뿌리가 같기 때문에 잔가지나 잎의 모양은 달라도 줄기와 열매는 같을 것이며, 따라서 외국어의 학습도 언어능력과 보편문법을 활용하면 그만큼 쉬워지리라고 추정할 수 있다. 보편문법의 존재를 확인하는 쉬운 방법은 국문법 책과 영문법 책을 비교해보면 그 용어와 정의 및 개념이 별로 다르지 않음에 놀랄 것이다. 또한 영어의 발음이 아무리 어려워도 동일한 인간의 구강구조(human oral cavity)의 산물이므로 조음이 불가능하지 않음을 보고서도 알 수 있을 것이다.

결과적으로 영어에 대한 체계적이고 명시적인 기술을 가져왔으며, 바로 이 점을 영어의 교육과 학습에 우리가 적극적으로 활용할 필요성이 어느 때보다 절실한 것이다. 언어는 자연발생적이지만 문법은 이론(theory)이요 가설(hypothesis)이다. 가설은 언제든지 더 나은 설명력을 가진 다른 가설에 의해서 대체될 운명에 있다. 영문법도 무의식적인 문법(mental grammar)은 영어 원어민이 알고 있지만 이를 구체적으로 기술한 기술문법(descriptive grammar)은 원어민이 더 나을 것도 없는 것이다. 마치 우리가 국어를 자유자재로 사용한다고 하여 교과서에 있는 문법지식을 가지고 있지 않은 것이나 마찬가지이다.

그러면 문법이란 무엇인가? 수많은 자료(data)를 정리하고 이해하고 전달하기 위한 가장 효과적인 방법이 이론, 혹은 법칙이듯이 말이든 글이든 수많은 언어자료를 지배하는 일반화(generalization), 혹은 형식화(formalization)하는 법칙, 혹은 규칙이 문법인 것이다. 따라서 문법은 고정된 것이 아니라 화자가 언어를 이해하고 사용하기 위하여 작동하는 무의식적인 혹은 의식적인 가장 경제적인 일반화 작업이라고 정의할 수 있다. 모든 언어를 존엄한 인간정신의 산물로 정의한 생성 문법적 입장에서 영어는 국어와 동일한 보편문법을 가지고 있으며, 이 보편문법적 입장에서 영어의 문법을 탐구하는 것이 영어를 이해하고 사용하는 가장 효율적인 방법이 될 것이다.

제2장
생성문법의 탄생

1. 전통문법

모든 학문이 그렇듯이 언어학도 고대 Greece에서 시작된다. 초기의 Greece어 문법의 기술양식이 Latin어 문법의 기술에 이용되고, 이 Latin어 문법은 유럽의 여러 나라 언어의 문법기술의 모델이 된다. Latin어는 거의 모든 학교에서 가르쳐지는 유일한 문법으로 등장하였고, 이는 문어로서의 Latin어를 잘 읽고 쓰는 기술을 연마하기 위한 수단으로서 가치가 있었다.

영어에 관한 전통문법(traditional grammar)은 흔히 1900년 이전의 문법을 말한다. 오늘날의 학교문법(school grammar)은 바로 전통문법을 그대로 영어교육 현장에 받아들인 것이라고 할 수 있다. 말할 것도 없이 전통문법의 모델은 Latin어 문법이며, 문어체(written form)를 분석의 대상으로 하고 있고, 규범적(prescriptive)인 입장에서 시간적, 공간적으로 불가피하게 필연적으로 발생하는 언어의 변화를 인정치 않았다.

우리나라의 영어교육과 학습은 거의 전적으로 전통문법의 기초위에 쓰여진 교재에 의존하여 비판적인 검토 작업이 없이 이루어져왔다. 현대언어학의 관점에서 전통문법의 문제점을 다음과 같이 정리할 수 있다.

첫째, 대개가 Latin어 문법을 기준으로 기술되었기 때문에 영어의 본질을 제대로 반영하지 못했거나 품사의 정의에서 보여 주듯이 본질적으로 다른 내용을 동일한 기준으로 기술하였다.

둘째, 전통문법적 기술방식은 의미 중심과 표면 형태에 근거하여 기술하다보니 그 양이 엄청나게 많아져서 문법 자체만을 배우는데 대부분의 시간을 들이지 않으면 안 되었다. 그것은 곧 영어의 교수와 학습이 문법의 이해와 문장의 해석 교수법(grammar-translation method)과 동일시되는 결과를 가져왔다. 이 방법이 몇 가지 장점도 있지만 영어의 듣기와 말하기 같은 실제적 언어 사용과는 상당히 거리가 먼 교수-학습법이 될 수밖에 없었다.

셋째, 전통문법이 규범주의(prescriptivism) 입장에서 영어를 기술하게 됨에 따라 변화하는 언어의 모습을 제대로 기술할 수 없었다. 이러한 자세는 이미 사어(dead language)가 되어버린 Latin어의 기술에는 상관이 없지만, 살아서 끊임없이 진화되어가는 영어의 올바른 기술을 위해서는 결정적인 한계가 있었다.

넷째, 우리는 전통문법의 가장 심각한 문제는 우리 영어교육계에서도 주로 영어교육의 목적이 글을 읽고 해석하는데 있던 과거에는 전통문법이 최선이었으나 오늘날 영어의 활용이 절대적으로 필요한 시점에서 변화에 대처하지 못한다는 점이다.

다섯째, 아마도 전통문법이 언어의 변화를 인정하지 않는 만큼이나 이론 자체의 변화나 발전을 가져오지 않았다는 것이 이 문법이 가진 가장 큰 문제점의 하나였다. 전통문법이 자료의 보물 창고일 수는 있으나 이 자료를 체계적으로 분석하고 정리하는 작업을 하지 못함으로써 학문적 수준으로 발전되지 못했던 것이다.

2. 구조문법

1900년대 초는 과학이 전 분야에 걸쳐 지배하던 시기로서 언어학에도 과학적 방법을 도입하고자 하는 새로운 시대의 흐름이 생겼다. 과학주의는 경험주의 철학(empirical philosophy)에 행동주의 심리학(behavioral psychology)을 바탕으로 하고 있다.

구조주의(structuralism)는 언어에 대한 견해도 전통문법의 주장과 달랐다. 연구대상을 모국어 화자의 구어체(spoken form)로 하였으며, 이는 관찰할 수 있고 경험할 수 있는 것을 객관적으로 기술하고자 하는 기술주의(descriptivism)의 관점을 언어 연구의 기본 입장으로 하였다. 물론 유럽의 구조학파와 미국의 구조학파는 상당히 연구방향에 차이가 있다. 미국의 구조주의를 중심으로 살펴보면, 이들은 언어를 일련의 습관(set of habits)으로 규정하고, 언어는 다르며(Languages are different), 언어의 습득은 암기-모방(mimicry-memorization; mim-mem)과 유추(analogy)에 의해서 이루어지고, 그 동기는 자극-반응(stimulus-response; S-R)에 의한 보상이론(reinforcement theory)으로 설명하였다. 이는 인간의 언어의 고유한 특성을 인정치 않는다는 면에서 뒤에 오는 생성문법과 근본적인 차이를 보인다. 주요 개념으로는 음소(phoneme), 형태소(morpheme), 직접 구성성분(immediate constituent; IC) 분석, 최소 변별쌍(minimal pair) 등이 있다.

구조문법이 전통문법에 대한 비판에 기초한 것이므로 과거의 문제점을 극복하는 데는 어느 정도 성공하였으나 객관적 자료만을 분석의 대상으로 함으로써 학문적 연구의 한계를 드러내게 되었다.

첫째, 언어의 본질을 다른 행위와 동일시함으로써 인간의 고차원적인 정신능력으로서의 언어능력을 처음부터 인정치 않았다. 그것은 기술의 대상을 지극히 좁은 영역으로 축소하게 되었고, 결과적으로 언어의 올바른 기술이 불가능하게 되었다.

둘째, 구어체만을 대상으로 함으로써 언어의 여러 측면 중 일부, 즉 소리와 관련된 부분의 연구는 활발하였으나 문어체나 좀 더 추상적인 복잡한 언어의 구조를 표면구조만으로 기술한다는 것은 불가능하게 되었다.

셋째, 무엇보다도 언어능력도 다른 기능과 마찬가지로 습관의 집합으로 정의함으로써 언어교육과 학습에 결정적인 방법론을 제시하였지만, 결과적으로 각 언어사이의 차이점만을 강조하게 되어 언어 보편적 측면을 무시하게 되었고, 언어의 인간정신의 내면적인 면을 연구의 대상에서 배제함으로써 연구의 한계를 가질 수밖에 없었다.

우리 영어 교육계에서도 한때 이 구조문법을 매우 과감하게 받아들여 교육에 응용하게 되었는데, 그것이 바로 문형연습(pattern practice), 최소 변별쌍 연습(minimal pair drill), 모방과 암기(mim-mem) 등의 개념이 이를 반영한다. 긍정적으로는 구어체를 강조함으로써 각 교과서의 시작이 상황별 대화(situational dialogue)로부터 시작되고, audio tape이 제작·활용되면서 발음교육이 강화되었으나, 부정적으로는 지나치게 기계적인 암기 및 연습과 훈련을 강조함으로써 가상적인 상황 중심의 몇 가지 문형은 익히게 되었지만 실제 상황에서는 이를 능동적으로 적절히 활용하지 못하는 문제점을 드러냈다.

3. 생성문법

생성문법(generative grammar)은 1957년에 미국 MIT 교수인 Noam Chomsky의 *Syntactic Structures*(1957)에서 시작된다. 생성문법이론은 한마디로 구조문법에 대한 비판에서 탄생된 것이므로 여러 가지 면에서 구조문법과 대조된다. 구조주의 언어학이 경험주의철학과 행동주의 심리학을 바탕으로 하고 있는데 반해 생성문법은 이성주의(rationalism)와 정신주의(mentalism) 철학과 인지심리학(cognitive science)을 배경으로 하고 있다. 언어는 일련의 습관이 아니라 규칙의 집합(set of rules)이며, 언어는 모방에 의해서 습득되는 것이 아니라 생득적(innate)이며, 언어의 사용도 창조적(creative)이라고 본다.

문장의 구조는 실제적이고 물리적인 표면구조(surface structure)에 집착했던 구조주의와 달리 생성주의는 모든 문장은 의미구조인 심층구조(deep structure)에서 변형규칙(transformational rule; T-rule)의 적용을 받아 표면구조로 표시된다고 본다. 표면구조에서의 의미의 중의성(ambiguity)은 바로 심층구조가 다르기 때문이라고 본다.

생성문법의 또 하나의 특성은 언어능력이 인간만이 가진 것이므로(species-specific) 모든 문법도 보편성을 가진다는 보편문법(Universal Grammar; UG)을 가정한다. 언어는 다른(Languages are different) 것이 아니라 언어는 똑 같다(Languages are the same)고 보았다. 개별 언어의 연구는 필연적으로 언어의 보편성(linguistic universality)을 탐구하게 되고, 궁극적으로는 인간의 마음을 탐구하는 가장 효과적인 수단이요 도구라고 본다.

생성문법의 중요한 특징의 하나는 문법의 개념 자체를 고정된 것으로 보지 않는다는 점이다. 즉 그들은 문법을 인간이 가지고 있는 언어능력(linguistic competence)으로 정의하면서 이 언어능력은 내재언어(internal(ized) language; I-language)와 외재언어(external(ized) language; E-language)로 나누어 내재언어란 모국어 화자의 머릿속에 들어있는 무의식적 지식(unconscious knowledge)이고, 이 지식의 명시적인 기술이 문법이며, 이를 언어학의 목표로 삼아야 한다고 본다. 외재언어란 내재언어에 반대되는 개념으로 언어의 실제적 사용을 가리키지만 이는 개인마다 다르고, 상황에 따라 달라지며, 불완전한 것이기 때문에 언어 연구의 일차적 대상이 될 수 없다. 결국 생성문법은 어느 정도의 추상화(abstraction)와 이상화(idealization)를 통해서 외재언어로부터 내재언어를 상정하여 연구를 하게 된다. 이처럼 생성문법은 처음부터 사용되는 언어 자체를 기술하기보다는 그 언어를 통하여 내재언어의 법칙을 찾고자 하기 때문에 항상 이론 자체가 완전한 것도 아니고, 고정된 것도 아니다. 이론은 가정이며, 더 나은 이론이 나오면 그 자리를 양보해야 한다. 또 하나는 언어를 모든 인간 정신의 특성으로 정의함으로써 본질적으로 보편문법을 지향하게 되었다. 이는 영어를 가르치고 배워야 하는 우리의 입장에서는 매우 고무적인 일이 아닐 수 없다. 생성문법이 발전하면 할수록 영어의 명시적 기술이 가능해지고 우리의 모국어인 국어와의 보편적 성질이 그만큼 더 많이 드러나게 될 것이기 때문이다.

제3장 현대생성문법의 기본 정신

1. 언어와 언어학

모든 학문은 그 고유한 연구 대상을 갖는다. 말할 것도 없이 언어학(linguistics)은 언어(language)를 과학적인 방법론에 따라 분석하고 기술하는 학문이다. 그러나 일상적인 개념으로서 '언어' 혹은 '말'이라는 어휘를 무심코 사용하고 있지만 막상 학문적 연구의 대상으로서 언어를 구체적으로 정의하기는 그렇게 간단치 않다. 오히려 언어에 대한 여러 가지 다른 정의에 따라 언어학의 방향과 범위가 크게 달라지게 된 것을 역사적으로 관찰할 수 있다. 이는 언어의 복잡성을 반영하기도 하지만 그만큼 언어의 기능이 다양하기 때문이라고 말할 수 있다.

Chomsky(1957)를 기점으로 하는 생성언어학(generative linguistics)은 이때까지의 구조주의 언어학(structural linguistics)이 가정하고 있던 언어의 정의에 대한 비판에서 출발하고 있다. 구조주의 언어학의 대가인 Bloomfield(1928)는 언어란 "어떤 언어 공동체에서 말해질 수 있는 발화의 총체(totality of utterances that can be made in a speech community)"라고 정의하였다. 이는 언어에 대한 경험주의적이고 행동주의적인 관점을 반영하고 있으며, 이러한 철학적 배경을 기반으로 하는 구조주의 언어학자들은 구어(spoken language)를 분석의 대상으로 하였고 또 실제로 사용하는 말을 녹음하여 연구하는 등 객관적 증거라고 믿었던 실제적인 다양한 자료를 귀납적인 방법(inductive method)으로 분석·분류하였다. 이에 대하여 생성주의 언어학자들은 실제로 사용하는 자료를 모두 모아서 연구하는 것도 불가능할 뿐만 아니라 설령 그것이 가능하다고 하더라도 이를 그 언어의 본질 혹은 실체라고 할 수 없다고 보았다. 대신에 이들은 언어를 그 언어를 사용하는 이상적인 화자(ideal speaker)가 가지고 있는 무의식적인 언어 지식(knowledge of language) 혹은 언어능력(language faculty)으로 정의하고 이 지식을 구체적인 환경에서 사용하는 언어 사용과 구분하였다. 예를 들면 한국어란 한국인인 사용하는 발화의 총체가 아니라 정상적인 한국인이 머릿속에 가지고 있는 한국어에 관한 무의식적인 지식(unconscious knowledge)으로 정의한다. 이 지식은 구체적인 언어수행(linguistic performance)으로 표출되며, 이 자료를 이상화(idealization) 혹은 추상화(abstraction)하여 분석의 대상으로 삼아 그 규칙을 연역적인 방법(deductive method)으로 밝혀서 기술하는 것이 언어학의 목표가 된다. 다시 말하면 생성주의 언어학은 언어를 인간의 마음(human mind)에 들어있는(internalized) 정신 기능(mental faculty)의 하나로 보고, 모든 인간은 태어나면서부터 언어 습득장치(language acquisition device; LAD)를 가지고 있다고 가정한다.

일반적으로 언어의 본질적인 기능으로 이해하고 있는 "의사소통의 수단(means of communication)"이라는 정의를 생성언어학에서는 받아들이지 않는다. 만일 언어의 본질이 의사소통 수단이라면 인간의 언어와 동물의 언어(animal language)가 별로 다르지 않을 것이고 이러한 입장이 곧 행동주의 심리학(behavioral psychology)과 구조주의 언어학(structural linguistics)이다. 이들은 언어의 습득도 동물과 인간이 다르지 않으며, 오직 기계적이고 조건반사적인 자극-반응(stimulus-response: S-R)의 관계와 보상이론(reinforcement theory)으로 설명한다. 이에 반하여 생성주의 언어학은 Humbolt(1836)의 다음과 같은 주장을 받아들인다.

(1) 언어는 의사소통의 체계적 수단이라기보다는 일차적으로 사고와 자기표현의 수단이다. (Language is primarily a means of thought and self-expression rather than a functional communicative system)

실제로 Chomsky(1968)는 언어는 인간 사고의 본질과 특성, 나아가서 인간의 본질과 특성까지도 반영한다고 본다. 흔히 언어와 생각의 관련성을 말할 때 닭과 달걀의 관계로 비유될 만큼 언어와 사고는 깊이 관련되어 있으며, 꼭 대화의 상대방이 없다 하더라도 인간은 언어행위를 통해서 자신의 감정과 생각을 말과 글로 표현한다. 그러나 동물들의 위험을 알리는 울음소리 같은 의사소통 수단은 동물의 정신이나 본질적 특성을 반영한다고 보기 어렵다. 더구나 동물들 간에 울음의 공통점이 있다거나 다른 동물의 울음을 이해하거나 습득하는 일이 가능하다고 보기 어렵다. 또한 의사소통이 말이 아닌 다른 몸짓이나 동작으로 이루어지기도 한다. 아래와 같은 인간언어와 동물언어의 차이점을 보면 곧 인간언어, 나아가서 인간성의 특성을 잘 알 수 있다.

첫째, 동물언어는 의사소통의 수단이 전부이지만 인간언어는 의사소통을 비롯한 사고(thinking)와 자기표현(self-expression)의 수단으로 사용된다.

둘째, 동물언어는 자극-의존적(stimulus-bound)이지만, 인간언어는 자극과 무관(stimulus-free)하다. 즉, 인간언어는 자발적이며, 창조적이다. 인간은 주어진 상황과 관계없는 자신의 느낌이나 생각을 말하기도 하고, 어떤 가상의 세계나 가정적 표현을 사용할 수도 있으나 동물은 그렇게 할 수 없다.

셋째, 동물언어는 수적으로나 길이가 제한되어(closed-ended) 있지만, 인간언어는 수나 길이가 무한하게(open-ended) 확장될 수 있다. 인간언어는 항상 새롭고(novel), 창조적이며(creative), 끊임없이 변화하고 성장하는 변별적 기호(discrete code)이다. 그러나 동물의 언어는 태어나면서 사용하는 제한적인 몇 가지 비변별적(indiscrete) 혹은 연속적(continuous) 기호가 변화없이 평생 반복하여 사용된다.

넷째, 동물언어는 구조가 너무 단순하여 내포구조(embedded structure)를 갖지 못하지만, 인간언어는 무한한 깊이의 내포구조가 이론적으로 가능하며 구조상으로 귀환적(recursive)이다. 예를 들어 인간언어는 아래의 (2b), (2c)와 같은 내포문이 가능하지만 동물언어는 가장 단순한 복문도 존재하지 않는다.

(2) a. John is innocent.
    b. Mary believes [that John is innocent].
    c. This is the rat [that the cat [that the dog [that the pig chased] bit] killed].

다섯째, 동물의 언어는 단순한 기호의 제한적인 집합이지만 인간언어는 체계적인 규칙 행위(rule-governed behavior)이다.

물론 생명체로서 인간이 동물과 공유하는 생득적인 또는 선천적인 특성이 많다. 그러나 인간의 생득적 언어능력은 인간이라는 종족(human species)에만 국한된 능력(species-specific capacity)으로 간주된다. 결론적으로 생성언어학은 인본주의(humanism)의 학문이라고 말 할 수 있다. 생성언어학은 자연 과학적인 접근법으로 인간 본성(human nature)을 언어라는 매체를 통해서 탐구하는 인지과학(cognitive science)이라는 면에서 종래의 다른 인문학과 다른 차원의 공헌을 한다. Searle(1974)은 아래와 같이 생성언어학의 인본주의적 공헌을 평가하고 있다.

(3) "...Chomsky의 가장 큰 공헌은 인간이 존엄하고 유일하다는 전통적인 생각의 복원을 향한 중요한 조치를 취했다는 점일 것이다.(...his greatest contribution will be that he has taken a major step toward restoring the traditional conception of the dignity and uniqueness of man.)"

2. 언어지식과 언어습득 및 사용

Chomsky(1986)는 언어 이론, 즉 언어학의 목적은 다음과 같은 세 가지 질문에 대답하는 것이라고 언급하고 있다.

◇ 언어 지식은 어떻게 구성되는가? [언어지식]
(What constitutes knowledge of language?)
◇ 언어 지식은 어떻게 습득되는가? [언어습득]
(How is knowledge of language acquired?)
◇ 언어지식은 어떻게 사용되는가? [언어사용]
(How is knowledge of language put to use?)

앞 절에서 살펴보았듯이 생성언어학에서는 언어지식을 모국어 화자의 머릿속에 내재된 무의식적인 것으로 가정하기 때문에 일차적으로 언어지식과 언어습득의 문제에 관심을 갖게 된다. 생성언어학은 언어능력이 인간만의 고유한 정신 능력이듯이 모국어를 습득하는 능력도 인간의 다른 인지능력과 뚜렷이 구분되는 생득적(innate) 능력으로 가정하는데, 그 증거를 양동휘(1994)는 다음과 같이 제시하고 있다.

첫째, 우리의 신체의 각 기관의 발달이 일정한 시기에 일어나듯이 언어능력의 발달, 즉 습득도 일정한 시기에 일어난다. 신체의 발달이 사춘기(puberty) 이전에 이루어지듯이 언어능력도 사춘기, 즉 결정적 연령(critical age)을 지나면 자연스럽게 성장하지 않는다. 우리가 사춘기 이후에 영어 등의 외국어를 배우는 것이 얼마나 어려운가를 보면 이 점을 쉽게 이해할 수 있다.

둘째, 각 개인의 환경적 성장 배경 즉 영양상태, 지능, 부모의 지적 수준, 언어 경험 등은 달라도 신체적 발달 혹은 성장과정이 대체로 동일하듯이 각 개인의 언어능력의 발달, 즉 모국어 습득 과정은 대체로 동일하다. 실제로 언어능력의 발달에 있어서 언어 경험은 촉매적 역할(triggering effect)을 할 뿐이라는 것이 밝혀지고 있다. 우리는 언어능력의 씨앗을 생득적으로 가지고 태어나며, 생후의 언어 경험은 단지 이 씨앗이 싹이 터서 자라도록 하는 도우미일 뿐이다.

셋째, 우리의 팔다리와 같은 신체 기관이 의식적인 노력이 없이 저절로 자라듯이 우리의 언어능력도 의식적 노력이 없이 거의 저절로 자란다. 즉, 외국어를 의식적으로 학습하면서도 그 성과의 빈약함과 비교해보면 모국어의 습득은 생득적이라고 할 만하다.

넷째, 우리의 어떤 신체 기관도 존재를 위한 논리적 필연성이 없듯이 언어능력도 반드시 특정 기능만을 위해서 존재하는 것이 아니다. 우리의 손발이 처음부터 특정 기능만을 위해서 만들어진 신체기관이 아니듯이 언어의 기능도 '의사소통' 등의 기능 등으로 제한되지 않는다. 우리가 자동차를 운전하기 위해서는 운전 기능을 후천적으로 익혀야 하는 것과 비교해보면 모국어의 언어능력은 특정 기능과 관계없는 생득적 능력이다.

어린이가 언어습득장치인 LAD를 활용하여 모국어를 습득하는 과정을 다음과 같이 도식화할 수 있다.

(4) [모국어의 경험] → [보편문법(매개변인 포함)] → [모국어의 핵심문법 완성]

인간 공통적인 생득적인 언어능력은 곧 언어의 유전인자(gene)이고, 이를 언어능력의 최초상태(initial state; So)라고 부르며, 태어나면서 접하는 개별 언어의 경험을 통하여 언어능력의 안정상태(steady state; Ss)로 바뀐다. 안정상태는 어떤 언어를 모국어로 하느냐에 따라 달라진다. 생성 문법은 언어능력의 최초상태를 보편문법(universal grammar ; UG)이라고 하고, 안정상태를 핵심문법(core grammar)라고 한다. 아울러 생성문법은 보편문법과 핵심문법의 차이는 곧 어린이가 최초의 언어 경험을 통해서 얻게 되는 매개변인(parameter) 값의 설정(setting)에 의해서 비롯된다고 본다.

구체적인 매개변인의 예로서 이른바 핵매개변인(Head parameter)을 생각해보자. 핵 매개변인이란 어떤 언어에서 핵과 보충어, 혹은 핵과 수식어의 선후관계를 결정하는 매개변인으로서 핵이 선행하는 언어에 +의 값을 매기면, 핵이 후행하는 언어는 -의 값이 매겨진다. 전자의 언어를 선핵언어(Head first language), 후자를 후핵언어(Head last language)라 부르기도 한다. 영어와 국어가 바로 핵 매개변인의 대립을 이루는 언어이다. 아래 예문을 보기로 하자.

(5) a. *see* the boy [VP]
  b. *before* the boy [PP]
  c. *picture* (of) the boy [NP]
  d. *fond* (of) the boy [AP]

(6) a. 소년을 보다 [VP]
  b. 소년의 앞에 [PP]
  c. 소년의 사진 [NP]
  d. 소년을 좋아하는 [AP]

영어 예문 (5)와 국어 예문 (6)을 비교해보면 동일한 구조에서 영어는 핵이 보충어의 앞에 오고, 국어는 핵이 보충어의 뒤에 오고 있다. 따라서 영어와 국어의 어순의 차이는 바로 핵매개변인(Head parameter) 상에서 핵이 선행하는 영어에 [+] 값이 주어지면 핵이 후행하는 국어는 [-] 값이 주어지는 작은 차이라고 일반화할 수 있다.

끝으로 언어능력의 사용 또는 언어수행(linguistic performance)은 언어능력과 함께 언어와 관계없는 비언어능력이 필연적으로 개입된다. 자연언어를 언어능력을 규명하는 자료로 분석하는 생성언어학의 입장에서 언어능력과 비언어능력을 잘 구별하는 것이 매우 긴요하다. 언어수행에 개입되는 비언어능력들을 양동휘(1994)는 대체로 다음과 같이 제시한다.

첫째, 화용적 능력(pragmatic competence)이 있다. 화용적 능력이란 언어를 주어진 상황에 알맞게 사용하는 능력이다. 예를 들어 국어에서 웃어른에게 존댓말을 사용해야 한다는 예법을 아는 능력이다. 이 능력은 대우법의 문법을 아는 언어능력과 혼동되어서는 안된다. 즉 존대 표현법을 잘 알고 있으면 언어능력이 있지만, 만일 그 사람이 언제 존대 표현을 사용해야 하는지를 모른다면 아랫사람에게 존대법을 사용한다든지, 윗사람에게 반말을 한다든지 하는 화용적으로 부적격한(pragmatically ill-formed) 문장을 사용하게 된다. 이렇게 볼 때 화용적 능력은 특정 사회의 문화적 배경과 관련된 명백한 비언어능력이다.

둘째, 기억 능력이다. 언어능력 가운데 특히 단어를 기억하는 능력은 절대적으로 필요하다. 그러나 기억력은 사람에 따라 혹은 신체적 조건 및 정서적 상황에 따라 크게 좌우될 수 있다. 어떤 사람이 어떤 환경 때문에 기억 능력이 영향을 받아서 언어수행이 좌우될 수 있는데, 이는 바로 언어능력과는 관계가 없는 비언어능력이다. 역으로 기억력이 모국어를 습득하는데 작용하지 않는다는 점을 고려하면 기억력이 비언어능력임을 쉽게 알 수 있다.

셋째, 사고능력이 있다. 사고능력이란 논리적 판단 능력, 개념 구성 능력 등을 의미한다. 자신의 의사를 조리있게 표현하고 상대방의 의사를 정확하게 이해하기 위해서는 상당한 사고력이 필요하다. 그러나 사고능력은 우리의 모든 지적 능력에 작용하는 것이지 언어만을 위한 순수 언어능력이라고 말할 수 없다.

넷째, 상상능력이 있다. 암시적인 말을 하거나, 듣고 이해하는데 상상력이 필요하다. 또한 어떤 사건을 추리해나가는데도 상상력이 필요하다. 특히 문학 등의 예술 분야에서는 상상력이 절대적으로 필요하다. 그러나 상상력이 언어만을 위해서 필요한 언어능력은 아니다.

다섯째, 청각능력이 있다. 말을 듣기 위해서는 청각능력이 필요하다. 그러나 청각능력이 없는 농아들도 완전한 언어능력을 가지고 있다. 수화를 통해서 얼마든지 언어능력을 사용한다. 또한 청각 능력은 신체적 결함이나 주위의 소음 등에 의해서 좌우되는 비언어능력이다.

여섯째, 발성능력이 있다. 말을 하기 위해서는 발성능력이 필요하다. 그러나 말을 못해도 언어능력은 수행될 수 있으며, 발성능력은 감기 등으로 목이 아프면 바로 영향을 받는 비언어능력이다.

끝으로 주의력도 비언어능력이다. 주의력이 언어 수행을 좌우하는 경우는 많지만 그렇다고 언어능력 자체에 영향을 주지 않는 비언어능력이다.

이상과 같은 비언어능력의 특징은 상황에 의해서 크게 달라지고, 개인에 따라 다르며, 인위적 훈련이나 치료에 의해서 개선되기도 하고, 때로는 비우호적인 여건에 의해서 감소 혹은 소멸될 수도 있다. 그러나 언어능력은 사고 등으로 언어를 조정하는 뇌를 손상하지 않는 한 건강하게 유지된다.

언어행위(verbal behavior)란 결국 언어능력(languistic faculty)과 비언어능력(nonlinguistic faculty)의 만남이다. 우리말 속담에 "부뚜막의 소금도 집어넣어야 짜다"라는 말이 있다. 언어능력은 바로 소금의 짠맛을 가지고 있는 상태이고 이를 사용하는 것은 솥에 집어넣어서 다른 재료와 섞여서 제 기능을 발휘하는 것과 같다. Chomsky(1993)는 의미 표시(semantic representation)인 논리형태(logical form; LF)를 개념-의도 접합점(conceptual- intentional interface; CI interface)이라 부르는데, 여기서 말하는 개념-의도란 사고능력을 포함한 비언어능력을 의미하며, 음성표시(phonetic representation)인 음성형태(phonetic form; PF)란 조음-청취 접합점(articulatory- perceptual interface; AP interface)이라고 부르는데, 여기서 말하는 조음-청취는 발성능력(speaking)과 청각능력(listening)이라는 비언어능력을 말한다.

생성언어학은 언어능력과 비언어능력을 엄격히 구분함으로써 언어 연구를 더 효율적으로 할 수 있다고 가정한다. 예를 들어 다음 문장을 보자.

(8) a. Can you pass me the knife?
　　b. 칼 좀 건네주시겠습니까?

위의 문장이 식탁에서 사용된다면 '공손한 요청(polite request)'이라는 비언어능력이 수행될 수 있다. 그러나 이 비언어적 능력은 의문문이라는 언어능력이 적절한 화용론적 환경에서 사용된 한 가지 예에 불과하다. 더구나 화자와 청자의 관계가 '공손한 요청'의 화행을 요구하는 사이인지도 이를 분석하는 언어학자는 알 수 없다. 또한 '공손한'이라는 개념도 주관적인 판단이 들어가는 형용사이다. 따라서 위 예문을 상황에 맞게 사용된 공손한 요청의 의문문이라고 기술하는 것은 이론의 간결성 혹은 경제성이라는 면에서 여간 문제가 아니다. 더 극단적인 경우를 상상해보자. 만일 어떤 화자가 상대방을 존대할 의사가 없으면서도 비아냥거리기(flouting) 위해서 위 예문을 사용한다면 이것도 단지 공손한 요청이라고 할 수 있을지 의문이다. 이러한 여러 측면을 고려하여 생성언어학에서는 '의문문(interrogative sentence)'이라는 통사적인 언어능력을 먼저 명시적으로 기술하고, 이의 구체적인 쓰임은 비언어적 능력에 맡기는 방법론을 채택하고 있다.

3. 보편문법과 개별문법

생성언어학은 언어능력을 인간만이 가진 고유한 생득적 능력으로 가정하므로 이는 곧 모든 인간에게 공통적인 보편문법(universal grammar; UG)이 된다. 다시 말하면 문법이론으로서의 보편문법은 언어능력의 최초상태(So) 자체 또는 그 최초상태에 대한 명시적 규명, 혹은 기술을 의미한다. 따라서 보편문법의 궁극적 목적은 언어능력의 보편적 원리를 밝힘으로써 모든 인간에게 공통적인 인간성(human nature)을 밝혀내고자 하는 것이다.

보편문법으로부터 모국어의 언어 경험에 의해서 매개변인의 값이 매겨진 상태가 핵심문법(core grammar)이다. 핵심문법은 매개변인의 값이 결정된 보편문법이다. 핵심문법은 개별 언어의 문법, 즉 개별문법(particular grammar)이면서도 매우 추상적인 문법으로서 내재적 언어(I-language: internal language)를 규명한다. 핵심문법에 개인방언(idiolect), 지역방언(dialect), 외래어(borrowing), 역사적 잔해(historical residue) 등의 주변적 요인(peripheral factor)이 개입되어서 각 개인이 실제로 사용하는 모국어로서의 말, 즉 외재적 언어(E-language; external language)가 된다.

생성문법 이전의 구조문법(structural grammar)은 본질적으로 보편문법의 개념이 없다. 이들은 모든 언어는 기본적으로 다르다고 보기 때문에 그 문법도 각기 다른 개별문법만이 존재한다. 국어의 문법을 체계적으로 기술하면 개별문법으로서 국문법이 되고, 영어의 문법을 체계적으로 기술하면 개별 문법으로서 영문법이 된다. 한 가지 언어만을 연구한다면 논리적으로 보편문법은 존재하지 않는다. 필요에 의해서 두 언어를 비교 혹은 대조하여 기술할 때에도 동일한 점을 발견하는데 목적이 있지 않고 통시적 혹은 공시적으로 비교 대조하여 개별 언어 사이의 차이점을 밝혀내게 된다. 외국어를 학습하는 일도 주로 모국어와 차이가 나는 부분을 학습하면 된다고 보고, 두 언어 사이의 같은 점은 우연한 것으로 보았다.

한편 생성문법의 입장에서는 개별문법의 연구도 기본적으로 보편문법을 규명하는데 있으며, 구체적으로 핵심문법과 매개변인을 밝혀내는 일이 주요 과제이다. 비록 개별 언어만을 연구의 대상으로 하더라도 보편문법적 관점에서 자료를 이해하고, 분석하여 설명적 타당성이 있는 명시적 기술을 목표로 삼는다. 지구촌 시대의 언어 연구는 보편문법의 입장을 더욱 강화해주고 있다. 세계의 다양한 언어의 문법이 어휘부(lexicon)를 제외하면 핵심문법과 매개변인으로 이루어진 것임이 밝혀지고 있다. 사실 매개변인 조차도 수와 종류가 매우 제한되어 있다. 어휘 항목 전반에 걸쳐있는 핵매개변인(Head parameter)을 제외하면 매개변인은 D(determiner), AGR(agreement), T(tense), C(complementizer) 등의 네 개의 기능범주(functional category)에 국한되어 있음이 밝혀졌다. 이와 같은 매개변인의 제한은 보편문법의 타당성을 높여주는 것이며, 동시에 개별언어에 대한 핵심문법 연구가 보편문법 연구에 직결됨을 뜻한다. Chomsky(1991)는 매개변인이 적용되는 어휘부를 제외하면 인간언어 사이에 차이가 없다고 다음과 같이 말한다.

(9) 어휘부를 제외하면 모든 인간의 언어는 동일하다.
(There is only one human language, apart from the lexicon.)

4. 이론적 타당성의 세 단계

모든 학문은 독자적인 이론 체계를 가진다. 학자들은 보다 설명력 있는 이론을 정립하기 위해서 기존의 이론에 대한 끊임없는 비판과 도전을 통해서 그 타당성을 검증하고, 새로운 가설을 세워서 더 나은 이론으로 발전시켜 나간다. Chomsky(1965)는 기존의 이론을 비판하는 방편으로 문법이론의 타당성을 세 단계로 나누어 제시하고 있다.

가장 낮은 단계의 문법이론은 관찰적 타당성(observational adequacy)을 가진다. 이 문법은 겉으로 보이는 자료의 문법성만을 설명해주는 이론이다. 관찰적 타당성만을 가진 문법은 표면적으로 동일한 구조는 동일하게 설명하는데 그치며, 한 문장의 중의성(ambiguity)을 구조적으로 설명하지 못한다. 다음 예문을 보자.

(10) a. John is eager to please.
b. John is easy to please.
c. Flying planes must be dangerous.

이 문법이론 안에서는 예문 (10a)와 (10b)를 동일한 구조로 보며, 예문 (10c)의 중의성을 체계적으로 설명할 수 없다. 사실, 전통문법은 상당 부분이 관찰적 타당성의 단계에 머물러있다고 말할 수 있다. 표면구조가 다르면 그 때마다 다른 설명을 하는데 만족하기 때문에, 이론 사이에 어떤 상호 관련성이 없는 임시방편적인 처방에 머물게 된다.

기술적 타당성(descriptive adequacy)은 관찰적 타당성보다 더 나은 단계로서 어떤 문법이 모국어 화자의 언어적 직관을 설명할 수 있고, 관찰된 언어자료들을 언어에 내재하는 규칙성으로 설명할 수 있을 때 기술적 타당성이 있다고 말한다. 대체로 모든 문법이론은 기술적 타당성의 문법을 목표로 하게 된다. 위에 제시한 예문 (10)을 기술적 타당성을 가진 문법으로 기술하면 대체로 아래와 같이 될 수 있다.

(11) a. John$_i$ is eager [PRO$_i$ to please].
b. John$_i$ is easy [PRO to please t$_i$].
c. [$_{NP}$ Flying planes] must be dangerous.
d. [$_{IP}$ PRO [$_{VP}$ Flying planes]] must be dangerous.

기술적 타당성을 가진 문법은 (10a)의 John은 주절과 내포절의 주어임을 구조적으로 설명해주며, (10b)의 John은 내포절의 목적어임을 설명해준다. 또한 (10c)는 'Flying'과 'planes'의 관계가 (11c)처럼 수식어와 명사의 NP구조이거나 (11d)처럼 동사와 목적어의 VP구조일 수도 있음을 구조적으로 설명해준다.

설명적 타당성(explanatory adequacy)은 문법이 지닐 수 있는 가장 높은 수준의 타당성으로서 복수의 기술적 타당성이 있는 이론 가운데서 가장 우수한 이론을 선정하는 기준이 된다. 그 척도로는 일반적으로 보편성(universality), 최대 제한성(maximally constrained), 심리적 실재(psychological reality) 등이 사용된다. 즉, 모든 자연언어에 대하여 기술적으로 타당한 보편문법이 모국어 화자(native speaker)의 직관과 일치하고, 최대로 제한된 보편원리를 가질 때 이 문법이론은 설명적 타당성이 있다고 말한다.

Radford(2004: 2)는 모국어 화자의 무의식적인 문법지식은 언어 표현을 만들고, 그 표현을 해석하는 사용능력으로 실현된다고 언급하고 있다. 실제 언어생활 속에서 단어, 구, 문장을 만들어서 말하고 상대방의 말을 듣고 이해하는 명시적인 언어능력(explicit competence)을 설명적 타당성이 있는 이론으로 정립하는 것이 생성문법의 목표이다. 최근의 최적성이론(optimality theory)에서는 특히 이론의 타당성을 검증하는 장치로서 설명적 타당성과 함께, 습득용이성(learnability)을 중요시하게 되었다. 습득용이성은 다시 단일성(uniformity)과 신속성(rapidity)으로 나누어지는데, 이는 어린아이가 모국어를 배우는 과정이 바로 이 두 가지 성질을 특징으로 하고 있기 때문이다. 다시 말하면 어떤 문법이론이 다른 이론보다 모국어화자의 직관을 더 많이 반영하고 있고, 외국어(foreign language)로서의 학습자에게도 용이하게 배울 수 있는 이론이 그렇지 않은 이론보다 더 이론의 보편성을 반영하는 타당성이 높은 이론이라고 말할 수 있을 것이다.

이상의 논의로 볼 때 바람직한 이론화 작업은 어떤 의미에서 기술적 타당성의 문법연구와 설명적 타당성의 문법연구가 상호의존적으로 동시에 일어난다고 말할 수 있다. 다시 말하면 오늘날 진지한 생성문법 연구는 개별 언어현상이라는 외적 기초(external ground)인 기술적 타당성을 만족시키면서 동시에 문법이론이라는 내적 기초(internal ground)인 설명적 타당성을 동시에 만족시켜야 하는 과제를 안고서 수행되고 있다. 따라서 바람직한 연구 방향은 보편문법을 심화하고 그 안에서 각 언어의 개별문법(particular grammar)과의 관련성이 자연스럽게 설명되도록 하는 것이 되어야 할 것이다.

5. 자립통사론

생성언어학은 자립통사론(autonomous syntax)을 지향한다. Chomsky(1957: 17)는 문법은 자립적이며 의미로부터 독립적이라고 주장한다. 사실 이 입장은 생성문법의 중요한 특징이면서도 기존의 문법이론과 확연히 구별되는 점이기도 하다. 자립통사론은 통사론이 독자적인 개념으로 설명되어야 하고, 구조적으로 기술되어야 함을 가정한다. 통사론은 문법의 다른 분야, 즉 의미론이나 음운론은 말할 것도 없고 비언어능력인 화용론에 의해서 설명되어서는 안된다고 본다. 다시 말하면 어떤 언어 현상이 통사론만으로 설명될 수 없다면 이는 통사론의 문제가 아니라고 보는 것이다. 언어는 의미와 형태의 이중구조를 가지고 있지만 각각은 독립적으로 기술되어야 한다는 것이다. 이 개념을 올바로 이해하기 위하여 아래의 예문을 가지고 생각해보자.

(12) a. Colorless green ideas sleep furiously.

b. John plays golf.

c. Golf plays John.

d. My toothbrush is pregnant again.

e. John loves him.

f. *John disappear Mary.

먼저 (12a)는 Chomsky 자신이 만든 널리 인용되는 예문인데, 의미상으로는 상호모순적인 이상한 뜻이 될 수 있어도 통사적으로는 즉, 어순, 주어와 동사의 수의 일치, 목적어의 유무 및 수식관계 등에서 아무 문제가 없다. 이를 단지 의미상의 관점에서 볼 때 비논리적이거나 이상하다는 이유로 통사적으로도 비문이라고 말하는 것은 바로 자립통사론에 위배된다. 사실 (12a)는 시인의 상상력을 빌리거나 동화나 환상의 세계에서는 얼마든지 가능한 의미이다. 또한 예문 (12b)는 통사적으로뿐만 아니라 의미론적으로도 바른 문장이라는데 이론이 없겠으나 예문 (12c)도 의미상으로 일상적인 의미는 아니지만 통사적으로는 틀림없는 정문이다. 만일 이를 비문이라고 주장한다면 이는 통사론과 의미론을 구분하지 않은 데서 오는 오류이다. 더 구체적인 세상지식이 관여하면 (12c)는 정상적인 의미를 가진 문장으로 얼마든지 쓰일 수 있기 때문이다. 즉, John이 골프를 너무 못해서 마치 골프가 John을 가지고 노는 것 같은 상황에서 (12c)는 얼마든지 좋은 문장이 된다. 예문 (12d)도 통사적으로 아무 문제가 없으며, 의미상으로 이상하다고 비문이라고 한다면 이는 상상력이 부족하기 때문이다. 어떤 남자가 자신의 부인의 애칭을 'toothbrush'라 부른다면 (12d)가 왜 이상한 의미가 되겠는가! 예문 (12e)를 볼때 기존의 문법으로 보면 문법성의 판단이 흐려질지 모른다. 즉, 'him'이 'John'과 동일인이면 'himself'가 되어야 하므로 비문이고, 동일인이 아니면 정문이라고 말할 것이다. 그러나 두 사람이 동일인인지를 아는 지식은 그야말로 문법과 관련이 없는 비언어적 지식이 개입되고 있어서 자립통사론을 어기고 있다. 생성문법은 이 문제를 결속이론(B)(Binding Theory(B))에 의해서 구조적으로 설명한다. 즉, 'him'은 구조적으로 'John'과 동일인으로 해석될 수 없는 정문이다. 오직 (12f)만이 통사적인 비문인데, 첫째, 주어와 수의 일치가 되지 않아서 비문이고, 둘째, 자동사가 목적어를 가져서 하위범주화(subcategorization)를 어겨서 비문이다. 이상의 예에서 보다시피 설명적 타당성을 실현하는데 있어서 자립통사론이 얼마나 중요한 개념인지를 확인할 수 있다.

제4장 현대생성문법의 기본구조

1. 기본원리

Noam Chomsky는 1979년 이탈리아의 Pisa에서의 강연과 MIT에서의 강의를 바탕으로 하여 1981년에 *Lectures on Government and Binding(LGB)*을 출간함으로써 지배결속 이론(Government-Binding Theory; GB이론)을 내놓게 된다. 이 책과 1986년의 *Knowledge of Language(KL)*에서 제안한 Chomsky의 이론, 그리고 이 이론을 비판하면서 발전에 발전을 거듭하고 있는 생성문법이론을 우리는 현대생성문법이라고 부른다. 현대생성문법의 모형은 대체로 다음과 같다.

(1) 문법모형

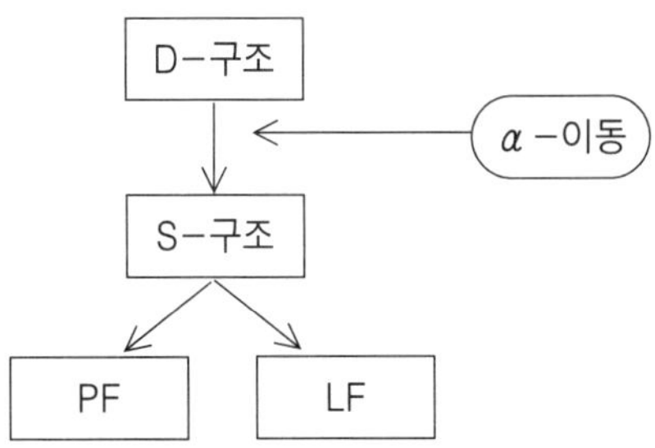

D-구조는 의미구조이며 여기에 이동규칙(Move-α)이 적용되면 표면구조인 S-구조가 생성된다. 이 두 구조를 생성부(generative component)라 부른다. D-구조는 의미역(theta role)과 투사원리(Projection Principle)[1]에 맞게 어휘가 삽입된다. PF(phonetic form; 음성형태)와 LF(logical form; 논리형태)는 해석부(interpretation component)로서 PF에 발음규칙이 적용되어 소리가 나오고, LF에 의미규칙이 적용되어 의미가 나온다.

(2) 현대생성문법의 3대 특징

① 규칙체계(rule system)에서 원리체계(principle system)으로 바뀐다.

② 변형규칙(T-rule)은 이동규칙(Move-α)으로 통합된다.

③ 각각의 원리 및 이론이 서로 독립적인 단원(module)을 구성한다. (modular approach)

현대생성문법의 핵심 원리 및 이론은 다음과 같다.

(3) 현대생성문법의 핵심원리

① 지배이론(Government Theory): 관련된 요소 간에 구조적 지배관계가 있다는 이론

② 격이론(Case Theory): 모든 논항이 구조적으로 격을 받아야 한다는 이론

③ 의미역이론(Theta Theory): 각 논항의 의미역 배당에 관한 이론

④ 통제이론(Control Theory): 부정사구문의 주어 PRO와 선행사 간의 구조적 관계에 관한 이론

⑤ 결속이론(Binding Theory): 대용어 및 대명사와 선행사, 혹은 흔적과 선행사 간에 구조적 결속관계가 있어야 한다는 이론

⑥ 경계이론(Bounding Theory): 구성요소의 이동의 가능한 범위를 구조적으로 제한하는 이론

---

1) 투사원리(Projection Principle)는 Chomsky(1981: 29)가 어휘(lexicon)의 정보를 최대한 활용한 통사구조를 설정하는 문법모형을 제안하면서 제시한 중요한 원리이다.
"Representations at each syntactic level (i.e., LF, and D- and S-structure) are projected from the lexicon, in that they observe the subcategorization properties of lexical items."

2. 문장의 정의

통사론(syntax)의 본질적인 기술 대상은 말할 나위없이 문장(sentence)이다. 구체적으로 말하면 통사론은 정문을 만드는 법칙과 정문과 비문을 명시적으로 구분하는 법칙, 즉 문법(grammar)을 확립하고자 하는 언어학의 한 분야이다. 그러나 모국어 화자는 무의식적으로 정문을 사용하고 이해하며, 정문과 비문을 판단할 수 있지만 그 판단의 근거, 즉 법칙을 설명하지는 못한다. 모국어 화자의 머릿속의 문법을 정신문법(mental grammar)이라고 부르고, 이를 실제적이고 구체적으로 기술한 것이 기술문법(descriptive grammar)이다.

통사론은 문장의 정의에서부터 출발한다. 문장의 일반적인 정의는 다음과 같다.

(4) 문장의 정의

① S ——▶ Modality + Proposition

② Proposition ——▶ Predicate + 논항(C1) + 논항(C2) +....(C는 의미격임)

③ S ——▶ NP AUX VP

사실, 문장을 정확히 정의할 수 있다면 문장이 무엇인지 안다는 뜻이 된다. 그러나 공교롭게도 문장이 무엇인지 제대로 정의한다는 것은 경험적으로 볼 때 아직 불가능하다고 말할 수 있다. 단지 일정한 이론 안에서 논의의 편의상 일정하게 정의하고, 이론이 발달하면서 정의 자체도 수정, 발전된다고 보아야 한다. 현대생성문법은 'sentence'를 I(inflection)의 최대투사(maximal projection)인 IP로 정의한다. 또한 I의 구성요소도 여러 가지 양상부(modality)의 결합체임이 밝혀졌다.

3. COMP의 이해

현대생성문법은 내포절(embedded clause)과 주절(matrix clause)을 연결하는 보문자(complementizer; COMP)에 대한 더욱 명시적인 기술을 할 수 있게 되었다. 보문자를 문장 기술의 중요 개념으로 받아들임으로써 문장보다 더 큰 구조를 상정하는 것이 불가피해졌을 뿐만 아니라 보문구조(complement structure)의 분석 및 기술이 가능해진 것이다. 대체로 보문자는 다음과 같이 분류된다.

(5) 보문자의 분류

a. S' ⟶ COMP S

b. COMP ⟶ [+/-Q]

c. COMP[-Q] ⟶ {that / (for) -to / (POSS) -ing}

d. COMP[+Q] ⟶ [+/-WH]

e. COMP[+WH] ⟶ {who / what / when / where / why / how}

f. COMP[-WH] ⟶ if/whether

먼저 영어의 보문자는 문장(S) 앞에 놓여서 문장보다 더 큰 구조, 즉 전통적인 용어로 말하면 절(clause)을 구성한다. 이 문장 앞에 오는 보문자는 뒤에 오는 절의 통사적 성격에 따라 달라지고, 이를 바꾸어 말하면 앞에 오는 보문자의 자질이 뒤에 오는 절의 성질을 결정하는 핵(head)이 된다. 우선 보문자가 의문문(question; Q)의 자질을 가지고 있느냐의 여부에 따라 의문자질이 없으면 (5c)의 세 가지 보문자로 분류되고, 의문자질이 있으면 다시 그 자질이 의문사 자질(WH)을 갖는지의 여부에 따라 (5d)와 (5e)로 다시 나누어진다. 전통적인 문법관과 크게 달라진 것은 바로 (5c)의 항목이 되겠는데, 이의 이해를 위해서 다음 예문을 살펴보기로 하자.

(6) a. That we spit anywhere is very tragic.

b. For us to spit anywhere is very tragic.

c. Our spitting anywhere is very tragic.

d. Who(m) do you like?

e. I wonder who(m) you like.

f. Do you like apples?

g. I wonder whether/if you like apples.

먼저 위 예문 중에서 (6a)와 (6b), (6c)의 구조와 의미를 비교해 보면 우리는 쉽게 그 유사성을 알 수 있다. 가장 일반적인 절인 (6a)의 보문자인 'that'의 기능을 (6b)에서는 'for-to'가 하고 있고, (6c)에서는 바로 '-ing'이 하고 있지 않은가? 아울러 (6a)의 that-절의 주어인 'we'가 (6b)에서는 'for' 다음의 목적격 대명사 'us'로 나타났고, (6c)에서는 소유격(possessive; POSS)으로 나타나고 있다. 전통문법적으로 (6a)는 시제문(tensed clause)의 that-절이고, (6b)는 to-부정사구문의 주어가 'for' 다음에 실현되고 있으며, (6c)는 동명사구문으로서 주어는 명사 앞에서 소유격이 쓰이고 있다고 보는 점과 크게 다르지는 않지만 본질적으로 (6a)의 'that'의 기능과 (6b)의 'for-to'의 기능, 그리고 (6c)의 '-ing'의 기능을 모두 동일하게 주절과 보문절을 연결하는 보문자로 규정한다는 면에서 현대생성문법은 기존의 이론과 다르다. 이론상으로 동일한 의미와 기능을 하는 성분을 동일한 구조와 명칭으로 규정하는 것은 매우 자연스럽다. 더구나 이를 동일한 수형도로 포착할 수 있다면 더욱 이상적인데, 뒤에서 바로 다루게 될 X'-이론(X'-theory)을 따르면 바로 이 점까지도 명시적으로 확보할 수 있게 된다.

이제 예문 (6d)를 보면 wh-어구와 조동사 'do'는 주어 앞에 놓여있으므로 일반적인 문장(S)의 밖, 즉 보문자 COMP의 자리를 차지한다. 이 점은 예문 (6e)에서 주절과 간접의문문을 연결하는 보문자로 wh-어구가 그대로 사용되고 있는데서 증명된다.

끝으로 (6f)의 yes-no 의문문도 조동사 'do'가 주어 앞자리로 이동하는데, 이 자리는 곧 COMP 자리일 수밖에 없다. 만일 (6g)처럼 간접의문문이 되면 'if/whether'가 COMP로 쓰이게 되고 'do'는 자리를 잃게 되는 것은 바로 'do'가 이동하여 들어가는 자리와 'if/whether'가 들어가는 자리가 동일한 자리임을 증명한다.

이상의 논의를 통해서 현대생성문법의 보문자 COMP에 대한 이론적 정립을 살펴보았다. 바로 뒤에서 COMP의 구조에 관해서 자세하게 다루게 된다.

4. X'-이론의 이해

X'-이론은 종래의 PS-Rule에 대한 지배결속이론의 대안일 뿐만 아니라 보편문법(universal grammar; UG)과 어휘중심 문법을 지향하는 현대생성문법의 핵심적 이론이다. X'(X-bar)-이론이란 모든 어휘를 대신하는 X를 기본으로 하여 X의 상위범주를 X', 그 상위범주를 X''(X-double bar; XP)등으로 표시함으로써 모든 어휘와 구절범주(phrasal category)

를 동일한 틀(framework)에 의해서 구조적으로 나타낼 수 있는 장치이다. 그 구조가 무한한 것은 아니고 현대 언어학에서는 일반적으로 어휘인 X, 어휘의 최대투사구조(maximal projection structure)인 XP, 중간구조(intermediate projection structure)인 X'의 세 가지 성분으로 구성된다고 본다. 여기에 수식구조에 대하여 부가구조(adjunction structure)를 도입하면 모든 언어의 문장과 구를 X'-구조로 표시할 수 있다.

(7) X'-구조

a. 선핵언어(영어)

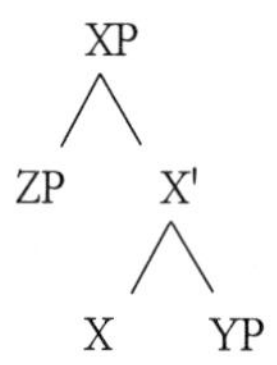

b. 후핵언어(국어)

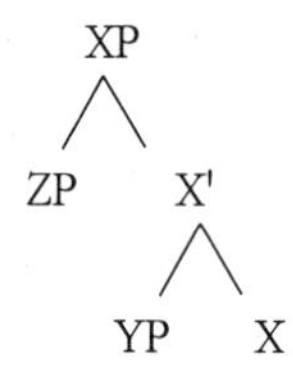

여기에서 X는 어휘 핵(head)으로서 어휘범주(N, V, A, P)뿐만 아니라 기능범주(I, C) 등을 표시하고, YP는 X의 보충어(complement), ZP는 X의 지정어(specifier)이다. 만일 국어처럼 후핵언어(head-last language)일 경우에는 보충어가 핵의 앞에 오는 점만 다르다. 이를 확인하는 것은 어렵지 않다. 다음 예문을 보자.

(8) a. Close / the door.

b. [닫아라 / 문을] (문을 / 닫아라)

c. desire / for / change

d. [열망 /에 대한/ 변화] (변화 / 에 대한 / 열망)

위의 예문을 보면 핵과 보충어의 위치가 영어는 선핵언어, 국어는 후핵언어임을 완벽하게 보여주고 있다.

어휘(X)와 이의 최대투사(XP)만을 인정하던 초기 생성문법의 PS-rule과 달리 두 요소 사이에 중간구조로서 X'(X-bar)를 설정하는 것이 자연언어의 기술에 더욱 적합하다는 것이 밝혀지고 있다. 대표적으로 Radford(1988: 174-286)은 이 점을 잘 논증하고 있다. Rulon Wells(1947[1957: 188])가 NP인 [the king of England]의 직접구성성분(immediate constituent; IC)이 [the]와 [king of England]라고 논증하고 있음을 언급하면서 이는 어휘범주 N인 [king]과 최대 구범주 NP인 [the king of England] 사이에 또 하나의 중간 구범주가 필요함을 증명하는 것으로 보았다. 다시 말해서 [king of England]가 독립된 구성성분으로 정문에서 사용된다면 이는 N과 NP 사이에 중간구조의 설정을 정당화하는 것이다.

첫째, 아래 예문 (9a)는 [king of England]가 독립된 직접구성성분으로 쓰임을 보여준다.

(9) a. He became [king of England].
 b. He is the [king of England].
 c. He is the [English king].
 d. Who would have dared defy the [king of England] and [ruler of the Empire]?
 e. He was the last (and some people say the best) [king of England].
 f. The present [king of England] is more popular than the last [one].
 g. *The [king] of England defeated the [one] of Spain.

둘째, 위 예문 (9b)와 (9c)가 구조적 대칭관계(structural symmetry)를 보여주는 것도 [king of England]가 직접구성성분임을 증명한다.

셋째, 위 예문 (9d)는 [king of England]와 [ruler of the Empire]가 일반 등위절(ordinary coordination)로 연결되고 있으므로 직접구성성분임이 증명된다.

넷째, 위 예문 (9e)는 [king of England]가 'the last'와 'the best'의 공유된 성분(shared constituent coordination)이 되므로 역시 [king of England]가 직접구성성분임을 증명한다.

다섯째, 위 예문 (9f)와 (9g)를 비교해보면 [king of England]는 [one]으로 대명사화 되지만 [king]만으로는 대명사화가 불가능하므로 [king of England]가 직접구성성분이다.

이와 같은 증거를 토대로 하여 흔히 어휘범주를 X_0로 표시하므로 중간구조를 X'(X-bar)로 표시하고 최대투사범주를 XP(X'' = X-double bar)로 표시하게 되었다. 이와 같은 X'-구조를 받아들이면 NP를 포함한 다른 어휘범주에서도 그 타당성이 입증되고 있다.

첫째, NP구조에서 보충어(complement)와 부가어(adjunct)의 차이를 구조적으로 포착할 수 있다.

(10) a. a student [of Physics]

b. a student [with long hair]

위 예문 (10a)의 PP인 [of Physics]는 N인 [student]의 보충어이고, (10b)의 PP인 [with long hair]는 부가어인데 이 차이를 기존의 PS-규칙으로는 설명할 수 없으나 X'-구조에서는 아래같이 수형도로 구별할 수 있다.

(10a)의 수형도

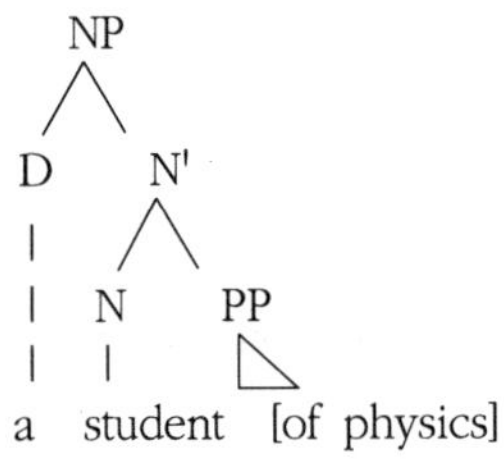

(10b)의 수형도

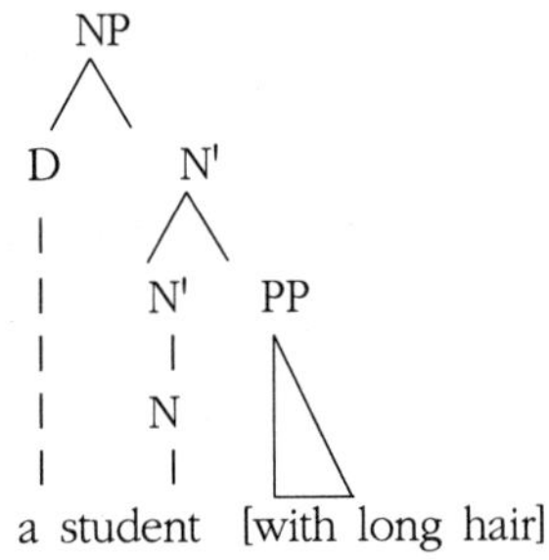

둘째, 명사의 전수식어(premodifier)를 수형도로 나타낼 수 있다.

(11) a. a student [of Physics] [at Cambridge]

b. a [Cambridge] [Physics] student

위 예문 (11a)와 (11b)는 같은 의미를 가진 NP인데 이를 수형도로 그리면 아래와 같다.

(11a)의 수형도

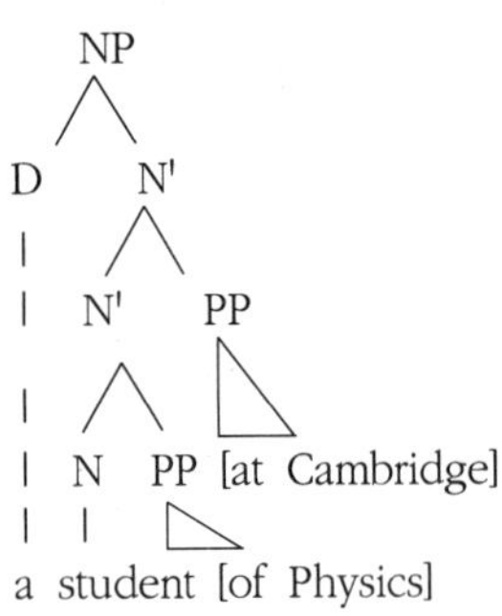

(11b)의 수형도

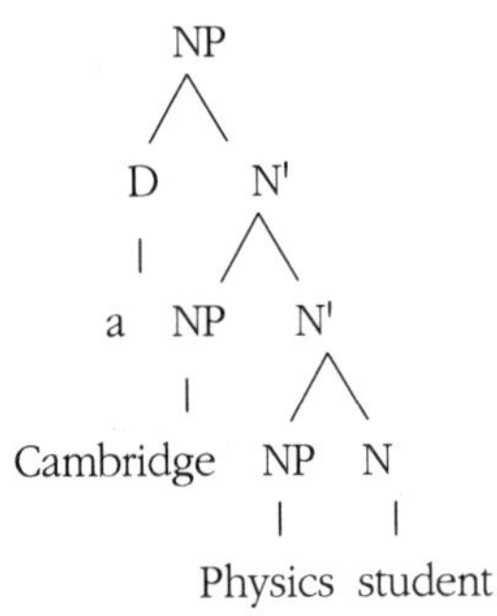

셋째, 복합명사(compound)로서 보충어를 가진 NP와 명사구로서 수식어(부가어)를 가진 NP를 구분해준다.

(12) a. an ENglish teacher [=someone who teaches English] (복합명사)
b. an ENglish TEAcher [=a teacher who is English] (명사구)

(12a)는 '영어선생'으로서 복합명사이고, 'English'는 핵어인 'teacher'의 보충어이다. (12b)는 '영국인 선생'으로서 이 때 'English'는 핵어인 'teacher'의 형용사 수식어이다. 핵과 보충어의 의미적 관계는 핵과 수식어의 의미적 관계보다 더 밀접하다. 선생은 가르치는 것이 직업이니 그 과목인 영어와 관계가 있지만, 영국인과 선생은 그 관계가 우연적이다. 이 두 성분의 구조적 관계를 아래 수형도로 나타낼 수 있다.

(12a)의 수형도

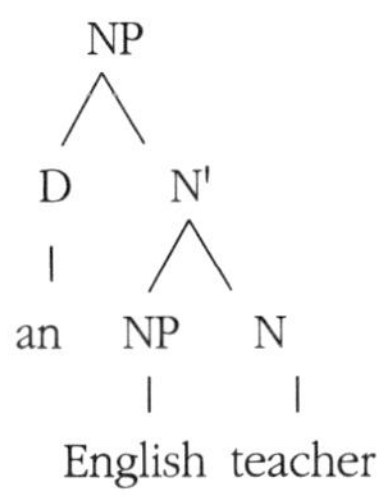

(12b)의 수형도

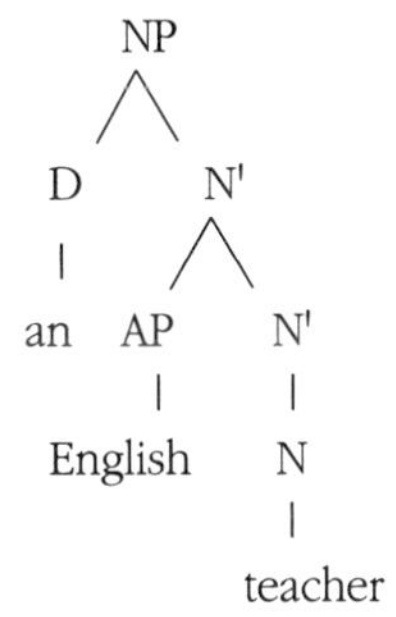

넷째, X'-구조는 NP를 포함한 AP, ADVP, PP, VP 등의 모든 최대투사범주의 중간구조(X')의 존재를 정당화한다. 다음 예문을 보자.

(13) a. She is [$_{AP}$ **very** [proud of her son]].
b. She discovered it [$_{ADVP}$ **quite** [independently of him]].
c. The thief fell [$_{PP}$ **right** [out of the window]].
d. You must [$_{VP}$ **be** [thinking of others]]

위 각 예문에서 굵은 글씨의 성분은 NP의 D와 같이 각 구조의 지정어 자리에 오고, 나머지 성분은 차례대로 각각 A', ADV', P', V' 등의 중간구조를 구성한다. VP를 예로 들면 VP 안의 보충어(complement)와 부가어(adjunct)를 수형도를 통해서 구분할 수 있다. 아래 예문을 고려해보자.

(14) a. He will work [at the job]. (=internal complement)

b. He will work [at the office]. (=external adjunct)

(14a)의 PP인 [at the job]은 어휘동사 'work'의 의미를 보충해주는 내재보충어로서 필수요소이다. 이 경우에 [[work at] [the job]]으로 재구성한 구조로 보기도 한다. (14b)의 PP인 [at the office]는 어휘동사 'work'에게 필수성분이 아니며, 장소를 나타내는 외재부가어라고 부른다. 이를 아래 수형도로 나타낼 수 있다.

(14a)의 수형도

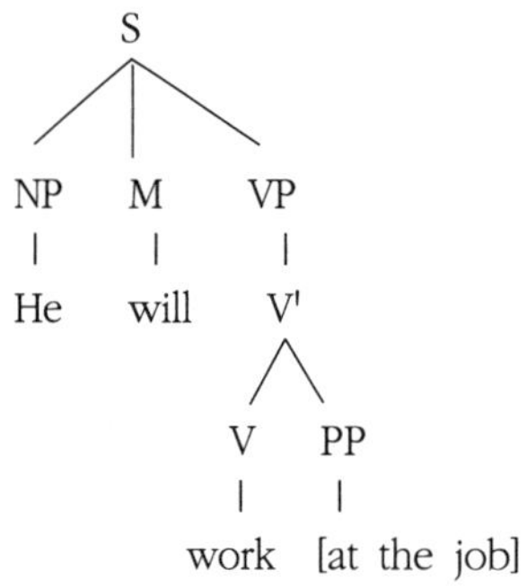

(14b)의 수형도

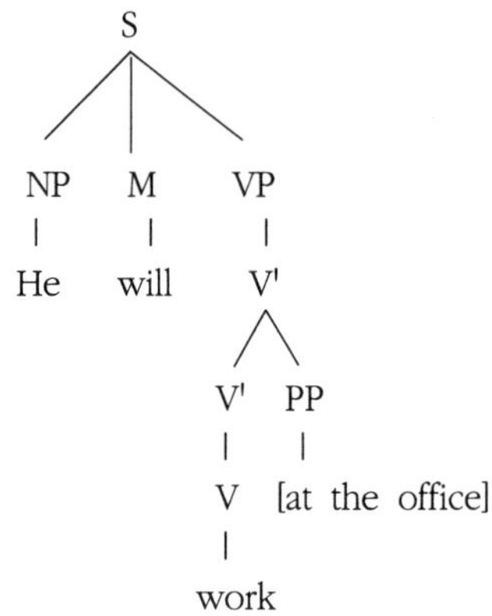

보충어와 부가어는 구조상으로 뿐만 아니라 의미상으로도 핵과의 밀접성에 있어서도 차이가 나고, 수식어로서의 부가어는 필수요소가 아닐 뿐만 아니라 필요에 따라 여러 개가 나오기도 하며, 위치도 상대적으로 자유로운 특징이 있다.

또한 PS-rule은 다시쓰기규칙(rewriting rule)으로서 다음과 같은 문제점을 갖는다.

첫째, 각 규칙 간에 어떤 공통점을 찾을 수 없다.

둘째, 언어의 보편성을 반영할 수 없다.

셋째, 다시쓰기규칙에 대한 제약이 전혀 없다.

이상의 문제점을 X'-이론은 극복할 수 있다. 더구나 아래의 두 S와 NP 구조가 갖는 의미의 유사성을 X'-구조는 그대로 반영하고 있으나 PS-규칙은 전혀 다른 규칙과 구조를 갖게 된다.

(15) a. Mary solves the problem. (S)

b. Mary's solution to the problem. (NP)

① S → NP AUX VP
② VP → V NP
③ NP → NP PP
④ NP → D N
⑤ NP → N NP
⑥ PP → P NP

문장 (15a)와 (15b)의 기본적 의미가 동일함에도 불구하고, (15a)는 PS-규칙 ①, ②, ④가 필요하고, (15b)는 ③, ④, ⑤의 세 규칙이 필요하다. 이를 수형도로 그려보면 아래와 같이 전혀 다른 구조가 된다.

(15a)의 PS 수형도

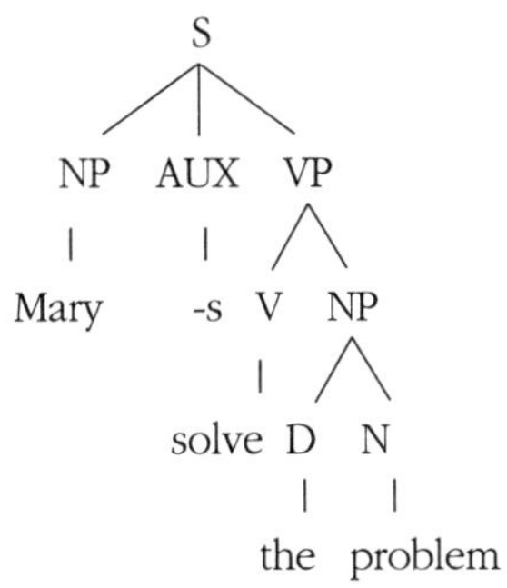

(15b)의 PS 수형도

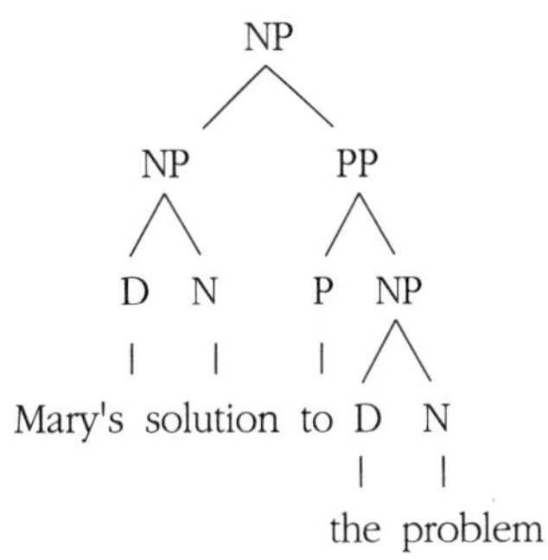

이제 이 두 문장을 X'-구조에 의해서 그려보면 아래와 같다. 이를 통해서 IP-구조와 NP-구조가 의미의 유사성을 반영하면서 구조적으로도 매우 유사함을 확인할 수 있게 된다.

(15a)의 X'-구조

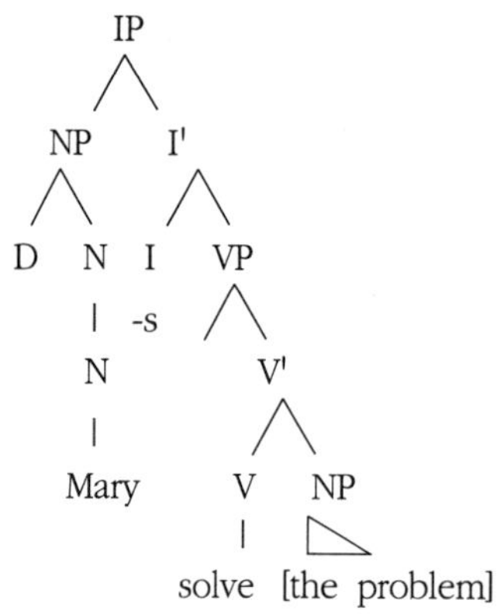

(15b)의 X'-구조

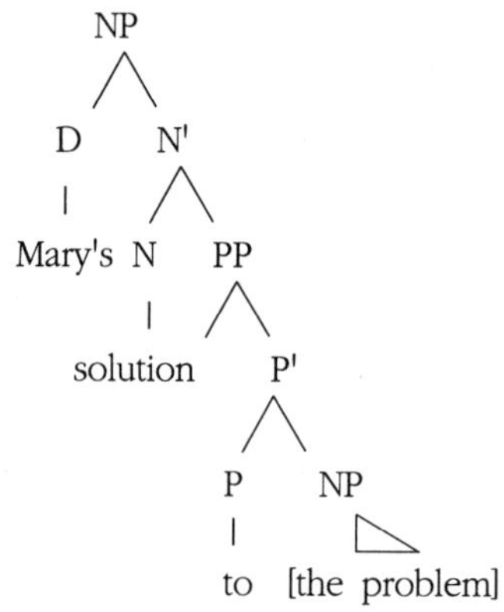

5. X'-이론과 IP-구조

앞에서 문장의 구성성분은 그 구조의 핵 어휘(lexical Head)의 최대투사로 나타낼 수 있음을 확인하였다. 특히 통사론이 궁극적으로 문장의 생성법칙을 명시적으로 기술하는 것을 목표로 하고 있기 때문에 문장이 기능범주(functional category)인 I(INFL; inflection)의 최대투사로 정의하게 된 것은 이론의 발달상으로 매우 획기적인 일이 아닐 수 없다. 따라서 우리는 여기에서 다시 문장이 IP로 정의되는 과정을 살펴보기로 하겠다.

(16) S → NP AUX VP

먼저 AUX의 두 가지 성질에 주목하기로 하자.

첫째, AUX는 동사의 굴절 형태소(inflection)로서 시제자질(tense feature)이 표시되는 요소이다.

둘째, AUX는 주어의 3인칭/단수 여부와의 일치(agreement)를 보여주는 현재시제형 굴절 형태소('-s/-es')를 가지고 있다.

이 두 가지 성질을 근거로 하여 AUX를 INFL이라고 바꿔 부르고, S를 기능범주 I의 최대투사 IP라고 부른다.

(17) 문장의 X'-구조

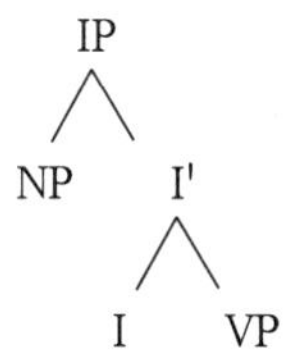

이 IP-구조는 X'-구조의 틀과 일치하며 주어는 I의 지정어, VP는 I의 보충어가 된다. 따라서 주어와 I의 일치는 곧 지정어-핵 일치(Spec-Head agreement)가 된다. 이는 다음과 같은 일반화의 한 예이다.

(18) 지정어-핵 일치(Spec-Head Agreement)
핵과 지정어는 관련 자질이 일치되어야 한다.
(A Head X and its Specifier Spec-XP must agree in relevant features.)

예를 들어 IP-구조 안에서 지정어인 주어와 핵인 INFL(=AGR) 간에는 수, 인칭, 성 등이 일치되어야 하고, NP-구조 안에서 지정어인 한정사(D; determiner)와 핵인 N 간에 수의 일치가 있어야 한다. 다음 예문은 이를 확인해준다.

(19) a. *I go* to school.
b. *He goes* to school.
c. this child / these children

먼저 예문 (19a)와 (19b)를 비교해보면 IP-구조 안에서 지정어(Spec)인 주어와 핵인 시제가 표시되는 정형동사(finite verb) 사이에 지정어-핵 일치라는 원리가 적용되고 있음을 보여주고 있으며, 예문 (19c)는 NP-구조 안에서 지정어인 한정사와 핵(N)인 명사 사이에 지정어-핵 일치의 원리가 적용되어 적형(well-formed)이 만들어진다.

6. X'-구조와 소절

X'-이론에 따라 일반적인 문장을 I(INFL)의 최대투사 IP라고 정의하면 자연언어에 I가 존재하지 않으면서도 주어와 술어를 갖춘 일정한 구조(주술관계)를 접하게 된다. 이 유형을 IP와 구분하여 소절(small clause; SC)이라 부른다. 즉 소절은 시제(tense)가 있는 절과 to-부정사절, 동명사절을 제외한 모든 절을 말한다.

(20) a. John considers [that Bill is incompetent].
b. John considers [Bill to be incompetent].
c. John considers [Bill incompetent].

예문 (20a)는 시제절, (20b)는 to-부정사절, (20c)는 소절이다. 결국 소절은 I도 없고, 'to be'도 없으며, COMP도 없다. 전통문법과 달리 생성문법에서 이 구문을 소절이라는 독립된 구문으로 분석하는 근본적인 이유는 이 구문이 명제적 의미(propositional meaning)로서의 독립성을 갖추고 있기 때문이다. 그 증거는 바로 (20c)의 'Bill'이라는 논항에게 의미역을 부여하는 술어가 본동사 'consider'가 아니라 소절 안의 형용사 술어 'incompetent'라는 점이다. 본동사 'consider'는 이항술어로서 하나는 'John'에게 주고, 또 하나는 'Bill'에게 주는 것이 아니라 명제논항인 "Bill incompetent"에게 준다. 그렇지만 논항 'Bill'이 주절동사 'consider'로부터 목적격을 부여받는다는 면에서는 부정사절 (20b)와 다를 바 없는데, 이 문제는 격이론에서 다루어지게 된다.

그렇다면 소절 (20c)의 [Bill incompetent]는 X'-구조상에서 어떻게 그려져야 할까? 가능한 방법은 NP-주어인 'Bill'과 형용사(A)-술어인 'incompetent'를 AP-구조로 나타내는 방법이다. (20c)를 수형도로 그리면 다음과 같다.

(20c)의 수형도

John considers [Bill incompetent]

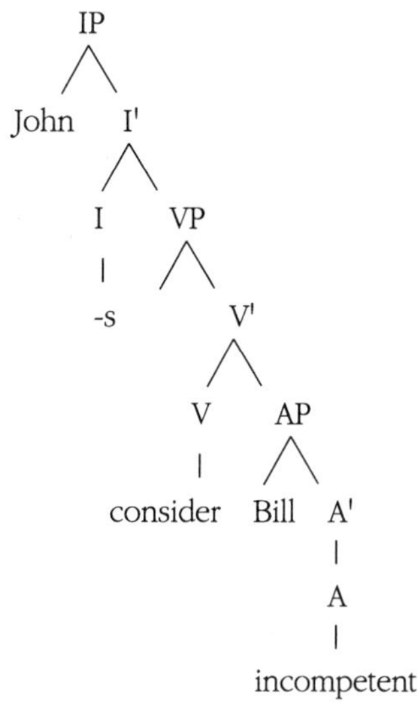

위의 수형도에서 AP-구조만 다시 보면 지정어 자리에 있는 'Bill'은 IP-구조 안에서의 지정어 자리에 있는 주어 'John'과 동일한 역할을 하고 있음을 알 수 있다.

우리가 소절의 이론을 받아들이면 이 밖에도 소절로서의 PP, VP, NP 등을 인정할 수 있게 된다. 다음 예문을 보자.

(21) a. The captain expects [the drunken sailors off the ship immediately]. (PP)
b. John made [Bill (*to) read the whole book]. (VP)
c. John considers [Bill a genius]. (NP/DP)

먼저 예문 (21a)의 PP는 전치사(P) 'off'를 핵으로 하는 소절로서 이 'off' 이하는 술어의 기능을 하고, 지정어인 "the drunken sailors"는 주어의 기능을 한다. (21b)는 전통문법상으로는 주절동사인 'make'가 사역동사이므로 목적절 구문이 'to' 없는 부정사 구문을 갖는다고 분석되는 구문인데, 생성문법은 이를 소절의 범주 안에서 분석한다. 소절인 VP 안에서 'Bill'은 지정어로서 주어의 기능을 하고 있다. 예문 (21c)는 위의 두 예문과 달리 기존의 이론틀 안에서 소절로 분류될 경우 한 가지 문제가 생긴다. 즉 NP-소절의 경우에 의미상으로 'Bill'이 주어가 되는 것은 당연한데, 이를 NP-구조 안에서 어떻게 지정어로 표시할 것인가 하는 문제가 발생한다. 이 문제는 곧 NP-구조의 핵(head)을 무엇으로 보느냐 하는 문제와 직접적으로 관련되어 있는데, 왜냐하면 지금까지 NP-구조의 지정어는 한정사(D; determiner)로, 그리고 핵은 당연히 N으로 보았기 때문이다. 다시 말하면 기존의 X'-구조로는 NP-소절을 표시할 수 없는 이론상의 중대한 문제가 야기되는 것이다. 이 문제는 다음 절에서 다루는 DP-가설에서 다시 논의하기로 하겠다.

소절이 본동사의 하위범주화(subcategorization)에 의해서 규정되면, 즉 위 예문에서 'consider'의 목적어로서의 소절이면 보문소절(complement small clause)이고, 하위범주화와 무관한 수식절이면 부가소절(adjunct small clause)이라 부른다. 아래 문장에서 [ ] 안의 구조가 부가소절의 예들이다.

(22) a. John left the room [PRO angry at himself].
b. John came home [PRO singing a song].
c. John came home [PRO in a red shirt].
d. John came home [PRO confused by her reaction].
e. John ate the meat [PRO raw].
f. John rolled the dough [PRO into a ball].
g. John painted the barn [PRO red].
h. Bill shaved [his razor dull].

위의 다양한 부가소절은 모두 문장의 필수요소는 아니므로 생략이 가능한 수식절(modifier)로서 선행하는 주절의 V'-부가 구조를 갖는다. 이 부가소절은 모두 주어가 PRO(invisible pronominal)로서 의미에 따라 이 PRO의 선행사가 결정된다. 예를 들어 위 예문 (22a)부터 (22d)까지는 주절의 주어 John이 소절의 주어 PRO의 선행사이며, (22e)의 소절의 PRO의 선행사는 의미상으로 주절 목적어인 'the meat'이다. (22f)의 소절의 PRO의 선행사는 주절의 목적어인 'the dough'이고, (22g)의 소절의 주어인 PRO의 선행사는 주절의 목적어 'the barn'이다. 한편 (22h)처럼 소절의 주어가 어휘가 나오기도 하는데, NP 'the razor'가 술어 'red'로부터 의미역을 부여받는다. PRO의 일반적인 성질에 관한 자세한 논의는 뒤에서 계속된다.

소절 가운데 부가소절의 경우, 의미상으로 두 가지 유형으로 나누어진다. 위 예문 (22a)부터 (22e)까지는 소절이 모두 주절의 행위와 동시에 일어나는 행위를 기술한다는 면에서 묘사구문(depictive construction)으로 부르고, (22f)에서 (22h)까지의 소절은 주절의 행위의 결과로 나타나는 행위를 기술하고 있다는 면에서 결과구문(resultative construction)이라고 부른다. (22f)는 밀가루 반죽을 말아서 결과적으로 볼이 만들어졌고, (22g)는 창고에 페인트를 칠한 결과 붉은 색이 되었으며, (22h)는 면도를 한 결과 면도날이 무디어졌음을 기술하고 있는 것이다.

7. DP-가설

Abney(1986)가 최초로 제안하였고 최근에 학계에서 널리 받아들여지고 있는 DP-가설(DP-hypothesis)은 한마디로 말하면 한정사(determiner; D)를 NP의 지정어로 보지 않고, D를 기능범주의 핵으로 하는 최대투사범주 DP를 설정하고, 종전의 NP에서 D를 제외한 나머지 부분을 D의 보충어로 보는 새로운 이론이다. DP의 설정이 자연언어의 기술에 더 적합하다는 증거가 계속해서 발견되고 있는데, 그 중에 하나가 소절(small clause) NP를 새로이 DP로 보면 지정어가 주어가 되는 점을 자연스럽게 설명할 수 있게 된다. 4.6의 예문 (21c)의 소절만을 수형도로 그려보자.

(21c)의 수형도

John considers [Bill a genius]

a. NP-구조 b. DP-구조

위 수형도에서 보듯이 NP-소절 안에서는 주어인 'Bill'을 나타낼 수 없으나 DP-소절 안에서는 바로 DP의 지정어 자리에 이 주어를 설정하게 되므로 소절의 일관된 구조를 실

현할 수 있게 된다.

DP-가설을 지지하는 다른 증거도 있다. 우선 다음 구문을 DP-구조로 그려보자.

(23) a. the book

b. that book

c. that

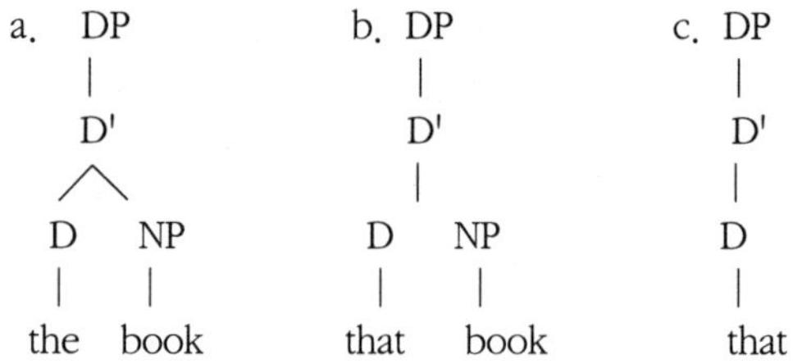

먼저 한정사 'the'는 고대영어의 'that'에서 유래되었음을 염두에 두고서 (23a)와 (23b)를 (23c)와 비교해보면 결국 핵인 'that'이 남아있음을 보여주는데 이는 핵의 구조와 의미라는 면에서 매우 자연스런 결과이다. 만일 이를 종전처럼 NP-구조로 보면 핵이 생략되고 지정어인 한정사 D가 남게 되어 부자연스럽다. 이는 DP-가설을 지지하는 강력한 증거라고 말할 수 있다.

다음의 예문도 D의 독자적인 성격을 잘 보여주고 있다.

(24) speaker A: What are you looking for?

speaker B: *Chair.(*comfortable chair; A chair; *The* chair; *Another* chair; *This* chair; *My* chair.)

위 대화는 단수 가산명사(singular count noun)인 'chair'가 반드시 D를 필요로 함을 보여준다. 다시 말해서 이는 D를 DP-구조의 핵으로 가정하는 DP-가설을 지지하는 증거이다.

DP-가설을 받아들이면 아래 예문의 문법성을 명백히 설명할 수 있다.

(25) a. We(/*us) politicians(/*the politicians) must be ashamed of ourselves (/*themselves).

b. [Many a student] is attending the contest.

c. [You two brothers] are right, aren't you?

(25a)는 전통적으로 동격관계로 이해되어왔으나 DP-가설에 의하면 [We politicians]은 DP로서 핵인 'we'가 문법적인 주이이고 'politicians'은 D의 보충어이다. 따라서 재귀대명사도 'ourselves'가 된다. 또한 예문 (25b)는 DP [many a student]의 핵은 'a'이므로 DP 전체가 단수 한정사구가 되어 Be동사도 단수인 is가 됨을 정확하게 설명할 수 있게 된다. 끝으로 예문 (25c)도 주어가 D인 'You'임이 부가의문문의 주어가 'you'인 것으로 확인된다.

한편 D가 항상 외현적으로(overtly) 나타나야 되는 것은 아니다. 아래 예문에서 보듯이 불가산 명사는 D가 외현적으로 실현되지 않는 것이 일반적이고, 복수 가산명사는 의미에 따라 외현적인 실현 여부가 결정되지만 단수 가산명사는 반드시 D가 외현적으로 실현되어야 한다.

(26) a. Childhood can be traumatic. (=noncount noun)
b. Children can be traumatic. (=plural count noun)
c.*Child can be traumatic. (=singular count noun)

따라서 (26a)의 불가산명사 'Childhood'나 (26b)의 복수 가산명사 'Children'은 외현적인 D가 없지만 눈에 보이지 않는(covert) D로서 영 한정사(zero determiner; null(∅) D)를 설정하게 되며, (26c)의 단수 가산명사 'Child'는 외현적인 D가 필요한데, 보이지 않으므로 비문이 된 것이다.

또한 한정사가 중복해서 나타날 수 없다는 점도 D가 DP-구조의 핵임을 증명한다. 최대투사는 단일한 어휘를 핵으로 해야 하기 때문이다. 다음 예는 이를 확인해준다.

(27) *a* car / **a my* car / **that the* car / **that his the* car / **a that* car

넓은 의미의 한정사에 속하는 어휘로는 관사(a(n), the, another), 지시형용사(this, that, these, those), 양화사(each, every, any, some, all, several, many, much, more), 소유형용사(my, your, his, her, its, one's, our, their) 등이 있다. 그러나 이 D 범주의 어휘 사이에도 상대적 어순이 정해져 있는데, 예를 들어 양화사(quantifier) all, both, half, double 등은 소위 관사류의 D보다 앞에 오며, 수량사(numeral)은 양화사와 같은 분포로 나타나고, 양

화사도 관사류의 D보다 뒤에 오는 등의 특성을 가지고 있음도 앞으로 해결되어야 할 과제이다.

8. X'-이론과 CP-구조

X'-이론은 모든 어휘범주 뿐만 아니라 기능범주도 어휘 핵의 최대투사로 표시할 수 있게 됨에 따라 보문절(complement clause)도 선행하는 보문자(C)를 핵으로 하는 최대투사 CP로 나타내게 된다. 이 CP는 그 보문절의 통사적 성격에 따라 구체적으로 드러나게 되는데, 이를 C가 가진 자질로 표시할 수 있다. 우선 보문절이 서술문이냐 의문문이냐에 따라 C의 자질은 [+/-Q]로 나누고, [+Q]의 자질을 가진 C는 다시 [+/-WH] 자질을 가진 C로 더 자세히 나누게 된다. 예를 들어 'that'은 [-Q]를 가진 C이며, 'if'나 'whether'는 [+Q/-WH] 자질을 가진 C이고, Wh-어구는 [+Q/+WH]의 자질을 가진 C이다. 아래의 Wh-question이 X'-구조에서 어떻게 그려지는지 살펴보자.

(28) a. Who did Mary see?

b. $[_{CP}\ Who_i\ [_{C'}\ did_j]\ [_{IP}\ Mary\ t_j\ [_{VP}\ see\ t_i]]$

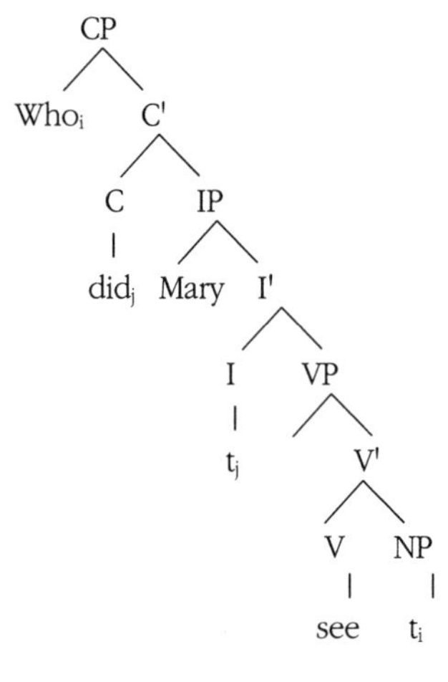

CP의 핵인 C를 차지하는 가장 대표적인 COMP는 'that'이며, 일반 서술문이 의문문이 되면 조동사가 들어가는 자리도 바로 C-자리이다. Wh-이동은 Wh-question 뿐만 아니라

관계대명사 구문과 관계부사 구문을 포함하는 관계절에서도 일어나며, NP-이동과 구별되는 여러 가지 통사적 특성을 보여준다. 이에 대한 자세한 논의는 뒤에서 하게 된다.

9. X'-이론과 부가구조

또한 X'-이론은 부가(adjunction)의 개념을 사용하여 형용사, 부사 등의 수식어 및 중주어, 중목적어 언어, 그리고 외치이동(extraposition) 등을 일관성있게 다룰 수 있게 된다. 특히 수식어(modifier)의 기능을 하는 형용사와 부사는 전통문법과 달리 생성문법에서는 이론적으로 구분하지 않고 있는데, 그 배경은 다음과 같다.

① 형용사와 부사는 모두 핵어의 하위범주화 성분이 아니다. (생략 가능하다)
② 형용사와 부사는 모두 지정어가 아니다. (지정어와 함께 나온다)
③ 형용사와 부사는 모두 중첩이 가능하다. (부가구조이다)
④ 형용사와 부사는 모두 수식어의 기능을 갖는다.

다만 형용사는 일반적으로 명사의 수식어이므로 N'-부가, 부사는 동사의 수식어이므로 V'-부가이며, 수식어와 핵의 어순에 따라 왼쪽 부가(left-adjunction)와 함께 오른쪽 부가(right-adjunction)가 존재한다.

(29) 형용사와 부사의 부가구조 비교

a. 형용사
[Mary's *final* solution to the problem]

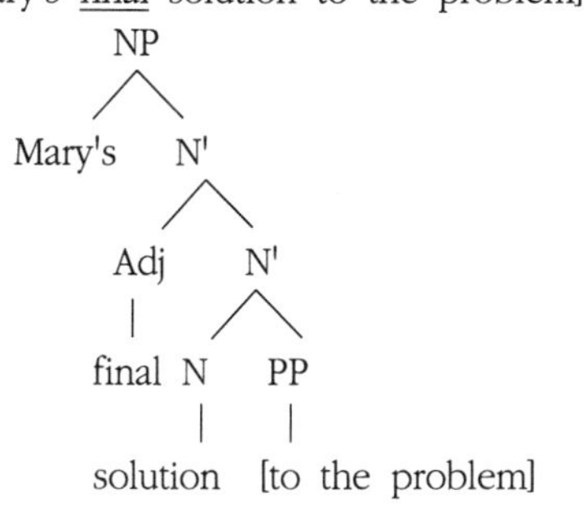

b. 부사
[Mary *finally* solves the problem]

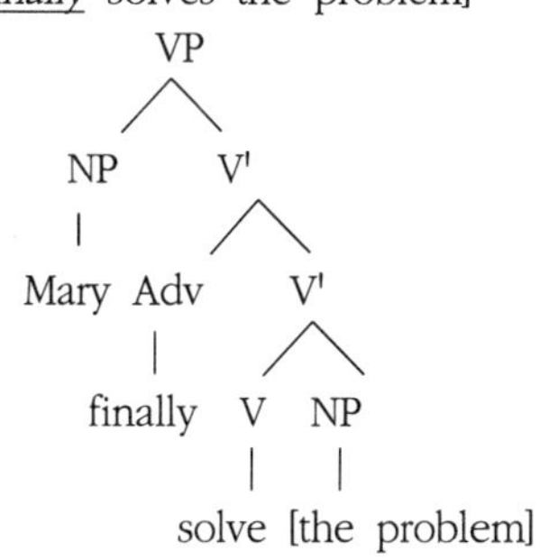

위의 수형도가 보여주듯이 부가어는 핵에 부가되는 부가구조(adjunction structure)를 갖게 되며, 형용사는 N'-부가, 부사는 V'-부가되는 것이 일반적이다. 아울러 수식어의 성질상 여러 개가 중첩될 수 있으므로 부가는 그 수만큼 반복해서 일어날 수 있다는 것도 중요한 특징이다.

한편 전통문법에서 소위 동격절로 불려지는 구문은 X'-이론 안에서 N의 보충어절(complement clause)로 분석되며, 관계절은 NP의 후치 수식어(postmodifier)로서 N'에 부가되는 부가어절(adjunct clause)로 분석된다. 이 관계를 수형도로 나타내면 아래와 같다.

(30) 보충어절 부가어절의 수형도 비교

a. 보충어절(동격절)

[my claim *that John made a mistake*]

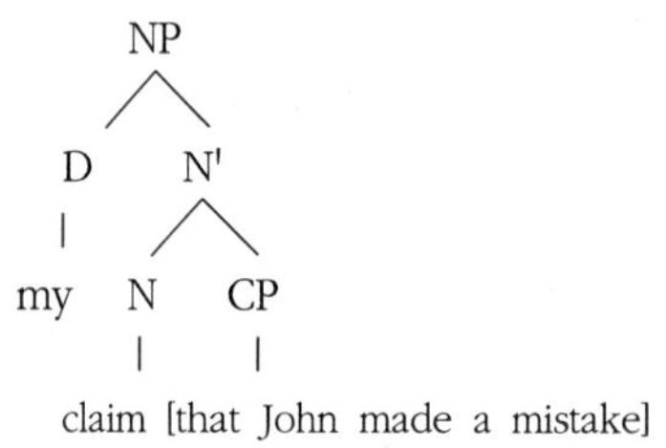

b. 부가어절(관계절)

[a mistake *that John made*]

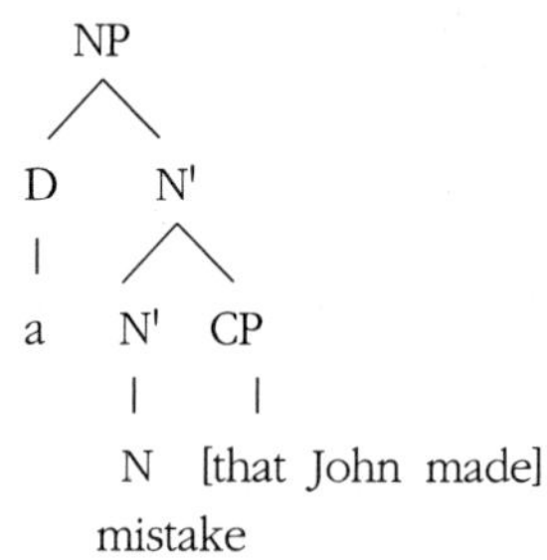

전통문법은 (30a)의 that-절이 선행하는 명사 'claim'의 내용을 가리키므로 동등한 자격을 갖는다는 의미로 동격절로 명명해왔으나 이는 동격(appositive Case)이라는 통사적 격 개념과 무관하므로 용어상의 문제가 있었다. 생성문법은 X'-이론 안에서 that-절이 논항으로서 선행하는 명사 'claim'으로부터 의미역을 받는다고 분석함으로써 구조적으로 보충어절(보문절)이 된다. 실제로 (30a)는 명제 "I claim that John made a mistake"와 의미상으로 차이가 없기 때문에 이를 구조상으로 반영할 수 있는 최선의 선택이 바로 X'-이론이다. 한편 (30b)의 관계절은 선행 명사 'mistake'의 후치 수식어이므로 일반적인 수식어와 핵의 구조를 갖게 되지만 X'-구조 안에서는 N이 아니라 N'-부가어가 됨을 유의해야 한다.

10. 보충어와 부가어

지금까지 생성문법에서 이론적으로 X'-이론을 받아들임으로써 문법의 명시적인 기술과 보편문법의 정립에 얼마나 지대한 공헌을 할 수 있는지를 자세히 살펴 보았다. 그리고 바로 앞 절에서 X'-구조의 필수 성분 외에 부가어와 부가구조를 설정하여 핵과 수식어의 관계를 구조화할 수 있음을 고찰하였다. 이제 X'-구조 안에서 인접하게 되고 따라서 핵과의 관련성에 있어서 구조상으로 혹은 의미상으로 명확히 구별할 필요가 있는 보충어와 부가어의 관련성을 살펴보기로 하겠다.

X'-구조 안에서 부가어를 수형도로 표시하면 아래와 같다.

(31) X'-구조와 부가구조의 수형도

a. 후치 부가구조

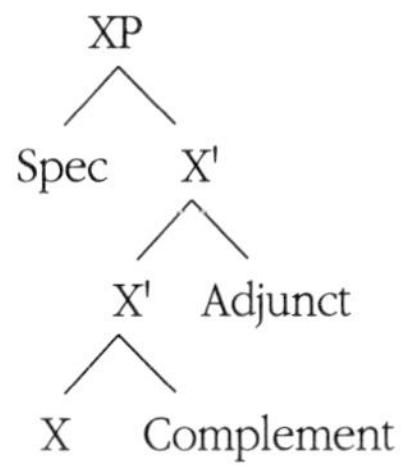

b. 전치 부가구조

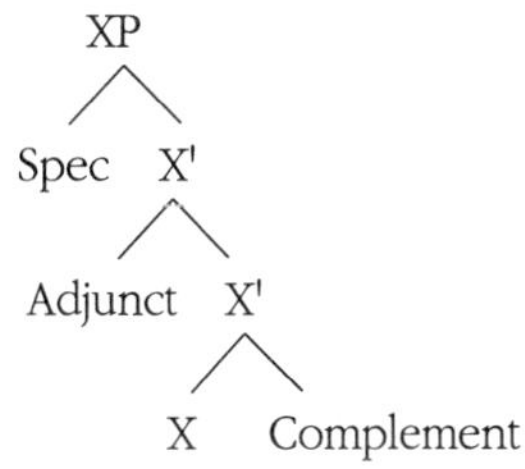

위 수형도는 선핵언어의 부가어와 핵의 위치를 보여주고 있으며, (31a)는 부가어가 핵(X)의 뒤에서 수식하는 경우이고, (31b)는 부가어가 핵의 앞에서 수식하는 경우를 보여준다. 보충어(complement)는 핵의 자매이고, 부가어는 중간구조(X')와 자매이다. 위의 수형도는 영어와 같은 선핵언어의 구조이고, 국어와 같은 후핵언어는 보충어가 핵의 앞에 온다. 흥미롭게도 후핵언어인 국어는 모든 수식어가 핵의 앞에 놓이는 전치 부가구조를 갖는데 반해, 선핵언어인 영어는 표면구조에서 수식어가 핵의 앞에 오는 전치 부가구조와 핵의 뒤에 오는 후치 부가구조를 함께 갖는다.

이제 구체적으로 보충어와 부가어의 차이점을 아래 예문을 가지고 살펴보자.

(32) a. She will work [at the job].

b. She will work [at the office].

(33) a. He laughed [at the clown].

b. He laughed [at ten o'clock].

Chomsky(1965: 101-3)가 (32a)와 (33a)의 PP를 내적 수식어(internal modifier)로, (32b)와 (33b)의 PP를 외적 수식어(external modifier)로 구분한 바 있듯이 직관적으로 다른 두 PP를 각각 전자는 보충어, 후자는 부가어로 분석된다. 이를 지지하는 몇 가지 경험적 증거가 있다.

첫째, 보충어 PP 안의 NP는 수동화가 가능하지만, 부가어 PP 안의 NP는 수동화가 불가능하다. 이 점을 아래 예문들이 확인시켜준다.

(34) a. [The job] will be worked at (by her).

b.*[The office] will be worked at (by her).

(35) a. [The clown] was laughed at (by him).

b.*[Ten o'clock] was laughed at (by him).

둘째, 어순상의 제약이 있다. 즉 보충어와 부가어가 함께 한 문장에 나오면 반드시 보충어가 부가어보다 앞에 온다. 아래 예문이 이를 보여준다.

(36) a. She will work [at the job] [at the office].

b.*She will work [at the office] [at the job].

(37) a. He laughed [at the clown] [at ten o'clock].

b.*He laughed [at ten o'clock] [at the clown].

셋째, 보충어는 의무적 성분이지만 부가어는 선택적 성분이어서 생략이 가능하다. 다음 예문을 보자.

(38) a. John treated [Mary] [badly] [last night].

b. John treated [Mary] [badly].

c.*John treated [badly] [last night].

d.*John treated [Mary] [last night].

e.*John treated [last night].

위 예문의 문법성을 고려해볼 때, 'treated'라는 술어는 'Mary'와 'badly'를 생략할 수 없는 의무적인 보충어로 가지며 'last night'을 생략 가능한 부가어로 갖는다는 것을 알 수 있다.

넷째, 서술어와 보충어 사이에는 강조 재귀사 등의 다른 성분이 들어갈 수 없으나 부가어 앞에는 들어갈 수 있다.

(39) a.*John will put the candles *himself* [on the cake].

b. John will bake the cake *himself* [for the party].

물론 이러한 차이점은 VP의 핵인 V의 어휘적 특성과 관련되어 있는데, (39a)의 'put'은 PP인 [on the cake]을 앞에 오는 NP와 함께 보충어로 갖기 때문에 강조사 'himself'가 두 보충어 사이에 들어갈 수가 없고, (39b)의 'bake'는 PP인 [for the party]가 부가어이기 때문에 강조사 himself가 보충어와 부가어 사이에 들어갈 수가 있는 것이다.

지금까지 살펴 본 바 보충어와 부가어의 특징을 고려할 때, 보충어는 핵과 의미적으로 밀접한 만큼 구조적으로도 인접해야 함을 알 수 있다.

구조상으로 보충어와 부가어가 다 가능한 중의적인 구문도 있을 수 있다. 다음 예문을 보자.

(40) a. He may decide [on the boat].

b. He could not stand [on the boat].

위 예문에서 (40a)의 PP는 술어 'decide'의 보충어이고, (40b)의 PP는 술어 'stand'의 부가어이다.

끝으로 NP 안의 수식구조를 다음 예문을 통해서 살펴보기로 하자.

(41) a. a student [of Physics] [with long hair]
b.*a student [of Physics] [of Chemistry]
c. a student [with long hair] [with short arms]
d. a student [with short arms] [with long hair]

예문 (41a)의 두 PP중에서 [of Physics]는 보충어이고, [with long hair]는 부가어이다. 동일한 성질의 보충어는 둘이 있을 수 없기 때문에 (41b)는 비문이며, 부가어는 (41c)처럼 중복이 가능하고 (41d)처럼 순서가 바뀔 수도 있다.

등위관계(coordination)도 보충어와 부가어는 다르게 행동한다. 다음 예문을 보자.

(42) a. a student [of Physics] and [of Chemistry]
b. a student [with long hair] and [with short arms]
c.*a student [of Physics] and [with long hair]
d.*a student [with long hair] and [of Physics]

예문 (42a)처럼 보충어는 보충어와 등위구조를 이루며, (42b)처럼 부가어는 부가어와 등위구조를 만든다. 그렇지 않으면 (42c), (42d)처럼 비문이 된다.

또한 핵 명사 앞 수식어로서의 명사구도 보충어와 부가어로 나누어진다.[1)] 다음 예문을 살펴보기로 하자.

(43) a. a student [of Physics] [at Cambridge]
b. a [Cambridge] [Physics] student
c.*a [Physics] [Cambridge] student

예문 (43a)의 후치 수식어 구문이 전치 수식어 구문으로 바뀐 것이 예문 (43b)이다. 앞에서 논의한 보충어와 부가어의 성질에 비추어 볼 때 (43b)의 [Physics]는 보충어이고, [Cambridge]는 부가어이다. 따라서 어순이 바뀐 (43c)는 비문이다. 아래의 등위절 구문

1) Radford(1988)는 명사 앞 수식어는 'attribute'라는 용어로 구분하고 있으나, 여기에서는 부가로(adjunct)로 통일하여 부르기로 하겠다.

에서도 보충어와 부가어의 특징은 그대로 드러난다.

(44) a. several Physics and Chemistry students
b. several Oxford and Cambridge students
c.*several Physics and Cambridge students

즉, 보충어는 보충어와 등위구조를 만들고, 부가어는 부가어와 등위구조를 만든다. 이를 어기면 (44c)처럼 비문이 된다.

제5장 GB이론의 기본원리

1. 지배의 정의

문장의 구성원리를 명시적으로 기술하고자 하는 생성문법이론은 문장을 구성하는 각 성분 사이에 어떠한 구조적 관계에 있는가를 기술하기 위하여 '지배'라는 개념을 새로이 도입하였다. 이 지배의 개념에는 지배자(governer)와 피지배자(governee)라는 두 개념이 함의되어 있는데, 가장 일반적으로는 핵(head)과 보충어(complement)가 가지는 구조적 관계가 지배관계이고, 더 나아가서 공범주와 선행사의 관계가 지배관계에 있다고 본다. 이 지배의 개념은 격이론, 결속이론, 의미역이론, 공범주원리 등에서 유용하게 사용된다. 지배자는 보통 V, P, N, A, I 등이고 자신의 보충어를 최소 성분통어할 (minimally c-command) 때 지배한다고 말한다. 쉽게 말하면 타동사(V)는 자신의 목적어(O)를 지배하여 목적격을 부여하고, 전치사(P)는 자신의 목적어(O)를 지배하여 목적격을 부여하고, I는 자신의 주어(S)를 지배하여 주격을 부여한다. 한편 형용사(A)는 자신의 목적어를 지배하지만 직접 격을 부여할 능력이 없으며 목적어가 명사구일 경우에는 전치사 'of' 등의 도움을 받아서 목적격을 부여하고 목적절일 경우에는 추상적인 목적격을 부여한다. 지배의 구조적 정의는 다음과 같다.

(1) 지배의 정의(Chomsky, 1982)

α가 β를 지배하려면(α governs β if and only if)

① α는 어휘항목이고(α=Xo (in the sense of X-bar))

② α가 β를 성분통어하고(α c-commands β, and)

③ β가 최대투사의 보호를 받지 않아야 한다.(β is not protected by a maximal projection(ex: NP or CP))

(2) 성분통어(C-command)의 개념

α가 β를 성분통어하려면 ① α가 β를 관할하지 않고, ② α를 관할하는 최대투사가 β를 관할한다. (α c-commands β if and only if the first maximal projection dominating α also dominates β, and α does not itself dominate β.)

다음 예문의 간략한 수형도를 통해서 지배개념을 구체적으로 살펴보자.

(3) John kicks the dog.

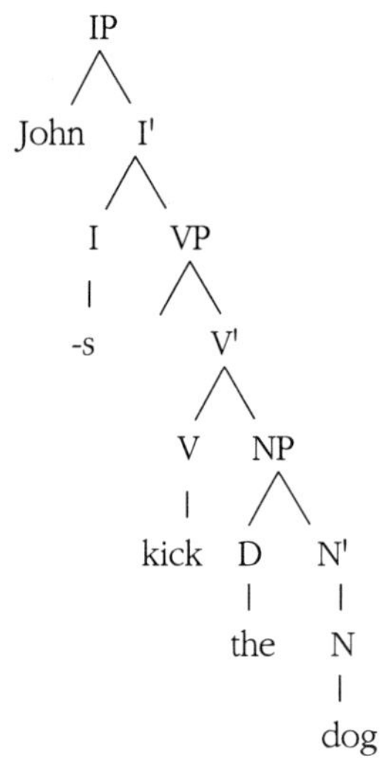

주어 'John'은 I와 지배관계에 있으며, 동사 'kick'은 NP 'the dog'를 지배하지만 NP가 최대투사로서 지배의 장벽(barrier to government)이므로 NP 안의 Det인 'the'나 N인 'dog'를 지배하지는 못한다. 이와 같은 지배관계에 의해서 I는 주어 'John'에게 주격을 부여하고 타동사는 목적어인 NP 'the dog'에게 목적격을 부여한다.

위와 같이 생성문법은 논항이 갖는 격을 구조적으로 설명하기 위하여 지배의 개념을 활용하고 있을 뿐만 아니라 의미역의 부여, 두 관련 요소간의 결속 및 통제 등을 설명하는 구조적인 개념으로서도 필수적인 개념으로 활용된다.

2. 격이론

격이론은 문장의 구조를 설명하는 가장 핵심적인 생성문법이론의 하나이다. 먼저 격이론은 정문의 모든 논항은 스스로 격을 갖는 것이 아니라 적법한 격부여자(Case assigner)에 의해서 격이 부여되어야 한다고 가정한다. 이 격부여가 적법하게 이루어지기 위해서는 격부여자와 격피부여자 간에 두 가지 구조적 관계가 갖추어져야 한다. 하나는 지배조건(Government Condition)이고, 또 하나는 인접조건(Adjacency Condition)이다.

격은 그 성격에 따라 두 가지로 다시 분류된다. 격부여를 위한 구조적 조건을 S-구조에서 만족시키는 격을 구조격(structural Case)이라 하고, 구조와 관계없이 D-구조의 의미역 관계에 의해서 부여되는 격을 고유격(inherent Case)이라 한다. 고유격 설정의 필요성은 다음 예문에서 증명된다.

(4) a. John gave Mary a book.
    b. [ ] was given [Mary] a book (by John). (NP-이동)
    c. [Mary] was given [t] a book (by John).
    d. John gave a book to Mary.
    e. [ ] was given [a book] to Mary (by John). (NP-이동)
    f. [A book] was given [t] to Mary (by John).

위 예문 (4a)의 Mary는 격부여자인 타동사 'gave'와 지배조건과 인접조건을 만족하여 목적격이라는 구조격을 부여받지만, 'a book'은 'gave'의 지배는 받지만 인접하고 있지 못하므로 구조적인 격부여 조건을 만족하지 못하는 데도 정문인 이유는 이 'a book'이 구조와 관계없이 고유격인 목적격을 받기 때문이라고 설명된다. 이 사실은 수동문에서도 확인되는데, 예문 (4b)의 'Mary'는 타동사 'give'로부터 의미역을 받았으나 수동문의 과거분사형이므로 직접 격을 부여할 수 없으므로 논항이 격을 받지 못하여 그 자체로는 비문이 된다. 이를 해결하기 위하여 NP-이동을 한 구문이 정문 (4c)이다. 이 때도 'a book'은 격이론을 어기지 않고 있는데, 그 이유는 바로 구조와 관계없이 고유격을 부여받았기 때문이다. 한편 초기 생성문법과 달리 현대생성문법은 (4d)를 (4a)와 별개의 문장으로 분석한다. 즉 초기 생성문법은 (4a)와 (4d)를 동일한 의미를 가진 구조, 즉 동일한 심층구조를 가졌다고 보았으나 현대생성문법은 각각 독립된 구조로 분석한다. 따라서 (4d)의 수동구문 (4e)의 목적어 'a book'은 격이론을 만족시키기 위하여 주어자리로 NP-이동하여 정문 (4f)를 생성하게 된다. 물론 'Mary'는 전치사 'to'에 의해서 구조격을 부여받게 된다. 한편 능동문의 주어인 행위자 John은 수동문에서는 'by + John'의 PP로서 선택적인 구성성분으로 다루어진다.

이와 같이 전통적인 능동문과 수동문 사이의 변형규칙 대신에 현대생성문법에서 NP-이동으로 설명함으로써 능동문과 수동문의 논리적 의미가 불일치하는 양화사가 포함된 부정문의 문제, 그리고 술어의 논항구조의 일관성 유지와 'donate' 등의 술어가 의미상으로 수여동사의 의미를 가지면서도 두개의 NP 목적어를 갖지 못하는 문제, 그리고 수동문만이 존재하는 경우 등을 자연스럽게 설명할 수 있게 되었다.

모든 논항에 부여되는 격은 인칭대명사처럼 형태적으로 실현되는 형태격(morphological Case)과 명사의 주격과 목적격처럼 형태상으로는 구분되어 나타나지 않지만 일정한 격이 실현되는 추상격(abstract Case)으로 나누어진다. 격이론에 대한 보다 상세한 논의는 2장과 3장에서 계속하기로 하겠다.

3. 의미역 이론

전통적으로 논리학과 의미론 분야에서는 문장의 의미를 기술하기 위하여 술어, 논항, 행위자(agent), 피해자(patient) 등의 개념을 사용하여 왔다. 이 영역을 GB-통사론에서는 의미역이론(Theta Theory)으로 독립적으로 다루게 된다. 먼저 논항이란 지시물을 갖는 NP(referential NP)라고 정의되며, 지시물을 갖지 않는 허사 NP는 비논항(nonargument)이라 부른다. 행위자나 피해자 등은 바로 논항의 하위개념이다. 예를 들어 'hit'라는 술어는 때리는 자와 맞는 자라는 두 개의 논항을 가지므로 이항술어(two-place predicate; two Argument predicate)라고 부른다. 이와 같이 특정 술어가 몇 개의 논항을 갖고 있느냐 하는 점을 그 술어의 논항구조(Argument structure)라고 부른다. 특정 어휘항목은 자신의 논항구조에 의거하여 그 논항에 알맞은 의미역(theta role)을 배당한다고 말하며, 이와 같은 술어의 의미역 관계를 의미구조(thematic structure; semantic structure)라고 말한다. 결국 논항구조와 의미구조는 같은 개념이다.

명제(proposition)는 술어와 논항으로 구성된다. 논항은 구체적으로 문법적인 격(Case)과 의미적인 의미역을 그 명제의 술어와 관련하여 배당받게 된다. 여기서 논항은 외현적 대용어(재귀대명사, 상호대명사, NP-t), 대명사류(대명사, PRO), 지시표현(어휘적 NP, wh-t), 그리고 절이다. 만약 어떤 논항이 의미역이 적절하게 배당되지 않으면 다음과 같은 의미역기준(theta-criterion)을 어겨 비문이 된다.

(5) 의미역기준(theta-criterion)

각 논항은 오직 하나의 의미역을 가져야 하고, 각 의미역은 오직 하나의 논항에만 배당되어야 한다. (Each Argument bears one and only one theta- role, and each theta-role is assigned to one and only one Argument.)

목적어 혹은 전치사의 목적어로서의 논항은 타동사 혹은 전치사로부터 직접 의미역이 배당되는 내재논항(internal Argument)이라고 하고, 주어로서의 논항은 VP로부터 간접적으로 의미역이 배당되는 외재논항(external Argument)이라고 한다. 이를 술어의 입장에서 보면 몇 개의 논항을 필요로 하느냐, 즉 어떠한 논항구조를 가지고 있느냐에 따라 한 개의 논항을 가지고 있으면 일항술어(one-Argument predicate), 두 개의 논항을 가지고 있으면 이항술어(two-Argument predicate) 등으로 분류된다.

문장 안에서 의미역이 부여되지 않으면서도 반드시 필요한 요소는 허사(expletive), 혹은 비논항(nonargument)이라 부른다. 비논항으로는 허사의 'it,' 존재구문의 'there,' 숙어(idiom chunk)에 나오는 NP 등이 있다. 여기서 중요한 것은 주어진 문장 구조 안에서 의미역이 주어지는 자리(theta-position)는 D-구조에서 결정된다는 점이다.

생성문법은 의미역이 D-구조에서 배당된다고 가정하므로 모든 논항은 D-구조에서 일정한 의미역이 배당되고, S-구조에서 격이 배당된다. 만일 격이 부여되는 조건을 만족하지 못하면 격을 받을 수 있는 자리로 이동하게 되는데, 이 때 새로 이동되는 자리는 곧 의미역이 주어지지 않는 자리(non-theta position)여야만 의미역기준을 만족하게 된다. 동일한 문장 안에서 모든 논항은 의미역과 격이 오직 한번만 배당되어야 하기 때문이다. 다음 문장을 통해서 의미역과 문법성의 관계를 살펴보자.

(6) a. *[John] seems (that) Mary has solved the problem.

b. *[There] solved a problem.

먼저 (6a)의 본술어 'seem'은 명제를 논항으로 갖는 일항술어인데 주어에 'John'이라는 논항이 들어 있어서 결국 이 논항은 의미역을 받지 못하므로 비문이 된다. 바꾸어 말하면 이 주어 자리는 논항이 올 수 있는 자리가 아니므로 비논항인 허사 'it'가 들어가면 정문이 된다. (6b)는 술어 'solve'는 이항술어로서 반드시 2개의 의미역을 논항에게 배당하여야 한다. 그 하나는 내재논항인 'a problem'에게 주었으나 다른 하나를 줄 논항이 없다. 왜냐하면 주어 자리에 있는 'there'는 비논항이기 때문이다. 바꾸어 말하면 비논항이 논항 자리에 들어가 있으므로 비문이라고 말할 수도 있다.

본질적으로 의미론적 개념인 논항, 논항구조 혹은 의미역이라는 개념을 구조적으로 어떻게 실현되느냐 하는 점을 명시적으로 설명하기 위하여 현대생성문법은 통사적 개념이 포함된 용어로서 주어 자리(subject position)로 실현되는 논항은 외재논항(external Argument), 목적어 자리(object position)로 실현되는 논항은 내재논항(internal Argument)이라고 부르게 된다. 여기서 유의할 점은 이 두 개념이 문장(IP) 안에서의 주어/목적어를 지칭할 뿐만 아니라 NP 안에서 핵의 보충어(internal Argument)와 지정어(external Argument)를 지칭하기도 한다는 점이다. 이를 일반화하면 최대투사 XP의 보충어는 내재논항이고, XP의 지정어는 외재논항이라고 말할 수 있다.

이제 이를 구체적으로 실현하는 기재(mechanism)를 알아보기로 하자.

(7) a. *put*: agent ⟨theme, location⟩

b. *hit*: agent ⟨theme⟩

c. *run*: agent ⟨∅⟩

(7)에서 중괄호 밖에 있는 의미역은 외재논항이고, 중괄호 안에 있는 논항은 내재논항이다.

핵어는 내재논항에게는 직접 의미역을 표시하고, 외재논항에게는 간접적으로 의미역을 표시한다. 다음 예문을 가지고 살펴보자.

(8) a. John cut the bread. (agent)

b. John cut his finger. (theme)

위 예문의 술어 'cut'은 이항술어로서 위의 두 예문은 모두 정문이지만, 주어 John에 배당되는 외재의미역은 (8a)의 행위자(agent)와 (8b)의 피해자(patient; theme)처럼 다르다. 그 이유는 말할 것도 없이 각각의 내재의미역이 다르기 때문이다. 외재의미역은 서술화(predication)를 통해서 술부(VP)가 주어에게 배당된다고 말하기도 한다. 바꾸어 말하면 어휘핵(VP의 V, 혹은 NP의 N)과 내재논항이 함께 외재논항에게 의미역을 배당한다. 이런 면에서 술어는 목적어에게 직접적으로 의미역을 배당하고, 술어와 목적어가 함께 간접적으로 주어에게 의미역을 배당한다.

그렇다면 전치사의 목적어는 어떻게 의미역이 표시될까?

(9) a. Mary put the book *(on the shelf).
    b. *put*: agent ⟨theme, location⟩

위 문장 (9a)는 술어 'put'이 갖는 2개의 논항을 통해서 실현하는 의미역 이외에 추가로 장소(location)라는 의미역이 실현되지 않으면 비문이 된다. 서술어 'put'은 자신의 내재논항인 목적어 'the book'에게 대상(theme)이라는 의미역을 직접 부여하고, 추가적인 '장소'의 의미역은 전치사 'on'의 부가적인 도움을 얻어서 논항 'the shelf'를 통해서 간접적으로 의미역을 표시한다. 이를 다음 문장과 비교해보자.

(10) a. John opened the door (with the key).
     b. The door was opened (with the key) (by John).
     c. The key opened the door.
     d. (a) *open*: agent ⟨theme, (instrument)⟩
        (b) *open*: theme ⟨(instrument), (agent)⟩
        (c) *open*: instrument ⟨theme⟩

기본적으로 위 예문의 술어인 'open'은 (10d)의 논항구조를 가진다. 각 논항이 문장에 따라 여러 가지 표면구조에 나타나게 되는데, (10a)는 모든 논항이 다 구현된 구조이며, 도구역은 선택적이다. (10b)는 대상(theme) 외재의미역이 주어에게 주어지고, 도구역과 행위자역은 선택적인 내재의미역이 주어진다. (10c)는 도구역이 외재의미역이 주어지고, 대상역이 내재 의미역이 주어진다. 따라서 기본적인 논리적 의미가 동일하다면 술어의 논항구조는 동일하며, 다만 표면구조에서 외현적으로 실현되느냐의 여부가 상황에 따라 달라진다고 말할 수 있다.

끝으로 전치사도 의미적으로 중요한 요소와 의미적으로 무의미한(empty) 요소가 있음을 주목하자. 예를 들어 앞 예문 (9a)의 'on'은 다른 전치사, 예를 들어 'under'로 대치되면 의미가 달라지지만, 아래 예문 (11a)의 'of'는 의미적으로는 무의미하면서도 통사적으로는 매우 중요한 역할을 하고 있으며, 다른 전치사로 대치가 불가능하다.

(11) a. Mary's **translation** <u>of</u> the book [NP]

b. Mary **translated** the book. [IP]

위 예문의 의미역 배당관계를 살펴보면 (11b)의 핵어인 술어 'translate'는 타동사로서 목적어인 'the book'에게 직접적으로 내재 의미역을 부여하지만 (11a)의 핵어인 명사 'translation'은 자신의 보충어인 'the book'에게 내재 의미역은 배당하지만 전치사 'of'의 도움이 없으면 'the book'이 격을 받지 못하여 비문이 된다. 또한 (11b)의 'Mary'에 배당되는 외재 의미역과 동일한 의미역이 (11a)의 'Mary'에게도 [translation of the book]이 간접적으로 배당한다.

논항과 의미역이 구조적으로 어떻게 표시되느냐 하는 점은 언어마다 유형화될 수 있고, 핵어의 어휘 특성에 따라 다르게 나타나기도 한다. 문장 안에서 논항 자리란 논항이 D-구조에서 생성될 수 있는 자리로서 어휘핵의 보충어 자리는 A-position이고 IP의 지정어인 주어 자리나 NP의 지정어 자리도 논항 자리(A-position)이다. 논항이 기저에서 생성되지 않는 비논항 자리(A'-position)는 CP의 지정어 자리나 부가어 자리이다. 의미역 자리(theta position)는 핵어에 의해서 의미역이 배당되는 자리이다. 따라서 보충어는 내재의미역이 배당되는 의미역 자리이다. 그러나 주어 자리는 외재의미역이 배당되는 경우에 의미역 자리가 된다. 다음 예문을 살펴보자.

(12) a. [Mary] seems [[t] to have solved the problem]].

b. [It] seems that [Mary] has solved the problem.

c. *seem*: φ 〈proposition〉

정문 (12a)의 논항 Mary는 D-구조의 의미역 자리인 [t]에서 의미역을 받았으나 격을 받지 못하여 비의미역 자리인 주절 주어 자리로 이동하여 주격을 받아 정문이 생성되었다. 정문 (12b)는 논항 Mary가 D-구조에서 예문 (12a)와 마찬가지의 의미역을 부여받고, 또 내포절의 INFL로부터 주격을 받았기 때문에 이동되지 않으며, 이때는 비어있던 주절 주어 자리를 허사 'it'가 채우게 되어 정문이 된다. 이렇게 볼 때 비논항 자리는 비의미역 자리이지만 비의미역 자리라고 해서 논항이 못 오는 것은 아니다. 오히려 S-구조에서는 논항은 비의미역 자리로만 이동될 수 있는데, 이는 바로 의미역기준에 의해서 논항이 오직 한번만 의미역이 부여되어야 하기 때문이다.

논항이 의미역기준을 만족하면서 이동하는 경우에 흔적(trace)과 선행사(antecedent)간에 연쇄(chain)를 형성한다고 말한다. 연쇄는 논항 자리로의 이동일 경우는 A-chain(논항 연쇄), 비논항 자리로의 이동은 A'-chain(비논항 연쇄)이라고 부른다. 다음 문장을 앞서 제시한 의미역기준으로 설명해보자.

(13) a. Mary seems [t to have solved the problem].
b.*Mary believes [t to have solved the problem].
c. {Mary, t}

위 예문에서 'Mary'는 모두 내포절의 주어 자리에서 이동한 문장이지만 (13a)는 정문이고, (13b)는 비문이다. 그 이유는 무엇일까? (13a)의 'Mary'는 내포절에서 외재의미역을 받은 다음 주절의 주어 자리에서 다시 의미역을 받지 못하고 있어서 정문이지만, (13b)의 'Mary'는 내포절에서 외재 의미역을 받은 다음에 주절의 주어 자리에서 다시 외재의미역을 받아서 비문이다. 다시 말하면 'seem'의 주어 자리는 비의미역 자리이므로 'Mary'는 중복해서 의미역을 받지 않고 있으나, 'believe'의 주어 자리는 의미역 자리이므로 'Mary'가 의미역을 두 번 받게 되어 비문이다. 바꾸어 말하면 흔적이 의미역을 배당받아 선행사에게 전이(transmit)한다고 말할 수 있는데, 이를 연쇄의 개념으로 말하면, 흔적인 꼬리(tail)에 의미역이 배당되고, 선행사인 머리(head)는 의미역을 전이받고, 그 자리에서 격을 배당받는다.

여기에서 의미역과 통사적 수동문의 관계에 대하여 생각해보자. 아래 예문 (14a)는 능동문이고, (14b)는 수동문의 D-구조, (14c)는 수동문의 S-구조이다.

(14) a. Mary solved the problem. (능동문)

b. [ ] was solved [the problem] (수동문의 D-구조)

c. [The problem] was solved t. (NP-이동이 적용된 S-구조)

위의 예문이 보여주듯이 능동문과 수동문의 D-구조는 술어 'solve'의 의미상의 목적어, 즉 내재논항(internal Argument)은 'the problem'으로서 동일하다. 다시 말하면 생성문법에서는 수동문을 모든 능동문의 변형문으로 보는 것이 아니라 동일한 내재논항을 가지고 있으나, 그 논항이 격을 받기 위하여 주어 자리로 이동하는 논항이동(A-movement)으로 설명하고 있다. 이 설명의 장점은 실제로 존재하는 수동문만 생산하고 이해하면 되기 때문에 처음부터 존재하지 않는 수동문을 만들어놓고 비문임을 설명할 필요가 없으며, 또한 능동문의 주어가 수동문에 실현되느냐의 문제도 단지 전치사구(by-phrase)가 선택적으로 실현되느냐에 따라 해석할 뿐, 의무적으로 생성할 필요가 없다는 점이다.

수동문 술어(passive verb)는 능동문 술어(active verb)에 수동문 형태소(passive morpheme) -ed/en이 부착되어 만들어진다. 두 구문의 논항구조의 변화는 다음과 같다.

(15) a. *solve*: agent 〈theme〉

b. *solved*: φ 〈theme〉

위에서 보듯이 수동문 술어는 외현적인 외재논항이 존재하지 않는다는 차이가 있을 뿐, 능동문과 내재논항이 동일하다. 다만 능동문의 외재논항은 수동문에서는 선택적인 "by-phrase", 즉 PP의 목적어로 실현되기도 하지만 필수적인 성분이 아님을 유의하자.

4. 이동규칙

현대생성문법은 종전의 모든 변형규칙을 하나의 이동규칙(Move-α)으로 통합한다.

(16) 이동규칙(Move-α):

아무 범주나 아무 데나 옮겨라. (Move any category anywhere.)

이동규칙은 일어나는 층위(level)에 따라 D-구조에 적용되어 S-구조를 낳는 외적 이동(overt movement)과 S-구조에 적용되어 LF를 낳는 내적 이동(covert movement)으로 나누어지며, 다시 논의의 편의에 따라 이동하는 요소와 이동되는 위치에 의해서 명사구 이동(NP-movement), Wh-이동(Wh-movement), 외치이동(extraposition) 등으로 나누어진다.

(17) 이동의 유형

① 이동의 층위에 따른 유형

(a) 외적 이동(overt movement): D-구조에 적용되어 S-구조를 낳음.

(b) 내적 이동(covert movement): S-구조에 적용되어 LF를 낳음.

② 이동 성분과 이동 위치에 따른 유형

(a) NP-이동(NP movement): 논항-NP의 A-movement

(b) Wh-이동(Wh-movement): Wh의 A'-movement

(c) 부가어 이동(Adjunct 이동): 부가어의 Spec-CP나 Spec-IP로의 이동

(d) 외치이동(Extraposition): CP나 complex NP의 문미이동

어떤 요소가 이동하면 원래의 자리에 흔적이 남고, 이 흔적은 이동이 적법한지를 판단하는 조건으로 작용하고 LF에서는 의미해석 단계에서 활용된다. 그 원리는 바로 흔적과 선행사 사이에 연쇄(chain)가 형성되어 선행사와 동지표 표시(coindexing)가 된다는 점이다.

5. 의문사구 이동과 관계절

앞에서 잠깐 살펴보았듯이 현대생성문법은 영어의 의문사-의문문(Wh-question)은 wh-구가 긍정문의 원래의 자리(in situ)로부터 반드시 문두인 CP의 지정어 자리로 이동한다는 점을 명시적으로 규명하였다. 이를 의문사구-이동(Wh-Movement)이라 부른다. 이 의문사구-이동의 본질적 동기는 두 가지인데, 첫째는 통사적 의문문을 만드는 운용자(operator)의 역할을 하기 위함이고, 둘째는 이 의문문이 간접의문문이 될 경우 WH-구가 직접 보문자(COMP)의 기능을 하기 위함이다. 현대생성문법은 이러한 의문사-이동의

원리를 관계구문(relative construction)의 관계사(relative pronoun or adverb)의 설명에도 그대로 적용한다. 다시 말하면 현대생성문법은 관계절의 관계사도 간접의문문의 의문사구가 긍정문의 원래의 자리에서 CP의 지정어 자리로 이동하여 보문자의 기능을 하듯이 관계절 내의 WH-어구도 CP의 지정어 자리로 이동하여 관계절의 COMP가 된다. 다만 의문사 자체의 어휘적 의미를 갖지 않으며 선행절의 선행사를 지시어(referent)로 갖는다는 점이 일반적인 의문사-의문문과 다르다. 다음 예문을 살펴보자.

(18) a. Who owns the car?
b. Whose car is red?
c. Who(m) do you meet?
d. Where did you find the cat?
e. What did you say?

(19) a. I don't know [who owns the car].
b. I don't know [whose car is red].
c. I don't know [whom you met].
d. I don't know [where you found the cat].
e. I don't know [what you said].

(20) a. I don't know the man [who owns the car].
b. I don't know the man [whose car is red].
c. I don't know the man [whom you met].
d. I don't know the place [where you found the cat].
e. I don't know [what you said].

(18)의 모든 예문은 의문사-의문문(Wh-question)이다. 이 의문사들은 각각의 원래의 자리에서 의문사-이동에 의해서 문두인 CP의 지정어 자리로 이동하여 생성된 것이다. 예문 (19)가 보여주듯이 이 의문문이 간접의문문이 되면 다른 구성소는 긍정문의 어순을 갖지만 의문사구(Wh-phrase)는 그 자리에서 COMP의 기능을 수행한다. 예문 (20)의 각각

의 예문은 관계구문으로서 관계절은 (37)의 각 간접의문문과 구조적으로 완전히 일치하고 있다. 오직 다른 점은 의미상으로 관계절의 관계사는 어휘적인 의문의 의미를 가지고 있지 않고 선행사와 동지표(coindexing)된다는 점이다.

이러한 현대생성문법의 이론은 전통문법과 초기 생성문법의 관계절 이론이 가지고 있던 몇 가지 문제점을 해결해주면서 다음과 같은 사실을 밝혀내었다.

첫째, 관계대명사와 관계부사로 동시에 쓰인다고 이해되던 'that'이 사실은 관계사가 아니고 전형적인 접속사이다.

둘째, 일반 관계사 앞에 전치사가 올 수 있으나 'that' 앞에는 전치사가 올 수 없는 것은 바로 관계사는 명사의 일종이지만 'that'은 접속사이기 때문이다.

셋째, 관계사의 계속적인 용법에 'that'이 쓰이지 못하는 것은 대명사가 아니라 접속사이기 때문이다.

넷째, 중세영어에서 관계사가 앞에 오고 'that'이 뒤에 와서 함께 쓰인 것은 두 요소가 성질이 다른 것임을 증명하는 것이며, 관계사는 CP의 지정어 자리에 오고 'that'은 CP의 핵인 C자리를 차지함을 정당화한다. 다만 관계사와 접속사 'that'이 동시에 외현적으로 실현되지 못한다는 제약(doubly-filled COMP filter)이 현대영어에서 생겼는데, 이는 일종의 경제원리(economy principle)라고 볼 수 있다.

끝으로 목적격 관계대명사와 'that'이 모두 생략되는 경우는 각각의 자리에 공운용자(empty operator)인 O(null; zero)을 설정하여 설명한다.

6. 내적 이동의 정당성

이동에는 눈에 보이는 외적인 이동(overt movement)과 눈에 보이지 않은 내적인 이동(covert movement)이 있다. 외적 이동은 대부분의 통사적 이동으로서 D-구조에 적용되어 S-구조로 나타나며, PF에도 그대로 반영되어 발음된다. 내적 이동은 실제 사용되는 표면구조와 상관없이 LF에 대한 의미해석에 필요한 이동으로서 S-구조에 적용되어 LF에 나타난다. 대표적인 내적 이동은 multiple Wh-구와 양화사의 이동이다.

Wh-구는 비지시적 표현(nonreferential expression)이다. 왜냐하면 Mary와 같은 이름처럼 주어진 세계(given world)에서 특정 개인(individual)이나 개체(entity)를 꼬집어낼 수(pick out) 없기 때문이다. 따라서 결국 논항(Argument)이 아니며, 그 성질이 양화사(quantifier)를 닮아서 의사-양화사(quasi-quantifier)라고 불리어진다. 비논항의 성격을 가진 Wh-구는 Wh-의문문에서부터 논항과 다른 성질을 보여준다.

(21) a. Which problem did Mary solve?
b. [CP e [IP Mary [did [VP solve [which problem]]]? (D-구조)
c. [CP Which problem did [Mary [solve t]]]? (S-구조)
d. [CP Which problem$_i$ did$_j$ [Mary [t_j [solve t_i]]]? (LF)
e. for which problem x, [Mary solved x]--logical interpretation

즉, (어휘)동사 'solve'가 2항 술어(two-place predicate)인데 D-구조 (21b)를 보면 논항이 1개이며, S-구조 (21c)는 목적어 자리에 wh-이동의 흔적이 남아있다는 것이다. 이 흔적은 Wh-구의 LF-표시에서 변항(variable)의 지위를 가지며, wh-구는 LF에서 operator의 지위를 갖는다. 이러한 논리적 배경, 혹은 근거는 의미해석을 위한 논리형태(LF) 층위에서 술어의 논항구조를 바탕으로 주어진 문장의 의미를 해석해야 하는 데, 현실적으로 필요한 내재논항 대신에 Wh-구의 흔적이 존재하고, Wh-구는 흔적의 선행사로서 문두로 이동하여 의문문의 기능(operation)을 하는 운용자(operator)가 되기 때문이다.

Wh-구는 목적어-자리에 있는 변항을 결속(bind)하며, 형식논리학에서는 운용자(여기서는 wh-구)에 의해서 정의된 (여기서는 범위가 규정된) 값(value)의 집합 가운데서 값(reference, 즉 Argument의 기능처럼)이 할당된다. 운용자가 정의한다는 말은 예를 들어 의문사 'what'은 비인간이나 무생물로 한정하며, 'who'는 인간으로 한정한다. (부분적으로 referential한 의미를 갖는다는 의미임) 이렇게 정리함으로써 이항술어 'solve'가 두개의 논항, 즉 Mary와 variable trace(t)를 갖게 된다. (결국 variable은 wh-phrase의 trace로서 부분적인 논항(Argument)의 성격을 갖는다고 말할 수 있다.)

위의 경우처럼 LF와 S-구조가 유사한 경우도 있지만 multiple Wh-question은 매우 달라진다.

(22) a. Who solved which problem?
b. [cp Who [ip t solved [which problem]]]? (S-구조)

c. [cp [who]$_i$ [which problem]$_j$ did [ip t_i I [vp solve t_j]]] (LF)

d. for which person x and (for) which problem y, [x solved y] - logical interpretation

(22a)는 Wh-phrase 중 하나는 원래의 자리(in-situ)에 있는 의문사-의문문이다. 만일 (22a)의 S-구조를 LF와 동일하다고 가정한다면 이 구조는 동사 'solved'가 variable인 t라는 1개의 논항만을 갖게 되므로 (왜냐하면 Wh-구인 'which problem'은 이동되지 않아서 논항은 물론 변항도 아니기 때문이다.) 이러한 추론은 S-구조 (22b)에서 어떤 변화를 주어서 LF에서 'solved'의 논항구조를 만족하도록 해야 한다. (S-구조와 LF의 mapping(寫像)) 이 방법은 LF에서 목적어 자리에 있는 Wh-구도 Spec-CP로 이동하도록 하는 것이다. 이것이 (22c) LF이며 여기에서 논리해석 (22d)가 나온다. (결국 술어의 논항구조를 논리형태에서 만족해야 해석이 가능하기 때문이다.) 이렇게 하여 LF (20c)는 2개의 variable trace를 갖게 되며, 결과적으로 'solved'의 논항구조를 만족한다. 물론 이러한 이동변형은 D-구조에서 S-구조로 가는 가시적 이동과 달리 어순에 가시적(visible) 효과를 가져다주지 못한다. (covert/invisible movement) 반면에 S-구조에서 PF로 가는 이동은 발음되어야 하기 때문에 가시적이다. 결국 PF는 overt movement이고 LF는 covert movement이다.

LF에서의 Wh-구의 이동도 Spec-CP으로의 이동이므로 Wh-이동이라고 부르기 쉬우나 엄격히는 Wh-이동은 S-구조에서 빈자리만을 채우는 대치(substitution)이다. multiple Wh-question (22a)가 보여주듯이 Spec-CP가 이미 'who'로 채워져 있기 때문에 'which problem'은 빈자리로 이동(substitution)하는 것이 아니라 또 하나의 spec-CP를 만드는 부가이동(adjunction)이다.

7. 통제이론

생성문법에서는 문장의 보이지 않으나 존재한다고 가정하는 공범주(empty category)가 두 가지가 있다. 하나는 흔적(trasce)으로서 S-구조에서 NP나 Wh-phrase가 이동한 후에 원래의 자리에 남기는 요소이고, 또 하나는 PRO로서 D-구조에서부터 성(gender), 수(number), 인칭(person)을 가졌으나 보이지 않는 요소이다. 이 PRO는 부정사구문의 의미상의 주어 역할을 하는 실제적 존재이나, 보이지 않고 따라서 발음되지도 않는 요소이다. PRO

는 반드시 지배되지 않는 위치에 오는데, 이 원리를 PRO 공리(PRO Theorem)라 부른다. 이에 대하여 지배되는 위치에 있는 보이지 않는 대명사는 pro(small pro)라고 하여 PRO와 구분한다. 영어는 PRO만이 존재하고, 이탤리어는 pro가 존재하는 언어이다. 이 pro는 항상 지배되는 위치에 온다는 면에서 PRO와 다르다.

결국 PRO는 의미역을 가지고 있는 논항이지만, 보이지 않으며 따라서 격이 부여되지 않는 자리에 오므로 격을 부여받지 않게 되는데, 이는 보이는 어휘명사(overt lexical NP)가 의미역을 가진 주어나 목적어로서 반드시 지배되고 격을 부여받는 요소와 대조적이다. 또한 PRO는 의미해석을 위해서 그 선행사를 알아야 하는데, 이 선행사를 PRO의 통제자(controller)라 부른다. 선행사와 PRO의 통제관계에 따라 주어통제(subject control), 목적어 통제(object control)로 구분되고, 선행사가 문장 밖의 세상의 사람, 즉 일반인을 지시할 때는 임의 통제(arbitrary control)라 부른다. PRO의 선행사와의 관계를 다루는 이론을 통제이론(Control Theory)이라 부른다. 다음 예문을 통해서 PRO와 선행사의 관계를 좀 더 살펴보자.

(23) a. Mary <u>promised</u> John [PRO to leave early].
b. Mary <u>persuaded</u> John [PRO to leave early].
c. Mary <u>asked</u> John [PRO to leave early].
d. [PRO to know oneself] is not easy.

위 예문에서 부정사구문의 주어인 PRO의 선행사가 누구인지 생각해보자. 먼저 (23a)는 주어인 'Mary'이고, (23b)는 목적어인 'John'이며, (23c)는 상황에 따라 'Mary'일 수도 있고, 'John'일 수도 있다. 이러한 선행사의 결정은 바로 본동사에 의해서 이루어지고 있음을 알 수 있다. 즉 (23a)의 술어 'promise'는 주어가 PRO를 통제하게 하는 동사(subject-control verb)이고, (23b)의 술어 'persuade'는 목적어가 PRO를 통제하게 하는 동사(object-control verb)이며, (23c)의 술어 'ask'는 문맥에 따라 주어나 목적어가 PRO를 통제하는 두 가지 용법을 가진다. 즉, Mary가 자신이 일찍 떠나겠다고 John에게 요청할 수도 있고, John이 떠나도록 Mary가 John에게 요구할 수도 있다. 끝으로 (37d)의 PRO의 선행사는 그 문장 안에 존재하지 않고, 세상의 누구나 될 수 있으므로 이를 임의 통제(arbitrary control)라고 부른다.

언어 사용자나 학습자는 어떤 술어가 부정사구문을 보충절로 갖느냐의 지식과 함께 그 부정사구문의 PRO를 무엇이 통제하느냐 하는 지식도 가지고 있어야만 문장을 바르게 이해하고 또 사용할 수 있다.

8. 결속이론

현대생성문법의 다른 원리와 달리 결속이론(Binding Theory)은 어떤 논항(argument)이 문장의 일정한 범주 안에서 자신의 선행사(antecedent)를 반드시 가져야 하느냐(bound), 아니면 반드시 선행사를 가지지 말아야 하느냐(free)를 명시적으로 규정하고자 하는 이론이다. 바꿔 말하면 결속이론은 어떤 논항이 LF에서 적절하게 해석될 수 있는 조건을 갖추었는가를 검증하는 이론이라고 말할 수 있다. 다음 예문을 보자.

(24) a. John killed <u>him</u>. (존이 <u>그를</u> 죽였다)
b. John killed <u>himself</u>. (존이 <u>자신을</u> 죽었다)
c. Tom said that John killed <u>him</u>. (탐이 존이 <u>그를</u> 죽였다고 말했다)
d. Tom said that John killed <u>himself</u>. (탐이 존이 <u>자신을</u> 죽였다고 말했다)

먼저 (24a)의 'him'은 주어 'John'과 동일인일 수 없다. 만일 동일인이라면 이 문장은 비문이 되고 (24b)처럼 써야 된다. 이는 어떤 문장을 해석해 보아서 적법하게 지시물(referent)을 갖지 않으면 비문이 된다는 면에서 이제까지의 정문과 비문을 설명하는 방식과 매우 다르다. 한편 (24c)의 'him'은 선행사가 'John'이어서는 안되지만 'Tom'이나 그밖에 세상의 한 남자일 수 있다. (혹자는 죽은 자가 어떻게 말하느냐고 반문할 지도 모른다. 하지만 게임 중에 혹은 꿈 속에서 그런 일이 얼마든지 있을 수 있지 않은가!) 하지만 (24d)의 'himself'는 오직 'John'만을 가리킨다. 이러한 지시관계(referential relation)를 구조적으로 설명하고자 하는 이론이 곧 결속이론이다.

결속이론의 적용 대상은 대용어(anaphor), 대명사(pronominal), 흔적(trace), 어휘명사(lexical noun) 등이며, 그 선행사와 결속되는 통사적 원리를 결속이론이라고 한다. 결속이론은 다음과 같은 세 가지 종류로 나누어진다.

(25) 결속이론(Binding Theory)

① 대용어는 지배범주 안에서 결속된다: [BT(A)]

(An anaphor must be bound in its governing category.)

② 대명사류는 지배범주 안에서 자유롭다: [BT(B]

(A pronominal must be free in its governing category.)

③ 지시적 표현은 어디서나 자유롭다: [BT(C)]

(An R-expression must be free in all domains.)

결속이론을 설명하는데 적용되는 중요한 개념인 지배범주(GC; Governing Category)와 대주어(SUBJECT), 그리고 접근가능성(Accessibility)은 다음과 같이 정의된다.

(26) 지배범주와 대주어, 그리고 접근가능성

① 지배범주(Governing Category): 어떤 범주 α가 β, β의 지배자, 그리고 β에 접근가능한 대주어, 이 세 가지 성분을 포함하는 최소범주(NP 혹은 S)이면 α는 β의 지배범주이며, 그 역도 참이다. (α is the governing category for β iff α is the minimal category(NP, or S) containing β, a governor of β and a SUBJECT accessible to β.)

② 대주어(SUBJECT): 가장 두드러진 명사어로서 주어(subject)와 AGR을 말한다. (the most prominent nominal element)

① subject ② AGR in INFL

③ 접근가능성(Accessibility): α가 β를 성분통어하며, 만일 β와 동일지표를 가정했을 때 동일지표 내포금지조건을 어기지 않으면 α는 β에 접근가능하며, 그 역도 참이다. (α is accessible to β iff α c-commands β and the assignment of the index of α to β does not lead to a violation of the i-within-i condition.)

④ 동일지표 내포금지조건: α와 β가 동일지표되면 $[_{\alpha i} \ldots \beta_i \ldots]$라는 구조는 비문이다. (i-within-i condition: $*[_{\alpha i} \ldots \beta_i \ldots]$ where α and β have the same index.)

⑤ 변항이란 자신의 가장 가까운 결속자가 비논항 자리에 있는 공범주이다.
(A variable is an empty category whose closest binder is in an A'-position. (=A variable is 'locally A'-bound'.))

결속이론은 모두 지배범주와 관련되어 있다. 지배범주는 관련요소의 지배자(governor)와 관련요소 자신인 피지배자(governee), 그리고 피지배자에 접근가능한 대주어(accessible SUBJECT) 등의 3요소를 포함하고 있는 최소(minimal)의 S, 혹은 NP를 의미한다.

이제 각 결속이론을 구체적으로 살펴보기로 하자. 먼저 결속이론(A)의 아래 예문을 살펴보겠다.

(27) 결속이론(A)의 예

a.*John expects that [himself will win].

b. [John expects himself to win].

c. [John wants very much for himself to win].

d. John expects [Bill's pictures of himself] to be on sale.

e. [John expects pictures of himself to be on sale.]

f.*[John expects that [pictures of $\text{himself}_i]_i$ will_i be on sale].]
(i-within-i condition violation))

g. [John_i expects that [pictures of $\text{himself}_i]_j$ will_j be on sale].]

위 예문에서 중괄호는 대용어의 지배범주이며, (27a)는 'himself'가 그 안에 결속어인 선행사를 갖지 못하여 비문이고 (27b)와 (27c)는 대용어 'himself'의 선행사가 지배범주 안에 있어서, 즉, John과 동일인으로 해석되어 정문이며, (27d)는 대용어 'himself'를 포함한 지배범주인 NP [Bill's pictures of himself] 안에 적법한 선행사 Bill이 존재하므로 동일인으로 해석되어 정문이 된다. 그러나 (27e)는 접근 가능한 최소의 NP 안에 적법한 선행사가 없으므로 지배범주가 문장 전체로 확대되어 John이 선행사로 해석된다. 한편 특별한 주의가 필요한 예문 (27f)는 정의상 'himself'의 1차적인 지배범주는 내포절이지만, 이 때 'himself'의 대주어(SUBJECT)인 지배자 'will'과 피지배자인 주어 NP인 [picture of himself]와 동지표되는데, 이 지배범주 안에서 'himself'를 해석하기 위하여 주어와 'himself'를 동일인이라고 가정하면 결과적으로 동일지표 내포금지조건(i-within-i condition)[1]을 위반하여 비문이 되어버린다. 그러나 실제로는 정문이므로 이러한 해석 방법은 잘못이라는 것이 밝혀졌다. 따라서 다른 적법한 해석을 위해서 다시 2차적인 지배범주인 전체절의 주어인 'John'과 결속된다고 보면 (27g)는 결속이론(A)를 준수하는 정문으로 해석된다. 여기서 대용어란 재귀대명사, 상호대명사, NP-t를 말한다.

다음은 결속이론(B)의 예문들이다.

(28) 결속이론(B)의 예

a. [John helps him].

b. John wants [Mary to love him].

c. John hopes that [he will get the prize].

d. I like [the soldiers' picture of them].

결속이론(B)는 결속이론(A)와 상보적 관계에 있다. 즉 같은 지배범주 안에서 대용어는 반드시 결속되어야(bound) 하고, 대명사류는 반드시 비결속, 즉 자유로워야(free)한다. 즉 위 예문의 중괄호는 지배범주이며 대명사는 그 지배범주 안에서 선행사를 가져서는 안된다. 다시 말하면 (28a)의 'him'은 지배범주 안에서 반드시 자유로워야 하므로 'John'을 지시할 수 없고, (28b)의 'him'과 (28c)의 'he'는 자신의 지배범주 안에서 자유롭기 때문에 주절 주어인 John과 동일인일 수도 있고 세상의 한 남자일 수도 있다. 다시 말

---

1) 재귀대명사 [himself]의 지배자는 'of'이고, 주어는 [a picture of himself]라는 NP이다. 이 세요소를 포함하는 최소의 XP는 IP인 [a picture of himself is on sale]이다. 그런데 이 IP안에 [himself]의 선행사가 포함되어있지 않으니 비문이 되어야 하는데, 사실은 정문이다. 이를 해결하는 방법으로 Chomsky(1981)는 "접근 가능한(accessible) 주어"라는 개념을 도입하였다. anaphor의 접근가능한 주어가 되기 위한 조건은 다음과 같다.

"α is an accessible subject for an anaphor β if and only if (hypothetical) coindexation between the anaphor and the subject violates no grammatical principle."

이 작업을 위해서 가설적인 작업으로서의 anaphor와 추정된 주어와의 동지표화(coindexing)를 해보고, 그 결과가 문법원리를 위반하는지를 확인하는 것이다. (사실 의미상으로 [himself]와 [a picture of himself]가 동물과 무생물이어서 동일지시물일 수 없다. 가설적 작업으로 해보는 것일 뿐이다.) 그 결과는 "어떤 것의 더 작은 부분이 더 큰 전체와 동지표되는 형상(configuration)은 비문이다"(i-within-i-Filter(동일지표 금지조건)라는 문법원리를 어긴다. 이 조건은 지시적 순환성(referential circularity)을 금지하기 위한 과학적 기술의 일반 원리이다. 어떤 표현이 지칭하는 바를 이해하기 위해서는 그 표현의 부분 구성성분의 모두가 지칭하는 것을 이해할 필요가 있다. 따라서 (27f)처럼 전체(whole)가 부분(part)과 동지표 되어있으면 전체가 지칭하는 것을 알기 까지는 부분(X)이 지칭하는 바를 알 수 없고, X를 지칭하는 바를 모르면 전체가 지칭하는 바를 알 수 없다. 결국 돌고 돌아서 의미를 알 수 없는 경우가 되고 만다. 즉 LF에서 의미해석이 불가능하므로 비문이다. (무슨 의미인지 모르니 비문일 수밖에!)

하면 만일 'him'을 John만을 지시한다고 해석하면 이는 결속조건(B)를 위반한 결과가 된다. 또 (28d)의 대명사 'them'도 자신의 지배범주인 NP 안의 주어인 'the soldiers'와 동일인으로 해석되어서는 안된다. 만일 동일인을 가리키는 의미로 쓰였다면 이는 비문이다. 여기서 대명사류란 대명사와 PRO를 가리킨다.

끝으로 결속이론(C)의 예문을 살펴보자.

(29) 결속이론(C)의 예

a. He wants Mary to like John.

b. John thinks that the bastard will win.

c. Who does he think Bill liked t ?

d. Who did the picture of him upset t ?

e. Who [t] seemed [t] to have been killed [t]?

결속이론(C)의 적용 대상인 R-표현(referential expression)은 그 자체가 독자적인 지시물을 가지는 이름(name), 어휘명사구(lexical NP), 그리고 Wh-t 등의 요소이다. 이 요소들은 그 지시물을 세상에서 찾지 않고 그 문장 안에서 결속되면 비문이 된다. 특히 의문사구의 이동으로 원래의 자리에 남게 된 변항(variable)도 의문사구와 마찬가지로 문장 안에 지시물이 있을 수 없으므로 결속이론(C)의 적용대상이다. 위 예문 (29a)의 'John'은 선행하는 'He'와 결속될 수 없고, (29b)의 명사 'the bastard'도 'John'이 될 수 없다. (29c), (29d)의 변항인 흔적도 선행하는 'he'와 'him'을 각각 지시해서는 안된다. (29e)는 변항의 정의에 의해서 의문사와 가장 가까운 밑줄 친 흔적만을 변항으로 본다. 나머지는 격을 받기 위하여 이동하는 명사구 흔적(NP-t)으로 본다.

9. 허가원리와 완전해석원리

Chomsky(1986a: 93)는 생성문법은 기본적으로 주어진 구조를 보편문법 원리에 의해 조합적으로 규명, 허가하는 과정이라고 주장한다. 이를 허가원리라고 말한다.

(30) 허가원리(Licensing Principle): 적형 구조의 모든 요소는 어떤 문법적 관계를 통하여 허가되어야 한다. (Every element that appears in a well-formed structure must be licensed by some grammatical relation)

예를 들어 다음 문장은 허가받지 못한 요소를 포함하고 있어서 비문이 된다.

(31) a.*John loves Mary walked.
b.*Did John see t?

또한 Chomsky(1986a: 98)는 허가원리가 PF와 LF의 해석부에서는 완전해석원리가 된다고 주장한다.

(32) 완전해석원리(Principle of Full Interpretation):
음성형태와 논리형태의 모든 요소는 적절한 해석을 받을 수 있어야 한다. 즉 허가되어야 한다. (Every element of PF and LF must receive an appropriate interpretation - must be licensed.)

바꿔 말하면 정문의 모든 요소는 조음-청취 체계(articulatory-perceptual system)에 의해 '음성'으로 해석될 수 있어야 하고 정문의 모든 요소는 개념-의도 체계(conceptual- intentional system)에 의해 '의미'로 해석될 수 있어야 함을 규정한다.

이 두 원리는 현대생성문법이 지향하는 바의 목표를 그대로 보여주고 있다. 바꾸어 말하면 정문의 모든 요소는 문법적으로 하가되어야 하고, 음성적, 의미적으로도 해석되어야 함을 규정하고 있으며, 만일 문법적으로 설명할 수 없는 요소가 문장에 있거나, 해석원리로 해석될 수 없는 요소가 잉여적으로 문장 안에 있으면 그 문장은 비문이 된다.

제6장
최소이론의 기본원리

1. 최소이론의 기본 개념

최근에 Chomsky(1992, 1995)는 문법이론의 경제성을 획기적으로 높이는 한 가지 제안을 하고 있다. 이 새로운 제안을 최소이론(Minimalist Program)이라고 부른다.[1)] 지배결속이론이 종전의 생성문법의 기본 가설을 그대로 이어 받고 있듯이, 최소이론도 종래의 지배결속(GB)이론의 기본 가설을 그대로 계승하고 있다. 그러나 두드러진 차이점은 최소이론은 최소주의(minimalism)라는 경제원리(Economy Principle)를 문법이론의 최적성(optimality)의 기준으로 새롭게 설정한 것이다. 사실 경제원리는 모든 학문과 이론이 지향하는 바의 간결성의 원리에 다름 아니다. 마찬가지로 문법학자들도 자신의 문법이론이 불필요하게 복잡해지는 것을 원하지 않는다. 최소주의나 경제원리라는 용어를 직접 사용하지 않았던 종전의 지배결속이론에서도 이론의 간결성을 추구함으로써 설명력의 극대화를 꾀하고자 한 것은 바로 최소주의 정신에 다름 아니라고 말할 수 있다. 이런 면에서 볼 때 Chomsky(1992, 1995)의 제안은 종전의 지배결속이론을 계승하여 더욱 발전시키고자 하는 학문적 목표와 과정의 자연스런 성과의 하나라고 이해할 수 있다. 우

1) 윤종열님(1995, 개인서신)에 따르면 Chomsky(1995년 가을학기 강의중)는 자신의 이 새로운 이론이 'Minimalist Theory'가 아니고 'Minimalist Program'이라고 불려야 한다고 여러 차례 강조하고 있다고 한다. 사실 Chomsky(1992)는 자신의 이러한 새로운 이론을 'Minimalist Program', 혹은 'Minimalist Design'이라고 부르고 있다. 이러한 용어 사용의 배경에는 Minimalist Program은 GB이론을 보다 정교하게 발전시키는 이론이지 GB이론을 부정하고 이를 대체하는 새로운 체제는 아니라는 점이 함축되어 있다고 말할 수 있다. 따라서 별도의 언급이 없는 한 GB이론의 기본 가설은 최소이론으로 그대로 계승된다고 보아야 한다. Minimalist Program은 그 경제원리가 시사 하듯이 GB이론을 발전시키는 일종의 기본 철학 또는 지침으로서 이론적 모형이라고 말할 수 있다. 그러나 이 용어를 국어의 '최소이론'이라고 부르는 것은 원래의 의도하는 바를 올바르게 반영하지 못할 위험이 있다. 이미 용어로서의 기득권을 누리고 있음을 받아들이기로 하지만, '최소주의 설계', 혹은 '최소주의 모형' 등의 의미로 이해되어야 할 것이다.

리가 제3장까지 Chomsky(1981, 1986a)를 중심으로 GB 격이론을 비판하고, 이를 극복하기 위하여 제시한 몇 가지 제안이 Chomsky(1992, 1995) 등에서 제안하고 있는 최소이론과 어떠한 양립성(compatibility)을 보이는지를 검토해야 하는 당위가 여기에 있다. 이 작업은 우리 제안의 설명력을 제고하기 위함은 물론이고 최소이론의 타당성을 확인한다는 면에서 상호 보완적인 의의를 갖게 될 것이다. 이를 위하여 우리는 먼저 최소이론의 기본 개념을 주로 양동휘(1992, 1994)를 참고로 하여 살펴보기로 하겠다.

최소이론은 문자 그대로 이론적 가정의 극소화를 통해서 설명력을 극대화하는데 목표를 두고 있다. 최소이론은 최소한의 가설만을 내포하기 때문에 상호 중복 또는 상호 상충되는 일이 없이 최대한의 설명력을 발휘하고자 한다. 최소이론의 최소가설에 대하여 양동휘(1992: 644)는 다음과 같이 분류하여 기술하고 있다.

(1) 최소이론의 가설

a. 선택규칙(Select-α)

b. 만족규칙(Satisfy): 최소핵계층 구조

c. 처리규칙(Affect-α)

d. 문자화(Spell-Out)

e. 문법적 계층: 논리형태(LF)와 음성형태(PF)

f. 문법적 도출의 경제원리: 지연성과 이기성

g. 문법적 도출의 기본 요인: 형태론적 특성 또는 자질

먼저 (1a) 선택규칙은 어휘부에서 연산체계(computational system) 안으로 어휘항목이 입력되는 과정으로서 종래의 어휘 삽입규칙에 해당한다. (1b) 만족규칙은 어휘부에서 선택규칙으로 입력된 모든 어휘항목이 최소핵계층 구조를 만족시키면서 자동 투사되는 과정을 뜻한다. 최소이론의 최소핵계층 구조는 어떠한 핵도 하나의 보충어와 하나의 지정어만을 허락하는 투사여야 한다고 규정한다. 종래의 GB이론이 '대체로' 최소핵계층 구조를 가정해왔으나, 최소이론은 '항상' 이를 가정한다는 면에서 차이가 있다. (1c) 처리규칙이란 어휘부에서 선택된 어휘항목들이 논리형태(LF)와 음성형태(PF)에 이르는 과정에서 필요한 최소한의 처리 과정이다. (1d) 문자화란 실제로 우리가 발음하여 읽을 수 있는 문자로 나타낸다는 것을 뜻한다.

일단 이상의 논의를 토대로 하여 최소이론의 이론 체계를 다음과 같이 도표로 나타내보기로 하자.

(2) 최소이론의 체계도

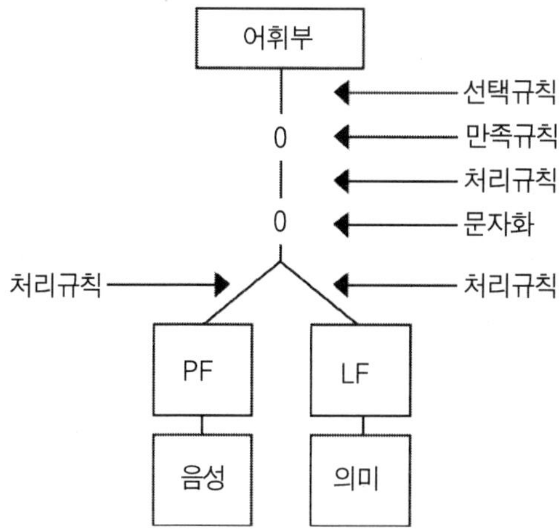

종래의 GB이론에서는 어휘부(Lexicon)에서 어휘 항목이 입력되어 D-구조가 형성되고, D-구조에 α-이동(Move-α)이 적용되어 S-구조가 형성되며, S-구조에 다시 α-이동이 적용되어 음성형대(PF)와 논리형태(LF)가 형싱되어서 문법-외적 체세의 해석을 받아 삭각 음성과 의미로 실현된다고 보았다.

그러나 위의 체계도가 보여주듯이 최소이론에서는 D-구조와 S-구조가 없어지고 문법적으로 의의있는 계층으로 PF와 LF만 존재한다.[2] GB이론의 이동규칙(Move-α)은 최소이론의 처리규칙(Affect-α)으로 바뀌는데, 여기에는 이동규칙뿐만 아니라 삭제규칙(Delete-α)과 삽입규칙(Insert-α)을 포함되는 포괄적인 규칙이다. 선택규칙(Select-α)은 GB이론의 어휘 삽입 과정을 명시적으로 표현한 것이다. GB이론과 최소이론의 체계 사이의 가장 두드러진 차이는 GB이론의 D-구조와 S-구조라는 계층이 없어지고, 그 대신에 각각 만

---

2) Lasnik(1993: 1)은 GB이론과 최소이론의 관계에 대하여 다음과 같이 언급한다.
"Since virtually every module of the theory(Case, Binding, Proper Government, Polarity Item Licensing, ...) displays strong apparent S-structure effects, the success of Chomsky's program depends on the reduction of all such requirements to LF and PF well-formedness conditions, and/or to general economy considerations."
이 언급의 요지는 GB이론에서 D-구조와 S-구조를 설정하여 효과적으로 설명할 수 있었던 여러 문법 현상을 이 두 계층을 없앤 최소이론에서 어떻게 LF와 PF 만으로 설명하느냐에 따라 최소이론의 성공 여부가 달려있다는 것이다.

족규칙(Satisfy)과 문자화(Spell-Out)라는 규칙이 적용된다고 보는 점이다. 대체로 GB이론의 D-구조 대신에 만족규칙이, 그리고 GB이론의 S-구조 대신에 문자화규칙이 최소이론에 설정되었다고 볼 수 있다.

그러면 최소이론에서 GB이론의 D-구조와 S-구조를 없앤 이유는 무엇인가? 그것은 한마디로 문법적 도출 과정을 최소화하려는 최소이론 안에서 D-구조와 S-구조가 심각한 문법적 의의가 없기 때문이다. 사실 GB이론 안에서 D-구조는 의미역이 표시되는 심각한 구조였고, 또 S-구조는 D-구조에 이동규칙이 적용된 구조로서 역시 모든 통사적 작용이 일어나는 심각한 의의를 가진 구조였다. 더구나 투사원리에 따라 D-구조와 S-구조 뿐만 아니라 PF와 LF에서 동일한 구조가 유지되어야 한다고 보았기 때문에 실제로 거의 동일한 형태를 가진 네 계층이 존재했다고 보아야 한다. 이는 최소이론의 관점에서 보면 상호 중복되어 있으므로 경제원리를 어기고 있는 것이다. 따라서 최소이론에서는 음성해석을 위한 PF와 의미해석을 위한 LF를 최소한의 계층(level)으로 설정하게 된다. 실제로 우리의 문법은 말의 뜻과 소리를 연관 지어야 하므로 뜻을 가려내는 논리형태와 소리를 가려내는 음성형태는 최소한의 필수적인 가정이라고 할 수 있으며, 이 단계에서 모든 잘못된 문장의 도출을 걸러내야 한다. 이 과정이 '합치(Convergence)의 점검'으로서 비문법적 체계(Grammar-external system)에 의해서 해석되기에 적법한 요소(legimate object)인가를 점검하는 단계이다. 이 합치의 점검을 통과하려면 논리형태의 요소는 다음 네 가지 중의 하나여야 한다.

(3) 논리형태의 네 요소
① 핵(Head) 연쇄
② 논항(Argument) 연쇄
③ 수식어(Modifier) 연쇄
④ 운용자-변항(Operator-Variable) 연쇄

합치의 점검을 통과한 PF와 LF라는 두 형태는 해석의 접합점(interface)으로서 해석의 점검을 받게 된다. 이 합치점검과 해석점검은 다음과 같은 완전해석원리(Principle of Full Interpretation)에 기초하고 있다.

(4) 완전해석원리

접합점(음성형태와 논리형태)의 모든 요소는 문법-외적 체계에 의하여 해석될 수 있는 합법적 요소이어야 한다. (Every element at the interface (PF and LF) must be a legitimate object to be interpreted by the grammar-external systems.)

완전해석원리에 따라 논리형태에 나타나는 모든 요소는 의미해석에 관련되는 개념의 인지체계와 같은 문법-외적 체계에 의해 각각 개별적 해석이 가능할 뿐만 아니라 전체로서도 적절한 해석이 가능해야 한다. 그리고 음성형태에 나타나는 모든 요소는 음성해석에 관련되는 음성의 인지 체계와 같은 문법-외적 또는 비음운적 체계에 의해 각 단위가 해석될 수 있을 뿐만 아니라 전체로서도 적절한 음성해석이 가능해야 한다. 결국 최소이론은 선택규칙, 만족규칙, 처리규칙, 문자화 등의 규칙은 완전히 자유롭게 마음대로 적용하도록 내버려두고, 모든 도출(Derivation)은 음성형태와 논리형태에서 합치점검과 해석점검으로 걸러낸다. 이 때 점검의 기준은 완전해석원리 한 가지 뿐이다.

그러면 완전해석원리의 접합점의 합법적 요소(legimate object at the interface)란 구체적으로 무엇을 말하는가? Chomsky(1992)는 다음과 같이 정의하고 있다.

(5) 접합점의 합법적 요소

음성형태의 합법적 요소는 언어 보편적인 음성적 요건을 만족시키는 음성적 분절이고, 논리형태의 합법적 요소는 언어보편적 형태론적 요건을 만족시키는 통사적 연쇄이다. (A legitimate object at PF is a phonetic segment that satisfies universal phonetic requirements, and a legitimate object at LF is a syntactic chain that satisfies universal morphological requirements.)

언어보편적인 음성적 요건이란 인간의 조음-청취 능력체계상 허용됨을 뜻한다. 예를 들어 [+stress] 자질을 가진 자음이나 [+high, +low]의 자질을 가진 모음은 인간의 조음-청취 능력체계상 허용될 수 없는 음성분절로서 언어보편적인 음성적 요건을 만족시키지 못한다. 따라서 이 음성요소들은 음성형태에서 합법적 요소가 되지 못한다. 언어보편적인 형태적 요건이란 일치 자질(phi-자질), 격 자질, 시제 자질, [+WH] 자질과 같은 영역 자질(scopal feature) 등이 점검됨을 뜻하고, 통사적 연쇄란 논항 연쇄, 운용자-변항 연쇄, 핵 연쇄, 부가어 연쇄 등을 뜻한다.

음성형태나 논리형태가 합법적 요소만으로 구성되어 있을 때 완전해석원리를 만족시키고, 음성형태나 논리형태가 비합법적 요소를 하나라도 내포할 때 완전해석원리를 위반한다. 어떤 구조의 도출(derivation) 과정이 완전해석원리를 만족시키는 음성형태에 이르면 그 도출은 음성형태에서 합치(converge)된다고 말한다. 그리고 어떤 구조의 도출 과정이 완전해석원리를 만족시키는 논리형태에 이르면 그 도출은 논리형태에서 합치된다고 말한다. 어떤 구조의 도출이 완전히 합치되려면 음성형태와 논리형태에서 모두 합치되어야 한다. 실제로 Chomsky(1993: 6)는 완전해석원리를 합치조건(Convergence Condition)이라고 부른다. 어떤 구조의 도출 과정이 완전해석원리를 위반하는 음성형태에 이르면 그 도출은 음성형태에서 파탄(crash)된다고 말한다. 그리고 어떤 구조의 도출 과정이 완전해석원리를 위반하는 논리형태에 이르면 그 도출은 논리형태에서 파탄된다고 말한다. 어떤 구조의 도출이 어느 한쪽 형태에서만 파탄되어도 그 도출은 파탄되어 결과적으로 비문이 된다. 왜냐하면 파탄된 도출의 구문은 음성해석이나 의미해석을 받을 수 없는 비합법적 표현이기 때문이다. 그러나 합치된 도출의 구문이 반드시 정문이 되는 것은 아니다. 왜냐하면 합치된 도출의 구문이 음성해석과 의미해석을 받았을 때, 그 해석이 음성적으로나 의미적으로나 말이 안되는 것(gibberish)일 수도 있기 때문이다. 널리 알려져 있는 예문인 “Colorless green ideas sleep furiously”는 완전히 합치된 도출의 구문이지만, 문법성에 대한 판단은 사람에 따라 차이를 보이고 있다. 이러한 차이는 각 개인의 상상력 체계(imagination system)나 믿음 체계(belief system)의 차이에 기인한다. 이 체계가 바로 문법-외적 체계요, 언어수행 체계(Performance system)이다.

위에서 살펴 본 바와 같이 완전해석원리는 음성형태와 논리형태가 언어수행 체계에 의해서 해석될 수 있는 요소로만 구성되어야 함을 규정한다. 다시 말해서 음성형태와 논리형태는 음성 해석이나 의미 해석에 꼭 필요하지 않은 요소는 허용하지 않는다. 이와 같이 필요 불가결한 요소만 허용한다는 면에서 완전해석원리를 문법적 표시(representation)에 대한 경제성조건(Economy Condition)이라 부른다. 한편 문법적 도출(derivation)에 대한 경제성조건은 Chomsky(1991)에서 어떤 문법적 구조의 도출 과정에 있어서 꼭 필요하지 않은 과정은 허용되어서는 안된다는 조건으로 규정된다. 이처럼 문법적 표시뿐만 아니라 문법적 도출에까지 경제성조건이 작용한다는 점이 밝혀짐에 따라 경제성조건 혹은 경제원리(Economy Principle)는 인간언어의 심각한 특성으로 인식되기에 이르렀다. Chomsky (1991)는 문법적 도출에 대한 경제성조건으로서 다음과 같은 최후수단원리(Principle of

Last Resort)를 제안한다.

(6) **최후수단원리**

모든 문법적 도출 과정은 최후수단이어야 한다.

(Every grammatical operation must be a last resort.)

최후수단원리는 어떠한 문법적 도출 과정도 적용될 필요가 없을 때에는 결코 적용되지 않고, 기다릴 수 있는 데까지 기다리다가 도저히 피할 수 없는 시점에 와서 최소한으로 적용되어야 한다는 원리이다. 최후수단원리의 구체적인 하위원리를 열거하면 다음과 같다.

(7) **최후수단원리의 하위원리**

① 최소이동원리: 가능한 한 최소의 이동으로 도출되어야 한다.

② 최소단계원리: 가능한 한 최소의 단계를 거쳐 도출되어야 한다.

③ 이기성원리: 이동하는 자에게 이득이 되는 경우에만 이동해야 한다.

④ 지연성원리: 가능한 한 늦게 적용되어야 한다.

⑤ 태만원리: 가능한 한 쉽게 적용되어야 한다.

우리는 최후수단원리의 하위원리 가운데 격이론과 직접 관련된 이기성원리와 지연성원리에 대하여 살펴보기로 하겠다. 먼저 이기성원리(Principle of Greed)란 어떤 요소가 이동할 때는 그 이동으로 인하여 그 요소의 어떤 필요가 만족될 수 있어야 한다는 원리이다. 다음 예문을 보자.

(8) a. There is [a boy] in the garden.

b. *There seems to [a boy] that it is raining outside.

Chomsky(1992)는 예문 (8a)와 (8b)의 문법성의 차이는 이기성원리에 기인한다고 본다. 예문 (8a)의 'a boy'는 논리형태(LF)에서 격을 점검받기 위하여 'there'에 부가됨으로써 이익을 얻기 때문에 이기성원리를 만족한다. 하지만 예문 (8b)의 'a boy'는 제 자리에서 이미 격을 점검받고 있으므로, 만일 LF에서 'there' 자리에 부가되기 위하여 이동한다면 자신이 얻는 이익이 없기 때문에 이기성원리를 위반하여 비문이 된다. 또한 만일 이기성원리를 만족하기 위하여 (8b)의 'a boy'가 이동하지 않는다면, 'there'가 LF에서 논항의 접사가 되지 못하여 완전해석원리를 위반하므로 역시 비문이 된다.

지연성원리(Principle of Procrastinate)란 규칙의 적용을 가능한 한 지연해야 한다는 원리이다. 바꾸어 말하면 인간은 문법 규칙을 꼭 적용해야 하는 상황에 이르러서만 적용하는 성질이 있다는 것이다. 그리고 꼭 적용해야 할 상황이 벌어지지 않으면 영원히 적용하지 않는다는 것이다. 그러면 문법이론의 정립에 있어서 지연성원리는 구체적으로 어떤 의의를 갖는지를 검토하기 위하여 다음 문장을 보자.

(9) [$_{CP}$ Who$_i$ [$_{IP}$ t_i bought what]?

GB이론에서는 영어의 의문사 이동규칙을 다음과 같이 설명한다. 즉 의문사가 두 개 이상 있을 경우에 S-구조에서 하나의 의문사만 이동하고 나머지는 제 자리에 있어야 한다. 이를 위해서 S-구조에서의 의문사의 부가(Adjunction)가 불가능하다는 제약을 설정해야 한다. 또한 이러한 설명은 왜 의문사의 부가가 불가능한지에 대한 적절한 설명이 되지 못한다. 최소이론에서는 지연성원리에 따라 가능한 한 규칙의 적용이 지연되므로 의문사의 이동은 자연스럽게 논리형태의 합치 점검 단계에 이르러서 이동된다. 그러나 만일 모든 의문사가 논리형태에서 이동한다면 음성형태가 합치의 점검에 이르지 못하므로 음성형태의 파탄에 이르게 된다. 따라서 이를 막기 위하여 위 예문에서 'who'는 문자화(Spell-Out) 이전에 이동해야 한다. 이렇게 볼 때 지연성원리를 고집하여 도출이 파탄된다면 지연성원리를 양보하여 도출이 합치되도록 해야 한다. 이를 Chomsky(1994: 38)는 다음과 같이 개념화하였다.

(10) 지연성원리는 합치되는 도출 사이에만 적용된다.
(Procrastinate selects among convergent derivations.)

그러면 예문 (9)에서 'who' 가 왜 문자화 전에 이동해야 하는지를 살펴보자. 영어의 보문자 C가 가진 [+WH] 자질은 강한(strong) 통사적 자질로서 음성형태에서 보여야 하므로, 반드시 문자화 전에 의문사 이동이 일어나 보문자의 [+WH] 자질이 방출되어 없어져야 하기 때문이다. 이와 같이 최소이론에서는 어떤 자질은 문자화 전에 점검되어야 하고 또 어떤 자질은 문자화 후에 논리형태에서 점검되는데, 그 이유는 점검 자질의 강약의 차이 때문이다. 즉 강한 형태론적 자질(strong feature)은 음성형태까지 존속되면 음성형태를 파탄시키므로 문자화 전에 점검되어 방출(discharge)되어야 하고, 약한 형태론적 자질(weak feature)은 음성형태에서 보이지 않으므로 지연성원리에 따라 논리형태에서 점검된다. 자질의 강약의 차이는 한 언어에서 점검의 단계를 결정하기도 하지만, 언어마다 다른 자질의 강약의 차이가 개별 언어의 유형의 차이를 만든다는 면에서 중요한 의의가 있다. 이제 예문 (9)에서 다른 의문사가 이동하면 안되고 반드시 'who'가 이동해야 하는 이유를 살펴보자. 그 이유는 한 마디로 최소이론의 최소이동원리 때문이다. 최소이동원리는 이동의 거리를 가능한 한 짧게 해야 한다는 원리로서 IP의 지정어 자리에 있던 'who'가 CP의 지정어 자리로 이동하는 것이 가장 이동 거리가 짧은 경제적인 이동이다. 따라서 예문 (9)는 최소이론의 경제성원리를 만족하는 정문이다.

우리가 (5)에서 제시한 완전해석원리를 준수하기 위해서는 접합점의 합법적인 모든 요소는 언어 보편적인 음성적, 형태론적 요건을 만족시켜야 한다. 언어 보편적인 음성적 요건은 본 연구의 주제와 직접 관련되지 않으므로 더 이상 논하지 않기로 하고 형태론적 요건을 살펴보기로 하겠다. 논리형태의 합법적 요소가 만족시켜야 할 언어 보편적인 형태론적 요건에 관여되는 형태론적 자질로서 Chomsky(1992)는 다음과 같은 네 가지 자질을 주로 논하고 있다.

(11) **형태론적 자질의 유형**

- a. 일치 자질(phi-feature)
- b. 격 자질(Case feature)
- c. [+WH] 자질([+WH] feature)
- d. 시제 자질(tense feature)

(11a)의 일치 자질(phi-feature)은 인칭, 수, 성 등의 명사적 자질을 뜻하며, (11b)의 격 자질(Case feature)은 모든 명사구의 격 자질을 뜻한다. 또 (11c)의 [+WH] 자질은 모든 의문사구의 [+WH] 자질을 뜻하며, (11d)의 시제 자질은 모든 동사의 시제 자질을 뜻한다. 따라서 일치 자질은 명사, 대명사, 동사, 형용사 등에, 격 자질은 명사구에, [+WH]

자질은 의문사구에, 그리고 시제 자질은 동사에 존재한다고 본다. 음운론을 제외한 문법 전반의 유일한 문법적 계층인 논리형태의 합법적 요소를 오직 (11)의 형태론적 자질에 입각하여 규명하고 있다는 점에서 최소이론은 "형태론적 자질 중심의 문법론"이라고 불러지기도 한다. 피점검자의 형태론적 자질은 점검자(checker)를 통해서 점검받음으로써 이루어진다. 점검자의 예를 들면 일치 자질의 점검자는 AGR(AGR_S 또는 AGR_O)이고, 주격의 점검자는 T이며, 목적격의 점검자는 V이다. 또 [+WH] 자질의 점검자는 C이고 시제 자질의 점검자는 T이다. 점검자는 항상 핵(Head)이지만, 피점검자는 핵일 수도 있고 또 최대투사범주일 수도 있다. 피점검자가 최대투사범주일 경우의 점검은 기본적으로 지정어-핵 관계(Spec-Head relation)로 이루어지고, 피점검자가 핵일 경우의 점검은 기본적으로 핵-핵 관계(Head-Head relation)로 이루어진다. 지정어-핵 관계는 피점검자(XP)가 점검자 핵의 지정어 자리에 대입(substitution)됨으로써 형성되고, 핵-핵 관계는 피점검자(X^0)가 점검자인 핵에 부가(adjunction)됨으로써 형성된다. 또한 자질의 점검은 반드시 피점검자가 점검자에게 이동해 감으로써 이루어진다. 다시 말하면 대체로 어휘범주로 구성된 피점검자가 기능범주인 점검자에게 이동해 가서 자질을 점검받는다. 피점검자가 자질의 점검을 위해서 점검자에게 이동해 간다는 것은 최소이론의 기저구조에서 피점검자와 점검자가 따로 설정된다는 것을 뜻한다. 이와 같이 피점검자와 점검자가 따로 설정되는 이유는 피점검자들이 구성하는 구조의 기능과 점검자들이 구성하는 구조의 기능이 완전히 다르기 때문이다. 대체로 어휘범주들로 구성되는 피점검자들의 구조는 기본적으로 언어 보편적 의미구조를 반영하고, 기능범주로 구성되는 점검자들의 구조는 매개변인화를 통해 개별 언어의 차이를 반영한다. 이와 같이 언어 보편적 의미역 구조를 반영하는 VP 안의 구조와 개별 언어의 차이를 반영하는 VP 밖의 구조를 연관짓는 과정이 바로 자질 점검을 위한 이동 과정이다. 그 점검 과정에서 형태론적 자질의 강약의 차이로 문자화(Spell-Out) 전과 후의 이동에 차이가 생기고, 이러한 점검 이동의 차이와 같은 개별 언어의 차이가 포착된다.

2. 최소이론의 자질 점검이론

최소이론이 지배결속이론의 기본정신을 계승하면서 이론의 경제성원리를 더욱 철저

하게 추구함에 따라 지배결속이론의 핵심적인 개념 가운데 하나인 이동규칙(Move-α) 대신에 이동된 구성성분이 가지고 있는 다양한 자질을 상호 점검하는 이른바 자질(feature)의 점검이론(Checking Theory)으로 대치되었다. 최소이론의 기본 체계에 따라 어휘부의 술어 핵에서 나온 논항은 최소핵계층구조(X'-structure)를 만족하면서 어휘범주인 VP 안에서 의미역이 배당된다. 의미역이 배당된 논항은 자질의 점검을 받기 위하여 점검 영역(checking domain)인 기능범주로 이동한다. 이 과정에서 합치되면 합법적 요소(legitimate object)로서 논리형태에서 해석 점검을 받게 된다. 논항 이동은 오직 합치 점검을 받기 위해서만 가능하며 이 때도 최소이론의 경제원리를 준수해야 한다. 최소이론 안에서는 합치 점검을 받기까지의 과정이 GB이론에서와 달리 명시적이지 않다. 이는 D-구조와 S-구조를 최소이론에서 폐기한 것에서 알 수 있듯이 최소이론에서 중요한 것은 음성 해석과 의미 해석의 접합점에서 합법적으로 합치되고, 다시 완전해석원리에 의해서 해석될 수 있는가 하는 점이기 때문이다.

이제 구체적으로 최소이론의 자질점검 과정을 살펴보기 위하여 다음 문장의 기본 구조를 수형도로 나타내보자.

(12) a. Mary loves John.

b. $[_{AGRsP}[_{TP}[_{AGRoP}[_{VP}$ Mary $[_{V'}$ [loves John]]]]]].

(13) 영어 문장의 기본 구조

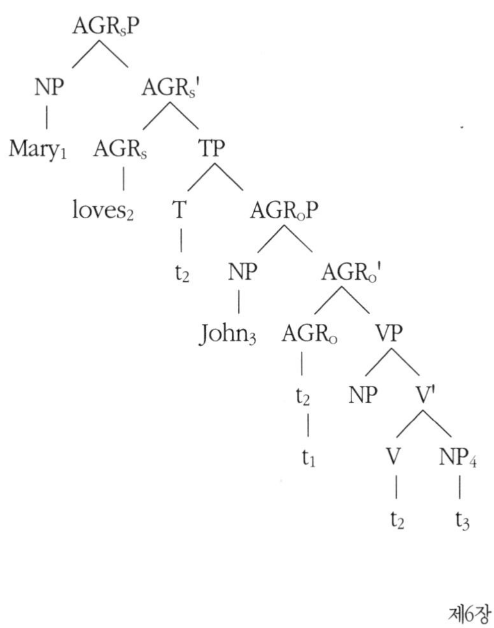

먼저 연쇄들의 언어 보편적인 형태론적 요건의 만족을 위한 점검자들의 점검 관계를 열거하면 다음과 같다.

(14) a. AGR_s의 명사구 자질은 주어의 일치 자질을 점검해 준다.
b. AGR_o의 명사구 자질은 목적어의 일치 자질을 점검해 준다.
c. T의 명사구 자질은 주어의 주격 자질을 점검해 준다.
d. V의 명사구 자질은 목적어의 목적격 자질을 점검해 준다.

이제 이 점검 관계에 의해서 예문 (12)의 명사구가 어떻게 자질이 점검되는지를 구체적으로 살펴보자. 어휘범주인 VP 안에서 의미역이 배당된 'Mary'와 'John'은 명사구로서 일치 자질과 격 자질을 점검받아야 할 피점검자이다. 먼저 VP의 지정어 자리에 있는 'Mary'는 자질을 점검받기 위해서 AGR_sP의 지정어 자리로 상승하여, AGR_s로 이동한 T의 도움을 받아 〈AGR_s+T〉에 의해서 일치 자질과 주격 자질이 점검받는다. 또한 VP의 보충어 자리에 있는 'John'은 AGR_oP의 지정어 자리로 이동하여, V의 상승으로 형성된 〈AGR_o+V〉에 의해서 일치 자질과 목적격 자질이 점검받는다. 최소이론의 이와 같은 명사구 자질의 점검 방식은 종래의 GB 격이론과 다음과 같은 면에서 중요한 차이를 보이고 있다.

첫째, 최소이론에서는 기저구조에서 자질의 피점검자와 점검자가 반드시 따로 설정되고, 피점검자가 자신의 자질 점검을 위하여 점검자에게 이동해간다고 본다. 종래의 GB 격이론에서도 주격의 부여를 위하여 주어는 기능범주인 AGRP의 지정어 자리로 이동하였으나, 최소이론에서는 주어 뿐만 아니라 목적어도 AGR_oP의 지정어 자리로 이동하여 자질을 점검받는다. 이는 피점검자들이 구성하는 구조의 기능과 점검자들이 구성하는 구조의 기능이 전혀 다르기 때문인데, 대체로 어휘범주(lexical category)로 구성되는 피점검자들의 구조는 언어 보편적인 의미구조(semantic structure)를 반영하고, 기능범주(functional category)로 구성되는 점검자들의 구조는 매개변인화(parameterization)를 통한 개별 언어의 차이를 반영한다. 이렇게 함으로써 최소이론에서는 모든 인간언어에 공통적인 의미구조는 어휘범주만으로 구성되는 VP-구조를 모든 언어에 일정하게 설정함으로써 포착하고, 어순의 차이 같은 개별 언어의 차이는 VP 밖에 설정되는 기능범주 구조의 매개변인화로 설명한다.

둘째, 최소이론에서는 주어 명사구의 자질 점검자를 일치 자질의 점검자인 AGR_sP와 격 자질의 점검자인 TP로 나누어 기능범주를 설정하고 있다. 종래의 GB이론에서는 주격 부여 기능범주인 AGRP의 핵인 AGR(tensed INFL)은 명사의 자질을 가진 주격 부여자로 간주되었으나, 최소이론에서는 주어 명사구가 일치 자질의 점검자 AGR_s와 격 자질의 점검자인 T가 융합된 〈AGR_s+T〉에 의해서 점검된다. 또한 목적어 명사구는 일치 자질의 점검자 AGR_0와 목적격 자질의 점검자인 V(타동사)가 융합된 〈AGR_0 + V〉에 의해서 점검된다.

셋째, 최소이론에서는 어휘 삽입(Select-α) 과정에서 기저부로부터 직접 실제 사용되는 어휘가 삽입된다.[3] 예를 들어 종래의 GB이론에서는 VP-구조에는 원형 동사가 삽입되고, 접사는 기능범주에 설정되어 핵 이동과 접사 이동에 의해서 실제 사용되는 어휘로 나타나게 된다. 그러나 최소이론에서는 접사가 분리되지 않고 그대로 어휘 선택된 다음에 기능범주로 이동하여 자질 점검을 받게 된다. 또한 명사도 종래에는 격이 부여되기 전까지는 어휘범주에 삽입되는 단계에는 추상적인 어휘가 삽입된다고 가정되었으나, 최소이론에서는 격이 표시된 어휘가 직접 선택된 다음에 점검구조에서 점검된다. 이러한 방식은 GB이론의 생성부인 D-구조와 S-구조를 폐기하고 표시와 도출의 과정을 최소화하여 경제원리(Economy Principle)를 만족하고자 하는 최소이론의 기본 정신에 부합한다.

그러면 이러한 자질의 점검은 어느 단계에서 이루어지는가? 최소이론의 지연성원리에 따라 가장 이상적인 단계는 접합점인 논리형태(LF)에서 점검이 이루어져 합치 점검되는 것이다. 그러나 강한 점검 자질(strong feature)은 논리형태 이전에 점검되어야 하는데, 그 이유는 논리형태(LF)에서 합치(converge)되더라도 음성형태(PF)에서 파탄(Crash)되는 경우가 생기기 때문이다. 다음 예문을 보자.

---

3) 윤종열님(1995, 개인서신)에 따르면 Lasnik(1994)은 최신에 최소이론에서 모든 어휘가 직접 삽입된다는 주장에 반론을 제기한다. 그는 'have'와 'be' 동사가 보여주는 본동사와 다른 통사현상들을 검토하여, 어휘부에서 다른 동사들과 전적으로 다르게 취급되어야 한다고 주장하였다. 즉, 'have'와 'be'는 완전 굴절된 형태로 연산체계에 삽입되어 자질을 보유하고 있는 INFL에 의해서 점검되는 반면에, 다른 일반 동사들은 원형(bare form)으로 삽입되어 접사형의 INFL과 PF병합(merger)이 이루어진다고 본다. 우리는 이러한 주장의 정당성에 관계없이 최소이론의 기본 철학인 점검이론을 부분적으로 수정하고 있다는 면에서, 매우 값비싼 주장이라고 본다. 또한 'be'와 'have'가 기능범주로 사용되는 경우와 어휘범주로 사용되는 경우를 구분하지 않고, 모두 동일한 범주로 처리하는 것도 최소이론에서 어휘범주와 기능범주를 완전히 분리하는 입장에 배치된다고 본다. 그리고 더 중요한 점은 Lasnik(1994)이 제시하는바 일반동사와 'be', 'have' 동사와의 차이점을 인정한다고 하더라도, 일반 동사를 원형이 아닌 실제의 형태로 삽입함으로써 야기되는 문제가 무엇이며, 또 그 문제가 원형의 삽입과 PF 병합으로 해결된다는 논증이 제시되어야 하는 과제가 남아있다.

(15) a. *Has been arrested John.

b. John has been arrested t.

(16) a. The police have arrested John.

b.*The police have John arrested.

Lasnik(1993: 4-5)에 의하면 정문 (15b)와 달리 (15a)가 비문인 이유는 영어 등의 언어는 T가 강한 명사구 자질을 가지고 있으므로 문자화(Spell-Out) 전에 방출되어야 하며, 그렇지 않으면 PF의 파탄이 일어나므로 음성해석을 받을 수 없어서 결국 완전해석원리를 어기게 되기 때문이다. 한편 이와 대조적으로 정문 (16a)와 달리 (16b)가 비문인 이유는 동사의 명사구 허가 자질은 약하므로 음성형태의 파탄이 일어나지 않는 한 적용이 지연되어야 하는데, 문자화 전에 목적어 'John'이 AGR_oP로 상승되어 결국 지연성원리(Procrastinate)를 어겨서 비문이 된 것이라고 주장한다.

지금까지 살펴본 바와 같이 최소이론의 격이론은 한마디로 격 자질과 일치 자질의 점검이론이라고 말할 수 있다. 어휘범주인 VP 안에서 의미역이 배당된 명사구 논항이 기능범주로 이동하여 점검자에게 점검되면 합치 점검을 통과하게 된다. 점검의 단계는 음성형태의 파탄을 가져오지 않는 한 지연성원리에 따라 문자화 후에 점검되며, 음성형태의 파탄을 가져오는 경우에는 문자화 전에 점검이 이루어진다. 다시 말해서 논항의 이동은 자질의 점검을 위한 것이 아니면 일어나지 않는다. 이 점검구조는 지정어-핵의 관계로 일원화되어 주격은 AGR_sP에서 점검되고 목적격은 AGR_oP에서 점검된다.

제2부
영어의 부정법

제1장 부정법의 개념과 유형

부정법(negation)은 부정(否定)의 의미를 표현하는 어법(語法)이라고 정의된다. 부정은 직관적으로 긍정(肯定)의 대립적 개념이다. 역사적으로 일찍이 명제(proposition)의 진리치(truth value)에 관심을 가져온 논리학이나 언어 철학에서 긍정명제(affirmative proposition)와 진리치가 대조되는 부정명제(negative proposition)에 대해서도 깊은 관심을 가져왔다. 언어의 명시적 기술을 목적으로 하는 언어학에서도 긍정명제가 실현되는 긍정문과 부정명제가 실현되는 부정문의 구조적, 의미적 특성을 규명하는 노력을 끊임없이 기울여왔다.

흥미로운 점은 세계의 모든 언어가 긍정문에 어떤 장치를 추가하여 부정문을 만들 뿐, 그 반대의 경우, 즉 부정문으로부터 긍정문을 도출하는 언어는 없다는 점이다. 이는 부정문의 기술에서도 그대로 반영되고 있다. 긍정문의 구조에 일정한 방식으로 추가되어 부정문을 만드는 성분을 부정어(negative; negator)라고 부르게 된다. 그러나 모든 부정문에 부정어가 존재하는 것은 아니다. 다시 말해서 처음부터 부정의 의미를 가진 독립된 어휘가 존재하기도 한다. 또한 긍정의 의미를 가진 어휘에 부정 접두어(negative prefix)를 부착하여 만들어진 부정어가 부정문을 만들기도 한다. 그러나 가장 일반적인 영어의 부정어는 'not'으로서 보통 시제표시된 조동사(tensed auxiliary)와 함께 부정문을 만든다. 이와 같은 대표적인 부정어를 Jackendoff(1983: 126)는 아래와 같이 구분하였다.

(1) a. They found *some/*any*. (no negative)
b. They did <u>not</u> find *any*. (explicit negative)
c. It is <u>impossible</u> to find *any*. (morphological negative)
d. They <u>deny</u> that they found *any*. (implicit negative)

긍정문의 단언적 표현(assertive item)과 대립을 이루는 부정문에 나타나는 비단언적 표현(nonassertive item)을 부정 극성어(negative polarity item; NPI)라고 부르며, 위 예문에서 'any'는 부정 극성어로서 긍정 극성어 'some'과 대립적 성격을 갖는다. 바꾸어 말하면 긍정문 (1a)에는 'some'이 쓰이고, 부정문 (1b), (1c), (1d)는 'any'가 사용되어야만 한다. 중요한 점은 이러한 규칙은 명시적 부정어(explicit negative)가 쓰인 (1b) 뿐만 아니라 형태적 부정어(morphological negative)가 쓰인 (1c), 내포적인 부정어(implicit negative)가 쓰인 (1d)에도 그대로 적용될 뿐만 아니라 (1b)의 단문은 물론 (1c), (1d)의 복문 구조에서도 적용된다는 점이다. 또 한 가지 중요한 사실은 Klima(1964)가 설득력있게 보여주고 있듯이 명시적 부정어가 문장의 나머지 성분의 구조적, 의미적 구성에 미치는 영향이 가장 강력하며, 형태소 부정어나 내포적 부정어는 부분적으로 영향을 주고받을 뿐이라는 점이다.

우리는 Jackendoff(1983)의 기술을 토대로 하여 부정어를 분류하여 논의의 출발점으로 삼게 될 것이다.

1. 부정어의 유형

부정문을 만드는 부정어의 형태가 어휘에 명시적으로 표현되느냐의 여부에 따라 다음과 같이 유형화할 수 있다.

1) 내포적 부정어

내포적 부정어(implicit negative)는 말 그대로 부정의 의미를 가진 독립된 어휘를 지칭한다.

(2) a. John was reluctant to read anything about the war.
  b. He lacks *any*. ~ He has *some*.
  c. He refused *any*. ~ He accepted *some*.
  d. They scarcely seem to care, *do* they?
  e. I hardly *have* any friends, and neither *do* you.
  f. Little *did* I expect such enthusiasm.
  g. Few members have *ever* attended the annual general meeting.

위의 예문이 모두 긍정문과의 극성어의 대립을 잘 보여주는 부정문이다. 자주 쓰이는 내포적 부정어로는 *hardly, scarcely, barely, rarely, seldom, little, few* 등이 있다.

2) 형태적 부정어

형태적 부정어(morphological negative)는 부정의 의미를 가진 형태소(morpheme)가 일반 어휘에 부착되어서 만들어진 어휘를 말한다.

(3) a. It is unlikely that he will do *any* more.
  b. He is unable to find *any* time for that.
    cf. They had been unhappy about **any/some* of his actions.

정의상 'unhappy'는 형태적 부정어임에도 불구하고, 부정 극성어 'any' 대신에 긍정 극성어 'some'과 공기한다는 점은 'unhappy'는 모국어 화자의 직관상 이미 부정어의 성질을 잃어버린 것으로 인식된다고 보아야 할 것이다. 다른 관점에서 보면 명시적 부정어의 규칙성을 내포적 부정어나 형태적 부정어는 갖지 못한다는 점을 암시한다고도 말할 수 있다.

3) 명시적 부정어

명시적 부정어(explicit negative)는 대표적인 부정어 'not'과 역사적으로 'ne'와 관련된 부정 어휘 및 복합어(*no, none, nobody, nothing, never, nowhere, neither, nor, no-*)를 말한다. 그러나 주목할 점은 대표적 부정어 'not'과 나머지 명시적 부정어는 그 용법이 매우 다르다는 점이다. 이 두 가지 부정어의 용법을 효과적으로 기술하기 위해서는 운용자(operator)라는 새로운 개념의 도입이 필요하다.[1] 아마도 운용자라는 용어의 사용은 Quirk et al.(1972)이 처음이 아닌가 싶다. Quirk et al.(1990: 34)은 정형 동사구(finite verb phrase)의 첫 번째 동사를 운용자로 정의하고 있으며, 이는 다시 말하면 시제문의 시제 표시 조동사(tensed auxiliary)이거나 조동사가 없을 때는 무의미 조동사 'do'가 운용자의 역할을 위해서 지원('do'-support) 된다. 운용자의 주요 특징은 다음과 같다.

첫째, 정형절(finite clause)을 부정문으로 만들기 위해서는 운용자 바로 다음에 명시적 부정어 'not'을 놓는다. (She *may* do it.~She *may* not do it.)

둘째, 의문절을 만들기 위해서는 운용자를 주어 앞에 놓는다. (subject-operator inversion) (She *will* speak first.~*Will* he speak first?)

셋째, 정형절을 강조하기 위해서는 운용자에게 일차강세(nuclear stress)가 주어진다.[2] (*Won't* you try again?~Yes, I *WILL* try again.)

넷째, 생략절(elliptical clause)에서 운용자는 대용어(pro-form)로 쓰인다. (*Won't* you try again?~Yes, I *WILL*. / No, I *CAN'T*.)

이와 같이 명시적 부정어 'not'은 일반적으로 운용자 바로 다음에 놓여서 부정문을 만들고, 이때는 운용자와 축약되어 'n't'가 된다. 다른 용법의 'not'을 포함한 다른 명시적 부정어는 운용자를 부정하지 않고 부정문을 만든다는 면에서 구분되어야 할 필요가 있다. 아래 예문은 운용자를 부정하지 않는 명시적 부정어가 사용된 예문이다.

(4) a. No honest man *would* lie.

b. That *was* no accident.

---

1) 현대생성문법의 GB이론 이후 운용자(operator)의 개념이 확대되어 논리형태(LF)에서의 논리운용자(logical operator)를 지칭하는 용어로 쓰이고 있다. 즉, all, every, some 등의 양화사나 의사양화사로 간주되는 Wh-구가 논리양화사로서 변항(trace variable)을 결속하는(binding) 요소를 말한다. 최근의 최소이론(Minimalsit program)에서는 S-구조에서의 부정문의 NegP를 운용자로 가정하고, 조동사의 문두로의 핵이동(Head Movement)으로 설명하고 있다. (Radford 1999: 130)

a. What languages *can* you speak?

b. No other colleague *would* I trust.

(a)의 Wh-구나 (b)의 NegP는 모두 CP의 지정어(specifier)에 자리하는 운용자로서 시제조동사를 주어 앞, 즉 CP의 C자리로 유인(attracting)한다고 설명한다. 우리는 운용자의 사용을 Quirk et al.(1990)의 기술에만 한정하기로 하겠다.

2) 이 사실은 조동사 없는 긍정 정형절의 강조구문에서 무의미 운용자 'do'가 지원되어 일차강세를 받는 점을 설명해준다.

c. Not a word *would* he say.

d. I *will* never make that mistake again.

2. 부정어가 미치는 의미의 범위에 따른 유형

부정어의 부정의 범위가 문장 전체에 미치는 부정문을 문부정문(sentence negation; clausal negation)이라 부르고, 부정어의 부정의 범위가 부정어가 속한 구성성분에만 미치는 부정문을 성분부정문(constituent negation; subclausal negation; local negation)이라 부른다.

1) 문부정문

문부정문(sentence negation; clause negation)은 부정의 범위가 문장 전체에 미쳐서 적어도 이론적으로는 문장의 어떤 구성성분도 부정할 수 있는 부정문이다. 문부정문의 다양한 예를 다음 예문이 보여주고 있다.

(4) a. An honest man *would* not lie.

b. That *was* not an accident.

c. I *won't* make that mistake ever again

d. No honest man *would* lie.

e. That *was* no accident.

f. Not a word *would* he say.

g. I *will* never make that mistake again.

h. They scarcely seem to care, *do* they?

i. I hardly *have* any friends, and neither *do* you.

j. Little *did* I expect such enthusiasm.

k. Few members have ever attended the annual general meeting.

가장 일반적인 문부정문은 부정어 'not'을 시제표시된 조동사(tensed auxiliary) 바로 다음에 놓아서 만들어진다. 이때 부정어 'not'은 선행하는 조동사와 병합(incorporation) 될 수 있다. (4a), (4b), (4c)가 그 예이다. 그러나 (4f)처럼 'not'이 명사구(NP)의 한정사(determiner) 앞에 놓여서 문부정문을 만들기도 함을 유의해야 한다. 또한 (4d)와 (4e)의 부정어 'no'는 부정 한정사(negative determiner)로서 NP의 지정어(specifier)로 쓰이면서 전체 문장을 문부정문으로 만든다. 흥미로운 점은 흔히 부사로 분류되는 다른 부정어들도 문장의 조동사 다음 자리, 혹은 본동사 앞자리라는 고유한 자리에 오는 것이 일반적이며, 부정어가 문두로 나오면(fronting) 조동사도 주어 앞으로 끌려나오게 됨을 (4j)가 보여준다.[3] (4k)의 'few'도 부정어로서 부정 극성어 'ever'와 함께 쓰인다.

2) 문부정문의 구조적 유형

우리는 부정법 이론의 명시적 정립이라는 목적을 위한 새로운 이론적 틀(theoretical framework; paradigm)의 중요한 하부구조(infrastructure)의 하나로서 기존의 문부정을 다시 운용자(operator) 부정과 그 밖의 다른 방식인 비운용자(non-operator) 부정으로 나누기로 하겠다. 운용자 부정어는 명시적 부정어 'not'이 있고, 비운용자 부정어는 명시적 부정어와 내포적 부정어가 있다.

① 운용자 부정문(operator negation): 명시적 부정어 'not'이 운용자와 결합하여 만들어진 문부정문을 말하며, 이 때 명시적 부정어를 운용자 부정어라고 부른다.
② 비운용자 부정문(non-operator negation): 명시적 부정문을 만드는 운용자 부정어를 제외한 다른 부정어가 만드는 문부정문을 비운용자 부정문이라 부르고, 이 때 사용된 부정어를 비운용자 부정어라고 부른다. (e.g. *not, no, none, never, little, few, scarcely, hardly, seldom, rarely, barely*)

다음 예문은 문부정문의 운용자 부정문과 비운용자 부정문, 그리고 도치문을 대조적으로 보여주고 있다.

(5) a. An honest man would not lie.~No honest man would lie.

---

3) (4j)의 부정어 'little'이 문두로 나오면서 정치문에 없던 운용자 'did'가 주어 앞에 나오게 된다. 만일 다른 운용자가 이미 있다면 그 조동사가 끌려 나온다.

b. That was not an accident.~That was no accident.

c. He wouldn't say a word.~He would say not a word.

~Not a word *would* he say.

d. I won't make that mistake ever again.

~I will never make that mistake again.

~Never *will* I make that mistake again.

다시 강조할 점은 부정어 'not'이 항상 운용자 부정문을 만드는 것은 아니라는 것을 (5c)가 잘 보여주고 있다.

3) 성분부정문

성분부정은 부정의 범위가 부정어를 포함한 구성성분에만 미치는 부정법이며, 성분부정이 포함된 전체 문장을 성분부정문이라 부른다. 그러나 유의할 점은 부정의 범위가 전체 문장에 미치지 않으므로 문부정과 구분되며, 운용자의 도움을 받지도 않는다는 점이다.

(5) a. I saw David [not long ago]. ("fairly recently")

b. We sensed [not *a little* hostility] in his manner. ("quite a lot of hostility")

c. She was decorated by [none *other than the President*]. ("by the President himself")

d. [Not *long ago*] I saw Dave mowing his own. ("fairly recently")

e. That's [no easy task]. (=a very hard task)

f. To [no purpose] he beat his wife.

성분부정어가 미치는 부정의 영역은 그 부정어를 포함한 최대투사범주(maximal projection)이다. (5a)의 성분부정어 'not'은 [long ago]라는 부사구의 부정 수식어이며, (5b)의 성분부정어 'not'은 [a little]이라는 AP의 수식어이다. (5c)의 부정어 'none'은 [other than the President]를 수식하고 있다. 매우 중요한 점은 (5d)에서 보듯이 성분부정어구는 문두로 나와도 주어와 (조)동사의 어순의 도치가 일어나지 않는다는 점이다. 이는 문부정 예문 (4j)에서 도치가 일어난 것과 분명한 대조를 보여주고 있다.

제2장
부정문의 구조

1. 운용자 부정문

운용자 부정문은 명시적 부정어 'not'이 문장의 운용자 바로 다음에 놓여서 만들어지는 문부정문이다. 운용자는 정형절(finite clause)의 시제가 표시되는 조동사(tensed auxiliary)로서 여러 조동사가 있을 경우 첫 번째 조동사가 운용자가 되며, 이 운용자는 부정어와 함께 그 문장을 부정문으로 만들거나, 주어 앞으로 이동하여 의문문을 만드는 작용(operation)을 하는 요소(operator)를 말한다. 만일 긍정문에 시제표시된 조동사가 없다면 부정어는 무의미 조동사(dummy auxiliary) 'do'의 지원(*do*-support)을 받아서 문부정문을 만든다. 이 경우 formal English가 아니면 부정어 'not'은 'n't'로서 선행하는 운용자에게 접사화(cliticization)가 가능하다. 다음 예문을 보자.

(1) a. Tom <u>is not</u> a student.
b. They <u>will not</u> swim.
c. They <u>should not</u> have been there then.
d. She <u>does not</u> work hard.

위 예문을 보면 부정어 'not'은 시제가 표시되는 운용자의 바로 다음에 놓이게 됨을 보여준다. 현대생성문법은 다른 양상범주(modal category)와 함께 부정어도 'not'을 핵

(Head)으로 하는 독립된 기능범주(functional category)로 가정한다. 이를 핵계층구조(X'-structure)로 그리면 아래와 같다.

(2) 부정문 (1a)의 수형도

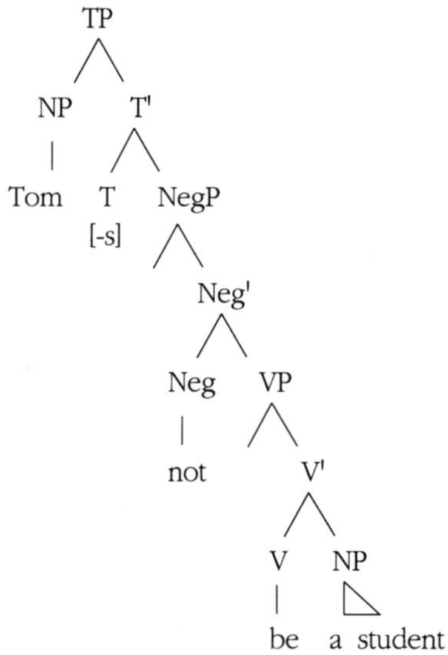

위 수형도를 보면 최대투사범주 NegP는 VP 앞에 놓이지만 시제표시되는 조동사(tensed auxiliary)와 인접하기 위해서는 핵이동(Head movement)을 하여 시제표시된 운용자와 인접하게 된다.[4]

그러나 표면적인 구조가 동일하면서도 실제로 부정어 'not'이 의미상으로 운용자를 부정하지 않고 뒤에 오는 VP를 부정하는 경우가 있다. 다음 예문을 보자.

(3) a. You [can not(=can't)] go swimming. (prohibition)
(너는 수영하러 가서는 안된다.)

b. You can [not [go swimming]]. (permission)
(너는 수영하러 안 가도 좋다.)

---

4) 핵이동은 핵이동제약(Head Movement Constraint; HMC)을 따른다. Radford(2004: 134)는 한 핵자리에서 다른 핵 자리로의 이동은 그 구조 안에서 바로 상위의 핵자리로만 이동이 가능한 국부작용(local operation)이라고 기술하고 있다.

운용자 부정문 (3a)는 용어가 시사하는 바와 같이 부정어 'not'이 운용자 'can'을 부정할 수 있고 'can't'로 축약이 가능한 것과 달리 비운용자 부정문 (3b)는 부정어 'not'이 운용자 'can'은 부정할 수 없고 뒤에 오는 VP를 부정하며, 이때는 선행하는 법조동사 'can'과의 축약이 불가능하다. 이런 의미를 반영하는 (3b)의 수형도는 다음과 같이 그려져야 한다.

(4) 비운용자 부정문 (3b)의 수형도

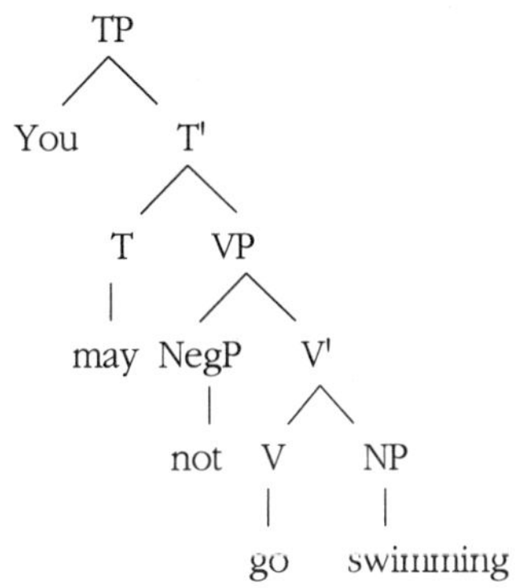

2. 비운용자 부정문

비운용자 부정문(non-operator negative sentence)은 운용자 부정문이 아닌 기타의 부정문으로서 명시적 부정어와 내포적 부정어에 의해서 만들어지는 문부정이다. 다음 예문을 보자.

(5) a. [No honest man] would lie.
(정직한 사람은 아무도 거짓말하지 않는 법이다.)
b. That was [no accident].
(그것은 우연한 사건이 아니었다.)
c. I will [never [make that mistake again]].
(나는 다시는 그러한 실수를 하지 않겠다.)
d. [Not a word] would he say.

(그는 한마디 말도 하려고 하지 않았다.)

e. They [scarcely [seem to care]], *do* they?

(그들은 걱정하지 않는 것 같잖아?)

f. Little *did* I [expect such enthusiasm].

(나는 그러한 열정을 거의 기대하지 않았다.)

위의 모든 예문은 운용자를 직접 부정하지 않으면서도 문장 전체를 부정문으로 만드는 문부정문이다. 부정어는 다양한 문법범주를 가지고 있는데, (5a), (5b)의 'no'는 NP의 한정사(determiner)이고, 나머지는 동사구를 수식하는 부사이다. 특히 (5f)는 부정어가 문두로 전치되면서 무의미 운용자가 끌려나왔으나 정치문(定置文)에서는 나타나지 않는 성분이므로 비운용자 부정문으로 본다.

비운용자 부정문의 구조는 문장마다 다르게 그려지는데, 대표적으로 (5a)와 (5f)를 수형도로 나타내보자.

(6) (5a)의 수형도

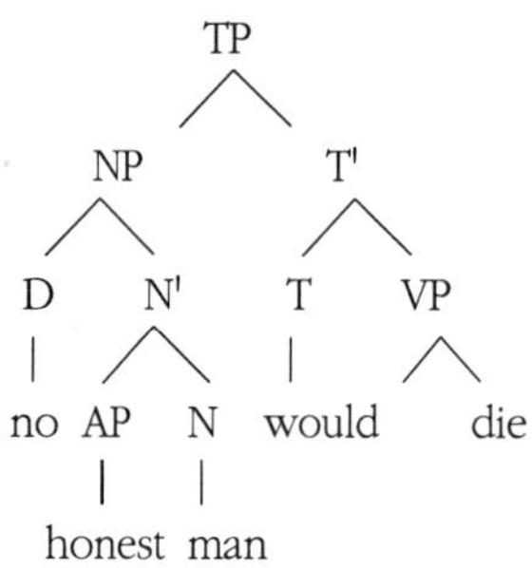

(7) (5f)의 수형도

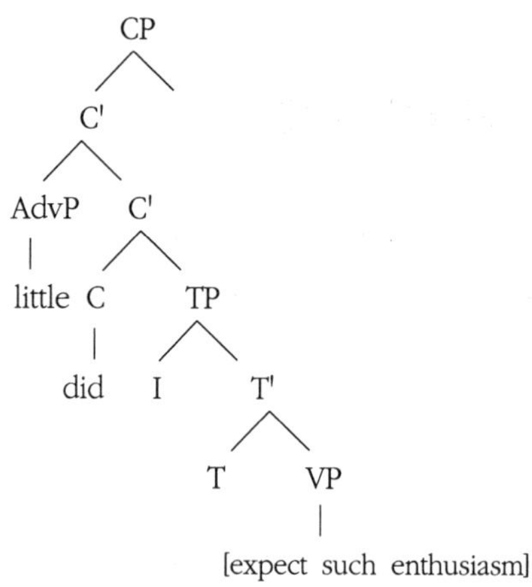

(7)의 수형도는 문장(TP) 밖에 부사구 'little'과 운용자 'did'가 나타나므로 이 자리는 각각 CP의 C'-부가(C'-adjunction)자리와 핵인 C자리이다.

제3장
부정문의 통사적 성질

1. 부정어 축약의 통사성

운용자 부정어 'not'은 선행하는 운용자와 축약(contraction)이 가능하다. Radford(1988: 68)는 부정어의 축약조건을 다음과 같이 제안하였다.

(1) 부정어 축약조건(negative contraction)
부정어 축약은 부정어가 법조동사(modal auxiliary)를 수식할 때만 가능하고 뒤에 오는 VP를 수식할 때는 축약이 불가능하다.

(2) a. I could not go.
b. I couldn't go. [운용자 부정문]
(나는 갈 수 없다. - 의무)
c. I could [not go]. [비운용자 부정문]
(나는 안갈 수(도) 있다. - 가능성)

그렇다면 (2a)는 부정소 'not'이 운용자를 (뒤에서) 수식하는지 아니면 뒤에 오는 VP를 앞에서 수식하는지 중의적이다. 부정어의 축약원리는 아래의 문장을 보면 더욱 분명해진다.

(3) a. The President [could not(=couldn't)] simply ratify the treaty.

b. The President could simply [not [ratify the treaty]].

(3a)는 부사 'simply'가 부정어와 VP 사이에 놓여서 부정어가 VP를 수식하는 비운용자 부정법을 불가능하게 만들기 때문에 법조동사만을 수식하고, 따라서 법조동사와 축약이 가능하다. 그러나 (3b)는 법조동사 'could'와 부정어 'not' 사이에 부사가 놓여서 운용자 부정법이 불가능하고, VP를 수식하는 비운용자 부정법만이 가능하며, 따라서 법조동사와 부정어는 인접되지 않으므로 자연스럽게 축약이 불가능하게 된다.

다음 예문은 축약이 의무적인 조건을 암시해주고 있다.

(4) a. Isn't John smiling?

b. Is John not smiling?

c.*Is not John smiling?

(5) a. John is smiling, isn't he?

b. John is smiling, is he not?

c.*John is smiling, is not he?

d.*John is smiling, is he n't?

부정의문문 (4)는 운용자가 부정어와 함께 문두로 이동할 때는 반드시 축약(contraction)되어야 함을 보여주고 있으며, 부가의문문 (5)는 부가부문(tag)에서 운용자의 문두로의 이동시에 마찬가지로 부정어를 동반하면 반드시 축약되어야 함을 보여주고 있다.

2. 부정 극성어

일반적으로 동일한 의미를 전제로 반드시 부정문에만 나오는 어휘항목을 부정 극성어(negative polarity item)라고 부르며, 이와 대조적으로 반드시 긍정문에만 나오는 어휘항목은 긍정 극성어(positive polarity item)라 부른다. Quirk et al.(1990: 225)은 이 용어 대신에 긍정문의 단언적 어휘항목(assertive item)과 부정문의 비단언적 어휘항목(nonassertive item)으로 구분하고 있는데, 그 유형에는 양화사(quantifier)를 포함한 한정사(determiner), 대명사, 부사, 전치사구 등이 있다. 부정 극성어는 실제로 부정문뿐만 아니라 의문문, 조건문 등에서 나올 수 있다는 면에서 '비단언적 어휘항목'이라는 용어가 설득력이 있다. 부정 극성어는 부정어와 결합하여 다른 부정어를 만들기도 하고(not ever ~ never), 다른 부정어로 대치되기도 한다(not anywhere ~ nowhere).

극성어의 대립을 보여주는 다양한 예문을 살펴보자.

(6) a. We've had <u>some</u> lunch. ~ We <u>haven't</u> had <u>any</u> lunch.

b. I was speaking to <u>somebody</u>. ~ I <u>wasn't</u> speaking to <u>anybody</u>.

c. They'll finish it <u>somehow</u>. ~ They <u>won't</u> finish it <u>at all</u>.

d. He <u>sometimes</u> visits us. ~ He <u>doesn't</u> <u>ever</u> visit us.

e. He's <u>still</u> at school. ~ He's <u>not</u> at school <u>any</u> longer.

f. Her mother's coming, <u>too</u>. ~ Her mother's <u>not</u> coming, <u>either</u>.

g. I like her <u>a great deal</u>. ~ I <u>don't</u> like her <u>much</u>.

h. We need <u>plenty of</u> time. ~ We don't need <u>much</u> time.

i. She has written <u>a good many</u> poems. ~ She <u>hasn't</u> written <u>many</u> poems.

j. She has finished her thesis <u>already</u>. ~ She <u>hasn't</u> finished her thesis <u>yet</u>.

영어의 많은 전칭 비지정사(universal indefinite)들도 극성의 차이를 보여주는데, 이를 도표화하면 다음과 같다.

(7) 전칭 비지정사(universal indefinites)[1]의 극성에 따른 유형

<table>
<tr><th>NUMBER</th><th>FUNCTION</th><th>COUNT
PERSONAL / NONPERSONAL</th><th>NONCOUNT</th></tr>
<tr><td rowspan="2">Positive
singular</td><td>pronoun</td><td>everyone everything
everybody
each</td><td rowspan="2">all</td></tr>
<tr><td>determiner</td><td>every
each</td></tr>
<tr><td>plural</td><td>pronoun
determiner</td><td>all/both
all/both</td><td></td></tr>
<tr><td rowspan="2">Negative
singular</td><td>pronoun</td><td>no one
nobody
nothing
none</td><td rowspan="2">none</td></tr>
<tr><td>pronoun and determiner</td><td>neither</td></tr>
<tr><td>plural</td><td>pronoun</td><td>none</td><td></td></tr>
<tr><td>singular or plural</td><td>determiner</td><td colspan="2">no</td></tr>
</table>

다음 예문은 비단언적 어휘항목이 부정문이 아닌 다른 문장에서 사용되는 것을 보여준다.

(8) a. If you ever want anything, please ask. (=an indefinite thing)
b. She is more intelligent than *anyone* I know. (=everyone의 의미)
c. Students who have <u>any</u> complaints <u>should</u> raise their hands. (의무)

대표적인 대립을 보이는 *some* - *any*에 따라 *some* - 유형와 *any* - 유형으로 구분하기도 한다.

---

1) 전칭 비지정사(universal indefinites)는 일반적으로 전체(all, any, every)를 의미하는 비특정(nonspecific) 대명사를 의미한다. 보통 부정 대명사(indefinite pronoun)로 부르지만, 우리가 논하고 있는 부정어(negative)와 혼동을 피하기 위하여 '비지정사'라는 용어를 사용한다.

(9) Some-Any 유형

① *Some-Words*: *some, someone, somebody, something, somewhere, sometime, sometimes, already, somewhat, somehow, too*

② *Any-Words*: *any, anyone, anybody, anything, anywhere, ever, yet, at all, either*

cf. *already-yet, still-any more or any longer, somehow-in any way*

Some-Words	*Any*-Words	
Positive Statements	After Negatives	Questions
DETERMINERS They've had *some* lunch.	They haven't had *any* lunch.	Have they had *any* lunch?
PRONOUN He was rude to *somebody*.	He wasn't rude to *anybody*.	Was he rude to *anybody*?
PLACE ADVERB They've seen her *somewhere*.	They haven't seen her *anywhere*.	Have they seen her *anywhere*?
TIME-WHEN ADVERB I'll see you again *sometime*.	I won't *ever see* you again.	Will I *ever* see you again?
FREQUENCY ADVERB He *sometimes* visits her.	He doesn't *ever* visit her.	Does he *ever* visit her?
DEGREE ADVERB She was *somewhat* annoyed.	She wasn't *at all* annoyed.	Was she *at all* annoyed?

문장 안에서 부정어에 의해서 동사 이외에 영향을 받는 요소는 비한정 양화사(indefinite quantifier), 비한정 시간부사어(indefinite time adverbial), 몇몇 연결어(coordinator) 등이다. 부정어와 극성어를 사용하는 대신에 이의 보충형(suppletive)이 존재하는데, 이를 부정어 흡수(negative absorption), 혹은 부정어 병합(negative incorporation)이라 부른다.

(10) a. I bought <u>some</u> coffee.

b. I did<u>n't</u> buy <u>any</u> coffee.

c. I bought <u>no</u> coffee. [not + any(=indefinite quantifier) = no]

cf. some-any-no, somebody-anybody-nobody, too-either-neither

이러한 부정어 병합은 주어가 *any*-유형이면 반드시 이루어져야 한다.

(11) a. Someone is at the window.
b.*Anyone is not at the window.
c. No one is at the window.
d. Someone is not at the window.

(11b)는 비문이며, (11c)가 부정어 병합형으로서 정문이다. 이를 부정어가 극성어를 성분통어(c-command)하여야 한다는 구조적 조건으로 설명하기도 한다.[2] 주목할 문장은 정문 (11d)인데, *some*-유형은 부정문의 부정 극성어가 아니므로 성분통어조건을 따르지 않는다. 이 때의 'someone'은 특정성(specificity)을 갖는 의미로 쓰였다.[3]

다음 예문은 *some-any*의 극성의 대립이 내포적 부정어(implicit negative)에서도 이루어짐을 잘 보여주고 있다.

(12) a. I'm sorry that my work prevents me from doing anything else today.
b. I think it's <u>difficult</u> for *anyone* to understand what the senator means.
c. I really feel <u>reluctant</u> to take on *any* more duties at this time.
d. Mrs Thomas can hold her own <u>against</u> *any* opposition.
e. The bill is expected to pass <u>without</u> *any* major opposition.
f. It's <u>too</u> late <u>to</u> blame *anyone* for the accident.

의문문에서 'any' 대신에 'some'이 쓰이면 긍정의 응답에 대한 기대가 크다는 의미이다.

(13) a. Would you like some milk? (Expected answer: yes)
b. Would you like <u>any</u> milk? (Either the expected answer is *no* or there is no real expectation)
c. Who wants <u>some</u> mustard? (Expectation that some wants it)
d. Who wants <u>any</u> mustard? (Either no expectation or perhaps the speaker assumes that as he does not want any, no one else will or should.)

---

2) 성분통어(c-command)란 α가 β를 성분통어하려면 α가 β를 관할하지(dominate) 않고 α를 관할하는 첫 분절점이 β를 관할해야 한다는 구조적 조건을 말한다.

3) 의미의 특정성(specificity)은 일반성(genericity)과 대조되는 개념으로 특정 지시물(referent)을 갖는다는 의미이다. 여기서 'someone'은 화자가 모르는 어떤 사람이 아니라 구체적으로 아는 어떤 사람을 의미한다.

부정문에만 나오는 강조표현(intensifying expression)도 비단언적 표현, 즉 부정 극성어에 속한다.

(14) a. You have no excuse *whatever.*
(너는 *도대체* 변명의 여지가 없다.)
b. I'll never, never go there *again.*
(나는 *다시는* 거기에 안가겠다.)
c. I've never seen anything like it *in all my life.*
(나는 *내평생에는* 그런 것을 보지 못했다.)
d. He didn't give me *a thing.*
(그는 *단 하나도* 나에게 주지 않았다.)
e. I didn't sleep *a wink.*
(나는 *한숨도* 자지 못했다.)
f. We didn't see *a soul.*
(나는 *한 사람도* 보지 못했다.)

위 예문을 부정어구를 없애고 긍정문으로 바꾸면 비문이 되는 것은 곧 부정 극성어가 긍정문에 그대로 사용되었기 때문이며, 국어의 경우도 마찬가지임을 알 수 있다.

2) 부정 극성어 허가조건

부정 극성어는 부정문에만 나타나는 특정 어구를 말한다. 그 가운데 특히 양화표현 'any(-)'는 매우 생산적인 부정 극성어로서 부정어와의 엄격한 구조적 제약 하에서만 사용될 수 있다는 면에서 영어의 사용뿐 만 아니라 영어의 명시적 기술을 목적으로 하는 문법론에서도 논의의 핵심문제의 하나가 되어 왔다. 다음 예문을 통해서 그 내용을 들여다보기로 하자.[4)]

4) 여기서 'any-'는 부정의 의미로 쓰인 경우를 말한다. 따라서 긍정문의 전칭양화사(universal quantifier)로 쓰이는 '누구나'의 의미나 의문문에서 존재양화사(existential quantifier)로 쓰이는 '혹시 누가'의 의미는 부정 극성어와 관계가 없다.
a. *Anybody* can do that. (그것은 누구라도 할 수 있어.)
b. Has *anybody* seen Mary? (혹시 누구 메리를 본적 있니?)

a.*Anybody didn't come.~Nobody came.

b. Mary didn't see *anything*.~Mary saw nothing.

c. Ibon hasn't given the house to *anybody*.

d. No way *anybody* is gonna tell me what to do.

e. I have left without *any* money.

f. Without *anything* to eat, the prisoners starved to death.

g. I doubt that *anybody* left.

h. That *anybody* left the room before dinner was denied by the witness.

i. That *anyone* has finished yet isn't likely.

j. For John to have found *any* unicorns is impossible.

위 예문을 보면 부정 극성어는 부정어에 의해서 구조적으로 지배되어야 함을 보여준다. 이를 부정어가 극성어를 허가한다고 말하고, 이를 현대 언어학에서 부정 극성어 허가조건(NPLC)이라 부른다.

(15) 부정 극성어 허가조건

부정 극성어는 S-구조에서 부정어에 의해서 지배되어야 한다.

(An NPI must be governed by a negator at S-structure.)

특히 위 예문 가운데 (h), (i), (j)는 TP의 주어가 CP인 내포구문으로서 CP안의 'any'가 부정어를 관할하는 최대투사범주 TP에 의해서 관할되므로 위의 허가조건을 만족 시킨다.

다음의 두 정문은 부정 극성어의 해석상의 문제를 제기한다.

a. Who doesn't *anybody* like? (아무도 좋아하지 않는 사람이 누구니?)

b. Who does *anybody* not like? (혹시 누가 싫어하는 사람이 누구니?)

(a)는 부정어가 극성어 'anybody'를 지배하므로 부정 극성어 허가조건을 만족하는 정문이며, 'anybody'는 존재양화사로서 '아무도'의 의미이다. 문제는 (b)는 표면적으로 부정어 'not'이 'anybody'를 지배하지 못하므로 비문이 되어야 하는데, 실제는 정문이다. 따

라서 (b)의 'anybody'는 부정 극성어 허가조건과 관계없는 양화사로 해석되어야 한다. 그러한 조건은 'anybody'가 문부정문과 관계없이 일반 의문문에서 되는 경우라고 해석하는 것이다. 'not'이 문부정어가 아니라면 성분부정어일 수밖에 없고, 곧 술어 'like'를 부정하는 경우이다. 이때 'anybody'는 존재양화사로서 '혹시 누구'의 의미이다.

이 예문은 부정의 의미를 표면구조와 관련하여 해석해야 한다는 증거가 된다는 면에서 중요한 의미가 있다. 왜냐하면 GB이론의 중요한 가정처럼 모든 문장의 의미가 논리형태(LF)에서 이루어진다면 (a)와 (b)의 문법성 및 의미의 차이를 설명할 수 없기 때문이다. (논리적으로 적어도 성분부정의 의미는 논리형태에서 해석된다면 문부정과 구분되어야 한다고 말할 수 도 있다.)

3. 내포문의 부정어 이동

1) 사실 술어와 비사실 술어

영어의 주절의 술어가 자신의 내포절의 진리치가 항상 참임을 전제하는 사실 술어(factive predicate)와 이를 전제하지 않는 비사실 술어(nonfactive predicate)로 나누어진다. (Traugott 1972, 59-61)

다음 문장을 살펴보자.

(16) a. It is *significant* [that he likes Bruce].

b. I *resent* it [that he is always drunk].

c. It is *true* [that he ran away].

d. I *believed* [that he liked her].

(16a), (16b)는 각각의 술어의 보충절이 사실 보충어(factive complement)로서 상위절이 부정문이 되어도 내포절의 진위는 불변이다. 이는 아래 예문의 주절이 부정문이 되어도 내포절의 진리치는 변함이 없음을 의미한다.

(17) a. It isn't *significant* [that he likes Bruce].

b. I don't *resent* it [that he is always drunk].

그러나 (16c), (16d)는 각각의 보충절이 비사실 보충어(nonfactive complement)로서 사실성에 대한 가정(assumption)이 없으며, 부정문이 되어도 마찬가지이다.

(18) a. It is not *true* [that he ran away].[5)]

b. I didn't *believe* [that he liked her].

(19) 의미적으로 본 factive complement를 갖는 동사의 예:

be relevant, be tragic, matter, suffice, amuse, regret, comprehend,

(20) 의미적으로 본 nonfactive complement를 갖는 예:

be likely, be true, seem, appear, suppose, conclude, think, doubt

2) 술어의 사실성 여부 검증법

① 보충절 앞에 'the fact'를 넣어서 정문이 되는지를 알아본다.

(21) a. The fact that he likes Bruce is *significant*.

b.*The fact that he ran away is *true*.

따라서 'significant'는 사실 술어이고, 'true'는 비사실 술어이다.

② 사실 술어의 보충어는 동명사화가 가능하나 비사실 술어의 보충어는 동명사화가 불가능하다.

(22) a. [His *liking* Bruce] is significant.

b. I resent [his *going*].

c.*[His *seeing* her] is true.

d.*I thought [his *telling* a story].

따라서 'significant'와 'resent'는 사실 술어이고, 'true'와 'thought'는 비사실 술어이다.

5) 'true'가 비사실 술어라는 점이 의외다. 영어 어휘 'true'는 fact는 아니며, 영영사전을 참고로 하면 "based on facts" 라고 풀이하고 있음을 볼 때 화자가 사실이라고 믿거나 혹은 가정한다는 의미인 듯하다.

③ 비사실 술어의 보충어는 주어-상승변형(subject-raising)이 가능하나, 사실 술어는 불가하다.

(23) a. It *appears* that he likes judo. (nonfactive)

b. He *appears* to like judo.

c. It is *obvious* that he likes judo. (factive)

d.*He is *obvious* to like judo.

따라서 'appear'는 비사실 술어이고, 'obvious'는 사실 술어이다.

④ 사실 술어는 내포절이 주절의 시제와 관계없이 비과거(non-past)가 가능하다.

(24) a. It was *obvious* that the world was/is round.

b. It *appeared* that the world was/*is round.

3) 사실성과 부정문의 특성

① 비사실 술어의 보충절의 부정어는 상위절로의 이동(Neg transportation)이 가능하다.

(25) a. I *believe* that John is <u>not</u> a liar.

b. I <u>do not</u> *believe* that John is a liar.

c. It is obvious that John is <u>not</u> a spy.

d. It is <u>not</u> obvious that John is a spy.

비사실 술어 구문인 (25a)의 보충절에 있는 부정어 'not'이 상위절로 이동된 (25b)와 의미가 동일하다. 그러나 사실 술어 구문인 (25c)와 (25d)는 의미가 다른 구문으로 부정소 이동에 의해서 도출된 구문이 아니다.

② 사실 술어 구문의 사실 술어가 부정되어도 보충절의 진리치(truth value)는 그대로 유지된다.

(26) a. I used to <u>regret</u> [marrying him], but I <u>don't regret</u> marrying him now.

사실동사 'regret'가 부정되어도 보충절이 전제하는 "I married him"의 진리치는 변하지 않는다.

③ 비사실 술어가 어휘 부정어이면 그 술어의 보충절은 부정문처럼 행동한다.

(27) a. I believe that he saw *someone/*anyone.*

b. I doubt that he saw **someone/anyone.*

c. It will be easy to find *some/*any witness.*

d. It will be hard to find **some/any witness.*

e. I doubt that he did not see *anyone.*

f. I doubt that he saw *no one.*

4. 부정어의 대용적 용법

부정어는 문장에서 다른 요소를 생략하고 사용됨으로써 생략 이전의 형태를 대신하는 이른바 대용어(pro-form)로 사용된다. 생략(ellipsis)은 물리적으로 경제성을 추구할 뿐만 아니라 반복되는 요소를 제거하여 자연스럽게 드러난 구성성분에 주의를 집중함으로써 화자의 대화의 의사전달 및 강조 효과를 높이는 또 하나의 높은 단계의 경제성원리(economy principle)이다.

(28) A: Have you spoken to Bob?

B: Not yet. ("I have not spoken to Bob yet.")

구체적으로 부정어 'not'은 이미 선행문에서 제시되었거나 암시됨으로써 구정보가 된 "I have spoken to Bob."은 생략하고 신정보인 'not'과 추가된 어휘 'yet'만이 남게 된다. 결국 이 남은 'not'이 생략 이전의 문장인 "I have not spoken to Bob"을 대신해서 사용되었으므로 대용어라고 말할 수 있다.

생략과 대용의 구문이 청자(독자)에 의해서 올바르게(correctly) 해석되기(이해되기) 위해서는 완전한 형태가 반드시 회복될 수 있어야 한다. 회복가능성(recoverability)에는 세 타입이 있다.

1) 회복가능성의 세 유형

① 텍스트상의 회복가능성(textual recoverability): 문장 안이나 문단 안에서 생략된 요소나 대용어의 선행사를 회복하는 경우를 말한다.

(29) a. The poor girl did not complain, although she was badly hurt.

b. Although she was badly hurt, *the poor girl* did not complain.

c. I'm happy if you are (happy).

d. Those who prefers to (stay indoors) can *stay indoors*.

② 상황적 회복가능성(situational recoverability): 문장이나 문단 밖의 대화의 세계에서 생략된 요소나 선행사를 회복하는 경우를 말한다.

(30) "Is she badly hurt?"

③ 구조적 회복가능성(structural recoverability): 순전히 문법 구조적 측면에서 판단하여 생략된 요소나 대용어의 완전한 형태를 회복하는 경우를 말한다.

(31) a. "He admits (that) he refers his mother's cooking."

b. I believe (that) you are mistaken.

c. We're staying there (for) another three weeks.

비한정 대명사(*any, all, both, each, either, some, none, neither*)도 명사구나 그 구성성분(constituent)에 대한 대용어로 쓰인다. 생략형으로 볼 수도 있는데, 이는 많은 경우 〈of + phrase〉로 확장될 수 있기 때문이다. 즉 확장형의 생략을 포함한 대용어이다.

(32) a. When the children entered, each (of the children)/(child) was given a small present.

b. Some equipment has been damaged, but none (of the equipment) has been lost.

c. Both of the engines had been hit, and neither (of the engines)/(engine) could be relied upon to bring us safely home.

둘을 부정할 때는 'neither', 여러 개를 부정할 때는 'none'이 쓰인다. 긍정문에서는 'so'가 쓰이고 부정문에서는 'not'이 보충절의 대용어로 쓰인다.[6)]

(33) a. Ruth is waiting to hear whether she has been promoted, and it appears so.
("that she has been promoted.")

b. Ruth is waiting to hear whether she has been promoted, but it appears NOT.
("that she has not been promoted")

c. A: Will Oxford win the next boat race?
B: I hope so. ("that Oxford will win")
/ I hope NOT. ("that Oxford will not win")

이 때 'not'은 믿음(belief)이나 가정(assumption)의 동사(*believe, guess, imagine, reckon, suspect, expect, hope, presume, suppose, think*)에 한정되지만 'so'는 'say'나 'tell' 등 전달동사의 보충절 대신에도 쓰인다.

(34) believe, expect, suppose, think, it appears/seems

a. Will Tom be at the party? ~ I expect/suppose/think so.
("I think he will.")

b. Will the scheme be a success? ~ I don't believe/expect/suppose/think so.
/ I believe/expect/suppose/think NOT.

c. Are you making good progress? ~ It doesn't seem so. /*It seems NOT.

d. It won't take long, will it? ~ No, I suppose NOT. / No, I don't suppose so.

e. The plane didn't land in Calcutta, did it? ~ I believe NOT. / I don't believe so.

(35) *hope, be afraid*

a. Is Peter coming with us?~I hope so.

b. Will you have to pay duty on this?~I'm afraid so.

c. Have you got a work permit?~I'm afraid NOT.

(36) *say, tell*

a. How do you know there is going to be a demonstration?

---

6) 'so'와 'not'이 항상 긍/부정의 대립을 보이는 것은 아니다. 예를 들어 "I think so."의 부정문은 "I don't think so."나 "I think NOT."이다. 대용어로서 대립적으로 사용된다는 의미이다. "I fear that this is not so." (여기서 'so'는 대용어이지만, 'not'은 대용어가 아니다.)

~Jack *said* so. / Jack told me so.

b. Tom didn't *say* so. =

Tom didn't *say* that there would be a demonstration.

c. Tom *said* NOT. =

Tom *said* that there would not be a demonstration.

절 대용어(pro-clause)로서의 'so'는 문두에 나오기도 하고 이때는 주어가 대명사가 아니면 도치될 수 있다. 'not'은 이러한 용법이 없다.

(37) A: Oxford will win the race.

B: So most of the sports writers *say*.(=That most of the sports writers say.)

/So *say* most of the sports writers.

(38) A: Most people are backing the Oxford crew.

B: So I *believe*.("that most people are backing the Oxford crew.")

복문구조에서 부정어 이동규칙이 적용되는 부정어를 갖는 동사는 대용어로서의 'not'은 비교적 formal하여 주절동사를 부정표현으로 바꾸고 'so'를 'not' 대신에 사용한다.

(39) a. I think Obama will win the race.

b. I think NOT. ("that Obama will not win the race.")

c. I don't think so.

'so'와 달리 대용어 'not'은 항상 강세를 받는다.

(40) A: Has the news reached home yet?

B: I'm aFRAID so.("that the news has reached home already.")

/I'm afraid NOT. ("that the news has not reached home yet.")

if-절에서 'so/not'이 문장(IP)의 대용어로 쓰인다.

(41) Will you be staying another night? If so ("if you are (staying another night)"), we can give you a better room. If not ("If you aren't staying another night)"), could you be out of your room by 12.00?

선택의문문이나 간접의문문에서 'or not'이 쓰인다.

(42) a. Are you ready or NOT ("are you not ready?")?
b. Did John buy the yogurt or NOT?
c. I wonder whether or NOT John will buy the yogurt.
d. I wonder whether John will buy the yogurt or NOT.

이때 'whether' 대신에 'if'를 쓸 수는 없다.

'so'는 대용어로서 운용자와 함께 VP를 대신한다. 부정문은 'so' 대신에 부정 연결어 'neither'나 'nor'가 사용된다.

(43) a. YOU asked him to leave, and so did I. [=I asked him to leave, too.]
b. The corn is ripening, and so are the APPLES.
("The apples are ripening, too.")
c. You've spilled coffee on the table, and so have I.
("I have spilled coffee on the table, too.")
d. The corn isn't ripening, and neither/nor are the APPLES.
("and the apples are not ripening either.")

이 때는 주어와 운용자의 도치가 주어의 명사/대명사 여부와 상관없이 필수이다.

2) 응답의 yes와 no의 대용적 용법

'yes'와 'no'는 yes-no의문문의 대표적인 응답표현이다. 흥미로운 점은 영어에서는 질문이 긍정의문문이냐 부정의문문이냐에 상관없이 응답은 결정된다는 점이다. 다음 대화를 보자.

(44) A: Is he at home?

B: Yes. (=Yes, he is (at home).)

/ No. (=No, he isn't. (at home))

(45) A: Isn't he at home?

B: Yes. (=Yes, he is (at home).)

/ No. (=No, he isn't (at home).)

질문의 긍·부정 형태에 상관없이 응답은 동일하게 긍정과 부정으로 답할 수 있다. 여기서 긍정 응답은 완전한 긍정 문장을 대신하여 'yes' 혼자서 쓰일 수 있고, 부정 응답은 역시 완전한 부정 응답을 대신하여 'no' 단독으로 쓰일 수 있다. 이는 결국 'yes'와 'no'가 대용어(pro-form)로 사용됨을 보여주는 것이다. 대용어로서의 'yes'와 'no'의 용법은 아래 예문에서 더욱 분명하게 보여준다.

(46) A: Did you buy this book?

B: Yes, we didn't like the other one. (Yes=Yes, we bought that book.)

/No, we bought another one. (No=No, we did not buy that book.)

(46)의 응답을 보면 'yes'와 'no'는 뒤에 따라 나오는 문장과 독립되어있는 대용표현이다.

그러면 이러한 방식으로 'yes'와 'no'가 사용되는 이유는 무엇일까? 이는 한마디로 질문의 긍정 서술문에 대한 화자의 단언(affirm)이면 'yes'를, 화자의 부인(deny)이면 'no'를 사용한다고 정리할 수 있다. 다만 질문이 긍정문이냐 부정문이냐에 따라 화자의 전제(presupposition)가 달라질 뿐이다.[7)]

부정의 응답에 'no' 대신에 대용어로서 'never'가 강조형으로 쓰일 수 있다.

---

7) 국어는 이 전제에 대한 확인이면 '예'로 답하고, 부인이면 '아니오'로 답하는 대표적인 언어이다. 러시아어도 마찬가지이다.

a. 너 그 책 샀니? ~ 그래, 샀다. / 아니, 안 샀다.

b. 너 그 책 안 샀니? ~ 그래, 안 샀다. / 아니, 샀다.

국어의 '예'와 '아니요'도 대용어로 쓰인다.

c. 너 그 책 샀니? ~ 아니. 난 다른 책 샀어./ 그래. 다른 책은 맘에 들지 않았어.

d. 너 그 책 안 샀니? ~ 그래. 난 다른 책 샀어. / 아니야. 그 책이 맘에 쏙 들었어.

(c)와 (d)는 '그래'와 '아니'가 뒤에 따라 오는 문장과 독립적인 의미를 갖는 대용어임을 보여준다.

(47) A: Do you smoke?

B: Never./No./*Not.

이 때 'not'은 응답의 대용어로 쓰이지 않는다.

'yes'와 'no'는 특정 술어의 보충어(complement)로 사용된다. 이때도 선행하는 일정한 문장을 대신하는 대용적 용법임이 분명하다.

(48) a. She has said *yes*.

b. She has said *no*.

c. I wouldn't say *no* to a cup of coffee.

흥미로운 점은 'yes'와 'no'가 각각 대용어 'so'와 'not'을 대신하지는 못한다는 것이다.

(49) a. I hope *so/not*.

b.*I hope *yes/no*.

또한 'so'와 'not'은 술어 'say'의 보충어로 쓰이지는 못한다.

(50) a.*She has said *so/not*.

b. She has said *that/it*.

5. 부정문의 강조용법

부정문 자체가 긍정문이 가지고 있지 못하는 어떤 정보를 표현한다는 면에서 일종의 강조용법이라고 말할 수 있다. 따라서 단순히 통사적인 부정문에서 그치지 않고 어휘상으로 다른 요소를 추가하거나 어순의 변화, 즉 강조된 성분의 전치(fronting)를 통해서 청자의 주의를 끌게 하는가 하면, 음성적으로도 강조된 성분에 상대적 강세를 주어서 정보의 강조를 실현하기도 한다. 이러한 강조의 방법을 살펴보기로 하겠다.

1) 부정문의 강조표현

다음 예문에서 보면 부정문에 일정한 성분을 추가하여 부정의 의미가 강화(intensifying) 되고 있다.

(51) a. You can't possibly expect me to leave now.
b. I don't like her in the least.
c. He doesn't like me at all.
d. My aunt doesn't mind in the slightest.
e. I don't like him a bit.

아래 예문처럼 긍정문에서는 오히려 의미를 약화시키는 요소(downtoner)가 사용되는 것과는 매우 대조적이다.

(52) a. I rather enjoyed the play.
b. Barbara sort of snickered.
c. This will hurt a bit.
d. Stuart was somewhat annoyed by her remarks.
e. I was kind of hurt by her behavior.

긍정문에 쓰이는 *merely, just, only* 등의 제한어(limiter)는 청자의 주의를 바로 다음에 오는 성분에 집중하게 하여 다른 성분을 제외하는 부정적 기능을 가지고 있다. (Berk 1999, 175)

(53) a. I merely spoke to you. ("I didn't yell at you.")
b. I only tapped him. ("I didn't hit him.")
c. I just sneezed. ("I'm not dying.")
d. He ate only the grapes. ("He didn't eat the apples.")
e. I invited just the woman. ("not the man")
f. Only Evelyn knew the answer. ("No one else knew the answer.")
g. Just the oak trees survived. ("Nothing else survived.")

특히 양태부사(manner adverb)의 경우에 VP가 부정되면 이 부가어가 부정되는 것이 보통이다.

(54) a. She didn't enter the library quietly. ("She entered the library, but not quietly.")

b. Larry isn't working very hard. ("Larry is working, but not very hard.")

c. Susie didn't hit her brother on purpose. ("Susie hit her brohter, but not on purpose.")

d. My sister didn't perform well last night. ("My sister performed last, but not well.")

부정문에서 강조되는 성분에 강세(stress)를 주어서 부정되는 성분을 분명히 한다.

(55) a. Santiago didn't borrow your car YESTERDAY. ("Santiago did indeed borrow your car, but not yesterday.")

b. I didn't loan your car to SANDIAGO. ("I did loan your car to someone, but not Sandiago.")

2) 부정문과 어순의 도치

부정문의 부정어구가 문두로 전치이동하면 강조와 함께 통사적 이유를 수반하게 된다. 다음 예문을 통해서 그 내용을 확인해보자.

(56) a. Never *did anyone* give John *anything.*

b. Nothing was ever given to John by *anyone.*

c. Not a word *did* he say.

d. Not until many years later *did* the whole truth become known.

e. Hardly *had* he arrived when she started complaining.

f. No sooner *had* he arrived than she started complaining.

(56a)는 부정어가 전치되면서 운용자 'did'가 표면화되어 끌려나왔으나 상응하는 정치문 "*Anyone never gave John anything"이 비문이라는 면에서 특별하다. 따라서 이는 정치문에서 도출된다는 가설의 반증이 된다. 여기에서도 표면구조상에서 부정어가 any-어휘유형의 단어를 반드시 선행하여 성분통어(c-command)해야 함을 보여주고 있다. (56b)는 수동문인데 (56a)와 마찬가지로 능동문에서 도출된다는 가설로서는 설명할 수 없는 문장이다. 왜냐하면 능동문은 'anyone'이 주어가 되어서 비문이 되기 때문이다. ((56c)~(56f))는 부정어구의 전치에 따른 운용자의 이끌림이 동반된 문장이다.

흥미로운 점은 성분부정의 부정어구는 문두에 오더라도 운용자의 도치가 일어나지 않는다는 점이다.

(57) a. Not long ago there was a rainstorm.

b. Rarely, crime pays well.

c. On rare occasions, crime pays well.

(57a)는 성분부정이므로 운용자의 도치가 일어나지 않으며, (57b)의 'rarely'나 (57c)의 'rare'는 부정어가 아니므로 운용자의 도치가 일어나지 않는다.

다음 예문은 부정문의 부가어인 전치사구는 긍정문과 달리 전치화가 자연스럽지 않음을 보여준다.

(58) a. The hikers didn't [go into the cave].

b. ?[Into the cave] the hikers didn't go.

전치사구 전치(fronting)구문 (58b)가 부자연스러운 이유는 전치된 [into the cave]가 부정어 'not'의 부정의 범위를 벗어났기 때문이다. 반면에 아래의 긍정문에는 그런 현상이 없다.

(59) a. The hikers went [into the cave].

b. [Into the cave] the hikers went.

3) 전치 부정구문의 위치

우리는 바로 앞에서 전치된 부정어구(NegP)는 자신의 바로 다음 자리에 반드시 조동사의 주어 앞으로의 이동을 동반하는 것을 확인하였다. 그러면 이동된 자리는 핵계층 구조(X'-structure) 상에서 어떤 자리인지를 생각해 볼 필요가 있다. 다음 두 예문을 비교해보자.

(60) a. What languages can you speak?
  b. No other colleague would I trust?

현대생성문법은 (60a)의 Wh-구의 'what'은 Wh-운용자(Wh-operator), (60b)의 NegP의 'no'는 부정 운용자(negative operator)라고 부른다.[8] 두 운용자는 반사의문문(echo question)의 원래의 자리(in situ)인 동사의 보충어 자리에서 이동된다는 공통점을 가진다.

(61) a. You can speak what languages?
  b. I would trust no other colleague?

그렇다면 이 두 운용자의 착지점(landing site), 즉 이동된 자리는 어디일까? 조동사가 CP의 핵인 C-자리이므로 그 앞자리는 곧 CP의 지정어 자리로 볼 수 있다. 이를 수형도로 나타내면 다음과 같다.

(62)

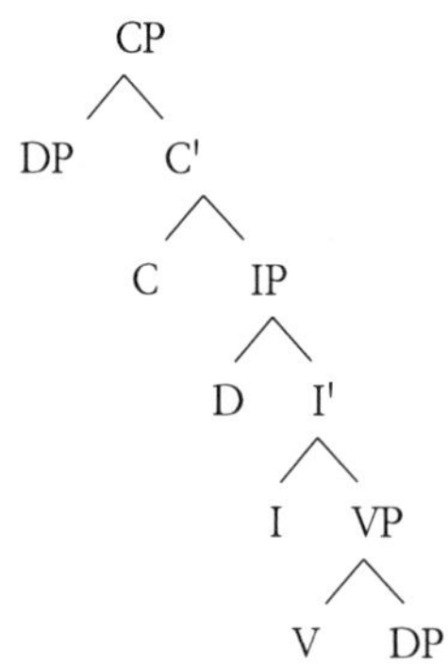

8) 우리는 의문문과 부정문을 만드는 조동사를 운용자(operator)라 불러왔으며, 현대생성문법에서 Wh-어휘와 부정어 운용자로 부르는 것은 원래의 운용자의 개념이 확대되어 사용된 것이다.

DP	C	D	I	V	DP
What languages	can	you	t	speak	t
No other colleague	would	I	t	trust	t

a. What languages *can* you [t] speak [t]?

b. No other colleague *would* [t] trust [t]?

이상과 같이 S-구조에서 부정어구가 spec-CP로 이동한다면 이를 LF(logical form)에서의 부정의미의 해석 단계에서도 응용할 가능성이 열리게 된다는 면에서 중요한 의미가 있다. 왜냐하면 spec-CP는 가장 상위의 자리이므로 문부정문의 모든 요소를 부정할 수 있게 되는 구조적 근거를 마련할 수 있기 때문이다. LF에서의 부정의미의 해석에 관한 논의는 제8장 〈부정의 의미영역〉에서 논하게 될 것이다.

4) 이중 부정문

강한 긍정의 의미를 표현하는 이중 부정문(double negation)은 운용자 부정과 비운용자 부정을 동시에 사용하여 부정문을 만드는 경우로서 의미상으로 강한 긍정문이 되지만 통사적으로는 여전히 부정문이다.

(63) a. None of us have never told lies. ("All of us have told lies at some time.")

b. I can't not obey her. ("I have to obey her.")

c. I can't not obey her, can I?

(63a)는 두 개의 비운용자 부정어를 사용하였고, (63b)는 'not'이 운용자 부정어와 비운용자 부정어로 함께 사용되었으며, (63c)는 이중 부정문도 통사적으로는 여전히 부정문임을 tag(부가의문문의 꼬리)가 보여준다.

6. 관용적 부정 표현

부정의 의미를 가진 일상적인 몇 가지 표현을 정리하면 다음과 같다. 명시적 부정어가 없는 경우에 특히 부정의 의미로 해서되어야 함을 유의해야 한다.

① UNLESS(=if not): ...하지 않다면(조건문에서만 쓰인다.)

I won't call you unless something unforeseen happens.

② OTHERWISE: 그렇지 않으면

We must be back before midnight; otherwise we'll be locked out.

③ LEST~(SHOULD): ...하지 않도록 / ...은 아닐까 염려하여

a. Be careful lest you (should) fall from the tree.

b. I fear lest he (should) die.

c. There was danger lest the secret (should) leak out.

④ IF IT WERE NOT FOR(=but for/without): ...가 없다면

The storm delayed us. If it had not been for the storm(=But for the storm), we would have been in time.

⑤ THERE IS NO V-ING(=We cannot tell ...): ...할 수 없다

a. There is no knowing the truth.

b. There is no knowing who did it.

⑥ IT IS NO USE V-ING(=It is useless to V): ...해야 소용없다

It's no use talking any more.

⑦ CANNOT BUT V: ...하지 않을 수 없다

a. I cannot but do so.

b. I cannot but admire his talent.

⑧ CANNOT HELP V-ING: ...하지 않을 수 없다

I cannot help smiling at the child.

⑨ CANNOT V TOO ~: 아무리 ~해도 지나치지 않다

a. We cannot be too careful of our health.

b. Children cannot be taught too early.

⑩ NOT SO MUCH ~ AS ~: 그는 ~이라기 보다는 ~이다

He is not so much a scholar as a writer.

⑪ NOTHING BUT(=only): 단지

It was nothing but a joke.

⑫ NO MATTER WH-(=Wh-ever ~ may...): 아무리 ...해도

No matter how hard he may try, he cannot solve the question.

⑬ IT IS NO WONDER THAT ~: ~은 당연하다

It is no wonder that he passed the examination at a time.

⑭ NOTWITHSTANDING(despite/in spite of/though): ~에도 불구하고

a. Notwithstanding the heat, John pushed the job through.

b. I like her, notwithstanding.(=I like her, though.)

제4장 명시적 비운용자 부정어의 유형

명시적 비운용자 부정어는 운용자 부정어로 쓰이는 'not'을 제외한 외현적으로 부정어의 형태가 나타나는 부정어를 말한다. 명시적 부정어는 부정문의 다른 요소와 문법적으로 밀접한 관련을 맺고 있으며, 다양한 종류가 다양한 기능을 하는 것이 특징이다. 여기서는 대표적인 비운용자 부정어를 중심으로 그 용법을 살펴보기로 하겠다.

1. 한정사

한정사(determiner; D)는 명사구(NP)의 지정어(specifier)이다. 부정어 가운데 NP의 지정어로 쓰이는 한정사(determiner)[1]로는 'no'와 'neither'가 있다(Quirk et al., 1990).

(1) NP의 핵계층구조의 수형도

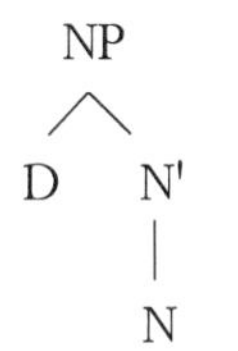

다음 예문에서 한정사로서의 부정어의 구조를 살펴보자.

---

1) 한정사(determiner)는 생성문법에서 인정하는 새로운 기능범주로서 NP의 지정어 자리에 온다. 최근의 DP-가설에 따르면 한정사는 한정사구(DP)의 핵이며 한정사를 제외한 기존의 명사구는 D의 보충어이다. 한정사는 한정사 안에서의 상대적 위치와 독립적 의미에 따라서 다시 여러 유형으로 하위범주화할 수 있으며, 부정극성어 *any/some*이나 *enough* 등은 양을 나타내는 양화사(quantifier)로서 한정사(quantitative determiner)이다. "We have enough equipment/tools for the job."

(2) a. He has [no car/children/concentration].

b. There is [no parking] permitted on either side of the street.

c. Parking is permitted on [neither side of the street].

(2)의 명시적 부정어 'no'와 'neither'는 NP의 한정사로서 뒤에 오는 명사를 수식하는 비운용자 부정어이다. 유의할 점은 구조적으로 NP의 한정사이지만 의미상으로 항상 그 명사구만을 부정하는 것은 아니라는 점이다. 예를 들어 특정한 상황에서는 (2a)는 주어인 'He'를 부정하여 "차를 가지고 있는 사람이 그가 아니다"라는 의미가 될 수도 있다. 예문 (2b)와 (2c)도 마찬가지다. 다시 말하면 비운용자 부정어도 문장 전체를 부정하는 문부정문을 만들 수 있다는 것이다.

2. 비지정 대명사

앞에서도 언급하였듯이 일반적으로 부정대명사(indefinite pronoun)로 부르는 것을 우리는 비지정 대명사로 구분한다. '비지정'이란 지시물(referent)이 정해져있지 않다는 의미, 즉 '부정(不定),' '불특정(nonspecific)'의 의미이다. 그러나 우리가 명사구의 지정어로서의 한정사(determiner)라는 용어와 구분하기 위해서는 그냥 대명사로 부르는 경우도 있을 것이다. 우리의 주 관심사인 부정어(negative)의 한정사적 용법과 대명사(indefinite pronoun)로서의 용법을 구분하는 것이 필요할 때에는 비지정 대명사라 부르기로 하겠다. 비지정 대명사의 특성은 다음과 같다.

① 'none'은 단/복수 모두로 쓰이고, 대응하는 한정사는 'no~'이다.

(3) a. Many members hesitated, but although each was pressed to act, none was in the end willing.

b. Hundreds were examined but none were acceptable.

c. No photography(=None) is permitted during the ceremony.

d. There is no passengers(=none/no one) on the train.

② 'all'의 반대는 'none(=no one/nobody/nothing)'이고, 'both'의 반대는 'neither'이다. 'neither'는 한정사로도 쓰이며, 항상 단수로 취급된다.

(4) a. Police interviewed the (two) suspects but neither was arrested.

b. Neither suspect was arrested.

c. We saw nothing, did we?

d. We saw nothing (and neither did they).

e. I know none of them.

f. I saw neither of the teachers.

g. Nobody has passed the test.

위 예에서 보듯이 한정사와 대명사는 형태와 의미, 기능이 매우 밀접하게 관련되어 있음을 알 수 있는데, 이는 역사적으로 볼 때 모든 비지정 대명사(indefinite pronoun)는 한때 〈양화사(=한정사) +명사/수사〉의 명사구로 쓰였던 사실로도 증명이 된다. 또한 현대 영어에서도 강조를 위해서는 양화사와 명사가 분리되어 사용되고 있다. (*eg. some body, no one, every one, every thing*) 'nobody'도 18세기까지 분리해서 쓰였고 〈no+one〉이 *noone이 되지 않고, 'no one' 으로 그대로 쓰이거나 'none'이 된 것은 순전히 이중 모음의 연속을 피하려는 음성적 제약 때문이다. Traugott(1972: 94-5)에 따르면 부정문은 부정 부사(negative adverb)에 의해서 표현된다. NE(modern English)에서는 'not'이 대표형이지만, OE에서는 'ne'가 독립어로서 조동사 앞이나 본동사 (조동사가 없을 경우) 앞에 나온다. 'ne'는 몇몇 소수의 어휘에 병합(incorporation)된다.

(5) ne + habb ('have') = nabb (아니 + 있다 = 없다)
ne + ag ('have') = nag
ne + wes ('be') = nes (아니 + 이다 = 아니다)
ne + wit ('know') = nyt (못 + 알다 = 모르다)
ne + will ('will') = nyll

또한 비지정 양화사(indefinite quantifier)나 부사와 병합되었다. 'ne'는 독립적으로 더 이상 사용되지 않지만 양화사나 부사와의 병합형태로 흔적이 남아 있다.

(6) ne + a ('ever') = na ('never')

ne + any = no (NE에서 'not any')

ne + ever = never (NE에서 'not ever')

현대영어(NE)에서는 'not'이 대표형이 되면서 병합형이 나타난다.

(7) not + or = nor (ne + or)

not + either = neither (ne + either)

not + one = none (ne + one)

not + thing = nothing (ne + thing)

3. 한정사와 대명사의 용법

Leech & Svartvik(2002: 323)에 따라 한정사와 비지정 대명사(indefinite pronoun)의 용법을 도표로 나타내면 다음과 같다.[2)]

(8) 한정사와 비지정 대명사의 비교

<table>
<tr><th rowspan="2">NUMBER</th><th rowspan="2">FUNCTION</th><th colspan="2">COUNT</th><th rowspan="2">MASS</th></tr>
<tr><th>PERSONAL</th><th>NONPERSONAL</th></tr>
<tr><td rowspan="3">singular</td><td rowspan="2">pronoun</td><td>no one
nobody</td><td>nothing</td><td rowspan="3">none (of)</td></tr>
<tr><td></td><td>none (of)</td></tr>
<tr><td>pronoun and determiner</td><td>neither (of)</td><td>neither (of)</td></tr>
<tr><td>plural</td><td>pronoun</td><td>none (of)</td><td>none (of)</td><td></td></tr>
<tr><td>singular and plural</td><td>determiner</td><td>no</td><td>no</td><td></td></tr>
</table>

2) 우리는 indefinite pronoun을 한정사(determiner)와 구분하여 비지정사(indefinites)에 포함하고, 대명사로 쓰이는 비지정사는 비지정 대명사로 부르겠다.

4. 부정 부사

전통적으로 대표적인 부정어인 'not'의 품사를 부사로 인식해왔다. 문장 안에서의 상대적 위치와 의미로 볼 때 다른 부사의 성질과 다를 바가 없기 때문이다. 그러나 현대 생성문법은 'not'을 기능범주(functional category)의 하나로 독립시켜서 최대투사범주 NegP의 핵(Head)으로 간주한다. 그 밖의 비운용자 부정어 가운데 부사에 속하는 것이 매우 많다.

(9) a. They scarcely seem to care, do they?
  b. I hardly have any friends, and neither do you.
  c. A: Crime rarely pays. B: No, it doesn't.
  d. I seldom get any sleep, either.
  e. Only two of us *had* any experience in sailing.
  f. Only on Sundays *do* they eat with their children.

5. 부정 연결어

문장의 다양한 구성성분을 연결하는 부정어를 부정 연결어라 부른다. 두 단어 이상이 상관어구(correlatives)를 구성하여 연결어로 사용되기도 한다.

(10) a. I saw her neither that day nor the day after.
  b. They had neither met the author nor (even) read any of his novels.
  c. They had neither met the author, nor *had* they (even) read any of his novels.
  d. Not merely/only/just *have* I lent you money; I have (also) helped you get jobs.
  e. We saw neither hide nor hair of him. ('hide'는 가죽이라는 의미)
  (우리는 그에 대하여 아무 것도 보지 못했다.)
  f. Neither Sandy nor Gene knew the outcome. (NP)
  g. Jane neither *can* nor *will* help you. ("Jane can't and won't help you.") (modal

의 연결)

h. Teresa received [no help] [nor support] from her sisters. (NP)

I. He didn't study for his exam nor *did* he write his term paper. (문)

j. None of the spectators offered help nor *did* they call the police. (문)

k. Not Henry, but his wife is the owner.(NP)

l. He came not to help, but to hinder us.(to-부정사구문)

소위 상관어구로 사용되는 부정어는 성분부정의 용법만을 가지는 것이 특이하다. 이는 두 성분의 긍/부정의 대조를 위해서 쓰이는 부정어이기 때문에 문장 전체를 부정하는 기능을 갖지 못한다고 판단된다. 특히 흥미로운 점은 “not only/just/merely ~ (but) (also)”의 구문에서 부정의 의미가 없어지는 점이다. 위 예문 (10d)에서 부정의 의미가 없는 데도 부정어 ‘not’이 사용된 것은 ‘not’이 성분부정으로서 바로 뒤에 오는 ‘merely/just/only’만을 부정하기 때문이다. 즉, “단지/오직/다만”을 부정하여 뒤에 오는 대조되는 두 요소를 긍정하게 된다.

제5장 부정의문문

1. 부정의문문의 구조

통사적으로 말하면 부정의문문은 부정서술문의 의문형이라고 쉽게 말할 수 있다. 먼저 통사적으로는 운용자가 문두 즉, CP의 머리어(Head)인 COMP(=C) 자리로 이동하여 의문문이 만들어진다. 그러나 이때 만일 운용자와 부정어의 축약이 일어나면 축약된 형태가 그대로 C 자리로 핵이동한다.[1)]

(1) a. You like apples.
    b. You do not like apples.
    c. You don't like apples.
    d. Do you not like apples?
    e. Don't you like apples?

이를 수형도로 그리면 다음과 같다.

---

1) 핵이동원리(Head movement principle)는 핵은 핵자리로만 이동한다는 GB이론의 이동규칙에 관한 핵심원리이다.

(2) (1d)의 수형도

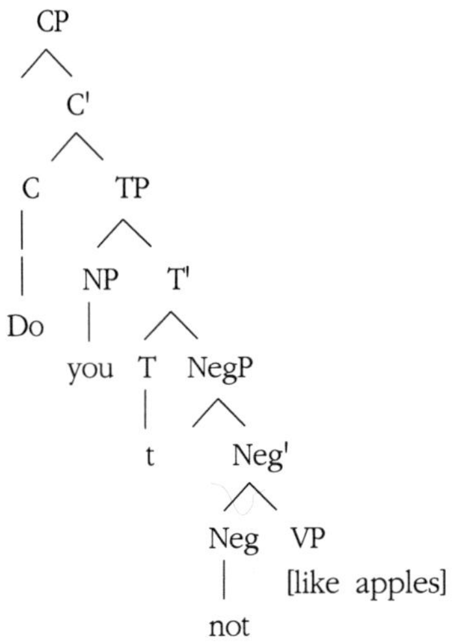

(3) (1e)의 수형도

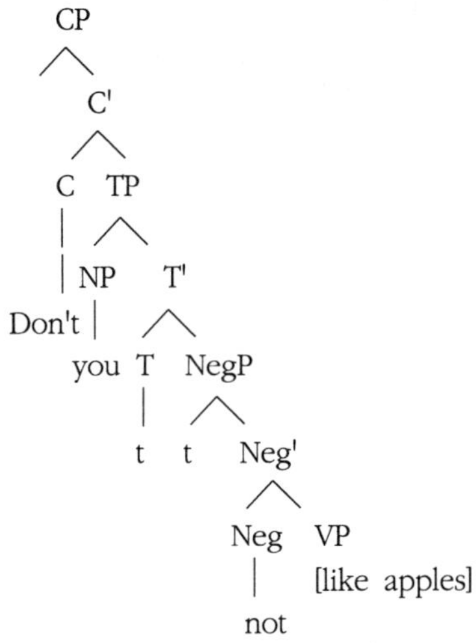

2. 부정의문문에 대한 응답

대화중에 yes-no의문문에서 상대방의 질문의 긍·부정 형식에 관계없이 의문문의 대응 긍정문을 기준으로 하여 청자가 동의하면 'yes', 부인하면 'no'로 응답하는 언어가 있고, 질문의 긍·부정 형식에 따라서 응답이 달라지는 언어가 있다. 전자의 대표적 언어는 영어이고, 후자의 대표적 언어는 국어이다. 다음 예문으로 영어와 국어의 응답 형식을 비교해보자.

(4) A: <u>Don't</u> you speak English? (너 영어 하지 못하니?)
B: <u>Yes</u>, I do. (아니야, 해.)
/<u>No</u>, I don't. (그래, 못해.)

질문이 아닌 대화의 경우에도 응답은 부정의문문과 동일한 원리를 따른다.

(5) A: Nowadays young people <u>do not</u> know how to behave themselves.

(요즈음 젊은이들은 버릇이 없단 말야.)

B: Oh, yes, they do. (Yes, they do know ......)

(아, 아니야. 걔들도 알건 다 안다고.)

(6) A: It's not difficult, you know. (있잖아요. 그건 어렵지 않아요.)

B: No, it's quite easy. (그럼요. 아주 쉽지요.)

문제는 (6B)에서 표면적으로 'no'와 뒤에 오는 서술문이 일치하지 않는데, 그 이유는 'no' 다음에 "it isn't"가 생략되었기 때문이다. 이런 점을 피하기 위해서는 'no'로 문장을 끝내거나, 접속사 'but'으로 연결하여 새로운 구문을 시작한다.

(7) A: It's not quite difficult to learn it. (그걸 배우는 것은 그렇게 어렵지 않지요.)

B: No, (it's not difficult.) but it takes time.

(그럼요. (어렵지 않지요.) 하지만 시간이 걸려요.)

결과적으로는 부정 발화문에 대한 응답문의 'yes'는 국어 번역은 '아니오'가 되고, 'no'의 국어 번역은 '예'가 될 수밖에 없다.

질문에 대한 응답으로 강한 부정표현으로 'never'가 'no' 대신에 사용된다. 이때도 'not'은 쓰일 수 없다.

(8) A: Do you talk to him?

B: Never/No/Rarely/*Not.

다음 예문은 'never'와 'not'과 다른 또 하나의 특성을 보여준다.

(9) a. He asked me to accept those conditions but I never will.

b.* He asked me to accept those conditions but I will never.

c. He asked me to accept those conditions but I will not.

d. He asked me to accept those conditions but I won't.

질문에 대한 응답이 아닌 경우 대화중에 "(Oh) No!"는 예상치 않은 내용이나 사건이 일어난 경우, 슬픔, 실망, 불쾌, 좌절감을 표현한다.

(10) A: Mike had a car accident again.

B: Oh, no! (저런, 그럴 수가!)

이 경우 우리말은 오히려 첫 반응은 "예?"이다. 영어는 "What?"이 적절하지만 분명히 영어에서 "Yes?"라고 할 수는 없다.

(11) A: He is dead. (그분이 돌아가셨대.)

B: "What?" Yujin jumped up with a start.

("뭐라고?" 유진이는 놀라서 벌떡 일어났다.)

영어의 'yes'는 또 다른 용법이 있다.

(12) A: I missed the country very much. (저는 시골이 너무 가고 싶었어요.)

B: <u>Yes</u>? (그래요? / 그래서요? / 계속 (말씀)하세요.)

A: And yet, it would be mad to give everything up and go to live there.

(하지만, (당시에) 모든 것을 포기하고 시골에 가서 산다는 것은 미친 짓이었지요.)

제6장 부정 명령문

명령문(imperative sentence)은 주요한 문장의 유형(sentence type)의 하나로서 주로 명령(command)이나 지시(directive)의 화행(speech act)을 갖는다. 명령문은 화자가 주로 행위동사(action verb)를 사용하여 1인 혹은 다수의 청자에게 어떤 행위를 하도록 지시하는 문장으로서 긍정적 행위는 긍정 명령문으로, 금지 등의 부정적 행위는 부정 명령문으로 표현한다. 긍정 명령문의 가장 두드러진 통사적 특징은 일반적으로 상대방을 지칭하는 주어 'you'가 표면구조에 드러나지는 않고 원형동사가 문두에 나온다는 점이며, 공손한 부탁의 명령문일 경우는 'please'가 문두나 문미에 오게 된다. 부정 명령문은 긍정 명령문의 본동사 앞에 운용자 'do'의 부정형 〈do not〉을 놓거나, 비운용자 부정어 'never'를 긍정 명령문의 어휘동사 앞에 놓아서 만들어진다.

(1) Please shave {*myself/yourself/*himself/*herself/*ourselves
/yourselves/*themselves}. (제발 면도 좀 해라.)

단문에서 재귀대명사(reflexive pronoun)는 반드시 주어와 성과 수가 일치해야 하는데, 위 명령문에서 목적어가 'yourself'와 복수형 'yourselves'만 가능하다는 것은 주어가 단수와 복수의 'you'임을 증명하는 것이다.

소유대명사의 사용과 선행사 주어의 일치관계도 명령문의 주어가 'you'임을 증명한다.

(2) a. *Don't lose my way home.

b. Don't lose your way home.

c.*Don't lose her way home.

이러한 제약은 서술문에서는 존재하지 않는다.

(3) a. I lost my way home.

b. You lost your way home.

c. She lost her way home.

d.*He lost my way home.

명령문은 본동사 앞에 다른 조동사가 올 수 없으며, 본동사는 원형동사로서 시제가 표시될 수 없다.

(4) a. {*Will/*Can/*Must/*Should/*Have to/*Be going to} get off of my foot.

b. *Got off of my foot.

c. *Are polite.

d. Be polite.

e. Don't be rude.

f. Never be rude.

다수의 청자를 상대로 말할 때는 주어가 'You' 대신에 'everybody/everyone'이나 'somebody/someone', 'anybody/anyone'을 사용할 수 있다. 이때도 본동사는 시제가 표시되지 않는다.

(5) a. Everybody stand up.

b.*Everybody stands up.

c. Somebody answer the phone.

d.*Somebody answers the phone.

e. Don't anybody burn himself.

f.*Doesn't anybody burn himself.

긍정 명령문의 강조형은 본동사 앞에 무의미 운용자 'do'를 놓으며, 이때 주어 'you'를 표면에 드러내려면 어순에 유의해야 한다.

(6) a. Do sit down.
b.*You do sit down.
c.*Do you sit down.

(7) a. Don't sit down.
b. Don't <u>you</u> sit down.
c. Do not sit down.
d.*You don't sit down. (명령문)
e.*Do you not sit down.

(8) a.*Do everybody sit down.
b.*Do somebody answer the phone.
c. <u>Everybody</u> do sit down.
d. <u>Somebody</u> do answer the telephone.

3인칭 주어 명령문의 경우에 부정 명령문은 부정어 다음에 부정 극성어가 온다.

(9) a. *Somebody* <u>open</u> the door. (누구 문 좀 열어라.)
b. <u>Don't</u> *anybody* <u>open</u> the door. (아무도 그 문을 열면 안 돼!)
c. <u>Nobody</u> <u>move</u>! (아무도 움직이지 마!)

청유문의 부정문은 3가지 유형이 있다.

(10) a. <u>Don't</u> let's say <u>anything</u> about it. (esp BrE)
b. Let's <u>don't</u> say <u>anything</u> about it. (esp AmE)

c. Let's not say anything about it.

유사 명령문(quasi-imperative construction)도 있다.

(11) a. Why don't you be more careful?
(좀 더 조심하지 않고!)

금지 경고문(notice)은 한정사 'no'를 사용하여 명사구로 나타난다.

(12) a. No Dogs Without Leash.
b. No Parking.
c. No Smoking.
d. No Entry.

주어가 실현된 명령문이 일정한 술어의 내포문이 되는 경우도 있다.

(13) a. It is important/mandatory that Bill be polite.
b. It is important/mandatory that Bill not be noisy.
c. *It is important/mandatory that Bill do be polite.
d. *It is important/mandatory that Bill do not be noisy.

구조적으로 명령문이 아니지만 지시의 화행(speech act)을 실현하는 경우가 있다.

(14) a. I order you to take me to your leader.
b. I request that you take me to your leader.
c. I suggest that you take me to your leader.
d. How about taking me to your leader?
e. Why don't you take me to your leader?
f. I would advise you to take me to your leader.

g. I wish you would take me to your leader.

위의 모든 예문은 "Take me to your leader"라는 공통된 message가 다양한 문장 형식으로 표현되고 있다. (14a), (14b), (14c), (14f)는 서술문의 형식으로, (14d)와 (14e)는 의문문의 형식으로, (14g)는 가정법의 형식을 가진 기원문으로 표현되고 있다.

제7장 간접명령문

문용(1999: 93)에 따르면 어떤 표현은 영어는 긍정문으로 표현되는 것이 자연스럽고, 국어는 부정문으로 표현되는 것이 자연스럽다고 보며, 이 경우에 부정의 의미를 가지는 긍정문을 간접 부정표현으로 부른다. 이는 지금까지의 논의의 기초가 된 부정의 정의 및 유형에 포함되지 않으며, 통사적으로는 완전히 긍정문에 속하지만 의미상으로 소극적 행동이나 금지, 불가능 등의 부정적 인식을 바탕으로 하고 있다고 말할 수 있다. 만일 이 유형이 적어도 영어와 국어에서 긍정문과 부정문에서 일치하지 않는 방법으로 표현된다면 영어와 국어의 교육과 학습에서 결코 가볍게 볼 수 없는 문제라고 보아야 할 것이다.

구체적으로 표지판에 나오는 표현을 비교해보자.

(1) a. Stay where you are. (꼼짝 마!)
b. Keep your seat. (자리에서 떠나지 말라.)
c. Keep your hands off me. (나에게 손대지 말라.)
d. Keep off the subjects of politics. (정치 얘기는 하지 말라.)
e. The church bells kept me from sleeping. (교회 종소리 때문에 잠을 잘 수 없었어요.)
f. Hold your tongue. (입 다물어. / 아무 소리 마.)
g. That remains to be solved. (그것은 아직 해결되지 않았어요.)

이러한 표현 양식의 차이가 문화적 차이에서 오는지는 분명치 않지만 대화자 상호이해와 의사소통의 측면에서 보면 매우 중요한 지식이 될 수 있다. 동일한 정보를 긍정문으로 전달하느냐 부정문으로 전달하느냐 하는 점은 사고방식과 관련될 수도 있다.

그러나 아래의 표현이 부정적 의미를 가지고 있으나 우리의 기준에 의한 전형적인 통사적 부정문으로 보기는 어렵기 때문에 간접 부정표현으로 구분하기로 한다.

(2) a. I was too shocked to say a word. (난 너무 놀라서 한마디 말도 못했네.)
b. His account is far from (being) true. (그의 설명은 진실과 거리가 멀다.)
c. Are you happy? ~ Far from it. (천만에.)
d. It's beyond me. (나로서는 감당이 안돼.)
e. He is above suspicion. (그는 의심받을 만한 사람이 아니네.)
f. This is all I know about it. (나는 이것밖에 아는 것이 없네.)
g. He is the last man to tell a lie. (그는 결코 거짓말할 사람이 아니야.)
h. I have yet to learn it. (나는 아직 더 배워야 해.)
i. Words failed me. (할 말이 없었네.)

이러한 다양한 간접 부정표현을 사용하는 동기는 한마디로 말하기 어렵겠지만, 일반적으로 정상적인 통사적 부정문 대신에 어휘화 혹은 관용화된 부정표현을 사용하는 것이 더 강한 표현법이라고 할 수 있다. 어법의 선호에 대한 개인차이도 개입할 수 있고, 특히 (2c), (2d), (2e) 등은 거리나 장소를 나타내는 의미가 비유적으로 확장된 어법이라고 말할 수 있다.

제8장 부정의 의미영역

1. 부정의 기본개념과 부정어의 유형

부정문은 부정의 의미를 표현하기 위한 문장이다. 부정의 의미가 긍정의 의미와 독립적으로 존재할 수 없듯이 부정문의 구조도 긍정문의 구조와 독립적으로 존재하지 않는다. 문장의 기본 단위인 단어에서부터 긍정 어휘와 부정 어휘가 존재한다. 앞에서 언급하였듯이 Jackendoff(1983: 126)를 따라 우리는 부정 어휘를 세 가지 유형으로 나누었다.

① 명시적 부정어(explicit negative)
They did <u>not</u> find *any*.

② 형태적 부정어(morphological negative)
It is <u>impossible</u> for them to find *any*.

③ 내포적 부정어(implicit negative)
They <u>deny</u> that they found *any*.

중요한 점은 어휘 부정어를 사용하여 표현된 부정문은 부정문의 통사규칙(syntactic rule)을 준수한다는 점이다. 구체적으로 여기서 작용하는 통사규칙은 부정문에만 배타적으로 쓰이는 특정 어휘, 즉 부정 극성어(NPI)의 하나인 'any'와 공기(cooccurrence)하며, 긍정문의 긍정 극성어(PPI)인 'some'과 공기하면 비문이 된다. 따라서 우리는 부정문의 의미는 부정어에 의해서 표현된다는 것을 확인할 수 있게 되었다.

부정어는 문장을 부정문으로 만드는 문부정어와 함께 문장의 일부 성분만을 부정하는 성분부정으로 나누어진다. 당연히 문부정문은 구조와 부정 방법 및 부정의 의미가 매우 복잡하다. 이제 구체적으로 부정의 의미가 실현되는 방법을 살펴보기로 하자.

2. 문부정문의 의미

문부정(sentence negation; clausal negation)은 부정어가 문장 전체를 부정하는 부정법을 의미하며, 편의상 문부정이 실현된 문장, 즉 문부정문과 동일한 의미로 사용된다. 문부정문은 적어도 이론상으로는 부정어가 문장의 모든 성분을 부정할 수 있는 부정문이다. 그 구체적인 내용을 논하기 전에 Quirk et al.(1990: 223)를 통해서 문부정문의 통사적 성질을 살펴보기로 하겠다.

1) 문부정문의 통사적 성질

① 긍정(positive) 부가의문문을 만들 수 있다.

(1) a. They aren't ready, are they?

b. We saw nothing, did we?

c. Bill hardly tries, does he?

② 확장된 부정문(extending negative sentence)이 연결될 수 있다.

(2) a. They aren't ready, and neither are you.

b. We saw nothing, and neither did they.

c. Bill hardly tries, and nor does Tom.

③ 부정 동의 응답(agreement response)이 올 수 있다.

(3) A: He doesn't know Russian.

B: No, he doesn't.

④ 비단언 어휘항목(nonassertive item)이 따라 나올 수 있다.

(4) a. He won't notice any change in you, *either.*

b. They seldom attend, *either*.

2) 문부정문의 의미

문부정문은 말 그대로 문장을 부정하는 부정문의 형식이다. 다음 문부정문을 보자.

(4) a. I went there yesterday.

b. I did not go there yesterday.

c. It is not the case that I went there yesterday.

(4a)에 대한 가장 일반적인 문부정문은 (4b)이며, (4b)의 가장 일반적인 의미는 (4c)이다. 즉, 문장의 특정 성분을 부정하지 않고 단지 (4a)의 진리치를 부정한다.

그러나 (4b)가 일정한 상황에서 특정 성분이 강조되어 부정되거나, 다른 요소와 대조적으로(contrastively) 부정된다면 부정되는 요소는 전혀 달라진다. 다음 예문을 보자.

(5) a. I did not go there YESTERDAY. (~I went there the previous day.)

b. I did not go THERE yesterday. (~I went to the library yesterday.)

c. I DID NOT go there yesterday. (~I could not go there yesterday.)

d. I did not go there yesterday. (~TOM went there yesterday.)

우리가 논의의 편의상 한 성분과 비교해보았지만 두 성분이 동시에 부정될 수도 있다. 물론 구체적인 의미는 문맥(context)과 상황(situation)에 따라 결정되며, 음성적인 요인도 작용하여 화자의 전달하고자 하는 의미를 분명하게 만든다.

문부정문은 복문에서 더 미묘한 의미 영역이 발생한다. 다음 예문을 보자.

(6) a. I didn't beat my wife because I loved her.

(=Because I loved my wife, I didn't beat her.)

b. I didn't beat my wife because I loved her.

(=I beat my wife, but it wasn't because I loved her.)

(=It wasn't because I loved my wife that I beat her.)

(6a)는 화자가 부인을 사랑하므로 때리지 않았고, (6b)는 때렸지만 그 이유가 사랑했기 때문이 아니라는 의미이다. 이러한 의미는 (6a)는 부정어가 VP [beat my wife]를 부정하기 때문이며, (6b)는 부정어가 부가절 [because I loved her]를 부정하기 때문이다. 이 두 예문이야말로 부정문의 부정영역이 얼마나 신비한 문법인가를 잘 보여주고 있다고 할 것이다. 어찌 부정문이 부정만 한다고 쉽게 말할 수 있겠는가!

아래 예문은 부정어의 표면적인 위치가 부정의 영역과 관련되어있음을 보여준다.

(7) a. She *definitely* didn't speak to him.
  (=It's definite that she didn't speak to him.)
 b. She didn't *definitely* speak to him.
  (=It's not definite that she spoke to him.)
 c. I wasn't listening all the time.
  (=I listened none of the time.(나는 전혀 듣지 않았다) [listening의 부정]
  (=I listened some of the time.(나는 얼마동안만 들었다) [all the time의 부정]

(7a)의 의미는 'not'이 [speak to him]을 부정한다. (7b)의 의미는 'not'이 'definitely'를 부정한다. (7c)는 매우 다른 의미가 나오게 된다.

3) 양화사와 문부정문의 의미

문부정문이 양화사(quantifier)를 포함하면 항상 심각한 의미의 중의성이 생긴다. 다음 예문을 보자.

(8) a. All the children didn't sleep.
 b. All the children didn't SLEEP.("All the children failed to sleep.")
  (아이들이 모두 잠을 못 잤다.)
 c. ALL the children didn't sleep. ("Some children slept.")
  (몇몇 아이들은 잠을 잤다.)

(8a)의 부정어 'not'이 양화사 'all'을 부정하지 않으면 (8b)의 의미가 되고, 양화사 'all'을

부정하면 (8c)의 의미가 된다. 말하자면 (8b)는 완전부정의 의미이고, (8c)는 부분부정의 의미이다.

음성학적으로 문장 전체를 부정하려면 부정어 'not'이나 운용자와의 축약형을 강세를 두어 발음한다. 이로서 문장 전체의 진리치를 바꾸어 놓는 효과가 생기게 된다.

(9) a. I did NOT offer her *some chocolates*.
(=It is not true that I offered her *some chocolates*.)
b. I DIDN'T offer her *some chocolates*.
(=It is not the case that I offered her some chocolates.)
c. I NEVER offer her some chocolates.
(=It is not true that I offered her some chocolates.)

양화사가 포함된 부정문은 반드시 의미의 중의성이 생기는 이유는 무엇일까가 매우 궁금하다. 그러나 양화사가 수(number)를 나타내는 개념이며, 본질적으로 '수'에는 복수(plural)의 개념이 포함되므로 어떤 한 수를 부정하면 곧 그 수를 제외한 나머지 수를 긍정하는 의미가 나오는 것은 논리적 결과라고 보여진다. 논리적 결과라는 우리의 입장은 이 현상이 모든 언어에 존재한다는 데서도 증명된다. 다음 영어와 국어의 양화사 부정문을 비교해보자.

(10) a. One man did not come.
b. 한 사람이 안 왔다.
c. 한 사람은 안 왔다.
d. 한 사람도 안 왔다.
e. 한 사람만 안 왔다.

(10a)와 (10b)는 문부정문으로서 부정의 의미가 중의적이다. 그런데 국어 예문 (10c), (10d), (10e)는 명사구 뒤에 의미의 제한을 가져오는 특수조사가 부착되면 양화사에서 비롯된 부정의 의미의 중의성이 사라진다는 것을 알 수 있다. (10c)는 "안 온 사람이 한 사람이다"는 의미이고, (10d)는 "온 사람이 아무도 없다"는 의미이다. 그러나 놀랍고

신기하게도 (10e)는 (10b)와 같이 부정의 의미의 중의성을 가진다. 이는 국어 조사의 신비로운 용법이 아닐 수 없다.

4) 부분부정의 의미

부정문의 의미와 관련하여 특정 어휘와 부정사 'not'이 함께 쓰인 부정문은 부분부정(partial negation)의 의미를 가지며, 이는 전체부정(total negation)과 구분된다고 알려져 왔다. (문용1987, p.408) 다음 예문을 보자.

(11) a. *All* that glitters is <u>not</u> gold.
(반짝인다고 다 금은 아니다.)
b. The rich are <u>not</u> *always* happy.
(부자라고 항상 행복한 것은 아니다.)
c. <u>Not</u> *every* man can be a poet.
(모든 사람이 다 시인이 될 수는 없다.)
d. Crime does <u>not</u> *necessarily* pay.
(죄를 진다고 다 벌을 받는 것은 아니다.)

이러한 부분부정의 의미는 우리가 너무 익숙해있어서 마치 이 부정문은 이런 부분부정의 의미만 갖는 것으로 오해될 정도이다.[1] 그러나 대부분의 문법서가 이 부분부정의 의미를 독립된 단원으로 다루지 않고 있음을 볼 때 우리는 부분부정의 의미는 일반 부정문이 갖는 부정영역의 중의성에서 비롯된 것이라고 본다. 문용(1987: 409)은 일단 위 예문이 부분부정의 의미를 갖는 것은 구조적으로 부정어 'not'이 양화사나 부사를 지배하기 때문이라고 주장하고 있다. 그러나 아래 부정문은 부정어 'not'이 'all'을 지배하고 있지 않아서 문맥에 따라 중의성을 갖는다고 주장하고 있다.

1) 부분부정의 의미는 학교문법에서 명확히 설명할 수 없는 대표적인 주제일 것이다. 대체적으로 "all, both, every, each, whole, entire" 등의 전체성을 나타내는 명사, 형용사, 또는 "always, altogether, entirely, wholly, necessarily, completely, absolutely, quite" 등의 부사가 부정어와 결합하면 "전부가 (반드시)...하지는 않는다"는 뜻의 부분부정을 나타낸다고 설명된다. 우리는 이런 부분부정의 의미는 문부정문의 중의성에서 오는 일반적인 것이며, 다만 가장 일반적인 상황에서 흔히 쓰이는 의미가 마치 하나의 의미, 즉, 부분부정의 의미만으로 쓰이는 것처럼 오해된 것이라고 본다.

(12) a. *All* men are not wise.

(현인은 한 사람도 없다.(전체부정)/ 모두 다 현명한 것은 아니다.(부분부정))

b. *All* the money in the world won't make me happy.

(세상의 모든 돈을 준다해도 나는 행복하지 않을 것이다. (전체부정)

/세상의 모든 돈을 안주어도 나는 행복할 것이다.(부분부정)

우리는 문용(1987)의 설명에 일관성이 없다고 보며, 부분부정은 문부정문의 한가지 의미에 다름 아니라고 주장한다. 즉 위의 모든 예문은 문부정문으로서 부정어 'not'의 부정의 의미가 어떤 성분을 부정하느냐에 따라 양화사나 빈도부사 등이 부정의 대상이 되면 소위 부분부정의 의미가 된다고 보는 것이다. 결국 부정문의 의미해석에 있어서 가장 일반적인 의미로 해석되는 경우와 특수한 상황에서의 부정의 의미가 자의적으로 결정되는 것이 아니라 문부정문의 일반 원리를 준수하는 여러 가지 의미의 하나라고 보아야 할 것이다.

3. 성분부정문의 의미

성분부정(constituent negation; local negation; subclausal negation)은 부정어가 문장 전체를 부정문으로 만들지 않고 문장의 단어나 구(phrase)를 부정하는 것을 말하며, 성분부정을 포함하는 문장, 즉 성분부정문을 의미하기도 한다. 가장 대표적인 유형은 'not'이 부정접두사에 의해서 부정어휘가 된 정도(gradable) 형용사나 부사와 결합하여 만들어진 경우이다. 통사적으로는 부정하는 최대범주 안에 'not'이 포함된다.

(13) a. She is a [not unintelligent] woman.

(=She's a fairly intelligent woman.)

(그녀는 비지성적 여자가 아니다. = 그녀는 썩 지성적인 여자이다.)

b. I visit them [not infrequently].

(=I visit them rather frequently.)

(나는 드물지 않게 그들을 방문한다. 나는 비교적 자주 그들을 방문한다.)

c. I saw a [not too sympathetic] report about you.
(=rather unsympathetic)

d. I saw Dave [not long ago].

e. We sensed [not a little hostility] in his manner.
(=quite a lot of hostility)

f. She was decorated by [none other than the President].
(=by the President himself)

g. [Not long ago] I saw David mowing his lawn.

앞에서도 언급하였듯이 성분부정은 (13g)처럼 문두에 나와도 운용자와 주어의 도치가 일어나지 않는다.

(14) a. I was [not a little] surprised at the news. ('much')

b. [Not long ago] it rained. ('soon')

c. That's [no easy task]. ('difficult task')

d. [To no surprise], he beat his wife.
('놀랍지도 않게,' 'to much surprise'와 대조됨.)

(14a), (14b)는 'not'이 부사구 앞에서 수식하여, (14c), (14d)는 NP의 한정사로서 성분부정어로 작용하고 있을 뿐 전체 문장은 긍정문이다.

아래 예문은 아주 생산적으로 쓰이는 성분부정의 예이다.

(15) a. I am working for you, not [for your father].

b. Kill cancer, not [me].

c. It is not [that I approve of your plan right now].

d. We hope you not [to be disappointed at all].

e. We move that he/they not [take the witness stand].

f. It is important that Bill not [be impolite].

g. Unless [you switch on the radio], we'll miss the news. (=if ...not)

4. 문부정문과 성분부정문의 비교

법조동사(modal aux)가 있는 경우는 부정소 'not'이 법조동사를 부정하는 경우와 그 뒤의 VP를 부정하는 두 가지 경우가 있다.

(16) a. Jenny can/may not attend the concert.
(=Jenny is not permitted to attend.)
b. That can't be Julie at the door.
(=It is not possible that it's Julie.)
c. Sam won't come to our party.
(=Sam is not willing to come.)
d. I can't help you.
(=I am not able to help you.)

위의 경우는 모두 법조동사를 부정하는 문장이다.

아래 예문은 문부정문은 부정어구가 전치되면 운용자의 도치가 일어남을 보여주며, 성분부정 (17b)와 전혀 다른 의미를 갖는다.

(17) a. [In no clothes] *does* Mary look attractive. (문부정문)
(어떤 옷을 입어도 메리는 예뻐 보이지 않는다.)
b. [In no clothes], Mary looks attractive. (성분부정문)
(옷을 입지 않았을 때(!) 메리는 예뻐 보인다.)

다음 예문도 문부정과 성분부정의 차이점을 잘 보여준다.

(18) a. He didn't [come to help], but [(he rather came) to hinder us].
b. He came not [to help], but [to hinder us].
c. Not [Henry], but [his wife] is the owner.

(18a)는 문부정문으로서 연결어 'but' 생략된 성분이 있으나, (18b)는 성분부정으로서

'not'은 VP [to help]만을 부정하며 'but' 다음의 [to hinder us]와 댓구(parallelism)를 이룬다. (18c)의 'not'도 NP 'Henry'만을 부정하는 성분부정어이다. 이처럼 상관어구에서 'not'의 성분부정법이 효과적인 표현수단임을 알 수 있다.

문부정문은 양화사(quantifier)와 함께 쓰이면 의미의 중의성이 생기지만 성분부정문은 부정의 범위가 그 부정소가 수식하는 성분만을 부정하는 단일한 의미만을 갖는다.

(19) a. Many people did not come to the party. [문부정문]
(잔치에 온 사람이 많지 않다. / 잔치에 오지 않은 사람이 많다.)
b. [Not many people] came to the party. [성분부정문]
(많지 않은 사람이 잔치에 왔다. 즉, 잔치에 온 사람이 많지 않다.)

(19a)는 양화사 'many'가 포함된 문부정문으로서 부정어가 양화사를 부정하는 경우와 그렇지 않는 경우의 두 가지 의미가 나오며, (19b)는 성분부정문으로서 항상 부정어 'not'이 뒤에 오는 'many'를 부정하는 의미만 가능하다. 문부정문과 달리 성분부정문은 부정의 영향이 다른 성분에는 전혀 영향을 미치지 않는다.

5. 부정의문문의 특수한 의미

부정의문문은 형식적으로는 문부정문에 속하지만 독자적인 의미를 가진다. 다음 예문을 보자.

(20) a. Isn't it nice?
b. Is it not nice?

형식적으로는 (20a)는 (20b)의 부정어 'not'이 운용자 'is'와 축약된 차이만 있을 뿐이지만 화자가 어떤 전제를 가지고 말하느냐에 따라 큰 차이가 있다. 즉 Jespersen(1933)에 따르면 (20a)는 "It's very nice."라는 강한 긍정의 의미가 있으나, (18b)는 그러한 의미는 없다는 것이다. 다시 말해서 (20a)는 화자의 강한 긍정 전제를 청자에게 확인하는 용법을 가진다는 것이다. 흥미로운 점은 이러한 부정의문문의 용법이 국어에도 존재한다는 점이다. 다음 예문을 보자.

(21) a. 그것이 멋있잖니?
b. 그것이 멋있지 않니?

약간의 단순화의 위험을 무릅쓰고 말하면 (21a)는 영어의 (20a)와 동일한 의미를 가지고 있으며, (21b)도 상황에 따라 (21a)의 의미도 가질 수 있는 부정의문문이다. 우리는 부정의문문이 화자의 전제 유무에 따라 매우 다양한 의미로 사용될 수 있으며, 이는 보편문법임을 다양한 각도로 연구를 진행하였고, 학술지에 발표된 결과물을 제4부에 모아서 제시하고 있다.

구조상으로 부정의문문은 일반적인 의미 이외에 화자의 강력한 감탄적 단언문(exclamatory assertion)으로 청자에게 동의를 요구하는 의미로 쓰이기도 한다.

(22) a. Hasn't she **grown**! (그녀가 다 컸잖아요!)
b. Wasn't it a marvellous **Concert**! (대단한 연주회가 아니였나요!)

그러나 이러한 의미가 부정의문문의 구조와 직접 관련이 있는지는 확실치 않다. 왜냐하면 아래의 의문문의 형식에서도 강한 긍정의 의미가 나오기 때문이다.

(23) a. Am I HUNGRY! (나 진짜 배고프다니까!)
b. Did he look anNOYED! (그는 정말 괴로워보였지!)
c. Has she GROWN! (그녀는 진짜 다 컸지?! 그지?!)

수사의문문(rhetorical question)은 의문문의 구조를 가지며, 긍정의문문은 강한 부정의 주장을 하고, 부정의문문은 강한 긍정의 주장을 한다. 정상적인 rising tone을 가지며, 부정문이 아닌 방식으로 부정의 의미를 갖는 구문이다.

(24) a. Is that a reason for desPAIR? (=Surely that is not a reason ....)

b. Can anyone doubt the WISdom of this action?
(=Surely no one can doubt ....)
c. Isn't the answer OBvious? (=Surely the answer is obvious.)
d. Haven't you got anything better to DO?
(=Surely you have something better to do.)

Wh-수사의문문(rethorical Wh-question)도 일반 수사의문문과 같은 의미를 갖는다.

(25) a. Who KNOWS/CARES? (=Nobody knows/cares. or I don't know/care.)
b. What DIFference does it make? (=It makes no difference.)
c. How should I know? (=There is no reason why I should know.)
d. Who DOESn't know? (=Everybody knows.)
e. How COULDn't you remember? (=You certainly should have remembered.)

6. 부정의미의 해석단계

1. LF의 필요성

Noam Chomsky의 LGB(1981)를 바탕으로 한 GB이론은 문법이론을 생성부와 해석부로 나누어서 기술한다. 이를 도표로 그리면 아래와 같다.

(26) GB이론의 문법모형

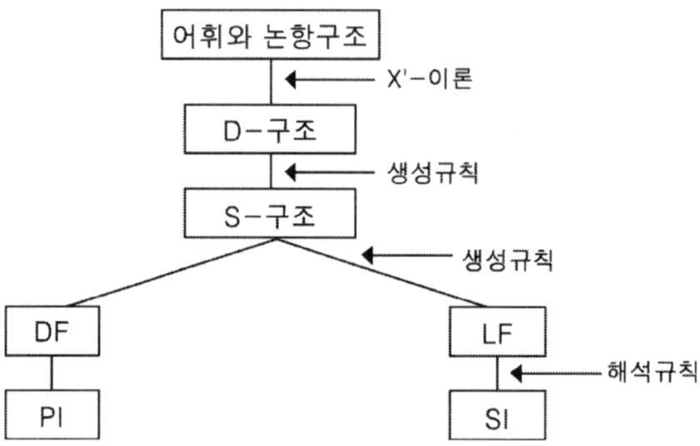

GB이론 이후의 생성규칙이란 곧 이동규칙(Move-α)을 의미하며, 특히 D-구조와 S-구조 사이에서 일어나는 이동규칙을 가시적 이동규칙(overt movement), S-구조와 LF(논리형태) 사이에서 일어나는 이동규칙을 비가시적 이동규칙(covert movement)이라 부른다. 일반적인 통사규칙은 외현적 규칙이지만 의미표시인 LF로 가는 규칙으로서 외현적으로는 드러나지 않지만 내적으로 일어난다고 가정되는 내재적 규칙을 가정한다. 마찬가지로 음성표시인 PF로 가는 생성규칙이 가정되는데, 이는 구체적인 음성표시를 나타내기 위한 과정이다.

PF와 LF는 언어지식(linguistic knowledge)과 비언어적 지식(nonlinguistic knowledge)이 만나는 접합점(interface)이라고 불리어진다. PF에 대하여 인간의 조음-청취체계(articulatory-perceptual system)에 의해서 최종적으로 실제 '음성'으로 실현되며, LF에 대해서 인간의 개념-의도체계(conceptual-intentional system)에 의해서 구체적인 '의미'를 실현하게 된다.

결국 모든 정문은 생성부에서 적법하게 허가되고(Licensing Princuple), 해석부에서 완전하게 해석될 수 있는(Full Interpretation Principle) 구조라고 말할 수 있다.

과거의 문법이론이 논리형태(LF)를 독립적으로 설정하지 않은 점과 비교하면 GB이론에서의 논리형태의 설정은 매우 주목할 만하다. 이는 한마디로 통사구조만으로 문장의 의미를 완전하게 해석할 수 없는 언어학적 증거가 드러났다는 것을 의미하는데, 부정문의 의미해석도 바로 이런 경우가 있음을 뒤에서 논하기 전에 Wh-구와 양화사구(QP)의 의미해석에 LF가 어떻게 관련되는지를 살펴보기로 하겠다.

2. Wh-구의 의미해석

Wh-구는 비지시적 표현(nonreferential expression)이다. 왜냐하면 Mary와 같은 이름처럼 주어진 세계(given world)에서 특정 개인(individual)이나 개체(entity)를 꼬집어낼 수(pick out) 없기 때문이다. 따라서 결국 논항(Argument)이 아니며, 그 성질이 양화사(quantifier)를 닮아서 의사-양화사(quasi-quantifier)라고 불리어진다. 비논항의 성격을 가진 Wh-구는 Wh-의문문에서부터 문제를 일으킨다. (즉 논항과 다른 성질을 보여준다.) 다음 Wh-의문문을 보자.

(27) a. Which problem did Mary solve?

b. [CP e [IP Mary [did [VP solve [which problem]]]?--D-구조

c. [CP Which problem did [Mary [solve t]]]?--S-구조

d. [CP Which problemi did_j [Mary [t_j [solve t_i]]]? --LF

e. for which problem x, [Mary solved x]--logical interpretation

여기서 문제란 (어휘)동사 'solve'가 2항 술어(two-place predicate)인데 D-구조 (27b)를 보면 논항이 1개이며, (27c)는 목적어 자리에 Wh-이동의 흔적이 남아있다는 것이다. 이 흔적은 Wh-구의 LF-표시에서 변항(logical variable)의 지위를 가지며, Wh-구는 LF에서 (logical) operator의 지위를 갖는다. 이러한 논리적 배경, 혹은 근거는 의미해석을 위한 논리형태(LF) 층위에서 술어의 논항구조를 바탕으로 주어진 문장의 의미를 해석해야 하는 데, 현실적으로 필요한 내재논항 대신에 Wh-구의 흔적이 존재하고, Wh-구는 흔적의 선행사로서 문두로 이동하여 의문문의 기능(operation)을 하는 운용자(operator)가 되기 때문이다. 여기에서 '논리적(logical)'이라는 의미는 의미상의 혹은 LF-층위에서의 뜻이라고 보여진다. 이를 반영한 것이 LF (27d)와 이의 logical interpretation (27e)이다.

변항(정확하게는 logical variable)은 목적어-자리에 있는 변항을 결속(bind)하며, 형식논리학에서는 운용자(여기서는 wh-구)에 의해서 정의된(여기서는 범위가 규정된) 값(value)의 집합 가운데서 값(reference, 즉 Argument의 기능처럼)이 할당된다. 운용자가 정의한다는 말은 예를 들어 의문사 'what'은 비인간이나 무생물로 한정하며, 'who'는 인간으로 한정한다. (부분적으로 referential한 의미를 갖는다는 의미임) 이렇게 정리함으로써 이항술어 'solve'가 두 개의 논항, 즉 'Mary'와 variable trace(=t)를 갖게 된다. (결국 variable은 Wh-구의 trace로서 부분적인 논항(Argument)의 성격을 갖는다고 말할 수 있다.)

위의 경우처럼 LF와 S-구조가 유사한 경우도 있지만 multiple Wh-question은 두 구조가 매우 달라진다. 다음 예문을 보자.

(28) a. Who solved which problem?

b. [CP Who [IP t solved [which problem]]]? – S-구조

c. [CP $[who]_i$ $[which problem]_j$ did [IP t_i I [VP solve t_j]]]–LF

d. for which person x and (for) which problem y, [x solved y]–logical interpretation

(28b)는 Wh-phrase 중 하나는 원래의 자리(in-situ)에 있는 의문사-의문문이다. 만일 (28b)의 S-구조를 LF와 동일하다고 가정한다면 이 구조는 동사 'solved'가 variable인 t 라는 1개의 논항만을 갖게 되므로 (왜냐하면 wh-phrase인 'which problem'은 이동되지 않아서 논항은 물론 변항도 아니기 때문이다.) 이러한 추론은 S-구조 (28b)에서 어떤 변화를 주어서 LF에서 'solved'의 논항구조를 만족하도록 해야 한다. (S-구조와 LF의 mapping(寫像)) 이 방법은 LF에서 목적어 자리에 있는 Wh-phrase도 Spec-CP로 이동하도록 하는 것이다. 이것이 (28c)의 LF이며 여기에서 논리해석, 즉 의미해석(semantic interpretation) (28d)가 나온다. (결국 술어의 논항구조를 논리형태에서 만족해야 해석이 가능하기 때문이다.) 이렇게 하여 LF (28c)는 2개의 variable trace를 갖게 되며, 결과적으로 'solved'의 논항구조를 만족한다. 물론 이러한 이동변형은 D-구조에서 S-구조로 가는 가시적 이동(overt movement)과 달리 어순에 가시적 효과를 가져다주지 못한다(covert/invisible movement). 반면에 S-구조에서 PF로 가는 이동은 가시적이다 (발음되어야 하기 때문이다). 결국 PF는 가시적 이동(overt movement)이고 LF는 비가시적 이동(covert movement)이다.

LF에서의 Wh-구의 이동도 Spec-CP으로의 이동이므로 Wh-이동이라고 부르기 쉬우나 엄격히는 Wh-이동은 S-구조에서 빈자리만을 채우는 대치(substitution)이다. multiple Wh-question (28a)가 보여주듯이 Spec-CP가 이미 'who'로 채워져있기 때문에 'which problem'이 빈자리로 이동하는 것이 아니라 또 하나의 spec-CP를 만드는 부가(adjunction) 이동이다.

(29)

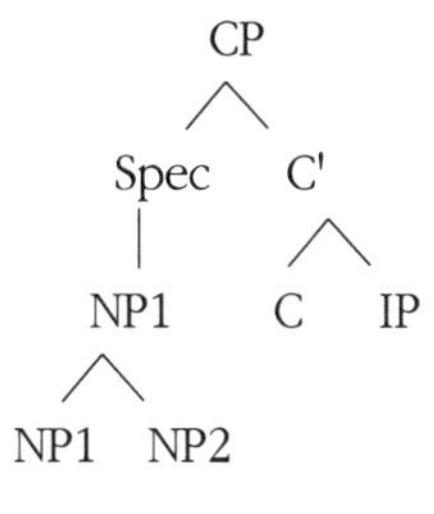

3) 양화사구의 의미해석

양화사구(quantified phrase)가 LF에서 의미해석되어야 하는 이유를 살펴보자. 다음 예문을 보자.

(30) a. John suspects everyone.

b. Mary suspects someone.

양화사는 비지시적 표현(non-referring expression)이다. 즉, 주어진 세계(given world)에서의 특정(specific) 개인(individual) 혹은 개체(entity)를 지칭하지 않는다(즉, 논항이 아니다). 형식 논리학으로 말하면 LF(logical representation) 에서 양화사 대신에 상수(constant)를 넣을 수 없다. (30a)는 주어진 세계 안에 있는 모든 개인을 John이 의심한다는 의미이며, (30b)는 주어진 세계 안에 있는 모든 개인 중에서 Mary가 의심하는 한 사람이 적어도 존재한다는 의미이다. all, every(one)은 전칭양화사(universal quantifier), some(one)은 존재양화사(existential/partial quantifier)라 부른다.

양화사도 비지시적 표현 즉 비논항이므로 multiple Wh-question에서 제자리에 있는(즉 이동되지 않은) Wh-구와 동일한 문제를 제기한다. 즉 (30a)와 (30b)의 양화사가 비논항이므로 LF에서도 그 자리에 있게 되면 술어의 논항구조를 만족하지 못하게 된다. 즉 이항술어가 한개의 논항만을 갖게 되는 것이다. (결국 일반 Wh-question은 변항(trace)에 논항구조를 만족하고(S-구조), multiple Wh-question은 LF에서 Spec-CP로의 부가에 의해서 두개의 변항을 만들어서 논항구조를 만족하듯이, 양화사도 LF에서 covert movement에 의해서 trace라는 변항을 만들어서 논항구조를 만족하게 된다.)

(31) a. [IP everyone [IP John suspects t]]-LF(logical representation)

b. for every person x, [John suspects x]. (logical interpretation)

c. [IP someone [IP Mary suspects t]]

d. for some person x, [Mary suspects x]

양화사와 의문사의 차이점은 전자는 IP-부가요, 후자는 CP-부가라는 점이다.

양화사의 또 하나 주목할 점은 multiple quantifier일 경우는 의미의 중의성이 생긴다는 점이다. 의미의 중의성은 결국 두 양화사 간에 작용역(semantic scope)의 차이에서 생긴다. 이를 구조적인 제약조건으로 설명하는 것이 결국 LF에서도 통사적 조건이 작용함을 증명하는 중요한 이유이다. 이는 또 다른 의미에서의 LF의 존재이유이다. 다른 하나는 술어의 논항구조의 만족을 위해서였다.

(32) a. Everyone suspects someone. (중립적인 intonation일때를 전제로)

b. [IP everyone] I [VP suspects someone]

(32a)는 중의적이다. 중의성은 아래와 같이 나누어진다.

① 배분적 의미(distributed reading): 각 개인이 서로 다른 개인을 의심하는 경우 (Each individual suspects a different individual.)

"Everyone has someone whom he/she suspects."

이를 여러 가지 방법으로 표현한다.

a. 'everyone'이 'someone'에 대한 scope를 가진다.
b. 'everyone'이 'someone'보다 wider/broader scope를 가진다.
c. 'everyone'이 'someone'의 밖에(outside) 있다.
d. 'someone'이 'everyone'의 내부(within)에 있다.

② 집합적 의미(collective reading): 동일인이 모든 사람에 의해서 의심받는 경우(The same individual is suspected by everyone.)

"There is someone whom everyone suspects."

이를 여러 가지 방법으로 표현한다.

a. 'someone'이 'everyone'에 대한 scope를 가진다.
b. 'someone'이 'everyone'보다 wider/broader scope를 가진다.
c. 'someone'이 'everyone'의 밖에 있다.
d. 'everyone'이 'someone'의 안쪽에 있다.

문법(구조)적 관계와 마찬가지로 의미의 영역관계를 구조적 조건으로 정의한 것이 May(1985)와 Reinhart(1976)이다.

(33) 의미영역(Semantic Scope)의 정의

A의 의미영역은 A가 LF층위에서 성분통어하는 교점의 집합이다. (The scope of A is the set of nodes that A c-commands in the LF representation.

(34) 성분통어의 정의

A는 A를 관할하는 최초의 분지교점이 B를 통어할 때만 B를 성분통어한다.

(A c-commands B iff the first branching node dominating A also dominates B (and A does not dominate B)).

결론적으로 다수 양화사간의 의미의 중의성은 표면적인 통사구조의 문제가 아니라 LF에서의 양화사 이동으로 설명되어져야 한다.

4) 부정어의 자리와 LF의 관련성

이제 문부정문의 의미해석과 LF와의 관련성을 논의하기로 하자. 일반동사구문에서 운용자 'do'의 지원을 받아서 시제가 표시되는 것은 부정어가 일반동사 앞에서 가로 막아서 시제표시가 불가능하기 때문이라고 이해된다. 다음 예문을 보자.

(34) a. John <u>does</u> <u>not</u> like his teacher.

b.*John <u>not</u> likes his teacher.

c.*John likes <u>not</u> his teacher.

위 예문의 문법성은 영어의 일반동사의 'do-support'를 지지한다. 이는 부정소가 I의 굴절소(시제소)를 동사에 부착되지 못하게 하기 때문이라고 말할 수 있다. (Neg가 없으면 굴절소가 동사에 부착되므로) (34b)처럼 I-lowering도, (34c)처럼 V-raising도 허용하지 않는다. 지금까지 Neg는 I 아래에서 base-generated된다고 가정해왔다. 그러나 I 밑의 다른 요소인 Tense나 Agr과 같은 등급(order)인지는 분명치 않다. 적어도 비축약형의 Neg는 동사의 의존형(dependent form)이 아니라 자립범주(automous category)이다. 즉, Tense나 AgrS는 동사의 굴절소이다. 이 문제는 Neg의 통사적 행위가 I로부터 독립되어 있을 때 가장 강력한 증거가 된다. Pollock(1989)는 INFL 분리가설(Split INFL Hypothesis)에서 부정소 'not'의 blocking effect(차단효과), 즉 I-lowering이나 V-Raising을 불가능하게 만드는 성질을 X-bar 투사에서의 독립된 Head로서의 증거라고 보았다. (전통적으로 동사의 부가에서 I의 일부로 다시 NegP로서 새롭게 간주된다.) 이상의 논의를 토대로 한 Pollock의 부정문의 구조는 아래와 같다.

(35) 부정문의 통사구조

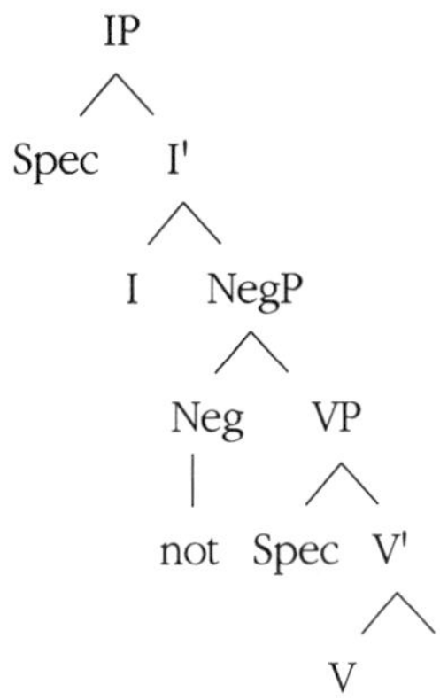

NegP의 spec은 일반적으로 선택적인 지정어의 성질대로 의무적으로 나타나지는 않는다.

중요한 점은 (35)의 수형도의 정당성은 LF에서도 증명된다는 점이다. LF에서는 무의미요소 'do'는 삭제되므로 만일 차단범주 Negp를 넘어서 V가 I로 상승하여 [V+I]라는 복합범주를 형성한다면 HMC와 ECP를 어기게 된다. 여기서 ECP란 흔적은 지배되어야 한다는 영범주 원리(empty category principle)이다.

(36) [John [[like + I] [NegP not [VP t John]

여기서 'like'가 NegP를 넘어서 너무 멀리 이동하여 선행사-지배(antecedent government)의 원리를 어겨서 LF에서도 비문이 되기 때문에 이 통사규칙이 LF에서도 적용됨을 보여준다.

이렇게 볼 때 부정문의 'do-support'는 오직 영어의 일반동사를 가진 부정문을 구원하기(salvage) 위한 것이므로 ① 최후의 수단(last resort)으로 쓰이는 UG 원리로 설명할 수 없는 language-specific rule이요, ② UG-determined process인 Head-movement가

봉쇄되는 경우에만 적용되는 최소노력조건(least effort condition)의 구속을 받는다.[2)]

(37) 핵이동제약(Head Movement Constraint(HMC))

핵 A의 이동은 A의 최대투사를 관할하는 핵 B의 자리로 한정된다.

(Movement of an X_0 category A is restricted to the position of a head B that governs the maximal projection of A.)

5) 부정어의 의미영역과 LF

지금까지 논의한 바에 의하면 문부정문의 부정어는 문장의 모든 요소를 부정할 수 있다. 그러나 의미해석이 LF에서 이루어진다고 가정할 때, 그 과정이 어떻게 설명되어야 할지가 어려운 과제이다. 가장 그럴 듯한 가정은 LF에서 부정어가 성분통어하는 요소를 부정한다고 보는 것이다. 이를 위해서는 비가시적으로(covert movement) 부정소를 문두의 일정지점에 이동하는 것이다. 마치 Wh-구나 양화사의 의미해석을 위해서 LF에서 이동했던 것과 동일한 논리이다. 그 자리는 Wh-구까지 부정해야 하므로 spec-CP자리로 부가되는 것이 바람직하다. 다음 예문을 보자.

(38) a. Where didn't he go yesterday?-[S-구조]

b. He did not go yesterday where.-[D-구조]

c. [NOT[where[he went yesterday]]]-[LF]

(38a)는 문부정문으로서 의문사 'where'가 함께 사용되고 있다. 모국어화자의 직관으로 볼 때, 부정어 'not'은 의문사 'where'를 포함한 모든 문장 성분을 부정할 수 있으나 이를 구조적으로, 다시 말해서 부정어가 부정하는 성분을 성분통어한다는 설명으로 해결할 수 없다. 따라서 부정어의 spec-CP로의 LF에서의 비가시적 부가(covert adjunction

---

2) 이러한 관점은 긍정문에서 강조용법으로 쓰이는 'do'는 그 요소 없는 긍정문이 가능하므로 이 최소노력의 조건과 무관하며, 강조용법 이외로 해석되어서는 안된다는 것이다. S-구조와 PF에서 개입되는 요소임. (강조의 do는 통사적으로는 I에 속하지만 부정문의 'do not'의 'do'와는 구분되어야 한다는 논리임. 적어도 tense와 Agr이 표시되는 성질을 무시할 수 없고 다만 그 도출의 과정이 다르다는 것을 유념해야함)
*John does like his teacher. (non-empathetic reading일 때 비문임)
John likes his teacher. (Head Movement Principle에 의함)

movement)이동을 통해서 해결할 수 있다.

이제 양화사가 부정어와 함께 쓰인 구문을 보자.

(39) a. Not *many* arrows hit the target.
b. *Many* of the arrows didn't hit the target.
c. The target wasn't hit by *many* of the arrows.

우리는 이미 양화사는 LF에서 비가시적인 spec-IP로의 부가를 가정해왔으므로 'not'을 spec-CP로 이동하여 부정의 의미의 영역을 설명할 수 있다. (39a)는 성분부정문이므로 양화사 'many'를 부정하여 "많지 않은 화살"이라는 의미밖에 나오지 않는다. 그러나 문부정문인 (39b)는 양화사 'many'가 부정되는 경우와 그렇지 않은 경우의 두 가지 의미가 나온다.

(40) a. 과녁에 맞지 않은 화살이 많다.
b. 몇 개의 화살이 과녁에 맞았다.

(40a)는 VP를 부정하는 의미이고, (40b)는 양화사 'many'가 부정되는 경우로서 성분부정 (39a)의 의미와 같다. 일반적으로 알고 있는 것과 달리 (39b)의 수동문 (39c)도 중의적인 의미를 갖는다.[3] 초점이 양화사 'many'에 주어지면 양화사가 부정되어 (40b)의 의미가 되고, 동사가 부정되면 (40a)의 의미가 된다.

3) 일반적으로 양화사가 사용된 수동문의 경우 능동문과 달리 의미상의 중의성이 없다고 알려져 왔으나, 부정법의 의미를 논한 전문 저서에서 이를 언급한 경우가 없는 것으로 보아서 일반적인 의미를 논리적인 의미와 구별하지 않은 데서 생긴 착오라고 우리는 본다. 그 증거로 수동문의 다음과 같은 확장형 문장이 가능하기 때문이다.
"The target wasn't hit by many of the arrows, but it was hit by some of the arrows."

제9장 결론

지금까지 우리는 현대생성문법을 기반으로 하여 영어의 부정법의 구조와 의미를 거의 포괄적으로 논하였다. 우리가 거둔 성과를 정리하면 다음과 같다.

첫째, 부정어의 단계에서 명시적 부정어와 내포적 부정어, 그리고 형태적 부정어로 구분하여 부정문을 논하였다.

둘째, 부정문은 명시적 부정어 'not'을 사용하여 운용자(operator)를 부정하는 운용자 부정문과 그 밖의 비운용자 부정문으로 나누어 기술하였다.

셋째, 부정문에서 긍정문과 대조적으로 나타나는 부정 극성어는 표면적으로 부정어에 의해서 성분통어(c-command)되어야 함을 밝혔다.

넷째, 부정문의 의미는 부정어가 미치는 부정의 영역이 문장 전체에 미치는 문부정문과 일정 성분에만 미치는 성분부정문으로 나누어서 기술하였다.

다섯째, 문부정문의 부정의 의미는 양화사가 쓰이면 중의적인 의미가 본질적으로 나온다는 것을 밝혔다. 여기서 본질적이란 수(number)의 표현을 부정하는 데서 파생하는 또 하나의 의미이다.

여섯째, 문부정문의 부정의 의미는 현대생성문법의 문법모형에 따라 LF에서 해석되어야 한다고 보고, 이를 위해서는 LF에서 부정어가 spec-CP 자리로 부가되는 비가시적인 이동(covert movement)을 한다고 논의하였다.

제3부

국어의 부정법

제1장 논의의 기본 입장

우리는 제2부에서 영어의 부정법에 관한 전반적인 논의를 제시하였다. 이제 이를 토대로 하여 국어의 부정법을 논하기로 하겠다. 이러한 접근방식을 택한 이유는 몇 가지가 있다.

첫째, 영어의 부정법이 더 깊이 체계적으로 연구되었다는 일반적인 가정을 받아들이고, 이를 국어의 기술에 적용하는 것이 가장 합리적이고 경제적이라고 보았기 때문이다.

둘째, 국어 자체만을 독자적으로 연구한 것이나 영어 등의 다른 언어의 연구를 보편문법의 추구라는 명목으로 무리하게 국어에 적용함으로써 오히려 국어의 명시적 기술과 진정한 보편문법의 확립에 역행하지 않았나 하는 반성적 생각에서 일단 영어와 국어가 부정법의 범주에서 유사점과 차이점이 어떻게 나타나는지를 통사적 명시성을 가지고 확인하는 것이 국어의 보편문법과 개별문법을 모두 확립하는 바른 길이라고 믿기 때문이다.

셋째, 영어가 저자의 모국어가 아니라는 점이 항상 제시된 자료의 분석과 새로운 자료의 도입이라는 면에서 한계를 느끼게 되고, 이 저서에서 부정법을 다루면서도 주로 기술적 입장(descriptive approach)에서 부정법을 논하였으나, 반대로 국어를 모국어로 하는 입장에서 국어의 이론이 우리의 직관과 일치하지 않는 문법성의 판단이나 자료의 제시가 또한 보편문법의 추구과정에서 국어의 연구에 걸림돌이 되어왔다고 보고, 이를 극복하기 위해서는 국어에 대해서는 좀 더 논증적 접근법(argumentative approach)으로 문제를 다루기로 하겠다.

이상과 같은 입장에서 국어의 부정법에 대한 탐험을 떠나기로 하자. 가능하면 global standard를 항상 염두에 두되, 통사적 입장에서 기술하여 검증 가능성을 높이도록 하고자 한다.

제2장 부정법의 개념과 유형

영어와 마찬가지로 국어에서도 부정법(negation)의 개념은 다를 바 없으며, 보편문법적 관점에서 보면 너무나 자연스러운 귀결이다. 부정법은 부정의 의미를 표현하는 어법이라고 정의된다. 그러나 부정법을 표현하는 어법이 국어가 영어와 얼마나 같고, 얼마나 다른지를 밝히는 것이 현대언어학의 일반적 과제이며, 여기에서의 우리의 핵심적인 과제이기도 하다. 우리는 이 과제를 위하여 일단 우리가 제2부에서 확립한 영어의 부정법의 이론적 틀을 가지고 국어의 부정법에다 맞추어 보기로 하겠다. 바꾸어 말하면 가설적 접근을 먼저 하고, 이론적 타당성이 있는지 검토한 다음, 국어의 부정법의 이론적 정립을 시도하기로 하겠다. 일단 영어에서 그랬듯이 부정법을 위하여 사용되는 어휘(lexicon)를 부정어(negative; negator)라고 부르고, 부정어가 사용되는 단계(level)에 따라 독립된 어휘로 사용되면 내포적 부정어(implicit negative), 기존 어휘의 앞이나 뒤에 붙어서 형태적 단계에서 부정의 의미를 표현하면 형태적 부정어(morphological negative), 문장의 일정한 위치에 놓여서 문장의 단계에서 부정의 의미가 문장 전체나 일부 성분에 미치면 명시적 부정어(explicit negative)라고 부르겠다. 각 부정어의 부정의 의미영역(semantic scope)이 미치는 범위에 따라 문장 전체에 미치면 문부정(sentence negation), 문장의 일정 성분에만 미치면 성분부정(constituent negation)이라고 부른다. 따라서 부정문(negative sentence)은 부정법(negation)의 하나로서 부정법이 통사적으로 구현된 문장이다. 우리는 주로 통사적 부정문을 다루지만 이를 분명히 하기 위하여 필요에 따라 다른 부정법을 언급하게 된다.

1. 부정어의 단계별 세 유형

1) 내포적 부정어

Jackendoff(1983: 126)를 따라 영어의 부정어와 동일하게 어휘 자체가 부정의 개념을 내포한 부정어를 내포적 부정어(implicit negative)로 분류한다. 아래 예문에서 내포적 부정어의 쓰임을 살펴보자.

(1) a. 그들은 뇌물을 받았다는 것을 (*전혀) 부인한다.[1)]
~그들은 뇌물을 받았다는 것을 (전혀) 부인하지 않는다.
~그들은 뇌물을 받았다는 것을 (*전혀) 시인한다.

b. 그들은 우리의 제안을 (*전혀) 거절하였다.
~그들은 우리의 제안을 (전혀) 거절하지 않았다.
~그들은 우리의 제안을 (*전혀) 수락하였다.

c. 우리는 한반도 대운하 계획을 (*전혀) 반대한다.
~우리는 한반도 대운하 계획을 (전혀) 반대하지 않는다.
~우리는 한반도 대운하 계획을 (*전혀) 찬성한다.

주목할 점은 국어의 내포적 어휘가 쓰인 부정문은 '전혀'와 함께 쓰이지 않는다는 점이다. 이는 국어의 '거절하다'의 개념상의 대응어인 영어의 내포적 부정어 'deny'가 반드시 부정 극성어와 함께 사용되는 점과 대조를 이룬다.[2)]

2) 형태적 부정어

형태적 부정어(morphological negative)는 역시 Jackendoff(1983)를 따라 영어의 부정어와 동일하게 부정 형태소(negative morpheme)를 접사화하여 만들어진 부정어를 말한다. 다

---

1) 국어는 서술어의 경우 종결어미가 앞에 시제소(tense)와 함께 나오므로 논의의 편의상 우리는 어미까지 밑줄로 표시하기로 하되 기술의 대상은 어간(stem)만으로 한다.

2) They deny that they found *any/*some*.

음 예문을 보자.

(2) a. 기간 내에 그 일을 끝내기는 (*전혀) 불가능하다.
~기간 내에 그 일을 끝내기는 (*전혀) 불가능하지 않다.
~기간 내에 그 일을 끝내기는 (*전혀) 가능하다.

b. 그들은 여전히 (*전혀) 불친절했다.
~그들은 여전히 (전혀) 불친절하지 않았다.
~그들은 여전히 (*전혀) 친절했다.

c. 인생은 정말 (*전혀) 비극이구나.
~인생은 정말 (전혀) 비극이 아니구나.
~인생은 정말 (*전혀) 희극이구나.

국어의 형태적 부정어도 부정 극성어와 공기(cooccurrence)하지 않음을 보여주고 있는데, 이점에 있어서도 영어의 형태적 부정어와 다르다.[3)]

3) 명시적 부정어

명시적 부정어(explicit negative)는 부정의 의미만을 가진 어휘가 문장이나 구(phrase) 안에서 다른 성분을 부정하는 어휘를 말한다(Jackendoff, 1983). 다음 예문에서 명시적 부정어를 찾아보자.

(3) a. 나는 *아무* 일도 (전혀) 안 했다.
~ 나는 *무슨* 일이나 (*전혀) 했다.
~*나는 *아무* 일도 (전혀) 했다.

b. *아무도* 그 시간에 그 자리에 (전혀) 나타나지 않았다.
~*누구나* 그 시간에 그 자리에 (*전혀) 나타났다.

---

3) It is impossible to find *any*.

~**아무도* 그 시간에 그 자리에 (전혀) 나타났다.

c. 그는 일주일 동인 *아무 것도* (전혀) 먹지 못 했다.
~ 그는 일주일 동인 *무엇이든지* (*전혀) 먹었다.
~*그는 일주일 동인 *아무 것도* (전혀) 먹었다.

d. 나는 휴가 중에 *아무 데도* (전혀) 못 갔다.
~ 나는 휴가 중에 *여러 곳에* (*전혀) 갔다.
~*나는 휴가 중에 *아무 데도* (전혀) 갔다.

위 예문의 미묘한 문법성을 살펴볼 때 명시적 부정어는 부정 극성어 '전혀'와 함께 쓰이며, "아무/누구/무슨" 등의 비지정 양화사(indefinite quantifier)에 긍정과 부정을 함의하는 특수 조사의 사용여부에 따라 문법성이 결정됨을 보여준다. 예를 들어 '아무나'는 긍정문에 쓰이고, '아무도'는 부정문에 쓰인다. 중요한 점은 국어의 부정문에서 명시적 부정어만이 문부정문의 일반현상인 부정 극성어와의 공기관계(cooccurrence relationship)가 성립된다는 점이다. 이는 영어의 문부정문과 다른 국어 부정문의 중요한 성질이라고 말할 수 있다.

국어 부정문의 명시적 부정어는 "아니/못/말" 등이 있다. 각 부정어의 부정법에 대한 구체적인 논의는 뒤에서 하기로 하겠다.

여기서 일반적으로 국어의 내포적 부정어로 인식되고 있는 "아니다/없다/모르다"에 대한 고찰을 하기로 하자. 아래 예문을 보자.

(4) a. 그 책은 *아무리* 찾아도 *아무 데도* (전혀) 없다.
~*그 책은 *아무리* 찾아도 아무 데도 (전혀) 있다.
~ 그 책은 *아무 데나* 찾아도 있다.

b. 나는 그들을 *아무도* (전혀) 모른다.
~*나는 그들을 *아무도* (전혀) 안다.
~ 나는 그들을 *아무나/누구나* 안다.

c. 그 곳에 비하면 여기는 (전혀) *아무 것도* 아니다.[4]

~*그 곳에 비하면 여기는 (전혀) *아무 것도* 이다.

~ 그 곳에 비하면 여기는 대단한 곳 이다.

위 예문은 어떠한 명시적 부정어 없이 국어의 대표적인 부정 극성어 '전혀'와 대표적인 비지정 부정 극성표현(indefinite negative polarity expression) '아무도'가 모두 함께 쓰일 수 있다는 것을 증명하는 엄연한 정문이다.[5] 이 증거로 볼 때 위 예문에 나타난 '없다,' '모른다,' '아니다'는 내포적 부정어임이 분명하면서도 국어의 나머지 대부분의 내포적 부정어와 달리 통사적으로 부정 극성어와 공기한다는 면에서 오히려 영어의 내포적 부정어(implicit negative)와 일치한다. 아울러 이 세 어휘와 대립되는 긍정 어휘가 존재한다는 점도 국어의 내포적 부정어가 문부정문을 만드는 경우가 있음을 알 수 있다. 아마도 이 세 어휘가 문부정문을 만드는 중요한 이유는 의미상으로 존재(being) 및 소유(having)와 각각 관련된 '있다,' '아니다'와 인간의 인식(human coginition/knowledgement)과 관련된 '모르다' 등이 인간의 생활과 매우 밀접하게 관련된 어휘이기 때문인 듯하다. 이러한 가능성은 영어에서도 우리 생활 속에서 아주 자주 쓰이는 단어는 부정어와 병합(incorporation)이 일어난 역사적 증거가 있고,[6] 국어에서도 특정한 어휘가 부정어와 결합하여 생성되어서 완전히 부정의 의미를 소실하고 긍정 어휘로 굳어진 예에서 찾을 수 있다.[7]

---

4) '아니다'가 독립된 어휘인가에 관한 국어학계의 오래 계속되어 온 논란이 있다. 그 핵심에는 '아니'라는 부정어가 포함되어 있다는 점을 어떻게 해석하느냐가 들어있다. 또한 '이다'를 독립된 품사로 볼 수 있느냐 하는 점도 논란의 대상이 되어왔다. 우리는 어느 주장이던 그 논증의 타당성으로 평가되어야 한다고 본다. 우리의 논의 과정에서 이 문제도 어떤 결론에 이르게 될 것이다. 다만 여기서는 이런 논란과 관계없이 직관적으로 각 쌍이 긍/부정의 대립을 보여준다는 점만 주목하고 있다.

5) '아무도'가 정확히 어떤 범주에 속하는지 말하기가 쉽지 않다. 적어도 비지정성(indefiniteness)이 있음이 분명하고, 유사표현 '아무나'에게도 비지정성이 있으므로 '아무'에게 그런 의미가 있다고 보아야 한다. 결국 조사 '도'와 '나'에 의해서 부정과 긍정이 나타난다는 면에서 부정 극성어라고 보아야 할 것 같다.

6) Traugott(1972: 94-5)에 의하면 영어의 부정어는 NE(modern English)에서는 'not'이 대표형이지만, OE에서는 'ne'가 독립어로서 조동사 앞이나 본동사 (조동사가 없을 경우) 앞에 나온다. 'ne'는 몇몇 소수의 어휘에 병합(incorporaton)된다.

ne + habb ('have') = nabb
ne + ag ('have') = nag
ne + wes ('be') = nes
ne + wit ('know') = nyt
ne + will ('will') = nyll

7) "귀찮다, 점잖다, 괜찮다, 하찮다, 같잖다" 등은 원래 통사적 부정어구가 어휘적 단어로 굳어진 예이다. 특히 '점잖다'는 어원적으로 '젊지 아니하다'에서 '젊잖다'로 축약되고, 다시 음성학적 변화과정에서 '점잖다'로 바뀌었으며, 더 흥미로운 점은 여기에서 '점잔'이라는 명사가 생겨난 점이다. "너, 이제 점잔좀 그만 빼라."

2. 부정의 범위에 따른 유형

영어와 마찬가지로 국어 부정문에서 부정어의 부정영역의 범위가 문장 전체에 미치는 부정문을 문부정문(sentence negation; clausal negation)이라 부르고, 부정어의 부정의 범위가 부정어가 속한 구성성분에만 미치는 부정문을 성분부정문(constituent negation; subclausal negation; local negation)이라 부른다.

1) 문부정문

문부정문(sentence negation; clause negation)은 부정의 범위가 문장 전체에 미쳐서 문장의 어떤 구성성분도 부정할 수 있는 부정문이다.

(5) a. 창호는 어제 그곳에 가지 않았다. ~창호는 어제 그곳에 갔다.
b. 아무도 어제 그곳에 안 갔다.
~아무나/누구나 (다) 어제 그곳에 갔다.
c. 순이도 어제 그곳에 못 갔다. ~순이도 어제 그곳에 갔다.
d. 나는 어제 그곳에 가지 못했다. ~나는 어제 그곳에 갔다.
e. 너는 오늘 그곳에 가지 말아라. ~너는 오늘 그곳에 가라.
f. 영희는 어제 그곳에 갈 수 없었다. ~영희는 어제 그곳에 갈 수 있었다.

위의 각 예문은 국어의 대표적인 문부정문으로서 대응하는 긍정문이 존재하고, 문장의 모든 성분이 부정될 수 있다는 공통적인 특성을 갖는다. 예를 들어서 (5a)의 각 성분이 어떻게 부정되는지를 문장을 확장시키는 검증법(extending construction test)으로 살펴보기로 하겠다.

(6) a. 창호는 어제 그곳에 가지 않았다.
b. 창호는 어제 그곳에 가지 않았고, [영호가 갔다].
c. 창호는 어제 그곳에 가지 않았고, [오늘 갔다].
d. 창호는 어제 그곳에 가지 않았고, [이곳에 갔다].
e. 창호는 어제 그곳에 가지 않았고, [집에서 공부했다].

f. 창호는 어제 그곳에 가지 않았고, [오늘 이 곳에 갈 것이다].

g. 창호는 어제 그곳에 가지 않았고, [영호가 오늘 이 곳에 갈 것이다].

h. 창호는 어제 그곳에 가지 않았으며,

[창호가 어제 그곳에 갔다는 것은 사실이 아니다].

문장 (6a)에 확장형 구문이 추가된 각 예문이 정문이므로 각 예문의 밑줄친 부분이 (6a)에서 부정될 수 있기 때문에 (6a)는 정의상 문부정문이라는 것이 증명된다. (6b~6e)는 단일 성분이 부정되었으며, 특히 (6f)는 두 가지 성분이, (6g)는 세 가지 성분이 부정되었으며, (6h)는 문장 전체가 부정될 수 있음을 보여주고 있다.

국어의 문부정문을 만드는 부정어는 일단 위 예문 (5)에 대응하는 긍정문과 비교하여 부정문에 추가된 요소가 부정어라고 볼 수 있다. 따라서 '아니하(=않),' '아니(=안),' '못,' '말' 등이 국어 문부정문의 대표적인 명시적 부정어(explicit negative)이다. 문부정문의 각 부정어에 대해서는 뒤에서 문부정문의 구조를 다루면서 논하게 될 것이다.

예문 (5)가 보여주듯이 국어의 '아무(도)'는 부정문에서 반드시 술어의 부정문에서 사용된다. 따라서 이 성질은 곧 부정 극성어에 다름 아니며, 긍정문에는 대응하는 '아무(나)'가 사용된다. 또한 '아무'는 전칭양화사(universal quantifier)이므로 우리는 부정문의 '아무(도)'를 국어의 부정 양화사로 규정하고자 한다. 영어의 비운용자 부정어(nonoperator negative)는 다시 한정사(determiner), 대명사, 부사, 연결어 등으로 나누어서 제2부에서 상세히 논의한 바 있는데, 국어의 위 예문 (5)에서 보여주는 '아무(도)'의 다양한 쓰임을 살펴보면 적어도 두 가지 유형으로 나누어지는 것을 알 수 있다.

(7) 부정 양화사 '아무(도)'의 유형

① 비지정 한정사: 아무 데(도), 아무 곳(도)

너는 이제 *아무 곳도* 가지 말아라.

~너는 이제 *아무 데나* 가거라.

② 비지정 대명사: 아무(도)

너는 이제 *아무도* 만나지 말라.

~너는 이제 *아무나* 만나도 좋다.

위의 두 가지 용법의 예문을 보면 국어의 '아무'는 뒤에 부착되는 특수조사 "-도/-나"에 따라서 부정 극성어와 극정 극성어로 나누어지며, 비지정 양화사(indefinite quantifier)로 사용되는 것을 알 수 있다.

2) 성분부정문

성분부정문은 개념 정의상 부정의 범위가 부정어를 포함한 구성성분에만 미치는 부정문이다. 일단 부정의 영역이 문장 전체에 미치지 않는 부정문의 예를 아래에서 살펴보기로 하자.

(8) a. 나는 그에 관한 [안 좋은 소식]을 들었다.
   b. 남대문이 불에 타는 [믿지 못할 사건]이 일어났다.
   c. [좋지 않은 기억]은 빨리 지워라.
   d. [머지 않아서] 통일의 그 날이 반드시 올 것이다.
   e. [네가 아니라] 내가 잘못이다.
   f. [나 말고] 또 누가 이 조국을 지키랴!
   g. [고통 없는] 인생은 참 인생이 아니다.
   h. [멋 모르고] 여기까지 정신없이 달려왔구나.

성분부정은 부정의 영역이 그 부정어를 포함한 최대투사범주(maximal projection)이다. 위 예문은 국어에도 다양한 성분부정이 존재함을 보여주고 있다. 하지만 성분부정문의 통사구조는 문부정의 구조와 마찬가지로 술어를 부정하여 만들어진다는 것을 아래 예문은 보여준다.

(9) a. [안 좋은 소식]~소식이 안 좋다
   b. [믿지 못할 사건]~사건을 믿지 못하다
   c. [좋지 않은 기억]~기억이 좋지 않다
   d. [머지 않아서]~멀지 않다
   e. [나 말고]~나(를) 말고(=그만두고/제외하고)
   f. [멋 모르고]~멋(=무엇)(을) 모르다

g. [고통 없는]~고통(이) 없다

h. [네가 아니라]~네가 아니다

위의 다양한 예문이 보여주듯이 국어의 성분부정문은 술어의 앞이나 뒤에 통사 부정어가 사용되거나((9a)~(9f)), 어휘 부정어가 사용되기도 한다((9(g)~9(h)). 따라서 국어의 성분부정문은 존재하지만 독자적인 통사구조는 가지고 있지 않다.

제3장
명시적 부정문의 구조와 성질

국어의 부정법과 부정문에 관한 연구는 우리의 국어학과 언어학에서 가장 활발하게 이루어진 분야 가운데 하나라고 말할 수 있다. 전통적으로 국어학의 주요한 연구 대상이었고, Noam Chomsky의 생성문법이 1960년대 후반 우리나라 대학에서 가르쳐지기 시작하면서 영어학자들도 국어의 여러 분야를 영어와 비교하여 설명하거나 보편문법을 탐구하는 과정으로서 국어의 부정문을 다루어 왔다.

이러한 연구의 오랜 역사와 축적된 성과에도 불구하고 지금도 여전히 가장 복잡하면서도 흥미로운 언어학적 연구 분야가 바로 국어의 부정문이라고 말할 수 있다. 그 중요한 이유는 첫째, 아직도 대부분의 기존의 연구가 만족스럽지 않다는 점이요, 둘째, 문제가 복잡한 만큼 더 학자들에게 도전의 욕구를 불러일으키기 때문이다. 우리도 바로 이 점 때문에 이 연구를 시도하게 된 것이다.

우리의 전반적인 접근법은 기존의 연구에 대한 구체적인 비판이 아니라 우리의 이론을 논증적 방법으로 제시하는 것이다. 우리 이론을 명시적으로 제시하여 검증받을 수 있도록 하는 것이 더 효과적이라고 판단하였기 때문이다. 그 구체적인 방법은 영어의 부정문을 기술하는 방식을 따르기로 하였다. 구체적으로 명시적 부정문을 만드는 명시적 부정어를 중심으로 부정문의 유형을 살펴보고, 통사구조를 탐구하기로 하겠다. 이어서 이 구조가 부정문의 의미와 어떻게 관련되는지를 검토하도록 하겠다.

1. 명시적 부정문의 용어 문제

명시적 부정문이란 명시적 부정어(explicit negative)를 사용하여 만들어진 부정문을 말한다. 국어의 명시적 부정문을 크게 둘로 나누어 부르는 용어가 여러 가지가 있으나 최근에는 거의 일반화되어서 학계에서는 부정어가 술어 앞에 오는 부정문을 '단형 부정문(short-form negation)'으로, 부정어가 술어 뒤에 오는 부정문을 '장형 부정문(long-form negation)'으로 불리어지고 있다. 그러나 이러한 명칭은 통사적으로나 의미론적으로 어떤 심각한 언어학적 의미도 가지고 있지 않다는 것이 우리의 판단이다. 적어도 술어의 앞과 뒤라는 엄연한 어순의 차이조차 반영되지 않은 용어가 일반적인 추세에 따라 사용이 늘어나는 것은 비학문적이다.[1] 더구나 영어로 쓰여진 논문에서 외국학자들에게 국어의 부정문이 장형 부정문과 단형 부정문으로 소개되는 것은 국어의 부정문의 본질을 현저하게 오해시킬 위험조차 있다고 본다. 박승빈(1935)님이나 최현배(1961)님 등은 '제I형,' '제II형' 등의 용어를 사용했지만 이는 학생의 출석번호만큼이나 비개성적, 비학문적 용어이다. 그 가운데 유독 박순함(1967) 만이 최초로 Chomsky(1965)의 변형문법이론으로 국어의 부정법을 다룬 학위 논문에서 단형을 'Prestem Neg,' 장형을 'Poststem Neg'라고 불렀는데, 적어도 이 용어는 부정어가 어간(stem)의 앞에 오는 부정문과 뒤에 오는 부정문을 구조적으로 구분하였다는 통사적 의의를 갖고 있다. 우리는 앞으로의 논의에서 심각한 언어학적 의의를 가지며, 기술적 타당성을 갖는 용어로서 단형 부정문 대신에 "전술어 부정문(Pre-predicate Negation)"을, 장형 부정문 대신에 "후술어 부정문(Post-predicate Negation)"을 사용하기로 하겠다.

---

1) 생성문법은 모든 언어의 통사규칙은 '구조-의존적(structure-dependent)'임을 밝혀냈다. 다시 말해 모든 통사규칙이 구조적으로 설명되고 기술된다는 것은 보편문법(universal grammar)이다. '구조-의존적'의 대조적인 개념은 '구조-독립적(structure-independent)'이다. Poole(2002: 15)는 영어 의문문의 통사규칙을 예로 들어서 모든 통사규칙이 구조-의존적임을 잘 설명하고 있다. 이렇게 국어 부정문의 통사규칙을 기술함에 있어서 부정문의 유형을 단어의 수가 많냐 적냐를 기준으로 구분하는 것은 바로 구조-독립적인 관점이며, 이는 곧 명시적 문법의 확립에 심각한 걸림돌이 될 수 있다는 것이 필자의 생각이다.

2. 명시적 부정문의 유형

먼저 일상생활에서 가장 자연스럽게 사용되는 국어의 대표적인 부정문의 한 유형을 열거하면 아래와 같다.

(1) a. 창호는 집에 간다.
 b. 창호는 집에 안 간다.
 c. 창호는 집에 못 간다.
 d.*창호는 집에 안/못 가라.

(2) a. 창호는 집에 간다.
 b. 창호는 집에 가지 않는다.
 c. 창호는 집에 가지 못한다.
 d. 창호는 집에 가지 말라.

(1a)의 긍정문에 대한 국어의 전형적인 부정문의 유형은 (1b)와 (1c)이다. (1b)는 (1a)에 명시적 부정어 '안'이 술어 '가-' 앞에 놓여서 만들어지고, (1c)는 (1a)에 명시적 부정어 '못'이 술어 '가-' 앞에 놓여서 만들어진다는 면에서 우리는 전술어 부정문(Pre-predicate Negation)이라 부른다.

국어에는 (1) 유형과 표면적으로 다른 또 하나의 부정문 (2) 유형이 존재한다. 동일한 긍정문 (2a)에 부정어 "지 않-"이 적어도 표면적으로 보면 술어 '가-' 뒤에 놓여서 만들어지고, (2c)는 (2a)에 부정어 "지 못하-"가 놓여서 만들어진다. 그리고 (2d)는 (2a)에 통사적 부정어 "지 말-"이 술어 '가-' 뒤에 놓여서 만들어지는 명령문이다. 우리는 이런 부정문의 유형을 후술어 부정문(Post-predicate Negation)이라 부른다.

(1)과 (2)는 각각 상호 대응하는 문장인데, 다른 부정문과 달리 (1d)는 비문이고 대응하는 (2d)는 정문이다. 즉, 부정명령문은 술어 앞에 부정어가 놓이는 방식, 즉 전술어 부정문은 국어에 존재하지 않고, 후술어 부정문만 존재할 뿐만 아니라 일반 문장의 부정어와 다른 어휘인 '말'-부정문을 사용한다는 특성을 보여준다. 그 근본적인 이유가 무엇인지가 매우 궁금한 데, '말'-부정문이 명령문이 아닌 다른 문형에도 사용되는 경우

와 함께 그 독특한 성질을 뒤에서 생각해보기로 하겠다.

위 두 예문에서 도출할 수 있는 국어 부정문의 일반화(generalization)는 다음과 같다.

(3) 국어 부정문의 특성

① 전술어 부정문의 부정어는 '안'과 '못'이 있다.

② 후술어 부정문의 부정어는 "지 않-," "지 못하-" 그리고 '말'이 있다.[2)]

③ 국어의 부정명령문은 술어 다음에 부정어 "지 말"이 놓여서 만들어진다.

이를 토대로 하여 구조적인 부정어의 위치와 부정어의 유형에 따라 국어의 문부정문을 다음과 같이 분류할 수 있다.

(4) 국어 문부정문의 유형

① 전술어 부정문(Pre-predicate Negation)

(a) '안'-부정문

(b) '못'-부정문

② 후술어 부정문(Post-predicate Negation)

(a) "지 않"-부정문

(b) "지 못하"-부정문

(c) "지 말"-부정문

먼저 우리는 이 분류가 전적으로 부정문의 의미와 관계없이 이루어졌음을 유의하기로 하자. 다시 말해서 '전술어 부정문'이란 의미상으로 술어를 부정하는 문장이라는 의미가 아니고 단지 구조적으로 부정어가 술어 앞에 놓인 부정문이라는 의미이다. 마찬가지로 '후술어 부정문'이란 구조적으로 부정어가 술어 다음에 놓인 부정문이라는 의미이다. 각 부정어와 부정문의 의미에 대해서는 다음 장에서 상세히 다루게 될 것이다.

---

2) 후술어 부정어의 일부인 '지'는 일종의 연결어로서 국어는 각 구성성분을 연결할 때 다양한 연결어가 필요하다. '지'는 술어와 뒤에 오는 부정어를 연결하는 기능을 한다. 또한 '지' 다음에 오는 부정어 '않'은 '아니하'의 축약형임이 명백하지만 자연스런 표현을 대표형으로 보고 '않'으로 표시하였다. '지 않'에 관한 상세한 논의는 뒤에서 다시 하게 된다.

우리는 이 분류법을 바탕으로 하여 국어의 부정문에 관한 통사구조와 의미에 관한 탐구를 계속하기로 하겠다.

3. 전술어 부정문의 구조

전술어 부정문은 통사적 부정어를 본술어(lexical predicate; main predicate) 앞에 놓아서 만든다. 다음 예문을 보자.

(5) a. 나는 그 책을 읽어 보았다.
b. 나는 그 책을 [안/못 [$_V$ 읽어 보]]았다.
c.*나는 그 책을 [$_V$ 읽어 안/못 보]았다.
d.*나는 안/못 [$_{VP}$ 그 책을 읽어 보]았다.

긍정문 (5a)의 전술어 부정문은 (5b)만 가능하고, (5c)와 (5d)는 비문이다. 구체적으로 비문 (5c)는 부정어의 위치가 본술어 앞이 아니라 보조술어(보조용언) '보-' 앞에 놓여서 비문이고, 비문 (5d)는 부정어가 본술어 앞에는 놓였지만 바로 앞에 놓여지지 않아서 비문이다. 이를 근거로 우리는 정문 (5b)는 생성하고, 비문 (5c)와 (5d)를 배제하는 통사조건을 다음과 같이 제안한다.

(6) 전술어 부정문의 통사제약
전술어 부정문의 부정어는 본술어 바로 앞에 놓여야 한다. (The negative in the prepredicate negation must immediately precede the main predicate.)

이 사실은 전술어 부정어와 본술어가 구조적으로 밀접한 관계에 있음을 증명하는 것이다. 이러한 구조적 밀접성을 아래의 핵계층구조(X'-structure)로 나타낼 수 있다. 핵계층이론(X'-Theory)은 모든 문법범주의 어휘범주(lexical category)의 최대투사로 가정하는데, 우리도 국어의 전술어 부정문의 부정어(negative) '안/못'은 단일 어휘범주로만 실현되므로 V'-부가되는 Neg로 표기하기로 하겠다.

(7) (5b)의 수형도

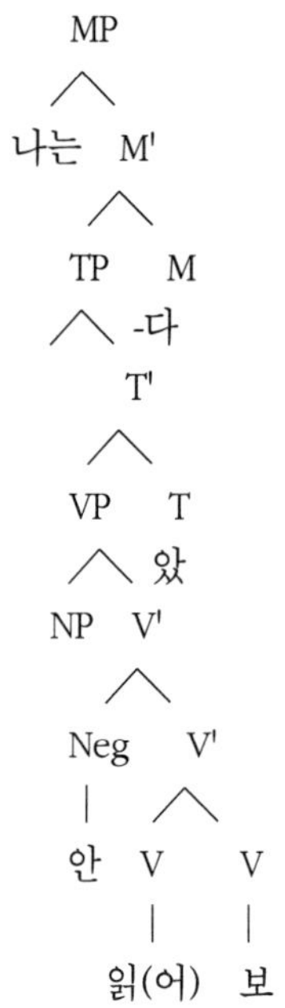

이 수형도는 부정어 '아니'를 V'-부가(V'-adjunction)시켜서 부사구 등의 수식어와 동일한 자리에 놓았으며, 정문 (5b)를 정확하게 생성할 수 있고 각 구성성분간의 구조적 관련성도 그대로 반영하고 있으므로 정당하다고 말할 수 있다.

4. 후술어 부정문의 구조

후술어 부정문은 후술어 부정어를 술어 뒤에 놓아서 만든다. (5)의 전술어 부정문을 후술어 부정문으로 바꾸어 그 성질을 살펴보기로 하자.[3]

(8) a. 나는 그 책을 읽어 보았다.
b. 나는 그 책을 읽어 보[지 않]았다.
c.*?나는 그 책을 [v 읽[지 않]아 보았다.

3) 이후부터 편의상 통사적 부정어의 대표형으로는 '안'과 "지 않-" 만을 사용하고, 차이가 있거나 필요가 있을 때만 동시에 표기하도록 하겠다.

d.*나는 그 책을 읽어 보았[지 않]다.

긍정문 (8a)의 후술어 부정문은 (8b)만 정문이고, (8c)와 (8d)는 비문이다. 구체적으로 정문 (8b)는 술어 '읽어보-' 다음에 놓여서 정문이고, 비문 (8c)는 부정어의 위치가 술어 '읽어보-'의 본술어 '읽-' 다음에 놓여서 비문이며, 비문 (8d)는 시제보조용언 '았' 다음에 부정어가 놓여서 비문이다. 이 사실을 정확하게 기술하는 통사적 제약은 다음과 같다.

(9) 후술어 부정문의 통사제약

후술어 부정문의 부정어는 반드시 본술어 전체의 바로 뒤에 놓여야 한다.

(The negatve in the postpredicate negation must immediately follow the whole main predicate.)

후술어 부정문 (8b)의 수형도는 다음과 같다.

(10) (8b)의 수형도

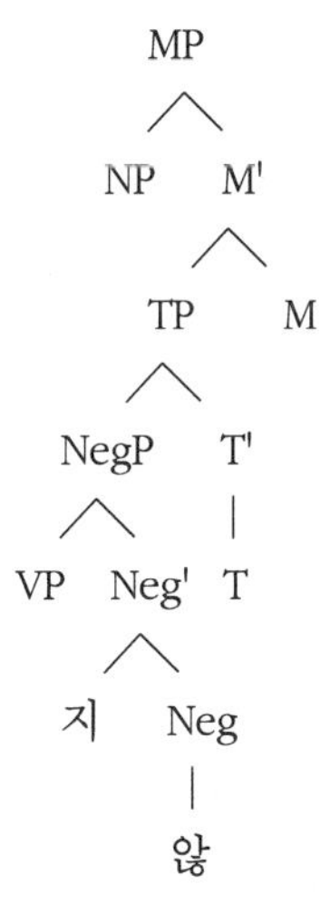

이 수형도가 받아들이는 가정은 다음과 같다.

첫째, 후술어 부정문의 부정어구(NegP)는 시제구(TP)의 보충어이며, 동사구(VP) NegP의 보충어이다.

둘째, Neg'는 연결어 '지'와 Neg로 나누어진다.

셋째, Neg는 '않'이라는 복합어휘범주이다.[4)]

이 수형도는 정문 (8b)의 어순 및 통사구조를 그대로 반영하는 이상적인 수형도이다.

5. 후술어 부정문의 NegP의 구조의 통사성

전술어 부정문과 달리 후술어 부정문은 구조가 더 복잡하다. 그만큼 기술도 간단치 않다. 후술어 부정문의 몇 가지 예문을 살펴보자. 앞에서는 대표적 부정어구로서 축약형 "지 않-"을 사용했으나 우리의 직관에 따라 축약을 풀면 "지 아니하-"가 된다. 논의의 편의를 위하여 여기에서는 "지 아니하-"로 나타내기로 하자.

1) NegP와 시제

국어의 시제(tense)는 영어와 마찬가지로 현재형(present)과 과거형(past)으로 나누어지는 문법 형태(grammatical form)로서 술어의 기본형(basic form)에 시제형태소가 접미사화(suffixation)되거나 독립적으로 실현된다. 시제형태소는 본술어(main predicate)만 있으면 본술어와 병합되거나 독립된 형태로 나타나고, 보조술어가 있으면 보조술어와 병합되거나 독립된 형태로 나타낸다. 우리는 영어와 마찬가지로 국어의 시제도 T(시제소)를 핵으로 하는 최대투사 TP(tense phrase)라고 가정한다. 다음 문장에서 시제의 쓰임을 보자.

(11) a. 나는 갔다.
b. 어머니는 가시었(=셨)다.

위 예문을 보면 동사 '가-'의 과거시제가 (11a)는 동사에 병합되어 '갔'으로 실현되며, (11b)는 과거시제가 주어존대 보조술어 '시' 다음에 독립된 형태인 '었'으로 실현되는 것을 보여준다. 이를 핵계층(X'-structure) 수형도로 나타내보자.

4) 후술어 부정문의 부정어 '않'은 풀어쓰면 '아니 하'가 되지만, 첫째, '아니'가 독자적으로 축약되어 '안하'로 쓰이지 못하고, 둘째, '하'는 뒤에 오는 시제소와 결합하지 못하므로 독립적인 구성성분이 되지 못하며, 셋째, '않' 앞에도 다른 부사가 오지 못하고 오직 술어 다음에 놓여서 부정문을 만든다는 면에서 우리는 이를 복합어휘범주라고 가정하고 필요한 논증을 제시하고 있다.

(12)

(11a)의 수형도 (11b)의 수형도[5)]

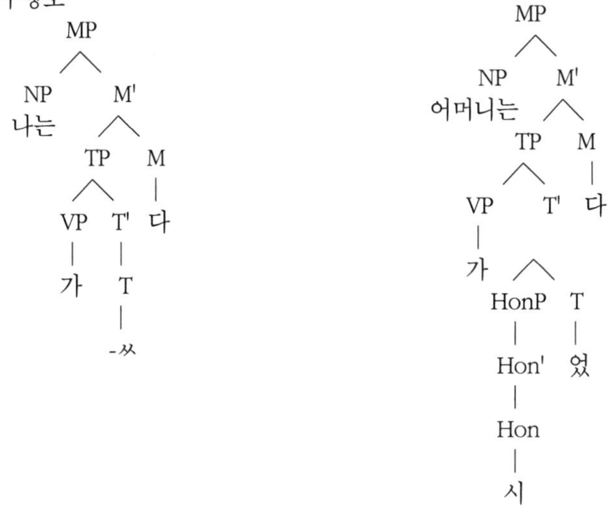

이 수형도를 통해서 시제실현 조건을 다음과 같이 형식화할 수 있다.

(13) 시제표시조건

① 시제는 보조술어가 없으면 본술어에 병합되거나 독립적으로 실현된다.

② 시제는 보조술어가 있으면 보조술어 다음에 병합되거나 독립적으로 실현된다.

이제 후술어 부정문에서 시제가 어떻게 실현되는지 살펴보자.

(11) a. 나는 무섭다.

b. 나는 무서웠다.

c. 나는 무섭[[$_{NegP}$ 지 아니하][$_{Tense}$ 였]]다.

d. 어머니는 무섭[[[[$_{NegP}$ 지 아니하][$_{Hon}$ 시] [$_{Tense}$ 었]]]다.

현재시제문 (11a)의 과거시제문 (11b)는 본술어의 어간 다음에 시제소 '었'이 병합되어

5) TP는 Tense Phrase이고, HonP는 Honor Phrase(존대보조용언을 핵으로 하는 최대투사)

실현되었다. (11b)의 후술어 부정문 (11c)는 부정어 "지 아니하-" 다음에 시제소 '였'이 나타나며, 바로 앞에 인접한 '하'와 병합하여 '했'으로 실현될 수 있다. 존대법이 실현된 (11d)를 보면 시제는 존대소 '시' 다음에 실현되어서 '시었'이 되고 다시 '셨'으로 병합될 수 있다. 여기서 얻어내는 중요한 사실은 보조술어의 순서가 고정되어 있다는 점과 시제표시는 여러 개의 보조용언이 있으면 맨 뒤의 보조용언 다음에 실현된다는 점이다. 이를 다음과 같이 형식화할 수 있다.

(14) 후술어 부정문의 시제표시 조건
① 시제표시는 맨 뒤에 오는 보조술어 다음에 실현된다.
② 보조술어의 순서는 〈본술어+NegP+HonP+TenseP+MoodP〉이다.

이 객관적 사실은 영어의 운용자 부정문과 매우 유사함을 보여주고 있다는 점에 주목하기로 하자. 즉, 우리가 제2부에서 자세히 살펴보았듯이 영어의 운용자 부정문의 부정어 'not'은 기본적으로 시제표시요소 T와 인접해야 하며, 따라서 여러 조동사가 동시에 나오면 맨 앞에 오는 조동사 다음 자리로 핵이동(Head movement)하며, 이 시제표시 조동사와 병합하기도 한다. 이 과정에서 다른 조동사 없이 본동사만 있다면 무의미조동사 'do'의 지원(*do*-support)을 받아서 시제가 표시되고 하위인접하는(subjacent) Neg와 병합되기도 한다.

이렇게 볼 때 국어의 후술어 부정문의 '하-'는 보조술어의 유무와 상관없이 '안'-부정문과 '못'-부정문에 항상 실현된다는 면에서 영어의 'do'-운용자보다 더 생산적이지만, 영어의 'do'가 부정명령문에 생산적으로 사용되는 것과 달리 국어의 부정명령문에는 후술어 부정문의 '하-'는 쓰이지 않고 독립된 형태의 '말'-부정문이 사용된다는 차이점이 있다.

2) NegP의 '하'의 통사성

이제 국어의 후술어 부정문의 부정어구 "지 아니하-"의 '하'의 정체성을 좀 더 구체적으로 검토하기로 하기 위해서 아래의 몇 가지 예문을 살펴보자.

(15) a. 나는 개가 무섭다.
b. 나는 개가 무섭[지 아니한]다. (현재시제)
c. 나는 개가 무섭[지 아니하]였다. (과거시제)
d.*나는 개가 무섭[지 아니했]다.
e. 나는 개가 무섭[지 않]았다.

(16) a. 나는 개를 무서워한다.
b. 나는 개를 무서워하[지 아니한]다. (현재시제)
c. 나는 개를 무서워하[지 아니하]였다. (과거시제)
d.*나는 개를 무서워하[지 아니했]다.
e. 나는 개를 무서워하[지 않]았다.

우선 예문 (15)를 보면 본술어 '무섭-'이 형용사이므로 현재시제문 (15b)는 시제가 외현적으로(overtly) 표시되지 않는다. 그러나 과거시제문인 (15c)는 시제표지 '였'이 '하'와 병합되지 않았으며, 병합된 (15d)가 비문이다. 이는 매우 중요한 사실인데, '하'가 시제의 실현과 밀접한 관련이 있는 영어의 "do-지원"과 크게 다른 점이기 때문이다.[6] 시제와 병합되지 않으면서 오히려 선행하는 '아니'와 병합되는 것은 '하'가 S-구조에서 삽입되는 영어의 무의미운용자 'do'와 달리 국어 후술어 부정문의 NegP 전체인 "지 아니하-"가 D-구조에서부터 존재한다는 점을 증명하는 것이다. 이는 (15e)에서 "아니하-"가 병합된 '않'이 가능한 데서도 부분적인 정당성이 담보된다고 말할 수 있다. 병합은 언어보편적으로 단일 구성성분 안에서만 일어나기 때문이다.

여기서 한가지 논리적 문제가 발생하는데, 국어의 NegP의 '하'가 D-구조에 존재한다면 D-구조가 의미구조라는 일반적 가정과 어떻게 조화하느냐 하는 점이다. 우선 영어의 운용자 'do'와 국어의 운용자 '하'의 근본적인 차이점에 유의하기로 하자. 즉, 영어는 다른 조동사가 없을 때만 필요에 따라 나타나는 선택적 요소이지만, 국어의 '하'는 후술어 부정문에는 다른 보조용언의 존재여부에 관계없이 반드시 나타나는 필수적인 요소라는 점이다. 더구나 본동사로서의 '하'는 시제표시가 자연스럽게 병합된다는 점도 운용자로서의 '하'의 고유한 특성을 증명하기에 충분하다고 말할 수 있다. 다음 예문을 보자.

6) 한학성(1987b)는 국어의 후술어 부정문의 '하'를 영어의 '*do*-support'와 거의 동일하게 보고 '하-지원'이라고 불렀다. 우리는 시제실현과 전혀 무관하다는 면에서 영어와 많이 다르다고 논증하고 있다.

(17) a. 그는 조용했다.
b. 그는 조용하[지 아니하]였다.
c. 그는 조용하[지 않]았다.
d.*그는 조용하[지 아니했]다.
e.*그는 조용하[지 안하]였다.
f.*그는 조용하[지 안했]다.

(17a)는 술어 "조용하-"의 '하-'에 과거시제가 병합된 정문이고, 부정문 (17b)는 부정어구(NegP)가 병합되기 이전의 형태이며, (17c)는 병합된 정문이다. 한편 비문 (17d)는 시제소가 '하'와 병합하여 비문이 되었고, 비문 (17e)는 "아니하-"의 일부인 '아니'만 축약된 형태여서 비문이며, 비문 (17f)는 (17d)와 (17e)가 모두 일어난 비문이다.

이제 후술어 부정어구 NegP의 '하'의 통사성을 다음과 같이 정리할 수 있다.

(18) 후술어 부정어 '하'의 통사적 특성
① '하'는 무의미 운용자(dummy operator)로서 선행하는 부정어 '아니'와 함께 후술어 부정문을 만든다.
② 운용자 '하'는 '아니'와 함께 부정 보조술어, 즉 NegP라는 기능범주를 만든다.
③ 운용자 '하'는 선행하는 부정어 '아니'와 '않'으로 병합될 수 있다.
④ 운용자 '(안)하'는 시제소와 병합될 수 없다.

이제 후술어 부정문의 부정어구 "지 아니하"와 "지 못하"를 비교해보자.

(19) a. 나는 기분이 좋다.
b. 나는 기분이 좋[지 아니하]다.
c. 나는 기분이 좋[지 못하]다.

(20) a. 선생님은 기분이 좋[지 못하]시]다.
b. 선생님은 화를 참[지 못하]신다.

후술어 부정문의 대표적인 부정어구 "(지) 아니하-"와 "(지) 못하-"는 의미의 차이를 제외하면 통사적 기능은 다를 수 없다. 아니, 다르다면 오히려 언어기술이나 습득 및 활용에서 엄청난 비용이 들 것이다. 다르지 않다는 사실은 바로 언어의 경제성을 반영하는 것이다. 동일한 구조라는 가정하에 (19b)와 (19c)를 비교해보면 "지 못하-"의 '하'도 선행하는 부정어 '아니'와 함께 후술어 부정문을 만드는 운용자임을 알 수 있다.

나아가서 예문 (20)을 보면 현재시제의 경우에 외현적 시제표시 여부도 본 술어의 품사에 달려있을 뿐 운용자 '하'는 아무 관련이 없다는 점도 "지 아니하-"의 '하'와 동일하다.[7)]

3) NegP의 '지'의 통사성

아래 문장에서 후술어 부정어 NegP의 '지'의 통사적 성질을 살펴보기로 하자.

(21) a. 나는 뱀이 두렵다.
b. 나는 뱀이 두렵[지(는/도/만/가/를) 아니하]다.

(22) a. 나는 뱀을 두려워한다.
b. 나는 뱀을 두려워하[지(는/도/만/*가/를) 아니한]다.

긍정문 (21a)의 후술어 부정문 (21b)를 보면 NegP 안의 연결어 '지' 다음에 특수한 의미를 가진 다양한 의미상의 기능을 가진 조사(delimiter)의 부착이 가능하고, 특히 조사 '가'와 조사 '를'이 동시에 부착될 수 있다는 점이 특이하다.[8)] 만일 이 '가'와 '를'이 각각 주격조사와 목적격 조사라면 보편문법인 격부여조건(Case assignment Condition)을 만족해야 한다.

(23) 격부여조건
① 격부여의 대상은 논항(Argument)이다.

---

7) (20a)의 술어 '좋-'은 형용사이므로 현재시제가 어휘화되지 못하고, (20b)의 술어 '참-'은 동사이므로 현재시제 '-ㄴ'이 어휘화되지만 부정 운용자 '하'에 병합되지 못하고 존대형태소 '시'에 병합된다는 면에서 "지 않"과 마찬가지로 "지 못하"도 독립적인 부정어구(NegP)를 형성한다고 보아야 한다.

8) 국어의 연결어 다음에는 다양한 의미를 실현하는 첨사들이 부착될 수 있다. 예를 들어 '먹어 보다'의 연결어 '어' 다음에 '는/도/만/을'을 첨가할 수 있다.

② 주격은 시제문의 주어-논항에게 부여되고, 목적격은 동사의 목적어-논항에게 부여된다.

이 격부여조건으로 판단할 때, 어떤 논항도 동시에 주어와 목적어가 될 수 없기 때문에 만일 정문의 어떤 요소가 분명히 논항이 아니면서도 '-가'와 '-를'이 부착될 수 있다면 국어의 '-가'와 '-를'은 격조사가 아닌 다른 용법으로 쓰일 수 있다는 것을 증명하는 것이다.[9] 이 점을 먼저 논증하는 것이 후술어 부정문의 '지' 다음의 '가/를'의 부착현상을 설명하는 열쇠가 될 것이다. 다음 예문을 보자.

(24) a. 순이는 얼굴이 예쁘다.
b. 순이는 얼굴이 예쁘기**는/도/만/가/를** 하다.

위 예문에서 (24a)의 술어 '예쁘-'를 강조하기 위하여 연결어 '-기'를 사용하여 여기에 여러 가지 의미를 가진 특수조사를 부착한 문장이 (24b)이다. 주목할 점은 (24b)의 특수조사 가운데 '가/를'이 포함되어 있다는 점이다. 이때 '예쁘기'가 격조사가 부여될 논항이 아님은 명백하므로 '가/를'은 격조사가 아니다. 또 다른 증거를 보자.

(25) a. 순이는 강아지를 예뻐한다.
b. 순이는 강아지를 예뻐하기**는/도/만/*가/를** 한다.

구문 (24)와 (25)의 차이점은 (24)의 술어 형용사 '예쁘-'가 (25)에서는 술어 동사 '예뻐하-'로 바뀌었다는 점이다. 문제는 (24b)처럼 연결어 '기'를 사용하여 특수조사를 부착하여 술어를 강조한 구문 (25b) 가운데 '-가'만이 부착될 수 없다는 점이다. (24b)와 (25b)의 이러한 문법성의 차이가 본술어의 품사와 관련된 것은 분명하지만 아직 그 정확한 이유를 알 수는 없다. 다만 '가'와 '를' 가운데 '가'만이 문법성과 관련되어 있음을 일단 유의하기로 하자.

우리가 주목할 점은 이러한 통사적 특성이 부정문에서도 그대로 나타난다는 점이다. 다음 문장을 보자.

---

9) 임홍빈(1972: 130)은 격조사로 분석될 수 없는 일련의 '이/가,'와 '을/를'을 주제첨사로 분석하였다.

(26) a. 순이는 예쁘지 않다.

b. 순이는 예쁘지**는/도/만/가/를** 않다.

(27) a. 순이는 강아지를 예뻐하지 않는다.

b. 순이는 강아지를 예뻐하지**는/도/만/*가/를** 않는다.

(24)의 후술어 부정문 (26)은 긍정문 (24b)와 똑같이 특수조사가 부착된 (26b)가 모두 정문인데 반해 (25)의 후술어 부정문 927)은 긍정문 (25b)와 똑같이 '-가'가 부착되면 비문이 된다. 이 증거는 후술어 부정문의 연결어 '-지' 다음의 특수조사의 부착의 문법성은 긍정문인 (24b), (25b)와 일치하므로 부정문과 직접 관련된 통사현상이 아니라는 것을 증명하는 것이다.

또한 위 예문 (24), (25), (26)이 보여주는 중요한 사실은 특수조사 "는/도/만/가/를"은 술어의 변화형에 부착되었을 뿐 결코 논항이 아니라는 점이다. 따라서 이 특수조사는 격조사와 무관하다고 보아야 한다, 물론 국어의 '-기'는 문장이나 술어를 명사화하는 접사로 사용될 수 있다. 다음 예문을 보자.

(27) a. 나는 [순이가 얼굴이 예쁘]기**는/도/만/*가**/를 기대한다.

b. 나는 [순이가 강아지를 예뻐하]기**도/만/*가**/를 기대한다.

위 예문에서 '기'는 내포문을 명사화하는 접사로서 내포문이 주절동사 '기대하다'의 목적절이 된다. 따라서 목적격 조사 '-를'이 '기' 다음에 부착될 수 있고, 주격 조사 '-가'는 부착되지 못한다. 다만 특수조사는 격조사와 중복해서 나오지 않는 한 부착될 수 있다. 다시 말하면 술어를 강조(emphasis) 혹은 대조(contrast)하기 위하여 술어의 어간 다음에 연결어 '-기'를 사용하는 것과 술어의 명사형을 만들기 위하여 사용하는 명사화 접사 '-기'는 엄격히 분리되어야 한다.

술어의 강조 혹은 대조란 구체적으로 무엇을 말하는지 생각해보기 위하여 다음 예문을 보자.

(28) a. 순이는 예쁘다.

b. 순이는 예쁘기는 하다. (그러나 마음이 나쁘다.)

c. 순이는 예쁘기는 예쁘다.

d. 순이는 예쁘기**는/도/만/가/를** 하다.

(29) a. 순이는 예쁘지 않다. (그러나 마음은 착하다.)

b. 순이는 예쁘지는 않다. (그러나 마음이 착하다.)

c.*순이는 예쁘지는 안 예쁘다

d. 순이는 예쁘지**는/도/만/가/를** 않다.

예문 (28a)에 비하여 (28b)는 술어 '예쁘-'가 강조 혹은 대조되고 있다. 국어에서 강조를 위해서는 흔히 그 어휘를 반복하게 되는데 (29c)가 (29b)와 유사한 의미를 갖는 것을 볼 때 우리는 (28b)의 '하-'는 선행하는 술어 '예쁘-'의 대용어(proform)로 규정한다.[10)]

마찬가지로 (28)의 부정문 (29)에서 (29a)나 (29b)가 술어 '예쁘-'를 부정하면서 강조하는 동시에 대조하는 기능을 갖는다. 다만 (29c)가 (28c)와 달리 비문인 것은 부정어구(NegP) "지 아니하-"가 독립적인 형태로 굳어졌기 때문에 대용어 대신에 본 술어의 회복이 불가능하다고 판단된다. 왜냐하면 "지 아니 예쁘-" 형태가 통사적으로 부적형(ill-formed)이기 때문이다.

그러나 앞에서도 논의했듯이 후술어 부정문의 "지 아니하-"의 '하'는 선행 술어의 통사적 자질을 그대로 복사하고 있음을 유의해야 한다. 즉, 선행 술어가 형용사이면 '하' 다음에 현재시제가 표시되지 못하고, 동사이면 현재시제가 형태적으로 표현된다. 이는 영어의 무의미 운용자 'do'에 시제가 표현되는 것과 유사하지만 영어의 'do'는 다른 운용자가 없을 때 최후수단(last resort)으로서 지원(*do*-support)하는 것과 달리 국어는 항상 '지 아니하-'가 후술어 부정문의 운용자로서 쓰이고, 축약되는 것도 단일 구성성분임을 증명한다.

이제 긍정문의 술어를 강조하는 표현의 연결어 '-기' 다음에 오는 특수조사와 부정문의 연결어 '-지' 다음의 특수조사가 완전히 일치하는지를 생각해보자.

---

10) 긍정문의 술어의 강조표현으로 '기' 연결어를 사용하지 않는 표현도 가능하다.
a. 순이는 강아지를 예뻐(=쁘어)한다.
b. 순이는 강아지를 예뻐는/도/만/*가/를 한다.
여기서 '하다'는 '예쁘다'를 타동사로 만들어주는 접미사이지 앞에 '를'이 쓰였다고 하여 독립된 타동사라고 말할 수는 없다. 이 때도 '가'는 부착되지 못한다는 면에서 '가'는 다른 특수조사와 구분되어야 한다는 증거가 된다.

(30) a. 이 돌은 물에 뜬다.
b. 이 돌은 물에 뜨기**는/도/만/*가/를** 한다.

(31) a. 이 돌은 물에 뜨지 않는다.
b. 이 돌은 물에 뜨지**는/도/만/가/를** 않는다.

우리는 이미 긍정문의 연결어 '-기' 다음에 부착되는 특수조사와 부정문의 '-지' 다음에 부착될 수 있는 특수조사의 문법성이 술어의 품사와 관련하여 일치하는 것을 보았으나 위 예문 (30)과 (31)의 술어 '뜨-'는 동사이면서도 긍정문 (30)에서 '-가'가 부착될 수 없으나 부정문 (31)에서는 '가'가 부착될 수 있음을 보여준다. 이 사실은 송석중(1967)의 '기/지' 이형태(allomorph)설의 의미있는 반증이 될 뿐만 아니라 두 구문이 상당한 유사성에도 불구하고 후술어 부정문의 독자적 성질을 보여준다는 면에서 언어학적 의미가 크다고 본다. 아울러 이 점은 '-를'과는 관련되어있지 않고 오직 '-가'와 관련되어 있다는 면에서 '-가'의 정체성을 밝히는데 중요한 자료가 될 것으로 판단된다. 다음 예문을 보자.

(32) a. 순이는 잘 뛰지 않는다.
b. 순이는 잘 뛰지**는/도/만/*가/를** 않는다.

(33) a. 이 농구공은 잘 뛰지 않는다.
b. 이 농구공은 잘 뛰지**는/도/만/가/를** 않는다.

(32)와 (33)이 형태상으로 동일한 술어 '뛰-'가 사용되고 있으면서도 (32b)에서는 '-가'가 부착되지 못하고 (33b)는 '-가'가 자연스럽게 부착되고 있다. (32)와 (33)의 유일한 차이점은 주어의 의미역(semantic role)이므로 이러한 문법성의 차이는 곧 주어의 의미역에서 온다고 보는 것은 논리상의 타당성을 갖는다. 그렇다면 (32)의 주어 '순이'는 자신의 의지에 따라 행동하는 행위자역(agent)을 가지며, (33)의 주어 '농구공'은 스스로 뛰는 주체가 아니므로 경험자역(experiencer)을 갖는다는 차이에서 그 원인을 찾아야 한다. 흥미로운 점은 주어의 의미역이 술어에 연결어를 사용한 강조 혹은 부정 어법에 관여한다는

점인데, 이는 '가'가 주격조사와 동일한 형태라는 점과 관련되어 있는지도 모른다. 그 근거로는 주어와 관련이 없는 '를'은 목적어와 관련없이 특수조사로 흔히 사용되지만, '-가'는 긍정문의 '기'와 부정문의 '지' 연결어 다음에만 사용되고 있다는 점과 형용사나 비행위자 의미역을 가진 주어의 술어에만 사용된다는 점에서 이는 곧 다중주어구문(multi-subject construction)의 술어의 특징과 일치한다는 점이다.[11] 이러한 의미적 특성이 국어의 화자로 하여금 국어의 생산적인 다중주어구문의 주격조사 '-가'를 후술어 부정문의 연결어 '지' 다음에 놓아서 술어를 성분부정하는 일종의 강조기능을 실현하는 것이 아닌가 추정해본다.

후술어 부정문의 연결어 '-지'와 관련된 또 하나의 중요한 통사성은 '지' 다음에 특수조사의 부착은 술어의 수식어인 부사의 어순에도 영향을 준다는 점이다. 다음 예문을 보자.

(34) a. 순이는 잘 울지 않는다.
b.*순이는 울지 잘 않는다.

(35) a. 순이는 잘 울지**는/도/만/*가/를** 않는다.
b. 순이는 울지**는/도/만/*가/를** 잘 않는다.

부사 '잘'은 특수조사가 없는 후술어 부정문 (34)에서는 술어 앞에만 올 수 있으나, 특수조사가 부착된 (35)에서는 특수조사와 '않' 사이에 나올 수 있다. NegP 안에서는 중간투사인 Neg'(Neg-bar)에 부가되는 구조이다.

지금까지의 관찰로 볼 때 후술어 부정문의 NegP의 연결어 '지'의 특성을 아래와 같이 정리할 수 있다.

(36) 후술어 부정어구 NegP의 '지'의 특성
① '지'는 NegP의 지정어(specifier)로서 선행 술어와 '않'의 연결어이다.
② '지' 다음에 "는/도/만/가/를" 등의 특수조사가 부착될 수 있다.

11) 놀랍게도 국어의 다중주어 구문의 후술어 부정문은 예외없이 '지' 다음에 '가'와 '를'이 모두 부착될 수 있어서 우리의 추정을 정당화한다.
"코끼리는 코가 길지 않다." → "코끼리는 코가 길지가/를 않다."

③ 특수조사 '-가'는 선행 술어의 성질에 따라서 부착 여부에 제약이 있는데, 직접 선행하는 술어가 형용사이거나 비대격동사(unaccusative verb) 혹은 능격동사(ergative verb)일 경우에만 부착이 가능하다.[12)]

④ '-지' 다음에 특수조사가 부착되면 '-지'와 '않' 사이에 부사가 올 수 있다.

4) NegP의 위치

후술어 부정문의 NegP의 위치는 술어의 구조와 성격에 따라서 결정된다. 다음 예문을 보자.

(37) a. 순이는 시골에 산다.

---

12) 여기서 현대생성문법에서 자주 사용되는 동사의 유형을 살펴보자.

(1) 능격동사(Ergative Verb): 원래 타동사의 목적어가 주어가 될 수 있는 동사
The sun melted the ice.-->The ice melted.
해가 얼음을 녹였다.--> 얼음이 녹았다.

(2) 비능격동사(Nonergative Verb): 순 자동사로서 D-구조와 S-구조에서 모두 논항 이 주어자리를 차지한다.
John walks. (play/work/sleep/laugh)
철수가 걷는다. (논다/일한다/잠잔다/웃는다)
국어의 형용사는 서술어로 쓰일 경우 비능격동사와 같은 성질을 갖는다.
순이는 예쁘다. (착하다/순하다/부지런하다/조용하다)

(3) 대격동사(Accusative Verb): 수수 타동사로서 D-구조에서 목적어를 갖는다.
Tom likes Mary.
순이는 사과를 좋아한다.

(4) 비대격동사(Unaccusative verb): D-구조에서 (내재)논항이 주어가 아니라 목적 자리에 존재하며, S-구조에서 주어자리로 이동하는 동사이다. (sink, float, arrive, stand, live, ...)
[ ] sink [the boat].---[D-구조]
The boat sink [t].---[S-구조]
배가 물에 뜬다.
공이 잘 뛴다.
비대격동사 구문은 S-구조의 주어가 행위자역(agent role)을 갖지 못한다는 점과 비대격동사 가운데 일부는 존재구문(there-구문)의 동사로 쓰일 수 있다.

(5) 중간동사(Middle Verb)는 능격동사와 유사하면서도 분명히 구분된다. 능력동사와 달리 중간동사는 반드시 수식어를 갖는다는 점이다. ("adornment")
Greek translates easily. (*Greek translates.)
Bureaucrats bribe easily. (*Bureaucrats bribe.)
흥미로운 점은 부정문은 별도의 수식어가 없어도 된다는 점이다.
This bread doesn't/won't cut.
Not many/few bureaucrats bribe.
중간동사는 내현적(implicit) 외재논항(external argument)이나 의미역과 함께 쓰일 수 없다.
*The book sold (quickly) by Mary.
*The book sold voluntarily.
*The book sold (widely) [PRO to make money].
위 예문의 동사 'sold'는 수동동사(verbal passive)이지 중간동사가 아니다.

b. 순이는 시골에 살지(는/도/만/*가/를) 않는다.

(38) a. 순이는 현재 시골에 살고 있다.
b. 순이는 현재 시골에 살지(는/도/만/*가/를) 않고 있다.
c. 순이는 현재 시골에 살고 있지(는/도/만/가/를) 않다.

(37a)의 술어동사 '살-'의 후술어 부정문은 (37b)이다. 그러나 술어 '살-'에 진행상(progressive aspect)의 의미를 가진 보조용언 '있-'이 첨가되어 만들어진 술어 '살고 있-'의 문장 (38a)의 후술어 부정문은 (38b)와 (38c)의 두 가지 유형이 가능하다. 만일 특수조사가 부착되면 (38b)는 '살-'이 강조되고, (38c)는 '있-'이 강조된다. 이 점은 특수조사의 문법성을 직접 선행하는 술어가 결정하는 것을 볼 때 타당하다. 즉, (38b)는 (37b)처럼 특수조사 '-가'의 부착이 불가능한데, 이는 술어 '살-'이 비능격동사이기 때문이다. 반면에 (38c)는 다른 조사와 더불어 '-가'의 부착도 가능한데, 이는 직접 선행하는 술어가 형용사 '있-'이기 때문이다.[13]

술어 '살-'과 '있-'이 합하여 복합술어 '살아있-'을 구성한 경우에는 후술어 부정문의 NegP의 위치는 위의 예문 (38)과 다른 통사적 제약을 받고 있음을 아래 예문이 보여준다.

(39) a. 이 시계는 살아 있다.
b.*이 시계는 살지 않고/아 있다.
c. 이 시계는 살아 있지(는/도/만/가/를) 않다.

예문 (39a)의 본술어는 '살-'이고 보조용언 '-있-'이 더해져서 상(aspect)의 의미가 추가된다. 이의 후술어 부정문은 (39b)는 불가능하고 (39c)만 가능하다. 이 증거는 국어의 술어 '살고 이-'과 '살아 있-'의 내면구조가 다름을 보여주고 있다. 적어도 품사기능이라는 면에서 '살고 있-'은 동사이고, '살아 있-'은 형용사이다.

13) 국어문법에서 '있다'의 정체에 관한 논의가 끝나지 않고 있으나 우리는 보편문법을 지향하는 생성문법적 관점에서 '있-' 다음에 현재시제가 실현되지 않는다는 통사적 특성을 주요한 근거로 형용사로 분류하기로 한다. 순전히 의미론적 관점에서 보면 '살-'이 본술어이고 '있-'이 보조술어로 보이지만 '살-'은 동사이고 '있-'은 형용사로서 결국 '살아있-'을 형용사로 만들기 때문에 국어의 보조용언과 영어의 조동사와는 상당히 다르다고 보아야 할 것이다.

이제 주어 존대표현 '시'가 사용된 문장의 후술어 부정문을 살펴보자.

(40) a. 아버지가 오시었다.
b. 아버지가 오지 않으시었다.
c. 아버지가 오시지 않았다.
d.*아버지가 오셨지 않다.

NegP '지 않'은 (40b)처럼 술어 '오-' 다음에 올 수도 있고, (40c)처럼 주어 존대형태소 '시' 다음에 올 수도 있다. 기본적 의미의 차이는 없고, 화자에 따라 선호도가 다르고, 두 문장 사이에 존대의 정도에 차이가 있다고 느끼는 화자도 있다. 그러나 (40d)는 비문인데 그 이유는 바로 NegP가 시제(tense) 표지 '-었-'의 뒤에 왔기 때문이다. 이 증거는 NegP가 통사적으로 독립된 기능범주이며, 반드시 TenseP의 왼쪽에 T'-부가되고, 주어 존대소(subject-honorific) '시'의 앞이나 뒤에 온다는 점을 확인시켜준다. 이 증거는 NegP의 선택적인 핵이동(Head movement)을 보여주고 있다.

5) NegP의 '대용술어론' 비판

먼저 영어의 운용자 'do'의 대용적 용법을 살펴보자.

(41) A: Do you like it?
B: Yes, I DO. (=like it)
B: No, I do NOT. (=do not like it)

운용자 'do'는 일반동사의 부정문과 마찬가지로 의문문에서도 나타나는데, 이에 대한 응답을 보면 긍정응답은 다른 VP 대신에 'do'가 나오고, 부정응답에는 다른 VP는 안 나오고 "do not"만이 나온다. 일반적으로 학계에서 이를 운용자의 대용적 용법이라 부른다.

우리가 제2부에서 다룬 또 하나의 대표적인 대용적 용법은 부정어 'not'이 선행하는 부정문을 대신하는 경우이다.

(42) A: Do you think it will rain tomorrow?

B: Yes, I think so. (=It will rain tomorrow)

/ No, I think NOT. (=it will NOT rain tomorrow.)

예문 (42)의 응답에서 긍정 응답문의 'so'는 긍정절을 대신하고, 부정 응답문의 'NOT'은 부정절을 대신한다. 이처럼 부정어 'not'이 절의 대용적 용법(pro-clause form)으로 사용된다.

국어 부정문의 대용적 용법에 최초로 언급하고 있는 분이 박승빈(1935: 348, 362)이 아닌가 한다.

> "부정부사의 다음에 쓰이는 '하'는 우에 있는 용언을 대표하는 것이며, 부정부사는 직접으로 '하'를 부정하여 간접으로 그 우에 있는 용언의 의의를 부정하는 것임." (박승빈 1935, p. 363)

그는 NegP "지 아니하-"의 '지'는 연결기능을 본질로 하는 명사형 접사로 보고, '아니'는 뒤에 오는 '하'를 부정하며, '하'는 본술어(용언)을 대신하는 대용어로 보았다. 이와 같은 대용어 부정을 간접부정(우리의 후술어 부정)이라고 본술어의 직접 부정(우리의 전술어 부정)과 구분하였다.

대용술어구문(pro-predicate construction)에 관한 본격적인 논의는 아마도 송석중(1967)일 것이다. 그의 주장은 지금도 학계에서 찬반 논의가 꾸준히 진행되고 있을 정도로 국어 부정법 논의에 많은 영향을 주어왔다. 그의 접근법은 한마디로 말하면 긍정문의 대용적 용법과 후술어 부정문을 대응시켜서 설명하는 것이다. 다음 예문을 보자.

(43) a. 그는 학교에 갔다.

b.*그는 학교에 가기 [하]였다.

c. 그는 학교에 가기는/를 [하]였다.

d. 그는 학교에 가지는/를 [아니하]였다.

(44) a. 그는 학교에 갔다.

b. 그는 학교에 가지 [아니 하]였다.

c. 그는 학교에 가지는/를 [아니하]였다.

d. 그는 학교에 가지는 않았다/*?안했다.

송석중(1967)은 긍정문 (43c)의 '-기'와 부정문 (44c)의 '-지'는 이형태소(allomorph)로서 명사형접사로 보고 (43c)의 [하-]는 선행하는 술어 '가-'의 대용서술어(pro-predicate)이며, 이에 대응하는 부정문 (43d)의 [아니하]의 [하-]도 선행하는 술어 [가-]의 대용술어라고 주장한다. 결국 대용술어는 본술어가 되고 선행하는 술어는 명사형 접사에 의해서 목적어가 된다는 주장을 하고 있다.

대용술어 이론에는 우리가 받아들일 수 없는 다음과 같은 심각한 문제가 있다고 본다.

첫째, 선행하는 VP를 명사화하면 결국 "아니 하-"가 타동사로서 항상 목적어를 갖는다는 주장이 되는데, GB이론의 격이론(Case Theory) 상으로 바로 (43a)에서 보듯이 술어 '가-'는 자동사이므로 목적어를 가질 수 없는데, 이를 대용하는 '하-'와 품사가 달라지는 것은 대용적 용법이라고 볼 수 없다.

둘째, 의미역이론(Theta Theory) 상으로 볼 때 단문에서 술어와 논항 사이에는 엄격한 의미역기준(theta-criterion)이 적용되는데, (44b)나 (44c)에서 술어 '가-'와 대용술어 "(아니) 하-"가 독립된 논항을 가지지 못하므로 의미역기준을 어기게 된다. 따라서 이 구문을 대용구문으로 분석한 것은 잘못이다.

셋째, 긍정문 (43b)는 항상 비문이며, 대응 부정문 (44b)는 항상 (44c)보다 자연스런 문장이라는 점도 언어이론이 자연언어에 대한 모국어화자의 직관을 가장 잘 반영해야 한다는 이른바 습득가능성(learnability) 면에서 대용이론은 심각한 문제점을 안고 있다고 본다.

넷째, 영어의 술어의 대용적 용법에서 살펴보았듯이 대용표현은 단문(simple sentence)에서 일어나지 않고, 복문이나 응답문에서 일어나는 선택적 현상인데, 국어 부정문에 대한 대용이론은 후술어 부정문은 항상 대용표현이 되어야 한다는 점도 보편문법의 관점에서 받아들일 수 없다.

다섯째, (43d)의 긍정문은 대용어 '하-'에 시제가 병합되는 것이 자연스럽지만, 부정문 (44d)의 "아니하-"는 시제와 병합되면 비문이거나 적어도 부자연스럽다. 이는 긍정문의 '하-'와 부정문의 '하-'가 성질이 다르다는 것을 보여주는 증거이다.

그러면 국어에 엄연히 존재하는 (43c)의 '하-'의 기능은 무엇인가가 궁금하다. 우리는 한마디로 의미를 강조하기 위한 술어의 반복(repetition), 혹은 복사법(copying)이라고 본다. 다음 문장을 보자.

(45) A: 너 돈 있냐?
B: 응. 있기는 한데, 빌려줄 것은 없어.
/응. 있기는 있는데, 빌려줄 것은 없어.

(45)의 응답문 '하-'는 의미의 강조를 위한 선행술어 '있-'의 단순 반복을 피하기 위한 술어 대용어(pro-predicate)이다. 이 때 사용되는 '-기'는 술어와 술어를 연결하는 연결어이며, 연결어 다음에는 다양한 특수조사가 부착될 수 있는 것이 국어 통사론의 중요한 특징의 하나이다.

(46) A: 엄마, 형이 나 때렸어.
B: 또 때렸어. 이녀석 다시 한번만 해/때려봐라. 가만 두지 않겠다.

위 예문의 응답문을 보면 선행문의 슬어 '때리-'가 대용술어 '하'로 바뀌어서 사용되고 있다. 대신에 다시 '때리-'를 사용할 수도 있으나, 대용어법의 단순한 형태의 추구라는 경제성원리와 표현의 다양화를 위한 문체(style) 상의 필요는 영어나 국어나 다름없다는 것이 우리의 결론이다. 우리는 국어 부정문의 대용어법을 다른 차원에서 다루게 될 것이다.

6. '아니'와 '안'의 통사성

일반적으로 국어의 대표적인 부정어 '아니'와 '안'을 동일한 의미를 갖는 것으로 보고, 언제나 '아니'를 '안'으로 축약(contraction)할 수 있다고 인식되어왔다. 그러나 그 쓰임을 살펴보면 각각 고유한 통사적 기능과 용법이 있음을 알게 된다. 다음 예문을 보자.

(47) A: 너 밥 먹었니?
B: (a) 아니./*안.

(b) 안/*?아니 먹었어.

(47)의 질문에 대한 부정응답을 보면 (47a)와 (47b)의 '아니'와 '안'의 문법성이 서로 교차되고 있음을 알 수 있다. 이 사실은 '아니'와 '안'이 단순히 축약관계로 설명되지 못함을 증명한다. 그러면 (47a)와 (47b)의 부정어의 차이점은 무엇일까?

우리는 이를 바로 국어 부정어의 대용적 용법으로 설명할 수 있다고 본다. 즉, (47a)의 '아니'는 "나 밥 안 먹었다"라는 문장의 대용어이지만, '안'은 대용적 용법으로 쓰일 수 없기 때문에 비문이며, 역으로 (47b)는 술어 "먹었어" 앞에 오는 부정어는 대용적 용법으로 사용될 수 없으므로 '아니'가 아닌 '안'이 올 때만 정문이 된다고 설명할 수 있다. 이는 곧 영어의 부정어 'not'의 대용용법과 매우 유사함을 보여주고 있어서 보편문법적 관점에서 주목할 만한 것이다.[14]

(48) A: 순이가 했니?
B: (a) 그렇다. / 응.
(b) 아니다. / 아니. /*안.

박승빈(1935)을 따르면 질문에 대한 응답 (48a)는 상대방 말에 대한 동의, 즉 시인이요, 응답 (48b)는 상대방 말에 대한 부동의, 즉 부인이지 특정 술어의 부정어가 아니라는 것이다. 그는 '아니'는 '안이-'에서 바뀐 것이고 부정어는 '안'만을 인정한다.

부정문의 부정어 NegP 안에서 '아니'와 '안'의 축약관계를 보면 더욱 흥미롭다.

(49) a. 그는 솜씨가 좋았다.
b. 그는 솜씨가 안 좋았다.
c.?그는 솜씨가 아니 좋았다.

14) 박승빈(1935: 364)은 부정어 '아니'와 '안이'를 구분하는 주장을 하고 있어서 주목된다. "'아니(안)'와 '안이'를 구분함: 전자는 일반적인 부정 불(不)이요, 후자는 '이'(是)의 부정 '안이'(不是) 두 단어라. 지정사 '이'의 부정어는 '아니(非)'이다." 박승빈(1935)의 주장은 곧 질문에 응답으로서의 '아니'가 '안이-'에서 왔음을 보여주는 논의이다. 즉, '아니'는 술어 '이-'의 부정어 '안 이-'에서 '아니-'가 된 것으로 본다. 그렇다면 역시 '아니'와 '안'은 단순한 축약관계가 아니라는 것을 보여주는 논의라고 보아야 한다.

(50) a. 그는 솜씨가 좋[지 아니하]였다.
b. 그는 솜씨가 좋[지 않]았다.
c. 그는 솜씨가 좋[잖]았다.
d.*그는 솜씨가 좋[지 안하]였다.
e.*그는 솜씨가 좋[지 안했]다.

전술어 부정문 (49)를 보면 '안'-부정문 (49b)는 정상적인 문장이지만 '아니'-부정문 (49c)는 부자연스럽다. 또한 후술어 부정문 (50)을 보면 NegP 전체가 축약된 (50b)와 (50c)는 자연스러우나 '아니'만 '안'으로 축약된 (50d)와 시제소가 '하'에 병합된 (50e)는 비문이다. 이는 부정문의 축약의 조건, 즉 영어와 마찬기지로 부정소는 동일 구성성분, 즉 NegP 안에 있는 조동사(보조용언)와 축약된다는 보편문법원리로 설명할 수 있다.

지금까지 논의로 볼 때 현대국어에서 '아니'와 '안'을 단순한 축약관계로 설명할 수 없고, 특히 후술어 부정문의 NegP 안에서는 축약이 엄격한 규칙을 따르고 있음을 확인할 수 있었다.

7. 내포문의 부정어 이동의 통사적 의의

전통적으로 부정어는 술어를 수식하는 부사(adverb)로 분류되어 왔으나 현대생성문법에서는 독자적인 기능범주 NegP로 가정한다. 부사구(AdvP)가 아닌 NegP의 독자성은 통사적으로 뿐만 아니라 의미적으로도 여러 측면에서 확인이 되는데, 복문에서의 부정어구(NegP)의 이동이 그 가운데 하나이다. 다음 예문을 보자.

(51) a. It is likely that it will <u>not</u> rain.
b. It is <u>not</u> likely that it will rain.

(52) a. [비가 <u>안</u> 올] 것 같다.
b. [비가 올] 것 같지 <u>않</u>다.
c.?[비가 올] 것 <u>안</u> 같다.

영어의 복문 (51)을 보면 내포문 (51a)의 부정어 'not'이 주절문으로 이동한 것이 (51b)이다. 인지적 의미의 차이를 가져오지 않는다는 전제하에 주절과 내포절 사이의 NegP의 이동을 '부정어 이동(Neg transportation)'이라 부른다. 비슷한 의미의 국어의 대응문 (52)을 보면 역시 (52a)의 내포문의 부정어 '안'이 (52b)의 주절문의 부정어 자리로 이동하였다. 이러한 이동을 단순히 부정어휘의 이동이 아니라 통사적인 NegP의 이동으로 정의할 필요가 있는데, 이는 각 절 안에서 구체적인 부정문의 형태는 다를 수 있기 때문이다. (52a)의 내포문에서는 전술어 부정어 '안'이 쓰였고, (52b)의 주절문은 후술어 부정어 "지 않"이 사용되고 있다. (52c)처럼 주절에서도 전술어 부정어 '안'이 사용될 수도 있으나 덜 자연스러운 것은 문체의 차이이거나 화자의 사용 경험의 익숙도(familiarity)와 관련되어 있을 수도 있다.

또 하나의 예문을 보자.

(53) a. I think that John is not honest.
b. I do not think that John is honest.

(54) a. 나는 [창호가 정직하지 않다고] 생각해.
b. 나는 [창호가 정직하다고] 생각하지 않아.
c. 나는 [창호가 정직하다고] 생각 안해.
d.?나는 [창호가 정직하다고] 안 생각해.

영어 예문 (53)을 보면 내포절의 'not'이 주절에서는 'do not'으로 바뀌었으며, 국어 예문 (54)에서는 NegP 이동이 일어난 구문 중에서 (54b)는 가장 격식체(formal)이고 (54c), (54d)는 상대적으로 비격식체(informal)이다.

이러한 NegP의 이동은 주절술어가 비사실 술어(nonfactive predicate)일 때만 가능하다는 점을 영어의 경우에 제2부에서 살펴보았는데, 아래 예문에서 국어에는 어떨지 확인해보자.

(55) a. 나는 [열심히 일하지 않은]것을 후회한다.
b. 나는 [열심히 일한]것을 후회하지 않는다.

사실 술어 '후회하다(regret)'가 주절문의 본술어로 쓰인 예문 (55a)와 (55b)는 의미가 전혀 다르기 때문에 NegP 이동구문이 아니다. (55a)는 "나는 열심히 일하지 않았다"는 것이 사실이며, 이를 화자가 후회한다는 의미이고, (55b)는 "나는 열심히 일했다"는 것이 사실이며, 이점을 화자는 후회하지 않는다는 의미이다. 결론적으로 국어의 NegP이동도 영어와 마찬가지로 (아마도 보편문법적으로) 비사실 술어에만 적용된다고 말할 수 있다.

이제 간접 명령문이 내포절인 다음 예문에서 NegP의 이동을 살펴보자.

(56) a. 그는 [기다리지 말라고] 말했다.
b. 그는 [기다리라고] 말하지 않았다.

'말하다(say)'는 전달동사로서 비사실 술어로 분류된다. (56a)의 내포절은 부정명령문의 부정어 '말'이 NegP인데, NegP 이동이 적용된 (56b)는 후술어 부정어구 "지 아니하-"로 바뀌었다. 여기에서도 우리는 NegP-이동이란 단순한 어휘적인 이동이 아니라 추상적인 NegP의 이동으로 보아야 한다는 점을 확인하였다.

이러한 NegP의 이동과 관련해서 우리는 두 가지의 중요한 통사적 사실을 발견해 낼 수 있다.

첫째, NegP의 이동은 곧 NegP라는 기능범주의 설정을 정당화한다. 바꾸어 말하면 국어에도 NegP가 존재한다는 점을 확인시켜준다.

둘째, NegP의 이동은 부정어를 부사로 보는 전통적인 관점이 잘못임을 보여준다. 부사는 뒤에 오는 술어의 수식어이므로 이동하여 다른 술어 앞에 놓이며 자동적으로 의미가 달라지게 되기 때문이다.

지금까지 국어의 NegP 이동의 정당성을 확인하였고, 동시에 NegP의 존재의 이론적 타당성을 검증하였다.

8. 내포적 부정어의 통사성

앞에서 부정어를 분류하면서 어휘적으로 부정의 의미를 내포한 부정어를 내포적 부정어(implicit negative)라고 분류한 바 있으며, 국어의 대표적인 부정어는 '모르다,' '없다,'

'아니다'의 세 가지가 있다고 기술한 바 있다. '알다'의 내포적 부정어 '모르다'와 달리 '없다'와 '아니다'는 그 통사적 성격을 좀 더 살펴볼 필요가 있다.

1) '없다'의 통사성

일반적으로 '있다'의 부정어로서 '없다'를 들지만 항상 '있다'의 부정어로 '없다'가 되지는 않는다. 다음 예문을 보자.

(57) a. 그는 방에 있다.
b. 그는 방에 없다.

(58) a. 그는 돈이 있다.
b. 그는 돈이 없다.

(59) a. 나는 그 일을 할 수 있다.
b. 나는 그 일을 할 수 없다.

위의 예문에서 '있다'의 부정어로서 '없다'가 대치되면 자연스럽다. (57)은 존재의 의미이고, (58)은 소유의 의미이며, (59)는 능력의 의미이다. 이제 아래 예문을 보자.

(60) a. 나는 책을 읽고 있다.
b.*나는 책을 읽고 없다.

(61) a. 그는 초조해하고 <u>있다</u>.
b.*그는 초조해하고 <u>없다</u>.
c. 그는 초조해하고 <u>있지 않다</u>.

위 예문을 보면 '있다'의 부정어 '없다'가 대치된 (60b)와 (61b)가 모두 비문이다. 이 때 (60a)의 '있다'는 진행상(progressive aspect)을 의미하며, (61a)의 '있다'는 주어의 심리적 상태를 표현하고 있다. 이 경우에는 부정어 '없다'로 대치가 불가능하다. 대신에 (61a)

의 부정은 (61c)가 정상이다.

때로는 '없다'를 후술어 부정하여 강한 긍정을 표현하기도 한다.

(62) a. 나는 아쉬움이 없지 않다.
b. 나는 아쉬움이 있다.
c.*나는 아쉬움이 안 없다.

(62a)는 술어가 '없-'이며, 이를 부정하여 강한 긍정이 되어서 (62b)보다 뜻이 강하다. 그러나 (62c)처럼 전술어 부정문을 만들면 비문법적인 문장이 된다.

2) '아니다'의 통사성

우리는 앞에서 '아니다'를 내포적 부정어, 즉 어휘부정어로 보지 않고 '이다'의 전술어 부정어로 본 박승빈(1935)을 소개한 바 있다. 그는 명시적 부정어 '안'이 일반적인 전술어 부정법과 마찬가지로 술어 '이다' 앞에 놓여서 '안 이다'가 되고 다시 발음규칙에 따라 '아니다'로 발전했다고 주장하였다. 그 주장의 정당성 여부에 관계없이 '아니다'는 다른 내포적 부정어와 달리 명시적 부정어 '아니(안)'이 포함된 어휘라는 면에서 우선 다른 내포적 부정어와 구분된다. 다음 예문을 보자.

(63) a. 그는 학생(이) 이다.
b.*그는 안 학생이다.
c. 그는 학생이 아니(이)다.
d.?그는 학생(이) 이지 않다.
e. 그는 (아직) 학생(이) 이지 않니?[15)]
f. 그는 (아직) 학생이지 않을까 싶다.

긍정문 (63a)에 대한 전술어 부정문 (64b)가 비문인 것은 '학생이다'가 일반적인 술어가 아님을 증명한다. 대조적으로 명사 '학생'을 분리하여 보어로 보고 술어를 '이다'로 보면 (63c)와 같은 전술어 부정문이 정문이 된다. 따라서 우리는 (63a)처럼 '학생'은 술어 '이

15) (63e)와 (63f)의 후술어 부정문은 자연스러운 표현으로서 상황에 따라 강한 긍정을 표현한다.

다'의 보어로서 주격조사와 동일한 형태의 '-이' 표지가 부착되지만 음성학적으로 뒤에 오는 '이다'의 '이-'와 중복되므로 생략된 것으로 분석한다. 또한 '이다'의 후술어 부정문도 술어 '이-' 다음에 "지 아니하"를 놓아서 만들어지는데, 실제적인 상황에서 일반인들에 의한 사용의 빈도가 낮아서 (63d)는 약간 부자연스럽지만 (63e)와 (63f)는 자연스러운 표현임을 고려할 때, '이다'가 보어를 필요로 하는 술어임을 증명하고 있다.

'아니다'가 내포적 부정어가 아니라는 다른 증거가 있다. 즉, 내포적 부정어와 달리 명시적 부정어가 양화사와 함께 쓰이면 반드시 중의성이 생기는 데, '아니다'가 양화사와 함께 사용된 문장은 중의성이 생기므로 '아니다'는 명시적 부정어라고 보아야 한다. 다음 예문을 보자.

(64) a. 두 사람이 여기에 있다.
b. <u>두 사람이</u> 여기에 <u>없다</u>.

(65) a. 두 사람이 학생이다.
b. <u>두 사람이</u> 학생이 <u>아니다</u>.

(64a)의 부정문 (64b)는 '없다'라는 내포적 부정어를 사용하여 만들어지며, 양화사와 함께 사용되었지만 중의성이 없다. 그러나 (65a)의 부정문 (65b)는 두 가지 의미가 있다. 하나는 "학생이 아닌 사람이 둘이다"라는 의미이고, 다른 하나는 "학생이 두 사람이 아니다"라는 의미이다. 이러한 명백한 의미의 중의성은 양화사가 함께 쓰인 모든 명시적 부정문에서 생기므로 '아니다'는 내포적 부정어가 아니라 명시적 부정어 '아니(=안)'가 술어 '이다'를 전술어 부정문으로 만드는 과정에서 생긴 것이라는 강력한 증거가 된다.

제4장 부정문의 의미영역

Noam Chomksy(1981)의 GB이론 이후의 현대생성문법은 의미해석(semantic interpretation)의 입력부를 LF(logical form)로 독립시켰다. 다시 말하면 S-구조의 구성요소 중 의미와 관련된 요소만 LF에 남아서 완전해석원리(Full Interpretation Principle)에 따라 해석되어야 한다. 사실 문장의 대부분의 요소는 S-구조와 LF가 동일하므로 우리는 부정문의 일반적인 의미를 논할 때는 LF를 구분하지 않겠으며, 양화사와 부정문이 관련된 의미를 다룰 때에만 LF를 언급하게 될 것이다.

1. 문부정문

문부정문(sentence negation; clausal negation)은 부정의 의미영역(semantic scope)이 문장의 모든 성분에 미치는 문장을 말하며, 국어의 전술어 부정문(Pre-predicate Negation)과 후술어 부정문(Post-predicate Negation)이 모두 여기에 해당한다. 구체적으로 부정의 영역에 대하여 예문을 통하여 살펴보기로 하겠다.[1)]

먼저 부정의 영역이 전술어 부정문과 후술어 부정문 사이에 차이가 있는지 검토해보자.

---

1) 우리는 국어의 성분부정은 문부정과 구조가 다르지 않다고 보기 때문에 특별히 다루지 않는다.
a. 그가 안 빨리/빠르지 않게 갔다. (그는 안 빠르다/ 빠르지 않다.)
b. 그가 안 예쁘게/예쁘지 않게 웃었다. (그는 안 예쁘다/예쁘지 않다.)
표면적으로 부사의 수식어이지만 심층적으로는 전술어 부정법과 후술어 부정법의 구조를 가진다. 국어 수식어의 이러한 특징은 어휘적 수식어의 수가 영어에 비해 적은 배경이 되는 것 같다.

(1) a. 나는 어제 학교에 안 갔다.
b. 나는 어제 학교에 가지 않았다.

전술어 부정문 (1a)와 후술어 부정문 (1b) 사이에는 부정의 영역에 전혀 차이가 없이 두 문장 모두 각 문장의 구성성분을 부정할 수 있다. 이는 각 문장에 확장형 문장을 만들어서 진리치가 변함이 없으면 된다.

(2) a. 나는 어제 학교에 **안** 가고, 창호가 갔다.
b. 나는 어제 학교에 **안** 가고, 그제 갔다.
c. 나는 어제 학교에 **안** 가고, 산에 갔다.
d. 나는 어제 학교에 **안** 가고, 결석하였다.
e. 나는 어제 학교에 **안** 가고, 오늘 갈 것이다.
f. 나는 어제 학교에 갔다는 것이 사실이 아니다.

위의 확장형 구문(extending clause)이 정문이므로 (1a)의 부정어 '안'은 (2a)~(2d)처럼 하나의 성분을 부정하기도 하고, (2e)처럼 두 성분을 부정하기도 하며, (2f)처럼 문장 전체를 부정하기도 한다. 이러한 부정의 영역은 아래 (3)의 후술어 부정문의 확장형 구문에서도 동일하다.

(3) a. 나는 어제 학교에 가**지 않**고, 창호가 갔다.
b. 나는 어제 학교에 가**지 않**고, 그제 갔다.
c. 나는 어제 학교에 가**지 않**고, 산에 갔다.
d. 나는 어제 학교에 가**지 않**고, 결석하였다.
e. 나는 어제 학교에 가**지 않**고, 오늘 갈 것이다.
f. 나는 어제 학교에 갔다는 것이 사실이 **아니다**.

이처럼 부정의 영역이 문장 전체에 미치기 때문에 상황이 구체화되지 않으면 부정의 영역에 중의성(ambiguity)이 생기게 된다.

(4) a. 나는 끝까지 듣고 있지 않았다.
b. 나는 끝까지 듣고 있지 않고, 도중에 나왔다.
c. 나는 끝까지 듣고 있지 않고, 끝날 때까지 잠을 잤다.

후술어 부정문 (4a)는 문장의 어떤 성분을 부정하느냐에 따라 (4b)나 (4c)의 의미가 될 수 있다. 물론 다른 의미도 가능하다. 이러한 의미의 중의성은 아래의 전술어 부정문에서도 동일하다.

(5) a. 나는 끝까지 안 듣고 있었다.
b. 나는 끝까지 안 듣고, 도중에 나왔다.
c. 나는 끝까지 안 듣고, 끝날 때까지 잠을 잤다.

의미의 중의성은 복문구조에서는 좀 더 복잡해진다.

(6) a. 나는 그녀가 부자이기 때문에 결혼하지 않았다.
b. 나는 그녀와 결혼하지 않았으며, 그 이유는 그녀가 부자였기 때문이다.
c. 나는 그녀와 결혼했으며, 그 이유는 그녀가 부자이기 때문이 아니고 딴 이유가 있다.

결론적으로 국어 부정문의 의미영역은 전술어 부정문과 후술어 부정문의 차이가 없다고 말할 수 있다. 각 '안'-부정문을 '못'-부정문으로 바꾸어도 부정의미의 중의성은 동일하다.

2. 양화사와 부정의 영역

수량을 나타내는 표현, 즉 양화사(quantifier)가 문부정문에 쓰이면 부정의 영역에 중의성이 생긴다. 다음 문장을 보자.

(7) a. 모든 학생들이 안 왔다.
b. 모든 학생들이 오지 않았다.

위 예문은 양화사 '모든'이 들어있는 부정문이다. 전술어 부정문 (7a)나 후술어 부정문 (7b)가 모두 부정어가 양화사를 부정하느냐 안하느냐에 따라 중의성이 생긴다. (7)에 대한 확장형 구문을 만들어 보면 중의성이 확인된다.

(8) a. 모든 학생들이 안 오고, 몇 명만 왔다. ('모든'의 부정)
b. 모든 학생들이 안 오고, 달아났다. ('오다'의 부정)
c. 모든 학생들이 오지 않고, 몇 명만 왔다. ('모든'의 부정)
d. 모든 학생들이 오지 않고, 달아났다. ('오다'의 부정)

위의 확장형 구문이 모두 정문이므로, 양화사가 포함된 부정문도 전술어 부정문과 후술어 부정문이 모두 동일한 의미영역의 중의성을 보여주고 있다고 말할 수 있다.[2] Jackendoff(1972: 352ff)는 부정문의 중의성은 부정법의 초점(focus)과의 결합(association of negation with focus)에서 나온다고 언급하고 있는데, 중의성은 바로 부정법이 문장의 어느 성분에 초점이 주어지느냐의 문제이기 때문이다. 주목할 점은 양화사에 부정의 초점이 주어지면 일반 논항에 부정의 초점이 주어지는 경우와 달리 반드시 의미의 중의성이 발생한다는 점이다. 다음 예문을 비교해보자.

(9) a. 창호가 안 왔다.
b. 두 명이 안 왔다.

만일 (9a)에 부정의 초점이 논항(Argument) '창호'에게 주어지면 '창호'가 부정되어 "안 온 사람이 창호"라는 의미가 된다. 그러나 (9b)의 양화표현 NP '두 명'에 부정의 초점이 주어지면 "몇 명이 오긴 왔는데, 그 숫자가 두 명은 아니다."라는 의미가 된다. 분명히 (9a)와 (9b)는 전술어 부정문이라는 동일한 구조를 가지고 있음에도 불구하고, 일반 논

2) 국어의 많은 연구는 전술어 부정문(단형 부정문)이 양화사와 관련하여 중의성을 갖는 것을 부인하고 있다. ((조준학(1975), 한학성(1987b) 등) 한편 중의성을 인정하는 대표적인 논의는 이기용(1979)이 있다.

항이 부정되는 경우와 양화사가 부정되는 경우는 의미상의 긍/부정이라는 현저한 차이가 나게 된다. 이를 학계에서 일반적으로 양화사의 특성으로 기술되어왔으나 현대생성문법은 논항과 양화사의 지시물(referent)의 유무의 차이로 설명하고 있다. 즉, 지시물을 가진 논항은 부정될 수 있지만, 구체적인(specific) 지시물이 지정되어있지 않은(indefinite) 양화사는 부정되어도 그 수(number)만 부정되므로 결국 그 수와 관련된 논항은 부정되지 않고 그대로 남아있게 되는 것이다.

양화사가 사용된 문부정문도 부정 극성어와 함께 쓰이면 중의성이 사라진다. 다음 예문을 보자.

(10) a. 두 사람이 아직 안 왔다.
b. 두 사람이 전혀 연락을 하지 않는다.

(10a)의 '아직'과 (10b)의 '전혀'는 부정문에만 쓰이는 부정 극성어이다. 이 때는 양화사구 '두 사람'에 부정의 초점이 올 수 없어서 의미의 중의성이 생기지 않는다. 이 사실은 부정 극성어는 오직 술어를 부정하는 의미와 관련되어 있음을 증명하는 것이며, 결과적으로 양화사를 부정하는 경우와 부정 극성어는 공기(cooccurrence)할 수 없다고 말할 수 있다.

부정 양화사 '아무도'가 쓰인 부정문도 의미의 중의성을 갖지 않는다.

(11) a. 아무도 안 왔다.
b. 누구나 왔다.
c. 아무나/누구나 와라.
d. 아무도/누구도 오지 않았다.

(11a)는 부정 양화사 '아무도'는 부정 극성어로서 다른 양화사와 달리 부정어에 의해서 다시 부정되는 요소가 아니므로 문장의 의미의 중의성을 만들지 않는다. 그러나 '아무나'에 대응하는 긍정 극성어는 (11b)의 '누구나'이다. (11c)의 '아무나'는 '아무도'와도 다르고, '누구나'와도 같지 않다. 한편 '누구도'는 부정 극성어로서 '아무도'와 유사한 의미이다. 이러한 미묘한 의미차이에도 불구하고 '누구'-어휘는 의문사(Wh-form)-유형이고,

'아무'-어휘는 양화사(quantifier)-유형이다. 흥미로운 점은 영어와 마찬가지로 국어의 의문사와 양화사는 지시물을 갖지 않은 변항(variable)이라는 공통점이 있다는 것이다. 이 공통점과 특수조사의 기능이 합쳐져서 더 복잡하고 미묘한 작용을 부정문에서 보여주고 있는 것이다.3) 이러한 의미의 차이가 특수조사 '-도'나 '-나'와 밀접하게 관련되어 있다는 점이 국어의 중요한 특성이다.

다음 예문은 양화사가 들어있지 않은 부정문에서도 양화사구문과 유사한 중의성이 생기는 예이다.

(12) a. 그는 나처럼 행복하지 않다.
(He is not happy like me.)
b. 그는 행복하지만 나만큼은 아니다.
c. 그는 내가 불행한 만큼 불행하다.

(12b)의 의미는 부정어가 '나처럼'을 부정하는 경우의 의미이며, (12c)의 의미는 '행복하-'를 부정하는 경우의 의미이다.

지금까지의 관찰로 볼 때, 양화사가 부정문에 쓰이게 되면 의미의 중의성을 갖게 되는데, 이것은 양화사에 부정어가 미치는 초점(focus), 즉 부정의 영역이 미치는 경우에 논항을 부정하지 못하고 단지 수(number)를 부정함으로써 생기는 논리적 결과이라는 점을 확인하였다.

3. '안'-부정문과 '못'-부정문의 의미

국어의 대표적인 문부정문은 '안'-부정문과 '못'-부정문이다. 우리는 지금까지 논의의 편의상 '안'-부정문을 주로 논하였으나 통사적으로도 완전히 동일한 것은 아니다. 다음 예문을 보자.

---

3) 문부정문에서 양화사가 아닌 논항도 특수조사 '만'과 함께 쓰이면 부정의 의미가 사라지는 신비로움이 있다. "할머니만 오시지 않고 할아버지도 오셨다." 이 문장은 오직 한 가지 긍정의 의미, 즉 "할머니도 오셨고 할아버지도 오셨다"는 의미만 있다. 우리는 부정어가 특수조사 '–만(only)'을 부정하여 긍정의 의미로 만들기 때문이라고 본다. '–만'은 제외한다는 부정의 뜻이 있는데, 이를 부정하여 포함의 긍정적 의미가 된 것이다. 다른 특수조사 '는/도'는 이런 긍/부정의 의미전환을 유발하지 못한다.

(13) a. 나는 파티에 안 간다.
b. 나는 파티에 가지 않는다.
c.*나는 파티에 가지 안한다.

(14) a. 나는 파티에 못 간다.
b. 나는 파티에 가지 못한다.
c.*나는 파티에 가지 못하는다.

후술어 부정문에서 (13a)의 부정어구(NegP) '지 아니하'와 (14a)의 NegP '지 못하'를 비교해보면 '하'의 성질이 동일한데, '안'-부정문은 '하'에 시제표시가 병합(incorporation)되지 않는 (13b)는 정문이고, 시제표시가 병합된 (13c)는 비문이다. 반면에 '못'-부정문은 '하'에 시제표시가 병합된 (14b)는 정문이고, 병합되지 않은 (14c)는 비문이다. 두 부정문의 유일한 차이점은 '안'-부정문의 '하'는 선행하는 부정어 '아니'와 NegP를 구성하므로 병합이 우선적으로 일어나기 때문에 시제와의 병합이 불가능하며, '못'-부정문은 부정어 '봇'과 인접한 '하'가 NegP를 구성하지만 음성학적으로 병합할 수 없기 때문에 바로 뒤에 인접하는 시제소와 음성적 조건이 맞아서 병합이 일어난다고 추론할 수 있다.

그러면 '안'-부정문과 '못'-부정문의 의미상의 차이는 무엇일까? 다음 문장을 보자.

(15) a. 나는 안 가는 것이 아니라 못 간다.
b. 나는 가지 않는 것이 아니라 가지 못한다.

'안'-부정문과 '못'-부정문이 대조적으로 쓰인 위 문장은 두 부정문이 분명히 의미의 차이가 있음을 보여주고 있다. 일반적으로 '안'-부정문은 객관적 사실의 기술이나 화자가 주어의 의지(volition)로 행위를 한다고 판단하면 '안'-부정문을 사용하고, 화자가 주어의 행위를 금지하거나 능력(ability)을 부정할 때는 '못'-부정문을 사용한다. 다음의 예문은 적어도 이러한 의미 차이가 있음을 느끼게 한다.

(16) a. 아직 꽃이 피지 않는다.
b. 너는 파티에 그 옷을 입고는 못 간다.

c. 우리는 안하려고만 할 것이 아니라 못할 경우도 대비해야 한다.

그러나 의미가 복잡한 상황에 따라서 얼마든지 달라질 수 있기 때문에 모두를 예상할 수도 기술할 수도 없다는 점을 인정하는 것이 이론적으로 더 적절하다.

4. '말'-부정문의 의미

'말'-부정문의 가장 두드러진 특징은 의미상으로 부정명령문으로 사용되며, 통사적으로는 전술어 부정문으로는 쓰이지 않고, 후술어 부정문으로만 쓰인다는 점이다. 따라서 술어 바로 다음에 '지 말-'이 놓여서 청자나 제3자에게 술어의 행위를 하지 말라는 금지의 명령문을 구성한다.

(17) a. (너는) 가라.
b. (너는) 가지 말라.

영어와 마찬가지로 국어의 '말'-부정문도 2인칭 주어는 일반적으로 생략되며, 어말어미는 평대법의 경우 명령법(imperative mood) 어미인 '-라'로 끝난다.[4)]

'말'-부정문은 위와 같은 직접명령문 뿐만 아니라 아래와 같은 다양한 문장에 사용된다.

(18) a. 우리는 그것을 하지 말자. (청유)
b. 나는 [네가 그것을 하지 말았으면] 싶다. (권유)
c. 나는 [네가 그것을 하지 말기를] 바란다. (기원)
d. 너는 그것을 하지 말지 그래. (충고)

위의 '말'-부정문은 다양한 담화기능(discourse function), 즉 화행(speech act)을 가지고 있음을 보여주고 있으며, 특히 (18b)와 (18c)는 부정명령문이 내포절로 쓰이고 있다.[5)]

4) 국어의 대우법은 대우어법의 표현 수준(level)에 따라 존대법, 평대법, 하대법으로 나눌 수 있다.

5. 부정의문문의 특수용법

국어의 부정의문문은 일반 의문문의 종결어미 '-냐?' 등을 문장의 끝에 놓아서 만들어지며, 의미상으로도 응답의 긍/부정 형태가 긍정의문문과 다르게 나타나는 차이가 있을 뿐이다. 이는 영어의 부정의문문에 대한 응답과 다른 점이다.

한편 Jespersen(1933)을 보면 영어의 부정의문문의 용법 가운데 주목할 만한 사실이 언급되고 있다. 다음 대화문을 보자.

(19) A: Isn't it nice?
B: Yes, it is.

질문 "Isn't it nice?"가 강한 긍정의 의미로 사용되는 용법이 있다는 것이다. 그리고 이런 용법으로 쓰일 때는 반드시 부정어가 운용자와 축약되어야 한다는 것이다.

우리는 부정의문문의 이러한 특별한 용법에 관심을 가지고 이를 국어에 적용할 수 있는지, 즉 보편문법적 현상인지를 탐구하는 노력을 상당기간 계속해왔다. 아래의 국어 예문을 보자.

(20) A: 그것이 멋있지 않니?
B: 그럼. 멋있고 말고.

위 대화의 질문이 부정의문문이라는 가정하에 장경기(1986) 이후로 영어의 부정의문문의 특수용법과 국어 부정의문문의 특수용법을 비교하고, 이 용법이 부정의문문의 일반적 현상임을 증명하고자 하는 노력을 계속해왔다. (그 구체적인 성과를 제4부에서 학술논문집에 발표한 연대순으로 제시하였다.) 우리의 주장의 핵심은 위 질문의 통사적 구조는 부정

5) 부정명령문의 문형은 아니지만 '말'이 서술문에서 '금지'의 뜻으로 사용되는 경우가 더 있다.
전병쾌(1983: 44)는 '말'-부정문의 형식이 부정명령문 외에도 세가지 용법을 더 들고 있다.
① 동작의 멈춤(vi)/멈추게 함(vt)
눈발이 뿌리다 말았다. / 일이 좋다 말았다. / 어머니가 아이들의 싸움을 말리었다.
② 동사의 동작이 필경 이루어짐
이번에는 꼭 이기고 말겠다. / 그분은 결국 떠나고야 말았다.
③ 숙어적 용법으로서의 강조
예, 좋고 말고요. 예, 좋다 마(말)다요.

의문문이며, 의미는 화자가 강한 긍정문의 전제를 가지고 상대방에게 동의를 구하려는 질문이라는 것이다. 아울러 이러한 용법은 후술어 부정문뿐만 아니라 전술어 부정문도 똑같이 가지고 있다고 논증하였다. 우리의 이러한 입장은 국어학계의 대표적인 두 가지 방향과 다르다. 하나는 국어의 부가의문문으로 보려는 입장으로 장석진(1984)이 있으며, 다른 방향은 국어 문형의 독립된 형태, 즉 '확인문'으로 보려는 입장으로 김동식(1981), 구종남(1992) 등이 있다. 우리는 우리의 부정의문문을 정당화하는 과정에서 기존의 국어의 부가의문문 이론을 비판하고 국어의 부가의문문을 새롭게 정립하는 계기를 마련하였다. 또한 보편문법에 없는 새로운 문형, 즉 '확인문'을 국어에 설정하는 이론의 비경제성과 이론내적 부당성을 논증하는 과정에서 국어 부정문의 이론 정립에도 기여하고자 하였다.

제5장 결론

우리는 지금까지 국어의 부정법에 관한 전반적인 논의를 해왔다. 국어의 부정법이 어떻게 언어로 실현되는지를 종합적으로 기술하고자 하였다. 국어의 부정법이 실현된 문장을 부정문이라 정의하고, 부정의 의미가 담겨있는 어휘를 부정어라고 정의하였다. 문장은 어휘(단어)가 규칙에 따라 배열되어서 만들어지며, 이를 문법(grammar)이라고 한다. 부정문은 언어보편적으로 일단 긍정문의 문법에 부정문의 문법이 적용되어 만들어진다. 그 결과로 부정의 구조가 생기고, 그 구조에서 부정의 의미가 실현된다. 부정문의 구조가 비교적 단순한 것과 비교하면 부정문의 의미는 매우 복잡하다. 이는 부정이라는 본질적 속성에서 나오는 불가피한 현상인지도 모른다. 예를 들어 어떤 물건을 보고 "이것은 X이다"라고 말하면 의미는 한가지이지만, 이를 부정하여 '이것은 X가 아니다'라고 말하면 그 의미는 이것이 X가 아닌 다른 어느 것도 될 수 있다. 여기에서 부정은 단순한 부정이 아니라 또 다른 긍정의 의미를 내포하고 있음을 알 수 있다. 물론 우리는 여기에서 부정문의 구조에서 나오는 의미만을 기술하는 것으로 제한한다. 구조를 넘어서는 의미는 언어학의 본질적 영역이 아니기 때문이다. 부정문의 화용론적 사용은 더 많은 복잡한 인간의 비언어능력과 관련지어서 설명되어야 할 것이다.

Noam Chomksy(1957)의 생성언어학(generative linguistics)은 언어지식을 인간 고유의 것(species-specific)으로 규정하고, 인간의 머릿속에 있는 무의식적 지식(unconscious knowledge)을 정신문법(mental grammar)으로 정의한다. 언어학자들의 기술문법(descriptive grammar)은

개별언어 화자의 무의식적 지식을 의식화한 것이다. 그런 면에서 문법은 이론적으로 가설일 수밖에 없다. 동시에 기술문법이 본질적으로 보편문법(universal grammar)에 뿌리를 내리고 있다고 보아야 한다. 국어를 모국어로 하는 우리들의 뇌 속에는 국어 문법이 들어있고, 그 일부로서 부정법의 문법도 들어있다. 국어를 모국어로 하는 사람들은 모든 부정문을 자유롭게 사용할 수 있고, 부정표현을 자유롭고 즉각적으로 듣거나 읽고 이해할 수 있다. 이 점과 비교하면 국어의 부정법에 관한 문법기술의 성과는 너무 초라한 것이 아닌가 감히 생각되었다. 생성언어학의 눈부신 발전에도 불구하고, 국어의 부정법에 관한 연구는 통합되지 않고 아직도 분화의 단계에서 좌충우돌하고 있다는 생각을 지울 수 없었다. 그 이유는 무엇보다도 학문의 본질적 수단인 논증(argumentation) 방법에 근본적인 문제가 있는 것은 아닌가 판단되었다. 무릇 모든 이론은 검증가능성(falsifiability)을 생명으로 한다. 국어의 부정법에 관한 이론이 전향적으로 발전하지 못하는 것은 어떠한 기존의 이론을 비판하여 새로운 가설을 세워서 수정할 정도로 논증이 약하기 때문이라고 우리는 판단하였다. 예를 들어 국어 부정법 논의의 한 복판에 자리를 잡고서 물러설 줄 모르는 항구적 주제가 바로 부정법의 대표적인 유형으로 단형(short form)과 장형(long form)으로 나누고 그 가운데 하나를 다른 문형으로부터 도출하려는 집단적 증후군(syndrome)이다. 다음 두 부정문을 보자.(서정수 1978, 279)

(1) a. 비가 온다.
b. 비가 <u>안</u> 온다.
c. 비가 오<u>지 않</u>는다.
d.*비가 오<u>지 안 한</u>다.
e. 비가 오<u>지(가/를) 않</u>는다.

주류의 국어학계에서는 긍정문 (1a)의 부정문 (1b)를 '단형' 부정문으로, (1c)를 '장형' 부정문으로 불러오고 있다. 우리는 학자들의 의도와 관계없이 이 용어 자체가 비학문적이고, 불분명하며, 오히려 많은 오해를 불러 일으킬 수 있는 부작용을 가지고 있다고 보았다. 간단히 말해서 그 용어는 (1b)와 (1c)가 장·단이라는 길이의 차이만 있거나 그 차이가 학문적으로 가장 의미있는 차이라는 잘못된 암시를 하고 있다고 볼 수 있다. 더구나 실제로 우리 국어학계는 (1b)와 (1c)가 동일한 심층구조를 가졌다고 보고, 두 문장 가운데 한 문장을 다른 문장으로부터 도출하려는 많은 논의를 해온 것도 이러한 용어의 사용과 무관하지 않은 것이다.

우리는 학문적 용어는 정확한 개념을 그대로 반영해야 한다고 가정하고 (1b)는 전술어 부정문으로, (1c)는 후술어 부정문으로 명명하는 것으로부터 국어부정법의 논의를 시작하였다. 그리고 구체적인 논의 과정에서 두 부정문의 통사구조는 말할 것도 없고, 의미와 용법이 상당부분 독립적이라는 점이 밝혀졌으며, 바로 이 점이 두 형태의 부정문이 국어에 존재하는 이유라고 보았다. 특히 모든 문법은 정문을 명시적으로 설명할 수 있어야 하고, 정문과 비문의 차이도 명시적으로 설명할 수 있어야 한다는 입장에서 후술어 부정문 (1c)와 달리 (1d)가 비문인 것은 후술어 부정문의 부정소 "지 아니하(=지 않)"의 언어학적 성질을 규명할 수 있는 중요한 대조적인 현상이라고 보았다. 보편문법적 관점에서 후술어 부정문의 부정어구를 NegP라고 규정하고 각 구성성분의 통사적 성질을 기술하는 것을 중요한 목표로 삼았다. 그 결과 "지 아니하"의 '하'는 영어의 무의미요소 'do'와 달리 본술어의 시제를 실현하기 위한 운용자가 아니라는 점을 밝혀내었다. 바로 그 이유 때문에 시제소와 결합(merge)한 (1d)는 비문이 된 것이라고 주장하였다. 아울러 (1e)에서 '지' 다음에 '가/를'이 부착될 수 있는 경우와 '를' 만이 부착되는 경우가 있는 데 이를 분명히 밝힘으로써 NegP의 고유한 속성과 '하'의 성질 및 '지'의 부정소 연결기능과 기능적 의미 실현을 위한 첨사의 부착을 가능하게 한다는 사실을 밝힐 수 있게 되었다. 결과적으로 후술어 부정문의 '지'를 종결어미로 보는 일부 기존의 논의와 이를 토대로 후술어 부정문을 복문으로 분석하려는 논의가 통사적으로 얼마나 터무니없는 것인지를 알 수 있게 되었다.

우리는 일반적인 논증 방법, 즉 기존의 이론을 검토하고 비판하여 대안을 제시하는 방법을 사용하는 것 보다는 새로운 관점에서 독자적으로 국어 부정문의 언어학적으로 의미 있는 영역을 대상으로 하여 명시적 기술을 하는 것이 더욱 가치가 있다고 판단하였다. 우리는 그 방향키도 없이 움직이는 와중으로부터 벗어나서 새로운 시도를 하는 것이 이 문제를 바로 정립하는 중요한 걸음이 될 것으로 판단하고, 현대생성문법적 관점에서 영어의 부정법으로 일반화된 이론 틀을 사용하여 국어의 부정법을 기술하고자 하였다. 영어와 국어의 부정법을 단순히 비교하는 것이 우리의 목표가 아니라 최종적으로 보편문법을 확립하는 과정으로서 이 접근법을 선택하기로 하였다. 그 논증의 결과로서 다음과 같은 결론을 도출하였다.

첫째, 국어의 부정어는 영어와 마찬가지로 내포적 부정어, 형태적 부정어, 명시적 부정어로 나누어진다.

둘째, 국어의 명시적 부정어는 '안,' '못,' '말' 등이 있으며, 각자 고유한 의미를 가진다. 특히 '말'-부정문은 명령문이나 지시의 의미를 함의하는 서술문에 사용된다.

셋째, 영어와 부정어가 문장의 성분에 미치는 부정의 영역에 따라 문장 전체에 부정의 영역이 미치는 문부정문과 일정한 성분에만 부정의 의미가 미치는 성분부정으로 나누어진다.

넷째, 명시적 부정어 '안'과 '못'은 문부정문과 성분부정문의 부정어로 공히 쓰일 수 있다.

다섯째, 영어와 달리 국어의 내포적 부정어는 독자적으로 부정문을 만들지 못한다.

여섯째, 국어의 부정 극성어도 부정어에 의해서 반드시 성분통어(c-command)되어야 한다.

일곱째, 영어의 명시적 부정어는 운용자 부정문과 비운용자 부정문을 만드는 것과 대조적으로 국어의 명시적 부정어 '안'과 '못은 부정어를 술어 앞에 놓아서 만드는 전술어 부정문(pre-predicate negation)과 술어 뒤에 부정어를 놓아서 만드는 후술어 부정문(post-predicate negation)으로 나누어진다.

여덟째, 후술어 부정문은 부정어 '안'과 '못' 앞에 연결어 '지'를 필요로 하며, 부정어 바로 뒤에 대용 술어 '하'를 필요로 한다.

아홉째, 후술어 부정문의 부정어구(NegP) "지 않/못하"는 선행 술어의 통사범주를 그대로 따른다는 면에서 부정의미의 실현을 위한 반복성 대용어라고 주장한다.

열째, 후술어 부정문의 NegP의 연결어 '지'는 본술어에 보조술어가 연결될 때 필요한 요소의 하나로서 "는/도/만/가/를" 등의 특수조사가 부착될 수 있지만, 이 가운데 '가'의 부착은 선행술어가 형용사이거나 능격동사(ergative verb) 혹은 비대격동사(nonaccusative verb)일때만 가능하다. 이 술어는 다중주어 구문의 술어와 일치한다는 면에서 화자가 선행하는 주격조사를 모방하는 현상으로 추정된다.

이러한 우리의 논증의 결과는 현대생성문법의 기본 원리와 영어 부정문의 명시적 기술, 그리고 보편문법적 관점에서 국어의 부정문의 핵심적 사항을 기술하려는 노력의 결실이다. 그러나 우리가 처음에 다짐하였듯이 우리가 제시한 논증 자체에 심각한 결함이 발견되어 더 나은 이론으로 발전하는 계기가 후학들에게 마련된다면 그나마 노력이 보상된 것으로서 더 이상 보람이 없을 것이다.

제4부

국어의 부정의문문 연구

1. '국어에도 부가의문문이 있는가?' 영어영문학 3. 한국영어영문학회 경남지회. 1985.
2. '국어의 부정의문문과 전제,' 어학연구 22.1. 서울대학교어학연구소. 1986.
3. '국어의 부정의문문과 화행,' UOU 20.1. 울산대학교논문집. 1989.
4. '국어 부정의문문의 GB분석시론,' 김상훈선생회갑논문집. 울산대학교영어영문학과. 1991.
5. '국어 부정의문문의 구조와 의미해석,' 영어영문학 10. 한국영어영문학회경남지회. 1993.
6. '부가의문문의 보편문법과 경상도 방언,' 인문논총 17. 울산대학교인문대학. 1999.
7. '국어 부정의문문의 통사적 연구,' 언어 26.1. 한국언어학회. 2001.

제1장 국어에도 부가의문문이 있는가?

1. 머리말

부가의문문(Tag Question)은 영어의 보편적인 통사현상의 하나이다. 국어의 '부가'라는 용어 자체가 바로 영어의 *tag*를 그대로 번역한 것으로 보인다. Stageberg(1980 : 300)에 의하면 세계의 많은 언어가 부가의문문을 만드는 고정된 성분을 가지고 있다고 한다. 예를 들어 중국어는 *ma*, 스페인어는 *verdad*, 네덜란드어는 *neit waar*, 이탤리어는 *non èvero* 등이 부가의문문을 만드는 고정된 성분이다. 영어에도 이와 같은 불변형태의 요소로서 *right* 및 *huh*와 *eh*가 있다.

그러나 적어도 영어에 있어서 불변형태소를 가지고 부가의문문을 만드는 용법은 그렇게 일반적인 것은 아니다. 오히려 선행서술문의 생략된 의문문이 부가성분으로 작용하여 부가의문문을 만드는 통사적인 현상으로 나타나는 것이 일반적이다. 따라서 본 논문에서는 영어 부가의문문의 본질을 이해하기 위하여 그 통사적인 특성을 먼저 밝히고, 그 다음에 의미론적 특성을 밝혀서 기존의 국어 부가의문문 연구를 재검토 비판하여 좀 더 설명력 있는 대안을 제시하고자 한다. 본 논문의 구성은 2장에서 영어 부가의문문의 특성을 논하고 3장에서 기존의 국어 부가의문문의 연구인 성광수(1980), 전병쾌(1984)를 비판하여 4장에서 결론을 제시하도록 되어 있다.

2. 영어 부가의문문

영어는 다른 언어와 비교해 볼 때 부가의문문이라는 언어현상이 매우 보편적으로 존재하는 언어임을 앞장에서 지적하였다. 본장에서는 이 영어 부가의문문의 통사론적·의미론적 특성을 검토함으로써 부가의문문의 언어보편적인(language universal) 특성을 찾기 위한 토대를 마련하기로 하겠다.

1) 영어 부가의문문의 통사적 특성

먼저 Culicover(1976: 132-135)가 제시하는 영어 부가의문문의 조건은 다음과 같다. 첫째, 주절(main clause)과 부가성분(tag)이 모두 부정문이면 안 된다. 둘째, 부가성분의 동사와 주절의 동사가 일치해야한다. 셋째, 부가성분의 주어는 성(gender), 수(number), 격(Case)이 주절의 주어와 일치하는 대명사이어야 한다. 위의 세 조건 가운데 둘째와 셋째 조건에 대해서는 학자들 사이에 이론(異論)이 없으나 첫째 조건에 대해서는 많은 학자들이 Culicover(1976)와 의견을 달리하고 있다. 다음 예문을 보자.

(1) a. Mary won't read the book, will she?
   b. Mary will read the book, won't she?
   c. Mary will read the book, will she?
   d.*Mary won't read the book, won't she?

(1a)와 (1b)는 주절과 부가성분이 긍·부정의 대조를 이루는 매우 일반적인 문장이며, (1c)는 〈긍정문 + 긍정문〉의 구조이고 (1d)는 〈부정문 + 부정문〉의 구조인데, Culicover(1976)는 네 문장 가운데 (1d)만 비문법적이라고 주장한다. 그러나 Zandvoort(1965: 224-226), Quirk et al.(1972: 390-392), Lyons(1979: 764), Cattell(1973: 614-616) 등이 (1c) 뿐만 아니라 (1d)도 좋은 문장이라고 보고 있다. 따라서 본 논문은 Culicover(1976)의 첫째 조건을 버리고, 주절과 부가성분의 긍·부정형태가 동일한 복사부가의문문(copy tag question)이 영어에서 존재한다고 가정하고, 그 의미상의 차이점을 2장 2절에서 다루기로 하겠다. 또한 위에서 제시한 부가의문문의 조건만으로는 주절이 복문(complex sentence)일 때에 부가성분의 주어와 동사의 선택 문제 등을 해결해주지 못한다. 따라서

우리는 부가의문문의 의미론적 특성을 깊이 살펴봄으로써 좀 더 설명력 있는 통사상의 조건도 함께 제시하게 될 것이다.

2) 영어 부가의문문의 의미론적 특성

부가의문문의 의미론적 특성은 그 본질적인 이유에서 통사론적 특성보다도 더 다양한 견해가 제시되어 왔다. 그러나 의미론적 특성에 대한 논의는 통사현상에 비해서 그렇게 활발하지 못했는데, 특히 현대 변형생성주의 언어학에서는 주로 부가의문문의 통사적인 특성을 기술하는데 주력하였다. 더구나 학교문법에서 영어의 부가의문문이 상승조 종지억양을 가지면 알기 위해서 하는 질문이고, 하강조 종지억양을 가지면 상대방의 동의를 구하는 질문이라는 두 가지로 구분해 왔으나, 이는 부가의문문의 의미론적 특성을 기술하기에는 너무 단순한 논리라고 하겠다. 이제 몇몇 학자들의 이론을 검토해보기로 한다.

(1) Zandvoort(1965)의 이론

Zandvoort(1965)는 부가의문문의 의미론적 특성을 화자의 진술에 대한 청자의 확인을 구하는 확인의문문(confirmative question)과 화자의 진술을 그대로 반복하여 반응을 표현하는 반사의문문(reactive question)으로 나누어 설명하였다. 이때 확인의문문은 대조의문문의 통사구조를 가지며 반사의문문은 복사의문문의 통사구조를 가진다. Zandvoort (1965: 225)는 확인의문문의 경우 선행서술문과 같은 유형이 아닌 부가성분(tag)이 올 수 있음을 보여주고 있다.

(2) He is nice man, *don't you think*?

이 부가성분 "don't you think?" 대신에 일반적인 부가성분 "isn't he?"를 넣을 수 있다는 면에서 "isn't he?"는 "don't you think?"의 의미를 가진다고 볼 때 대조부가의문문이 확인의 의미를 가지고 있음을 알 수 있다.

(2) Quirk et al.(1972)의 이론

Quirk et al.(1972: 390-392)은 부가의문문의 일반적인 용법인 대조부가의문문에 대해서 화자가 뭔가를 주장하고, 그 주장에 대한 듣는 이의 반응을 요청한다고 그 의미론적 특성을 밝혔다. 그들은 다음의 (3a)의 문장은 (3b)의 문장과 의미가 동일하다고 보았다.

(3) a. He likes his job, doesn't he?
    b. I assume he likes his job; am I right?

이러한 변형은 부가의문문의 의미상의 특성을 명확하게 드러내 보인다는 점에서 매우 의의가 있다고 판단된다. 그들은 부가의문문의 서술문은 바로 가정(assumption)을 나타내고 의문문 형식인 부가성분은 기대(expectation)를 나타내는 요소로 규정하였다. 좀 더 부연 설명하면 가정이란 바로 화자의 가정이고, 기대란 이 화자의 가정에 대한 청자로부터의 반응의 기대라고 할 수 있을 것이다. 이 기대의 정도는 부가성분의 억양에 의해서 달라지는데 하강조 억양일 때는 이 기대의 정도가 강하고 상승조이면 기대의 정도가 상대적으로 약하다. 한편 복사부가의문문의 의미론적 특성에 대해서는 상대방의 말을 듣고 추론(inference)에 의해서 어떤 결론에 이르렀음을 나타내는 용법이 있는데 이때는 보통 'oh', 'so'등이 문두에 나오고 또 다른 용법으로는 상대방이 한 말을 되살리는(recalling) 용법이 있다. 이 용법은 Zandvoort(1965)의 반사적 용법에 해당한다고 할 수 있다.

(3) Lyons(1979)의 이론

Lyons(1979: 764)는 부가의문문의 의미론적인 특성을 부가성분의 기능에 의해서 설명하고 있는바 복사부가성분(copy tag)은 "선행서술문에 의해 표현된 사례(state of affairs)에 대한 놀람, 회의, 풍자, 조소 등의 화자의 태도(speaker's attitude)를 나타내는" 기능을 가지고 있고, 대조부가성분(checking tag)은 질문(asking)이라는 언외적 효력(言外的 效力; illocutionary force)을 선행서술문에 미친다고 말하고 있다. 다시 말해서 대조부가성분은 대조부가의문문을 질문(asking)이라는 언어행위를 가진 문장의 기능을 갖게한다. Lyons(1979)의 이러한 견해는 부가의문문을 화용론적 관점으로 해석했다는 면에서 의의가 있다고 본다.

(4) Cattell(1973)의 이론

Cattell(1973: 615-616)은 복사부가의문문(matching tag question)과 대조부가의문문(contrasting tag question)의 의미상의 차이점을 명백히 보여주고 있다. 먼저 그의 예문을 통해서 살펴보기로 하자.

(4) a. The book is obscene, is it?
  b. The book is obscene, isn't it?

우선 예문 (4a)와 (4b)가 모두 정상적인 영어문장이다. (4a)는 복사부가의문문으로서 Lakoff(1969)의 주장과는 달리 반드시 풍자적(sarcastic)인 용법으로 쓰이는 것만은 아니다. 화자가 그 책을 읽지 않았거나, 읽었지만 무슨 내용이었는지 잊었다거나, 'obscenity'라는 단어의 뜻을 확실히 모를 때 (4a)는 쓰일 수 있다. 바꾸어 말해서 화자가 자신의 의견을 개진할 입장에 있지 않은 모든 상황에서 (4a)는 쓰일 수 있다. 즉, 선행서술문(host clause) "The book is obscene."의 내용은 화자의 관점(speaker's point of view)이 아니고 오히려 상대방에게 그의 관점이 아닌지 묻기 위해서 인용하고 있을 뿐이다. 어쨌든 (4a)가 풍자적인 의미를 갖는다 하더라도 역시 서술문은 화자의 관점이 아니라는 면에서 다를 바 없다. 한편 대조부가의문문인 (4b)는 화자가 자기의 의견을 제시하고 상대방에게 동의를 구하는 문장이다. 다시 말해서 선행서술문이 화자의 관점이며, 이 관점에 대해서 청자로부터 동의를 구하기 위한 방법으로서 대조부가성분이 부가된 것이다. 이상과 같은 R. Cattell의 설명은 복사부가의문문과 대조부가의문문의 의미론적 특성을 화자의 관점이라는 개념으로 설명함으로써 단순히 통사론적인 접근에 의해서 해결할 수 없었던 많은 경우를 명료하게 설명하였다.

(5) 부가의문문의 정의 및 특성

지금까지 영어 부가의문문의 의미론적 특성에 관한 여러 학자들의 이론을 검토해보았다. 이들의 주장을 종합하여 다음과 같이 부가의문문을 정의하고 유형화한 다음 이를 뒷받침할 증거를 제시하기로 하겠다.

◇ 부가의문문의 가설적 정의 및 유형별 특성:

① 정의: 대조부가의문문은 화자의 전제(presupposition)에 대한 청자의 동의를 구하는 용법이며, 복사부가의문문은 대조부가의문문의 용법 이외의 모든 경우에 쓰이는 용법이다.

② 부가의문문의 전제: 전제의 내용은 부가의문문의 서술문 전부 또는 일부로 나타난다.

③ 부가성분: 부가성분은 전제의 내용인 선행문장의 생략된 의문문으로 나타날 수 있다.

위의 기술에 대한 타당성을 검토하기 위한 논의를 시작하기 전에 전제(presupposition)에 대한 명확한 정의를 해둘 필요가 있다.[1)] 전제는 이미 오래 전부터 철학과 언어학의 논쟁의 핵심이 되어왔던 게 사실이다. 그러나 여기에서는 우리의 논의와 관련해서 가장 일반적인 정의를 내리는 것으로 족하다고 본다. 그 내용인즉 "화자의 전제란 어떤 명제 *p*가 참(truth)이라고 하는 화자의 믿음을 말한다."는 것이다. 부가의문문에서 이 명제 *p*는 서술문의 전체 또는 일부로써 표현되는 것으로서 이것이 바로 전제의 내용이 된다. 이제 이 정의를 토대로 해서 부가의문문의 성질을 검토하기 위해서 먼저 다음의 예문을 보자.

(5) a.*Who left early, did he?

b.*Did Mary like the movie, didn't she?

c.*I pronounce you man and wife, don't I?

d. Mary questioned whether the world was flat, isn't it?

e. Mary questioned whether the world was flat, didn't she?

예문 (5a)와 (5b)가 비문법적인 이유는 기존의 통사론적 조건으로 설명하면 「부가의문문은 서술문 + 의문문으로 구성 된다」는 조건을 위배하고 있기 때문이다. 그러나 이 조건은 왜 선행문이 서술문이지 않으면 안 되는지를 설명해주기 못할 뿐만 아니라 선행문이 서술문인 (5c), (5d)도 비문이기 때문에 위의 통사론적 조건은 필요하고도 충분한

1) '전제'와 관련해서 영어 부가의문문을 다룬 논문으로 박병수(1974)가 있다. 그는 tag를 독립된 의문문으로 보고 뜻을 알기 위해서 묻는 순수의문문과, 부정의문은 그 긍정서술문을, 긍정의문문은 그 부정서술문을 전제하는 전제의 문문의 두 가지 의미를 갖는 것(two-way ambiguous)으로 보았다. 즉, 그는 tag를 일반의문문과 동일시하고 부가의문문을 서술문과 의문문이 의미론적 제약 밑에 있다고 본 반면 필자는 tag가 앞에 나오는 서술문이 화자의 전제인가를 밝혀주는 중요한 역할을 한다고 본다. 필자는 박병수의 이론에 동의하지 않는다.

조건이 될 수 없는 것이다. 필자는 이에 대해서 부가의문문의 선행문은 반드시 전제의 내용이 될 수 있는 문장이어야 한다고 주장한다. 따라서 이 선행문은 구체적인 내용을 가지는 명제여야 하므로 서술문이어야 함은 필요조건인 것이다. 그러므로 예문 (5a), (5b)는 선행문이 의문문이기 때문에 올바른 부가의문문이 될 수 없다. 한편 (5c)는 선행문이 서술문이기는 하나 이 "I pronounce you man and wife."가 발화와 동시에 행위를 하는 수행문장(performative sentence)이므로 화자의 전제와는 무관하여 근본적으로 부가의문문을 만들 수 없다. 또한 (5d)가 비문인 이유는 "whether the world is flat"이 실은 의문문이므로 (5a), (5b)와 마찬가지로 명제가 될 수 없기 때문이다. 그러나 (5e)는 화자의 전제의 내용이 "Mary questioned (whether the world was flat)"이므로 합당한 명제가 되어 부가성분이 *Mary*를 받는 대명사 *she*와, *questioned*를 받는 조동사 *did*와 일치하는 "didn't she?"가 되어 올바른 문장이 되었다. 즉, 전제의 내용을 담은 문장이 부가성분으로 나타난다는 조건에 따라 (5d)는 비문이고 (5e)는 바른 문장이다.

이제 이제까지 부가의문문의 논의의 쟁점이 되어왔거나 설명되지 못했던 몇 문장을 살펴보기로 하자.

(6) a. I don't suppose they'll win, will they?
　　b. I suppose they won't win, will they?

위 문장에 대해서 Lakoff(1969)는 *suppose*를 수행동사(performative verb)로 봄으로써 수행동사는 부가의문문을 만들지 못하므로 하위절이 부가성분으로 나타났으며, (6a)와 (6b)는 동일한 문장으로서 (6b)의 *not*이 부정소 이동규칙(negative transportation)에 의해서 (6a)가 되었다고 주장했다. 이에 대하여 Cattell(1973)은 *suppose*가 수행동사가 아니라고 반박했고 많은 학자들이 Cattell(1973)과 의견을 같이 하고 있다. 또한 Cheun(1974)은 부가의문문의 생성규칙과 부정소 이동규칙이라는 두 규칙의 적용순서(rule ordering)에 의해서 위의 예문이 설명될 수 있는 성격의 것이 아니라고 주장하였다. 필자는 많은 부분을 Cattell(1973)과 의견을 같이하면서도 우리의 가설에 의해서 더 잘 설명할 수 있다고 본다. 우선 (6b)의 하위절 "they won't win"은 화자의 전제의 내용이다. 화자의 전제에 대한 확인의 용법일 때는 대조부가의문문이 되어야하는데, *win*은 화자의 전제가 아니다. 따라서 복사부가의문문이 되어야 한다. 즉, (6b)는 화자가 자기의 생각을 청자에게 동의 또는 확인을 구하는 문장이고, (6a)는 화자의 생각이라는 언질이 들어있지 않다. 여기서 상위문인 "I don't suppose. / I suppose."는 하위문이 생각인지 아닌지를 밝혀주는 역할을 하고 있다. 다시 말해서 Lackoff(1969)의 주장과는 전혀 다르게 (6a), (6b)는 별개의 문장이다.

이제 다음 예문을 보자.

(7) a. I don't think that they'll win, will they?
  b.*I think they won't win, will they?

(7)의 문장을 (6)과 비교해 보면 상위문의 동사가 (6)은 *suppose*이고 (7)은 *think*라는 차이밖에 없는데 (7b)는 왜 비문이 되는 것일까? 더욱이 *suppose*와 *think*는 의미도 유사하다. 박병수(1974: 379)에 의하면 (7b)가 아직 설명되지 못하고 있는 문장이라고 한다. 이 문장을 우리의 정의에 의해서 논의해 보자. 우선 (7a)는 "they'll win."이 화자의 전제가 아니고 따라서 복사부가의문문이다. 그런데 (7b)는 (6b)와는 달리 비문이라면 그 이유는 논리적으로 볼 때 상위문의 동사인 *suppose*와 *think*의 차이에서 찾아야한다. 다음의 예문을 보자.

(8) "I *think* he is wealthy. But I am not *sure*."

위의 문장은 화자가 *think*하고 있는 내용을 곧바로 자신이 부정할 수 있음을 보여준다. 다시 말해서 *think*는 *suppose*에 비해서 하위문이 화자의 전제임을 함의하는 강도가 약하다고 여겨진다. 따라서 (7b)의 "they won't win."이 화자의 전제가 되지 못해서 비문이 된 것으로 설명될 수 있다.

다음의 문장은 Cattell(1973: 624)에 제시된 것이다.

(9) a. I can't see that it matters, doesn't it?
  b. Don't tell me that Max has gone again, has he?

위의 예문은 둘 다 하위문으로부터 부가성분을 만들고 긍·부정형태도 같은 복사부가의문문이다. 즉 하위문이 화자의 전제가 아닌데 이 사실은 상위문 "I can't see"와 "Don't tell me"에 의해서 밝혀진다. 즉, 예문 (6)의 상위문과 (9)의 상위문이 형태는 달라도 같은 기능을 하고 있다.

지금까지 화자의 전제라는 새로운 개념을 토대로 부가의문문을 더욱 설명력 있게 기술할 수 있음을 보였다. 필자는 여기에서 부가의문문이 전제(presupposition)라는 화용론적 개념으로 설명되어야하는 몇 가지 증거를 제시하겠다.

첫째, 부가의문문에는 반드시 화자와 청자가 관련되어 있다. 다음의 예를 보자.

(10) a. The door isn't open, is it?, he asked himself.
b. *The door isn't open, is it?, he wondered.

(10a)는 바른 문장이고 (10b)는 비문인 이유는 바로 부가의문문의 화용론적 특성에서 찾을 수 있다. 즉 (10a)는 엄격히 말해서 화자가 *he*이고 청자는 *himself*이기 때문에 앞에 오는 부가의문문과 충돌이 일어나지 않으나 (10b)는 "he wondered"로부터 화자와 청자를 찾을 수 없으므로 선행하는 부가의문문의 특성과 모순이 되기 때문에 비문이 된다고 본다. 따라서 (10a), (10b)는 부가의문문에는 반드시 화자와 청자가 관련되어야 함을 잘 보여주고 있다.

둘째, 어떤 서술문에 대한 부가성분이 대조부가성분(checking tag)이 와야 하는지 복사부가성분(copy tag)이 와야 하는지가 완전히 화맥에 달려있다. 다음 예문을 보기로 하자.

(11) The book is obscene, ___________?

(11)의 명제 "The book is obscene."이 화자의 전제인가 아닌가에 따라 대조부가성분이 오는지 복사부가성분이 오는지가 결정되는데, 이러한 결정은 통사론적인 것이 아니라 화용론상의 화맥(context)에 의해서 이루어지는 것이 분명하므로 이러한 사실은 부가의문문의 화용론적 특성을 잘 보여준다고 본다.

셋째, Lyons(1979)는 대조부가성분은 서술문에 질문(asking)이라는 언외적 효력(illocutionary force)을 갖게 하는 힘이 있다고 했는데 Lyons(1979)의 견해가 옳다면 이는 바로 부가의문문의 화용론적 특성을 밝혀주고 있다 하겠다.

넷째, 부가의문문의 종지억양에 따라 의미의 강도가 매우 달라지고 있는 점도 억양이 화용론적 요인임을 고려할 때 부가의문문의 특성을 보여준다고 본다.

다섯째, Cattell(1973)은 부가의문문의 용인가능성(acceptability)이 지역방언(dialect)에 따라 많은 차이가 있다고 지적하였는데, 그의 이론이 옳다면 역시 부가의문문의 화용론적 특성을 보여주는 일면이라고 본다.

이상의 논의에 의해서 필자가 부가의문문의 의미 특성을 전제라는 개념으로 설명한 근거를 제시했다고 본다.

3. 국어 부가의문문

본 논문이 국어 부가의문문을 논하기 위해서 먼저 영어 부가의문문을 논한 것은 다음 두 가지 가정 때문이다. 하나는 부가의문문이 자연언어에 보편적으로 존재하리라는 점이요, 또 하나는 영어가 다른 언어에 비해 부가의문문의 본질이 더 잘 밝혀져 있다는 점이다. 따라서 국어 부가의문문을 논하면서 영어의 그것과 비교해 본다는 것은 매우 자연스러운 일이다. 이제 국어 부가의문문을 다룬 성광수(1980)와 전병쾌(1984)를 살펴봄으로써 기존이론의 문제점을 지적하고, 궁극적으로는 국어 부가의문문이 가지는 언어보편성과 언어개별성을 밝히도록 하겠다.

1) 성광수(1980)의 이론

(1) 부가성분의 복원문제

일반적으로 영어 부가의문문의 분석에 있어 부가성분의 선행서술문과의 구조적 유사성 때문에 부가성분을 완전한 의문문으로 복원할 수 있다고 인정해왔다.[2] 그러나 우리가 제2장에서 보았듯이 선행문이 복문일때 특히 부가성분을 복원한다는 문제가 그렇게 단순한 것이 아니다. 한편 국어 부가의문문에 대해서 성광수(1980: 61)는 "부가의문은 선행서술문의 상위구조에 포함된 이행동사로 인한 의미론적 제약을 받으면서도 구조상

---

2) 박병수(1974)는 "Mary is pretty, isn't she?"를 "Mary is pretty"와 "Isn't she pretty?"의 독립된 두 문장이 의미적 제약 밑에 연결되어 있다고 보았다. 이 주장은 부가의문문에 대한 일반적인 인식과 두 가지 면에서 크게 다르다. 첫째는 부가의문문을 두 개의 문장으로 보는 점이요, 둘째는 부가성분을 완전한 문장으로 복원해야한다는 점이다. 이 두 관점은 모두 지금까지의 연구결과에 비추어 받아들일 수 없다고 필자는 본다.

으로는 완전한 문장으로의 환원이 가능하다."고 주장하면서 다음의 예를 든다.

(12) a. [철수는 모범생이다], 아이가?
b. [철수는 모범생이다](가) 사실이 아닌가?
c. [내가 너에게 [[철수(가) 모범생이다](가) 사실이 아니다](를) 묻다]

(13) a. [철수는 모범생이다], 그쟈(그지)?
b. 사실이 그러하 [=철수(가) 모범생이다]지?
c. [내가 너에게 [[철수(가) 모범생이다](가) 사실이다](를) 묻다]

그에 의하면 부가의문문 (12a)는 (12b)로, (13a)는 (13b)로의 환원이 가능하고 이들 환원문은 각각 (12c)와 (13c)에서 유도된 문장으로 보고 있다. 그의 이론에 따르면 (12a)의 부가성분 "아이가?"는 "사실이 아닌가?"라는 문장으로부터 유도된 것이요 (13a)의 "그쟈?"는 "사실이 그러하지?"라는 문장의 생략된 의문문(elliptical question)인 셈이다. 그러나 필자는 이와 같은 설명에는 몇 가지 문제점이 있다고 본다. 첫째, 선행서술문과 부가성분의 통사상의 유사성이 분명한 영어의 부가의문문과 비교해볼 때 국어의 경우에 "사실이 아닌가?"나 "사실이 그러하지?"등의 복원된 문장이 과연 선행서술문과 어떠한 제약을 가지고 있다고 할 수 있을지 의문이다. 다시 말해서 성광수의 이론대로라면 선행서술문에 상관없이 부가성분의 복원된 문장이 항상 일정한 셈이니 부가성분의 통사상의 구조를 밝히기 위해서 복원문제를 논의해 온 영어 부가의문문의 이론과는 전혀 무관한 것이 아닌가한다. 그렇다면 국어 부가의문문의 부가성분의 복원 문제가 과연 언어학적으로 어떤 의의가 있을지 필자는 의문을 갖지 않을 수 없다. 둘째, 성광수가 복원된 문장이라고 하는 "사실이 그러하지?" / "사실이 아닌가?"에서 보듯이 '사실'이라는 성분이 필수 요소가 되어 있으나 이 점에 대해서 필연적인 근거를 제시하지 못하고 있다. 성광수(1980: 61)의 "부가의문은 선행서술문의 상위구조에 포함된 이행동사(performative verb)로 인한 의미론적 제약"에 의하여 그 이론적 근거가 되고 있는 듯하나 Lackoff(1969)가 영어 부가의문문의 부가성분의 구조를 설명하는 이론으로서의 상위문의 이행동사 설정과는 무관하다.

이상의 논의에 의해서 국어 부가의문문의 부가성분의 생성이론에 선행서술문으로부터의 복원이론이 도움이 되지 못함을 확인했다.

(2) 대조부가의문과 복사부가의문문

우리는 제2장에서 영어 부가의문문의 선행서술문과 부가성분의 긍·부정 형태에 따라 대조부가의문문과 복사부가의문문으로 나누어지고, 이러한 통사상의 특징은 바로 의미론 및 화용론상의 엄격한 용법의 차이로 나타난다는 점을 밝혔다. 이러한 특성이 과연 국어에도 존재하는지 매우 흥미롭다. 성광수(1980: 64)는 "국어(특히 경상도 방언)에서의 긍·부정형은 외적구조상으로는 선행서술문의 긍·부정과 관계없이 사용되고 있다"고 했으며 "부가의문의 부정은 선행서술문의 긍정·부정과는 관계없이 선행명제(부정명제포함)에 대한 부정적인 물음이고, 부가의문의 긍정의 선행명제에 대한 긍정적인 물음에 지나지 않음"을 주장하였다. 이에 따르면 긍정부가성분은 선행서술문을 그대로 긍정하고, 부정부가성분은 선행서술문을 부정하는 중요한 기능을 가진다는 주장이다. 영어 부가의문문의 부가성분이 우리가 제2장에서 논한 바와 같이 일반적으로 선행서술문으로 나타나는 내용이 화자의 전제이냐 아니냐에 따라 긍·부정형태가 정해지는 것과 비교해 볼 때, 성광수의 주장은 우선 영어 부가의문문과는 무관한 것이다. 이제 다음 예문을 통해서 성광수의 주장을 검토해 보자.

(14) A : 철수는 착하다, 그렇니? / 그렇지 않니?
B : 그래. (착하다)
아니야. (착하지 않다)

(15) A : 철수는 착하지 않다, 그렇니? / 그렇지 않니?
B : 그래. (착하지 않다)
아니야. (착하다)

일단 대화 (14)와 (15)가 국어에서의 자연스러운 문장임을 우리가 받아들인다고 할 때 몇 가지 중요한 사항을 알아낼 수 있다. 첫째, 부가성분의 긍·부정 형태가 그 부가의문문에 대한 응답의 형태에 아무런 영향을 미치지 않는다는 점이다. 이는 다시 말해서 부가성분의 형태가 선행서술문의 긍·부정 형태에 아무런 영향을 주지 않는다는 것이다. 따라서 부정부가성분이 선행서술문의 구조를 바꾼다는 성광수의 이론은 맞지 않다고 본다. 둘째, 국어 부가의문문의 경우에 대조부가의문문과 복사부가의문문의 개념이 영어 부가의문문의 경우와는 달리 전혀 언어학적 의의를 가지고 있지 않다는 점이다. 그러나 성광수(1980: 65)는 "부가의문이 선행문과 긍·부정의 대립에서 대조관계를 이룸은 선행문의 명제를 부가문이 부정의문으로 묻는 즉, 소극적인 방법(태도)의 질문"이라 하고 성광수(1980: 70)에서는 "복사부가의문은 대조부가의문에 비해 질문 방법이 적극적이어서 화자의 주장이 너무 강하기 때문에 대화에서는 부적합하다."고 논한 것으로 볼 때 국어 부가의문문의 대조부가의문문과 복사부가의문문의 개념을 영어의 경우와는 전혀 다르게 사용하고 있을 뿐만 아니라 이 개념들을 모두 국어 부가의문문의 기술에 있어 필요한 것으로 보고 있는 것 같다. 그러나 필자로서는 성광수의 "대조부가의문문은 소극적 질문법이요 복사부가의문문은 적극적인 질문법"이라는 주장이 근거를 찾을 수 없으며 더구나 복사부가의문문은 "화자의 주장이 너무 강하기 때문에 대화에서는 부적합하다"는 주장은 타당성이 없다고 본다. 2장에서 보았듯이 영어 부가의문문의 경우에 복사부가의문문은 대조부가의문문에 비해 화자의 주장의 강도가 오히려 약하기 때문이다. 따라서 우리는 국어의 부가의문문을 기술하는 개념으로서 '대조부가의문문'과 '복사부가의문문'의 용어 사용이 부적당하다고 본다. 만약 이 개념들이 영어의 경우와 무관하게 사용되었다고 국어 개별적인 특성으로서 정의되어야 하는데 그 흔적을 찾을 수 없으며, 더구나 국어 부가의문문의 특성을 기술하는 데에도 기여하지 못했다. 그러므로 필자는 이 두 개념을 영어에서와 같은 개념으로 국어에 적용할 수 없으며, 또한 다른 개념으로 사용할 필연성이 없음을 주장하게 된다.

2) 전병쾌(1984)의 이론

(1) 선행서술문의 종결어미

전병쾌(1984: 84)는 국어 부가의문문의 형태를 단정문인 '-다'로 끝나는 문장과 '-지'로 끝나는 문장으로 나누어 논하였다. 먼저 그가 제시한 예문을 다시 써보자.

(16) a. 나는 어제 실수하지 <u>않았다</u>, 그렇지? / *그렇지 않니?
~예, 실수하지 않았습니다. / 아니요, 실수했습니다.

b. 나는 어제 실수하지 않았지, 그렇지? / *그렇지 않니?
~예, 실수하지 않았습니다. / 아니요, 실수했습니다.

먼저 전병쾌(1984: 88)의 설명을 들어보면 (16a)와 (16b)의 차이는 "주절의 문미가 '않았다'라는 서술형과, '않았지'의 의문형의 어미로 끝난 것"으로 (16a)는 "화자의 단정의 의미가 들어있어서 대답에 '예'라는 긍정으로의 답이 가능하지, '아니요'라는 부정의 답은 어색하거나 좀 드물게 답할 수" 있는 반면에 (16b)는 "화자의 단정이 없이 순수한 의문문과 같기에 그 대답이 '예'나 '아니요' 모두가 가능하다"고 하였다. 그러나 이와 같은 그의 주장에는 몇 가지 문제점이 있다고 본다. 전병쾌(1984)는 부가의문문의 선행서술문(그는 주절이라고 함)은 서술문이어야 한다는 가장 기본적인 조건을 위반하고 있다. 즉, 의문형의 어미 '-지'로 끝나는 의문문이 선행문으로 나타난 경우가 (16b)인데 그의 이론에 의하면 서술형 종결어미 '-다'로 끝난 (16a)와 비교해서 (16b)가 더 자연스럽고 일반적인 부가의문문인 셈이다. 그러나 필자가 영어 부가의문문을 논하면서 밝혔듯이 부가의문문의 형태는 〈서술문 + 생략형 의문문〉으로서 이는 언어 보편적 자질이라고 본다. 따라서 전병쾌(1984)가 국어 부가의문문의 한 형태를 〈의문문 + 생략형 의문문〉으로 본 것은 중대한 오류라 하지 않을 수 없다. 더구나 이형태를 "화자의 단정이 없이 순수한 의문문"으로 쓰인다고 함으로써 그 의미론적 특성조차도 부가의문문의 본질로부터 멀어졌다고 하겠다. 여기서 한 가지 유의할 점은 우리말의 종결어미 '-지'가 서술형 어미로 쓰일 수 있다는 사실이다. 따라서 (16b)의 '-지'가 전병쾌의 의문형으로 보는 것과 달리 만일 서술형이라면 (16b)도 훌륭한 부가의문문이 될 수 있는 것이다.[3] 이때는 화자의 단정이라는 면에서 볼 때에 전병쾌의 주장과는 달리 '-다' 서술형보다 '-지' 서술형이 화자의 단정의 의미가 더 강하기 때문에 전병쾌(1984)가 (16b)를 화자의 단정이 없다고 본 것은 잘못이라고 하겠다. 한편 여러 화용론적 상황이 '-지' 의문형을 사용해야한다면 이때는 (16b)의 형태가 아닌 다음과 같은 독립된 두 문장의 형태로 나타나야 하며 이는 부가의문문과는 전혀 관계가 없다.

(17) 나는 어제 그에게 실수하지 않았지? 그렇지?

3) 장석진(1984: 265-268)에서도 부가의문의 본문(필자의 선행서술문에 해당)은 평서문이라고 밝히고 있다.

문장 (17)을 의미상으로는 부가의문문의 용법과 유사하나 형태상으로는 두 개의 독립된 문장의 병렬관계일 뿐이다. 또한 (16b)가 '-지' 의문형이 아니고 '-지' 서술형 어미로 쓰인 부가의문문으로 쓰인다고 해도 우리가 약간 어색하게 느끼는 것은 서술문의 내용 때문이라고 본다. 즉, 본인이 실수했는지 안했는지를 상대방에게 확인한다는 면에서 일상적인 표현이 아니기 때문이다. 이 사실은 다음 문장과 비교해보면 더욱 확실해진다.

(18) 오늘 날씨가 참 좋다(지), 안 그렇니?
/그렇지 않니?

물론 이때에도 '-지'가 서술형이 아니고 의문형이라면 국어의 부가의문문이라고 할 수 없다. 다시 말해서 국어 부가의문문의 선행문의 종결어미는 서술형이어야 한다는 점은 부가의문문의 필요조건이다.

(2) 부가의문문의 긍·부정형

우리가 2장에서 영어 부가의문문의 통사상의 특성을 논의하면서 선행서술문과 부가성분의 긍·부정 형태를 살펴보았다. 영어의 경우에는 〈긍정문 + 부정문〉, 〈부정문 + 긍정문〉, 〈긍정문 + 긍정문〉, 〈부정문 + 부정문〉의 네 가지 형태가 있으며 앞의 두 형태를 대조부가의문문이라고 하고 뒤의 두 가지 형태를 복사부가의문문이라고 한다. 또한 이 두 형태는 전혀 다른 용법을 가지고 있음을 보았다. 그러면 국어 부가의문문의 경우에 이 긍·부정 형태는 어떠한 특징을 지니는지 검토해 보자. 앞서 제시한 전병쾌(1984: 87-88)의 예문 (16a), (16b)가 이 문제에 대한 그의 견해를 보여주고 있다. 즉, (16a)와 (16b)의 비문이 되는 경우를 보면 선행문이 부정문이고 부가성분이 부정문일때 비문으로 보았다. 전병쾌는 「부정문의 부가의문문은 반드시 긍정이라야 되지, 부정부가의문문이 오면 「부정 + 부정」의 긍정의 뜻이 되어, 청자가 혼돈에 빠질 우려가 있어 부정의문문이 오면 비문이 된다」고 밝히고 있다. 그러나 필자로서는 그의 주장을 받아들일 수 없다. 우리의 국어에 대한 직관은 (16a)와 (16b)를 모두 좋은 문장으로 받아들인다. 더구나 전병쾌의 우려와 달리 「부정문 + 부정문」의 구조라는 것 때문에 청자가 혼돈에 빠질 우려는 전혀 없다. 전병쾌(1984: 88-89)가 제시하고 있는 예를 더 살펴보자.

(19) a. 철수는 학교에 가지 않았다(지), 그렇지?/*그렇지 않니?
b. 그녀는 내일 미국으로 떠날 것이다, 그렇지?/*그렇지 않니?

위의 문장에서도 〈부정문 + 부정문〉의 경우에 비문이 된다는 전병쾌(1984)의 주장은 국어의 현실과 거리가 멀다는 점을 확인할 수 있다. 그러면 여기서 전병쾌(1984)의 오류의 배경을 추적해보자. 앞에서 인용되었듯이 그는 〈부정문 + 부정문〉의 부가의문문을 일반적인 문장의 이중부정문(double negation)과 동일시함으로써 결국 긍정의 뜻을 갖게 된다고 보았다. 이러한 매우 임의적인 판단은 세계의 자연언어의 부가의문문의 특성과 비교해 볼 때 국어 부가의문문의 기술에 전혀 도움이 되지 못한다. 우리가 성광수(1980)을 검토하면서 보았듯이 국어 부가의문문의 긍·부정 형태는 영어의 경우와 마찬가지로 〈긍정문 + 부정문〉, 〈부정문 + 긍정문〉, 〈긍정문 + 긍정문〉, 〈부정문 + 부정문〉의 네 가지 형태가 있으나 영어의 경우와는 달리 '대조' 형태와 '복사' 형태 사이에 독립된 의미 특성이 존재하지 않고 따라서 국어의 부가의문문의 기술에 있어 대조부가의문문이나 복사부가의문문이라는 용어의 사용조차도 무의미하다고 하지 않을 수 없다.

(3) 부가성분의 종결어미 문제

전병쾌(1984: 89-90)는 "모문(우리의 선행서술문)이 긍정문일 때는 부가의문문(우리의 부가성분)이 긍정 혹은 부정 모두 다 가능하다."고 하면서 다음의 예문을 제시하고 있다.

(20) 그녀는 내일 미국으로 떠날 것이다, 그렇지? / 그렇지 않니?
~예, 떠날 것입니다. / 아니오, 떠나지 않을 것입니다.

그렇다면 전병쾌(1984)는 "그렇지?"의 부정문을 "그렇지 않니?"라고 보고 있는 셈이며 이러한 증거는 앞에 제시한 그의 여러 예문에서도 확인할 수 있다. 그러나 필자는 그의 견해를 받아들일 수 없다. 우리의 국어의 직관은 바로는 국어에서 "그렇지?"의 부정문을 "그렇지 않지?"이고 "그렇지 않니?"의 긍정문은 "그렇니?"이다. 또한 "그렇지?"와 "그렇지 않니?"는 긍·부정의 대립관계에 있는 것이 아니라 오히려 양자가 확인하는 의미로 쓰이는 비슷한 말이요, 차이가 있다면 "그렇지 않니?"가 "그렇지?"보다 의미가 더 강하다고 하겠다. 그렇다면 우리가 앞에서 예문 (19a), (19b)에서 확인 했듯이 "그렇지?"

와 "그렇지 않니?"에 의해서 문장의 문법성을 다르게 본 전병쾌(1984)의 주장은 더욱 근거를 잃게 된다. 이제 우리의 주장대로 문장 (20)의 질문을 "그렇지 않니?" 대신에 "그렇지 않지?"를 넣어 다시 써보기로 하자.

(21) 그녀는 내일 미국으로 떠날 것이다, 그렇지?/*그렇지 않지?

위의 문장은 "그렇지?"의 부정문 "그렇지 않지?"가 국어의 부가의문문의 부가성분으로 쓰일 수 없음을 보여주고 있다. 이 명백한 사실로부터 국어 부가의문문의 부가성분의 종결어미의 중요한 특성을 알아낼 수 있다. 즉, 모든 자연 언어가 긍정문에 대립되는 부정문을 갖는 것이 자연스러운 현상이라면, 예문 (21)처럼 부정문이 존재하지 않는다면 본질적으로 그 긍정문의 존재에 대해서 의문을 제기하지 않을 수 없다고 본다. 다시 말해서 필자는 위의 사실을 토대로 국어의 경우에 부가성분이 "그렇지?"인 부가의문문이 존재하지 않는다고 본다.

예문 (21)을 다음 예문과 비교해 보자.

(22) 그녀는 내일 미국으로 떠날 것이다. 그렇지?

문장 (21)은 부가의문문의 형식으로 표현한데 반하여 문장 (22)는 두 개의 완전히 독립된 문장이 계속 이어진 표현이다. 즉, 국어에서 "그렇지?"는 부가의문문의 서술문 뒤에 부가되는 부가성분이 아니라 완전히 독립된 한 문장으로 쓰임을 알 수 있다. 사실 영어 부가의문문의 경우에는 서술문과 부가성분이 쉼표(comma)에 의해서 연결되는 분명한 특성을 가지고 있으나 국어 부가의문문의 경우에는 과연 그러한 특성을 가지고 있다고 할 수 있을지 알 수 없으나 우리가 제시한 바와 같이 "그렇지?"와 "그렇지 않지?"와 같은 성분을 부가의문문의 부가성분으로부터 배제함으로써 국어 부가의문문의 구조를 보다 엄격하게 규정할 수 있게 되었다. 만약 이러한 우리의 주장이 맞다면 우리가 앞서 살펴본 바 있는 성광수(1980)의 예문 (13a)나 전병쾌(1984)의 예문 (16a), (16b), (19a), (19b), (20) 등이 모두 국어 부가의문문의 예문으로 부적당하다고 하지 않을 수 없다.[4)]

---

4) 국어 부가의문문에 관한 최근 연구의 하나인 장석진(1984)에서도 부가성분의 종결어미에 '지?'가 나타나고 있으나 필자의 주장에 비추어 이는 잘못인지도 모른다.

(4) 부가성분의 시제표시

영어 부가의문문의 부가성분은 선행서술문과 주어와 동사가 일치한다. 따라서 시제도 동일하게 나타난다. 국어의 부가성분은 선행문의 주어·동사와 일치하지는 않지만 부가성분 자체에 시제가 나타나는데 이 시제가 선행문의 시제와 어떤 관련성이 있는가를 알아보자. 이 문제에 대하여 전병쾌(1984: 91)는 "영어에서는 시제와 인칭이 모두 주절과 일치하지만 한국어에서는 전혀 무관하다."고 주장하고 다음의 예문을 그 증거로 제시하고 있다.

(23) a. 순자는 교회에 가지 않았다(지), / 그렇지? /*그렇했지?
b. 순자는 교회에 가지 않을 것이다(지), /그렇지?/*그럴 것이지?

전병쾌(1984: 91)는 (23a)은 "과거시제이지만 부가의문문(우리의 부가성분)을 과거로 하면 비문이 되고, (23b)는 미래시제이지만 미래시제의 부가의문문은 비문이 되었다. 시제와는 전혀 관계없이 현재형인 '그렇지'를 쓴다."고 주장하였다. 그러나 필자는 이러한 전병쾌의 주장을 받아들일 수 없다. 즉 (23a)의 부가성분이 과거형인 경우나 (23b)의 미래형인 경우에도 모두 좋은 문장으로 본다. 다시 말해서 부가성분의 시제가 항상 현재형이어야 한다는 것이 아니라 현재형과 함께 또 하나의 시제 즉 선행서술문의 시제도 부가성분의 시제로 쓰일 수 있다는 것이 우리의 주장이다. 다음의 문장을 보자.

(24) a. 순자는 서울에 갔다, 그렇니? / 그랬니?
b. 순자는 서울에 갈 것이다, 그렇니? / 그럴거니?

위의 예문은 부가성분의 시제가 두 가지 형태임을 보여주고 있다. 그러면 왜 두 가지의 시제가 함께 쓰이느냐 하는 게 문제이다. 이에 대하여 필자는 먼저 선행서술문과 동일한 시제가 부가성분에 나타날 수 있다고 보는데 이는 영어 부가의문문과 일치하는 것이다. 또 하나의 시제인 현재형은 선행문에 대한 화자의 발화시점 즉, 현재와 일치시킨 시제인 현재형을 사용한다고 본다. 이 발화시점이 기준이 되는 근본 이유는 선행서술문을 화자의 전제 또는 견해로 하는 시점이 발화 시점과 일치하기 때문이다. 다시 말해서 서술문이 현재의 화자의 전제 내용으로 나타날 때 내용 자체의 시제가 부가성분의 시제로 나타날 수도 있고 또 전제 자체를 확인하는 형태의 부가성분을 가질 때는 그 시제는 일반적으로 현재시제가 된다. 이와 같이 화자의 전제 자체가 부가성분으로 나타나는 경우가 국어에만 나타나는 것은 아니다. 우리가 2장에서 살펴본 바 있는 예문 (2)을 다시 써보자.

(2) He is a nice man, don't you think?

이 예문은 Zandvoort(1965: 225)가 선행서술문과 다른 유형의 부가성분(tag)이 오는 예로서 제시한 것인데 이는 우리는 "I think he is a nice man, don' you think?"로부터 유도할 수 있다고 본다. 즉, "I think"는 전제 자체를 나타내는 표현이요 이 표현이 청자에게 동의를 구하는 형태인 "don't you think?"라는 부가성분으로 나타난 것이다. 또한 2장에서 살펴본 예문 (3)은 Quirk가 et al. (1972: 390-392)의 것인데 위의 우리의 주장을 뒷받침해주고 있다. 예문 (3)을 다시 써보자.

(3) a. He likes his job, doesn't he?
b. I assume he likes his job; am I right?

(3b)의 "I assume"이 화자의 전제를 나타내는 표현이고, 화자의 전제 자체가 옳은지 그런지를 묻는 표현이 "am I right?"로 나타난 것이다. 물론 (3b)는 (3a)의 의미를 풀어서 구체화시킨 것이지만 영어의 경우에도 부가성분에 화자의 전제 자체가 반영된다는 사실을 증명해 주고 있다고 본다. 물론 영어와는 달리 국어의 부가성분에는 구체적인 주어와 동사가 표현되지는 않지만 엄격한 시제표시에 의해서 화자의 전제 자체를 가리키는 경우와 전제의 내용인 선행서술문의 시제를 가리키는 두 가지 경우가 있다는 것은 매우 의미 있는 현상이 아닐 수 없다. 다만 국어 부가의문문의 부가성분의 시제가 현재인 경우가 더욱 일반적인 점을 고려할 때 국어 부가의문문이 영어 부가의문문에 비해 좀 더 화용론적 특성이 강하다고 할 수 있을 것이다.[5)]

5) 국어가 영어에 비해서 화용론적 특성이 더 강하다는 점은 최근의 연구에 의해서 확인되고 있다. 예를 들어 다음과 같은 현상을 들 수 있다.
① 영어가 Subject-prominent language인데 반해 국어는 Topic-prominent language이다.
② 국어는 particle 은(는), 이(가)에 의해서 functional meaning이 달라진다.
③ 주어가 생략되는 경우가 국어에서 더 흔하다.

3) 국어 부가의문문의 특성

지금까지 국어의 부가의문문에 관한 두 논문 성광수(1980)와 전병쾌(1984)를 검토함으로써 밝혀진 국어 부가의문문의 특성을 정리하면 다음과 같다.

첫째, 국어 부가의문문은 선행하는 서술문(statement)에 생략된 의문문(elliptical question)이 쉼표에 의해서 부가된 문장이다. 따라서 서술문은 서술형 종결어미로 끝나야 하며 부가성분은 의문형 종결어미로 끝나야 한다. 이러한 사실을 보여주는 다음의 일반적인 예문을 통해서 확인할 수 있다.

(25) A: 영이가 갔다/지/군/어, 그러니/그렇지 않니/그랬니/안그랬니?
B: 그래, 갔다/지/군/어, 아니야/안 갔군/다/지/어.

(26) A: 영이가 안 갔다/지/군/어, 그렇니/그렇지 않니/그랬니/안 그랬니?
B: 그래, 안 갔군/다/지/어, /아니야, 갔군/어.

둘째, 국어 부가의문문의 서술문과 부가성분의 긍·부정 형태는 부가의문문의 의미와 긴밀한 관련성을 갖고 있지 않다. 이는 영어 부가의문문가 매우 다른 특질임을 앞에서 지적한 바 있다. 즉 앞 문장 (25A)의 긍정서술문에 긍정 부가성분과 부정 부가성분이 모두 올 수 있고 이들의 의미를 다르게 하지 않는다. 또한 (26A)의 부정서술문에 긍정 부가성분과 부정 부가성분이 모두 올 수 있고 이들이 의미를 다르게 하지 않는다.

셋째, 서술문과 부정성분 사이의 통사적 제약이 두드러진 영어 부가의문문과는 달리 국어 부가의문문의 경우에는 부가성분에 서술문의 주어와 동사가 나타나지 않고 다만 시제만 실현된다. 그러나 이 시제도 화자의 전제 시점과 일치되는 현재시제를 택할 수 있다는 면에서 영어보다는 국어가 시제의 폭이 더 넓다고 할 수 있다.

넷째, 국어 부가의문문의 부가성분의 긍·부정 형태가 그 응답의 형태에 영향을 주지 않는다. 즉, (25A)에 대해서 (26B)의 긍정이나 부정으로 답할 수도 있고 (26A)에 대해서 (26B)의 긍정이나 부정으로 답할 수도 있다. 다시 말해서 국어 부가의문문에 대한 응답은 선행서술문을 토대로 해서 긍정 혹은 부정의 응답을 하게 된다. 한편 영어의 경우에는 그 응답은 선행서술문의 긍정명제가 그 기준이 된다. 즉, 선행서술문이 긍정이거나 부정이거나 응답의 형태에 영향을 주지 않는데 이는 국어와 크게 다른 특징이다. 어쨌든 영어 부가의문문의 부가성분의 긍·부정 형태도 그 응답의 형태에 영향을 주지 않는다는 면에서 국어와 같은 특성을 지녔다.

다섯째, 국어 부가의문문도 영어와 마찬가지로 선행서술문은 화자의 전제(presupposition)을 나타내고 부가성분에 의해서 이 전제에 대한 청자의 동의를 기대하게 된다. 다만 영어 부가의문문의 경우에는 서술문의 부가성분의 긍·부정 형태가 동일하냐 아니하냐에 따라 그 서술문이 화자의 전제이냐 아니냐가 결정되고 또 종지억양에 따라 기대의 강도가 달라지는 매우 중요한 용법의 차이가 있으나 국어의 경우에는 이러한 특성이 존재하지 않는다.

지금까지 일단 국어 부가의문문의 존재를 받아들이고 그 특성을 정리하였다. 우리가 앞에 제시한 국어 부가의문문의 예문 (25)와 (26)이 자연스러운 국어 문장으로 받아들여진다면 우리의 지금까지의 논의는 그 지지하는 증거들을 확보한 셈이다.

4. 맺는 말

이제 우리의 원래의 질문인 "국어에도 부가의문문이 있는가?"에 다시 돌아가 보기로 하자. 우리는 제2장에서 영어 부가의문문의 특성을, 그리고 제3장에서 잠정적인 국어 부가의문문의 특성을 살펴봄으로써 부가의문문의 보편적 특성을 어느 정도 밝혀내게 되었다. 물론 두 언어의 연구만으로 언어 보편성을 논한다는 것은 너무 성급한 처사라고 할 수도 있겠으나[6] 이는 언어의 보편성을 밝히는데 있어서 피할 수 없는 과정이며, 더욱이 국어 부가의문문의 기초를 마련한다는 면에서도 필요하다고 본다. 이제 두 언어의 비교에 의해서 밝혀진 부가의문문의 보편성에 비추어 국어 부가의문문의 본질을 정리해 보자.

부가의문문은 통사적으로는 서술문에 생략된 의문문이 부가되어 만들어진다. 이 부가성분은 1장에서 보았듯이 언어에 따라서는 불변 어휘형태소로 나타날 수도 있고 영어에서처럼 통사적 특성이 강하게 나타나기도 한다. 국어의 경우는 부가성분에 시제가 실현된다는 면에서 또 긍·부정 형태가 나타날 수 있다는 면에서 영어보다는 덜하지만

6) Noam Chomsky(1981: 6)는 "A valid observation that has frequently been made (and often, irrationally denied) is that a great deal can be learned about UG from the study of a single language, if such study achieves sufficient depth to put forth rules or principles that have explanatory force but are underdetermined by evidence available to the language learner."라고 함으로써 개별 언어의 연구와 보편문법의 관계를 논하고 있다.

통사적 특질이 강하게 나타난다. 확대된 의미론, 즉 화용론적 측면에서는 부가의문문은 화자가 자기가 전제하고 있는 내용을 청자에게 확인하느냐의 여부에 따라 선행서술문과 부가성분의 긍·부정 형태가 동일할 수도 있고 상이할 수도 있는데, 이점이 매우 분명한 언어가 영어이고 국어의 경우에는 부가성분의 긍·부정 형태에 상관없이 항상 화자가 자기의 전제내용을 청자에게 확인하게 된다. 제1장에서 우리가 지적한 불변형태소로 나타나는 부가성분을 가진 언어는 모두 화자의 전제에 대한 동의를 구하는 용법만 가지고 있을지도 모른다.

이제까지의 논의에 의해서 국어에도 부가의문문이 존재하지만 영어의 그것과는 여러 가지 면에서 다르게 나타남을 밝혔다. 끝으로 우리는 현대 언어학의 과제가 보편문법(universal grammar)의 추구에 있다하더라도 너무 성급히 특정언어의 특성을 국어의 현상으로 인식하고자하는 일반화의 유혹을 경계해야한다고 믿는다.

참고문헌

박병수. 1974. Tag Question 再考 : Discourse Analysis의 한 試圖. 영어영문학 Nos. 51-52.

성광수. 1980. 국어 부가의문문에 대하여. 한글 제 168호.

장석진. 1984. 국어의 부가의문—형식과기능—언어 제 9권 제 2호.

전병쾌. 1984. 한국어 부정구조의 분석. 서울: 한신문화사.

Cattell, Ray. 1973. Nagative Transportation and Tag Questions. *Language* 49. 3.

Chomaky, Noam. 1981. *Lectures on Government and Binding*. Dordrecht, Holland.

Cheun, Sang-buom. 1974. Negative Transportation and Tag Question Formation. *English Language and Literature Nos*. 51-52. Seoul, Korea.

Culicover, Peter W. 1976. *Syntax*. New York.

Lakoff, Robin. 1969. A Syntactic Argument for Negative Transportation. *Papers from the Fifth Regional Meeting CLS*.

Lyons, John. 1979. *Semantics 2*. Cambridge.

Quirk, R. et al. 1972. *A Grammar of Contemporary English*. New York.

Stageberg, Norman C. 1981. *An Introductory English Grammar*. New York.

Zandvoort, R. W. 1965. *A Handbook of English Grammar*. London.

Abstract

On the Nature of Tag Question in Korean

Chang, Kyung-Key

We assume that tag question is a language-universal phenomenon. So in order to investigate tag question in Korean we first turn to the tag question in English which has been rather explicitly described in many respects. However, according to Ray Cattell(1973) and many other arguments, each English tag question theory so far is not so satisfactory yet and also has a couple of thorny problems to be solved. In this paper we propose a new alternative to the task in terms of the notion of 'speaker's presupposition' and then provide several evidence seemingly to support our arguments.

Next, we examine 성광수(1980) and 전병쾌(1984) respectively, two arguments on tag question in Korean. We argue that their theories both are in general much too English-oriented and these two grammarians almost directly relate terms and ideas of English tag question theory to the description of Korean tag question. Consequently, language-universality and language-particularity seem to be confused in their arguments. Alternatively, we show that tag question in Korean, like tag question in English, can be better described and more adequately explained by means of our alternative. We clarify to some extent language-universal characteristics and Korean-particular ones which are represented in Korean tag questions. Detailed empirical inquiry and concrete evidence are included in the paper.

제2장 국어의 부정의문문과 전제

1. 머리말

김동식(1981)과 장석진(1984)은 아래와 같은 유사 장형부정의문문을 본격적으로 다룬 80년대의 대표적인 논문인 것 같다.

(1) 영희는 갔지 않니?

문제는 (1)이 표면상 부정의문문의 구조임에도 불구하고 부정의 의미가 없고 '영희는 갔지?'와 비슷한 의미를 갖는다는 데 있다. 이와 같이 형식과 의미의 외견상의 불일치를 보여주는 (1)은 그 자체가 언어학계의 관심의 대상이 될 만한데 오히려 현실은 그 반대였던 것 같다.[1] 그러다가 최근에 국어에 대한 화용론적 연구가 활발해지면서 김동식(1981)과 장석진(1984)이 나온다.

종래에는 (1) 문형을 막연히 부정의문문의 하나라고 묵시적으로 인정해 왔으나 김동식(1981)은 이를 '확인문'이라는 새로운 문형을 설정하여 설명하려 했고 장석진(1984)은 이를 '전형적 부가의문문'으로 분석하고 있다.

---

* 본 논문은 서울대학교 어학연구소 주최 제 19회 어학연구회 (1985.12.13~14)에서 발표된 것을 수정·보완한 것이다. 그 과정에서 격려와 도움을 주신 여러 선생님께 진심으로 감사드린다.

1) 임홍빈(1973: 123-127), 송석중(1977:71-78)에서 (1)유형이 언급된 바 있으나 모두 '-지'에 대한 관심의 일부로서 다루어졌을 뿐이다.

본 논문의 목적은 궁극적으로 (1) 문형의 정체를 밝히는 데 있으며 이를 위하여 먼저 김동식(1981)과 장석진(1984)의 타당성을 검토하고 (각각 2장과 3장) 4장에서 영어의 yes-no 의문문과 전제와의 관련성을 논하고 5장에서 우리의 대안을 제시하여 김동식(1981)과 장석진(1984)의 문제점을 극복함으로써 국어의 부정법과 의문법에 대한 보다 나은 문법을 마련하는데 도움이 되었으면 한다.

2. 김동식(1981)의 '확인문'론 비판

1) 김동식(1981)의 주장

먼저 김동식(1981)을 살펴보기로 하자.

(2) 영이가 먹지 않니?

(2)는 일반적으로 두 가지 의미가 있다고 인식된다. 김동식(1981: 101)은 이를 다음과 같은 구별자질을 사용하여 나타내고 있다.[2)]

(3) a. 영이가 먹지 ˇ않니? (↑)
b. 영이가 ˇ먹지 않니?
※ ˇ : 쉼, 고딕 : 힘줌

그에 의하면 (3a)는 일반적인 장형부정의문문인 반면, (3b)는 의미상으로 볼 때 부정의 뜻이 전혀 없고 오히려 "영이가 먹는다"는 긍정의 내용을 화자가 청자에게 확인하는 문장이라는 점을 주요 근거로 해서 이를 '확인의문문'이라고 규정하였다. 이러한 그의 논리는 (2)라는 동일한 통사구조를 가진 문장을 쉼, 힘줌과 같은 초분절요소에 의해서 완전히 별개의 문형인 부정의문문과 확인의문문으로 분석하고 있음을 주목해두자.

이제 (2)를 과거시제로 바꾸어 보자.

2) 물론 이 초분절요소가 (2)의 두 가지 의미를 완벽하게 구분지어주지는 못한다. 이는 실제적인 담화상의 상황에 의해서 결정되며 초 분절요소는 그 보조적 역할을 수행한다. 우리는 이 단순화된 구별자질을 필요할 때마다 사용하기로 한다.

(4) a. 영이가 먹지 않았니?
b. 영이가 먹었지 않니?

우선 (4a)는 (2)를 과거시제로 바꾼 것으로서 (2)와 마찬가지로 부정의문문으로서의 의미와 확인문으로서의 의미라는 두 가지 의미를 가진다. 한편 (4b)는 우리가 아직 (2)의 과거시제형이라고 규정할 수는 없지만 의미상으로는 (4a)의 두 의미 중 확인문의 의미 즉, '영이가 먹었지?'와 유사한 의미만을 가지며 구조적으로는 (4a)와 비교해 볼 때 시제표지 '었'이 '-지' 앞에 나타나는 특징을 가지고 있다. 김동식(1981: 102-106)을 따르면 (4a)는 화맥에 따라 부정의문문도 될 수 있고 확인문도 될 수 있으나 (4b)는 항상 확인문이 된다. 그가 제시하는 장형부정의문문과 확인문의 차이점은 다음과 같다.

첫째, 장형부정의문문에서는 시제[상]의 표지가 '-지' 앞에 연결될 수 없으나 확인문에서는 자유롭게 쓰일 수 있다.[3)]

(5) a. 영이가 ˇ**먹었지** 않니?
b. *영이가 먹었지 ˇ**않니**? (↑)
c. 영이가 ˇ**먹겠지** 않니?
d. *영이가 먹겠지 ˇ**않니**? (↑)

구별자질로 판단해 볼 때 (5a)와 (5c)는 그의 확인문인데 각각 시제표지 '었'과 '겠'이 '-지' 앞에 나타난 바른 문장이고, (5b)와 (5d)는 장형부정의문문이므로 '-지' 앞에 시제표지가 와서 비문이 된다. 김동식(1981: 103-104)을 따르면 이 '-지' 앞의 시제표지가 '-지'를 종결어미로 분석하는 증거가 되고 있음을 주목해두기로 하자.

둘째, 확인문은 대응하는 서술문이 없고 항상 의문문으로 쓰인다(김동식 1981: 102).

(6) a.*영이가 먹었지 않(었)다.
b. 영이가 먹지 않았다.
c.*영이가 먹겠지 않(겠)다.

3) 김동식(1981: 102)에서 "...자유롭게 쓰일 수 있다"고 기술되고 있음에 주목해야 한다. 그의 각주 3에서도 "시제[상]의 표지가 '아니' 뒤에 올 때도 확인문이 가능한 듯하다"고 하고 있듯이 '-지' 앞의 시제실현이 그의 확인문의 필요충분조건이 아니다.

d. 영이가 먹지 않겠다.

(6a)는 확인문 (5a)의 대응서술문이고 (6c)는 확인문 (5c)의 대응서술문인데 둘 다 비문이다. 이를 (6b), (6d)가 바른 문장인 것과 비교해보면 바로 확인문의 특성임을 알 수 있다고 그는 본다.

셋째, 그는 확인문만이 갖는 분포상의 제약이 있다고 주장한다(1981: 103). 그 하나는 국어의 계사 '이-'는 단형부정문밖에 형성할 수 없는데(김동식 1980: 81-85) 확인문에는 이러한 제약이 없다는 점이다. 다시 말해서 그의 확인문을 새로이 설정하지 않고서는 다음 (7a)의 문법성[4]을 설명할 도리가 없다는 주장이다.

(7) a. 영이는 ˇ**학생이(었)지** 않니? (확인문)
b. 영이는 학생이 ˇ**아니(었)니**? (단형부정문)
c.*영이는 학생이지 ˇ**않(었)니**? (장형부정문)

(7c)는 구별자질로 볼 때 계사 '-이'가 장형부정문이 되어 비문이 된 것이다. 그가 주장하는 또 하나의 분포상의 제약은 동사 '알-'이 부정될 때 부정소 '아니'를 취하지 못한다는 제약(김동식 1980: 20-22)이 확인문에는 없다는 점이다.

(8) a. 영수는 그 소식을 ˇ**알(었)지** 않니?
b. 영수는 그 소식을 알지 ˇ**않았니**?
c. 영수는 그 소식을 알지 ˇ**못했니**?

즉, 구별자질로 볼 때 (8a)는 확인문이기 때문에 동사 '알-'이 '아니'를 취할 수 있으나 부정문인 (8b)는 '아니'를 취할 수 없기 때문에 비문이며 (8c)는 부정문이면서도 '못' 부정소를 취하고 있으므로 바른 문장이라고 본다. 이 주장은 그의 확인문에 나타나는 '아니'는 일반 부정문의 '아니'와는 다른 성분이라는 논리의 근거가 된다.

지금까지 김동식(1981)의 확인문 설정의 논리를 살펴보았다. 이를 다시 정리하면 확

---

4) 엄격하게는 통사적 개념인 문법성(grammaticalness)과 화용론적 개념인 가용성(acceptability)이 구분 사용되어야 하나 논의에 혼동을 가져오지 않는 한 우리는 문법성이라는 용어를 포괄적으로 사용하겠다.

인문 설정의 일차적 동기는 역시 의미론적인 것이다. 장형부정의문문과의 표면적인 유사성에도 불구하고 부정의 의미가 없고 오히려 긍정명제를 화자가 청자에게 확인하는 용법으로 쓰이고 있기 때문이다. 이 의미론적 동기는 두 가지의 통사론적 동기에 연결된다. 하나는 '-지'의 문제인데 그의 확인문에서 마치 문장이 '-지'에서 끝난 느낌을 준다는 점, 다시 말해서 '-지' 이하를 잘라내어도 기본적인 의미의 차이를 가져오지 않는다는 면에서 이 '-지'를 종결어미로 보고 있다(1981: 101). 이 '-지' 종결어미설은 '-지' 앞에 시제표지가 나타남으로써 그 주장을 뒷받침해주고 있는 듯하다. 또 하나의 통사론적 동기는 그의 확인문의 '-지' 다음에 오는 '아니'와 관련 되어있다. 일반부정문에 나타나는 부정소 '아니' 와는 달리 확인문의 '아니'는 전혀 부정의 의미를 문장에 가져다주지 못한다. 따라서 김동식(1981: 106)은 이를 "부정 아닌 부정" 다시 말해 "가부정(假否定)의 '아니'"라고 명명하였다. 이와 같이 통사적 의미적 특성을 근거로 그의 확인문은 특별한 형성규칙을 통해서 만들어지는 독립된 문형이라고 주장한다(김동식 1980: 92).

2) 김동식(1981)의 문제점

이제 김동식(1981)의 확인문 이론의 문제점을 검토해 보자.

(9) 영이가 먹지 않았니?

(9)가 가진 두 가지 의미를 구별자질을 사용하여 아래와 같이 나타낼 수 있다.

(10) a. 영이가 먹지 ˘**않았니**? (↑)
b. 영이가 ˘**먹지** 않았니?

그의 이론에 따르면 (10a)는 부정의문문이고 (10b)는 확인문이다. (10b)는 '-지' 앞에 시제가 나타나지 않은 경우이고 '-지' 앞에 시제가 나타나는 다음과 같은 확인문이 또 있다.

(11) 영이가 먹었지 않니?

왜냐하면 김동식(1981: 102)은 그의 확인문의 '-지' 앞에 시제가 자유롭게 쓰인다고 했기 때문이다. 이 이론에는 두 가지의 문제점이 있는 것으로 보인다. 하나는 (9)라는 표면구조가 초분절요소에 의해서 다른 의미를 가질 때 동일한 통사구조임을 고려치 않고 완전히 독립적인 문형으로 분류할 수 있느냐하는 점이다. 물론 (10b)는 (10a)와 비교해 볼 때 부정의 의미가 전혀 없다는 의미론적 특성이 이 분석의 기본 동기였음을 앞에서도 언급한 바 있으나 이 이유가 새로운 문형의 창조에서 오는 문법이론의 복잡성을 정당화하기에는 미흡한 것으로 판단된다. 그의 분석이 지닌 또 하나의 문제점은 그의 확인문은 '-지' 앞과 '아니하-' 다음에 시제가 자유롭게 쓰인다는 데 있다. (11)은 '-지' 앞에 시제가 나와 일견 '-지' 를 종결어미로 볼 수 있게 하지만 같은 확인문인 (10b)의 '-지' 앞에는 시제표지가 오지 않는데 어떻게 이 '지'를 종결어미라고 할 수 있을지 의문이다. 우리는 대안에서 (9)라는 장형부정의문문이 화용론적 요인에 의해서 (10a)와 (10b)라는 다른 화용론적 용법을 갖게 됨을 보이게 될 것이며 (11)은 (10b)와 같은 용법을 갖는 특수형태임을 증명하게 될 것이다. 또한 '-지'는 (10a), (10b), (11) 모두 동일한 장형부정의문문의 '-지' 임을 밝히고 종결어미가 될 수 없음을 논증할 것이다.

이제 김동식(1981)의 확인문이 갖는 분포상의 특징에 대해서 살펴보기로 하자. 우리는 일단 그가 제시한 분포상의 특징이 국어에 존재한다고 받아들인다. 그러나 이들이 곧 확인문 설정의 증거가 될 수 있을지 의문이다. 우리는 이들이 부정의문문이 특정한 화용론적 용법을 가질 때 부수적으로 나타나는 특성임을 대안에서 밝히게 될 것이다.

끝으로 김동식(1981)은 확인문을 장형부정의문문과의 관련성 안에서만 다루었음을 주목해 두기로 한다. 우리는 대안에서 장형부정의문문뿐만 아니라 단형부정의문문도 소위 그의 확인문의 용법으로 쓰일 수 있음을 보임으로써 궁극적으로 국어 부정의문문의 화용론적 용법을 기술하게 될 것이다.

3. 장석진(1984)의 부가의문문

1장에서 제시된 (1)문형을 부정의문문의 범주 밖에서 다룬 논문으로 김동식(1981)과 장석진(1984)이 있음을 앞에서 언급한 바 있다. 우리는 2장에서 김동식(1981)의 이론을 소개하고 그 문제점을 제시하는 순서를 택했으나 3장에서는 논리전개의 편의상 바로 장석진(1984)의 이론의 문제점을 검토하는 방법을 택하기로 한다.

1) 장석진(1984)의 주장

장석진(1984: 260)은 (1)문형을 '전형적'인 부가의문문이라고 규정하고 있다는 면에서 김동식(1981)과 기본적 입장이 다르다. 여기에서 '전형적'이라는 개념이 일반적이고 무표적(unmarked)이라고 이해될 수 있다면 그의 부가의문문이론은 부가의문문의 일반성 및 보편성과 밀접하게 관련되어 있다고 일단 추정할 수 있을 것이다. 그의 주장을 직접 들어보면 "전형적인 부가의문문이라고 여기서 부르는 구문은 부정의문문 "-지 않아?/않습니까?" 등과 그 형태가 유사하다. 양자의 차이는 부정의문문이 시제(tense)를 부정부분에 나타낼 수 있는데 반해 부가의문문에서는 그럴 수 없고, 그 대신 그 앞의 용언(동사, 형용사, 지정사)부에 시제를 나타낼 수 있고 부정의문문에서는 그럴 수 없다는 점에서 두 구문은 대조적이다"라고 밝히고 있다(1984: 260). 이를 다시 요약하면 국어의 장형부정의문문의 구문이 '-지' 앞에 시제가 오면 부가의문문이고, '아니하-' 뒤에 시제가 오면 부정의문문이라는 주장이다.[5] 그는 그의 부가의문문의 '-지'까지를 본문, '아니' 이하를 꼬리(tag)로 양분한다. 우리는 장석진(1984)이 문형설정을 일차적으로 통사적인 분류법에 따라 하고 있음을 긍정적으로 받아들인다. 이 점에 있어 김동식(1981)의 접근법과 크게 다르다. 또한 김동식(1981)에서는 '-지' 앞의 시제가 확인문의 선택조건인데 비해 장석진(1984)에서는 '-지' 앞의 시제가 의무조건이라는 차이가 있다.

2) 장석진(1984)의 검토

이제 부가의문문의 일반성에 비추어 장석진(1984)의 부가의문문 이론을 검토해 보자. 일반적으로 부가의문문이란 일정한 서술문에 통사 및 의미론적 제약을 받는 생략된 의문문이 부가된 의문문이라고 통사적인 정의를 내릴 수 있다. 국어 부가의문문도 이 정의에 부합되어야 한다는 가정을 받아들인다면 장석진(1984)의 이론에는 몇 가지 문제가 있는 것 같다. 다음은 그의 예문을 그대로 옮긴 것이다(1984: 260).

(12) a. 비가 왔지 않습니까? (부가의문문 ; *정상의문)
b. 비가 오지 않았읍니까? (정상의문 ; *부가의문문)
c. 비가 오지 않습니까? (정상의문 ; 부가의문)

5) 장석진(1984: 263)은 '-지' 앞과 '아니' 뒤의 양쪽에 시제가 오는 문장을 사용하는 사람이 있으나 이를 비표준어로 보겠다고 밝히고 있다. 우리도 이 점에 있어 그의 견해를 따르기로 한다.

d.*비가 왔지 않았읍니까? (*정상의문 ; *부가의문)

(12a)는 '-지' 앞에 시제가 와서 그의 부가의문문이고, (12b)는 '아니' 다음에 시제가 와서 일반 부정의문문이다. (12d)는 '-지' 앞과 '아니' 다음의 양쪽에 시제가 와서 비표준어이다. 한편 (12c)는 현재시제 문장으로서 국어에서 명시적인 시제표지가 없다. 그렇다면 현재형 구문은 부가의문문과 부정의문문이 동일한 형태가 된다. 그러나 우리는 어떤 자연언어에서 부가의문문과 부정의문문의 통사구조가 동일한 형태로서 존재한다는 이론을 받아들일 수 없다. 우리는 동일한 통사구조는 동일한 문형으로 분류되어야 한다고 보며 '-지' 앞의 시제는 일정한 화용론적 기능을 수행하기 위한 특수형태라는 점을 대안에서 보이고자 한다.

한편 장석진(1984)은 그의 부가의문문의 '-지' 까지를 본문으로 보며 이 '-지'를 종결어미라고 본다. 물론 '-지' 앞의 시제가 이 이론의 기본 동기가 되고 있다. 우리는 자연언어의 대부분이 부가의문문의 본문과 꼬리사이에 쉼표가 존재하며 이 쉼표에서는 쉼(pause)으로 나타나게 된다고 알고 있다. 이 점은 본문과 꼬리가 거의 독립적인 문장으로 연결되어 있음을 반영하는 것이다. 국어의 부가의문문에도 이 규칙이 존재해야 한다는 가정을 받아들인다면 장석진(1984)의 부가의문문의 본문과 꼬리사이에 잠깐 쉼이 존재하는지 의문이다. 또한 꼬리성분의 독립성이라는 면에서 그이 부가의문문의 꼬리에 '아니'가 필수성분이어야 하고 '아니' 이하가 무시제(tenseless)여야 하는 타당한 설명이 주어져야 할 것이다.[6] 우리는 대안에서 '-지'가 종결어미가 아니라는 몇 가지 통사적인 증거를 제시할 것 이다.

이제 장석진(1984: 265-267)이 보여주는 부가의문문과 부정의문문의 의미론적 용법(광의의 화용론적 용법)을 살펴보자. 그는 양자의 차이를 다음과 같이 표로 나타내고 있다(1984: 266).

6) 언어에 따라서는 꼬리(tag)가 생략된 의문문이라는 통사구조가 아닌 순수어휘 요소가 나타나기도 한다. 그러나 국어 부가의문문의 꼬리는 긍·부정형태가 다 가능하고 또 시제가 나타난다는 면에서 통사적 성격이 매우 강한 것 같다(졸고 1985: 14-20).

(13) 장석진(1984)의 의문문의 유형과 화행의 관계

의문문유형	화행	화자의 태도
긍정의문문	중립적	진위여부응답
부정의문문	중립적	진위여부응답
	비중립적	본문내용확인요청
부가의문문	비중립적	본문내용동의요청

위 표에서 우리의 관심은 부정의문문의 비중립적 용법과 부가의문문의 용법에 있다. 장석진(1984: 267)은 "부가의문과 비중립적 부정의문은 화행이 아주 유사하고, 차이가 있다면 전자는 본문 명제가 참임을 단언하면서 청자의 동의를 청하는데 비해 후자는 청자에게 명제가 참임을 확인해줄 것을 요청하는 화행이다. Searle(1979)의 지시적(directive) 화행에 속하며 동의요청과 확인요청의 발화수반력(illocutionary force)의 정도의 차로 볼 수 있겠다. 부가의문이 비중립적 부정의문보다 동의요청의 힘이 더 강하다."라고 말하고 있다. 다음 예문을 가지고 이 주장을 검토해 보자.

(14) a. 영희가 갔지 않니?

b. 영희가 ˇ**가지** 않았니?

c. 영희가 가지 ˇ**않았니**?

그의 이론에 따르면 (14a)는 부가의문문이고 (14b)는 비중립적 부정의문문이며 (14c)는 중립적 부정의문문이다. 이 때 (14a)와 (14b)가 과연 발화수반력의 정도의 차이가 있다고 할 수 있을지 또 이 차이가 과연 독립적인 문형의 설정을 정당화할 수 있을 정도로 언어학적 의의가 있다고 할 수 있을 지 의문이다. Lyons(1977: 765)는 영어 부가의문문의 특징을 아래 예문을 통해서 드러내 보인다.

(15) a. "The door isn`t open, is it?," he asked himself.

b.*"The door isn`t open, is it?," he wondered.

c. "Isn`t the door open?," he wondered.

(15a)와 (15b)의 문법성의 대조는 영어 부가의문문은 반드시 청자의 존재(자문자답일 때는 화자 자신)를 전제로 한다는 점을 보여주며, (15c)의 문법성은 부정의문문에는 위의 전제를 요구하지 않음을 보여준다. 우리는 국어의 부가의문문도 이러한 성질을 가지고 있는 지 확신할 수 없으나 부가의문문이 갖는 본질적인 담화적 특성을 고려할 때 청자의 참여가 부가의문문의 문형 설정에 필요한 요소로서 작용해야 한다고 본다. 또한 부가의문문과 비중립적 부정의문문이 발화수반력의 정도의 차이라는 점을 받아들인다고 할 때 명시적 시제표지가 없는 현재형의 문장은 부가의문문과 부정의문문이 통사구조가 동일하므로 이 차이조차도 인식할 수 없게 된다(12(c)참조). 이상의 논의로 볼 때 "발화수반력의 정도의 차이"라는 성격만으로 (1) 문형을 부가의문문으로 규정하는 데는 여러 어려움이 있는 것 같다.

끝으로 장석진(1984)은 화자의 태도에 따라 부가의문문과 장형부정의문문의 화행을 분석했으나 국어의 단형부정의문문의 화행에 대해서는 언급하지 않고 있다. 우리는 대안에서 장·단형 부정의문문의 화용론적 용법 안에서 그의 부가의문문을 다루려고 한다.

4. 영어의 부정의문문과 전제

우리는 앞에서 김동식(1981)과 장석진(1984)을 논하면서 (1)문형을 김동식(1981)의 확인문이나 장석진(1984)의 전형적인 부가의문문으로 보지 않고 일반적인 부정의문문의 특수한 형태로 분석하는 것이 보다 나을 것이라고 시사하였다. 여기에서는 국어의 부정의문문에 대한 고찰에 앞서 부정의문문이 갖는 언어보편성을 살피는 한 방법으로서 영어 부정의문문의 화용론적용법을 검토하기로 한다. 물론 우리의 궁극적 관심은 부정의문문에 있으나 논의의 일관성을 위하여 긍정의문문의 화용론적 용법도 함께 다루기로 한다. 그 방법은 Jespersen(1933), Cattell(1973), Hudson(1975)을 차례대로 검토하여 yes-no의문문과 화자의 전제와의 관계를 일반화하도록 하겠다.

1) Jespersen(1933)의 주장

Jespersen(1933: 304)은 영어의 yes-no의문문 (그의 nexus-question)을 의미상의 용법에 따라 unemotional question과 emotional question으로 나눈다. unemotional question은

화자가 발화 전에 아무런 전제 없이 단지 정보를 얻고자 하여 하는 질문으로 의문문의 긍·부정 형태가 의미에 별 영향을 미치지 않는다. 한편 emotional question은 화자가 발화 이전에 일정한 전제를 가지고 하는 의문문으로서 전제의 긍·부정 형태와 발화된 의문문의 긍·부정형태가 대조되어 나타난다. 장석진(1984: 266)의 화자의 태도라는 면에서 보면 unemotional question은 화자의 태도가 중립적이며 emotional question은 화자의 태도가 비중립적이다. 다음 예를 통해서 구체적으로 살펴보자.

(16) a. Will you have a glass of beer?
b. Won't you have a glass of beer?

즉, (16a)와 (16b)가 unemotional question이면 의미의 차이가 없으나, emotional question이면 의미상의 분명히 대조를 이루어 (16a)는 (17a), (16b)는 (17b)의 의미를 갖는다.

(17) a. I am surprised at your wanting a glass of beer.
b. I am surprised of your not wanting a glass of beer.

다시 말해서 긍정형 emotional question으로서의 (16a)는 화자가 상대방이 술을 원하지 않으리라는 부정 명제를 전제하고 있었으나 발화 직전에 그 전제에 반하는 증거에 접하고서 놀라면서 던지는 질문이요, 부정형 emotional question으로서의 (16b)는 화자가 상대방이 술을 원하리라는 긍정 명제를 전제하고 있었으나 발화 직전에 그 전제에 반하는 증거에 접하고서 놀라면서 던지는 질문이다. 물론 우리의 이러한 견해는 복잡미묘한 담화상황을 단순화시킨 일예에 불과한 것이나, 화자의 발화전의 전제 유무와 전제의 긍·부정 형태에 따라 yes-no 의문문의 화용론적 용법이 결정된다는 일반화는 가능하다고 본다.

한편 Jespersen(1933: 304)은 부정의문문이 강한 긍정의 의미로 쓰일 수 있음을 밝히고 있다. 즉, "Isn`t that nice?"가 "That is very nice."의 의미를 가질 수 있다. 이 경우는 화자가 긍정형의 전제를 가지고서 발화한다는 면에서 emotional question에 속하면서도 (16b)가 (17b)의 의미를 갖는 emotional question과는 대조적으로 화자의 발화전의 전제가 더욱 강화되는 emotional question이다. 여기서 우리는 emotional question을 다시 하위범주화 할 필요성을 발견하게 된다. 이 점에 대해서 Cattell(1973)은 좀 더 구체적인 논의를 하고 있다.

2) Cattell(1973)의 주장

Cattell(1973: 617-618)은 서술문으로부터 유도되며 따라서 대응서술문을 갖는 일반적인 yes-no의문문과 성격이 다른 부정의문문의 존재를 밝히고 있다.

(18) Didn't Aunt Eliza get married?

(19) Aunt Eliza didn't get married.

(20) Aunt Eliza got married.

즉, 부정의문문 (18)은 적어도 다음 세 가지의 의미가 있다고 Cattell(1973: 617)은 말한다.

(21) a. (19)에 대한 검증을 요구하며 하강억양이 된다.
 b. (19)에 대한 확인을 구하지만 자신이 없어 상승억양이 된다.
 c. (20)이 참이라 믿고 확인을 구하며 상승억양을 가진다.

이 주장을 Jespersen(1933)과 비교해보면 (18)이 (21a)와 (21c)의 용법일 때는 emotional question에 해당되고, (21b)의 용법일 때는 unemotional question에 해당한다고 본다. 우리의 관심은 (18)이 emotional question일 때 (21a)와 (21c)라는 전혀 다른 용법으로 쓰인다는 데 있다. 이 때 (21a)는 부정문 (19)를 기본문으로 하고 있고 (21c)는 긍정문 (20)을 기본문으로 하고 있다.[7] 우리는 emotional question으로서의 부정의문문의 기본문이 갖는 긍·부정 형태에 따라 emotional question을 둘로 나눌 수 있다고 본다. 즉, 기본문이 부정문이면 화자의 전제가 무너질 가능성이 높은 상황에서 쓰이는 용법으로 매

---

7) 기본문이라는 용어는 Cattell(1973: 617)의 "...be based on..."으로부터 빌린 것으로서 화자가 부정의문문을 통해서 확인하려는 문장이라고 할 수 있다. 즉, (18)의 기본문이 (19)냐 (20)이냐 하는 것은 (18)의 화용론적 용법에 의해서 결정된다. 이 기본문의 개념은 다음 장의 국어 부정의문문의 분석에서도 유용하게 사용될 것이다.

우 일반적인 용법이므로 primary emotional question이라 하고, 본문이 긍정문이면 화자가 자기의 전제를 강화하려는 용법으로 그 용법이 제한적이고 구조상의 제약이 수반되므로 secondary emotional question이라고 잠정적으로 구분 사용하겠다. Hudson(1975: 13-20)은 우리의 secondary emotional question의 몇 가지 통사상의 제약을 들고 있다.

3) Hudson(1975)의 주장

Hudson(1975: 13-20)은 yes-no의문문을 'straight question'과 'exclamation'으로 나눈다. 그의 exclamation은 바로 우리의 secondary emotional question에 해당한다고 보는데 그는 이 용법이 갖는 몇 가지 제약을 제시하고 있다.

첫째, 반드시 'not'의 축약형 'n't'가 쓰인다. 즉, 'n't'는 secondary emotional question의 전용표지(arbitrary marker)이다.

둘째, 'any'나 'yet'과 같은 부정문에만 나타나는 어휘는 쓰이지 못한다. 이 제약은 secondary emotional question의 기본문이 긍정문이라는 점과 무관하지 않은 것 같다.

셋째, 하강억양을 갖는다. 이 점은 secondary emotional question이 서술문의 억양을 갖고 있음을 말해주는 것이다.

이상의 제약은 통사상의 부정의문문이 화자의 전제를 강화하기 위한 secondary emotional question이라는 고유한 용법으로 쓰일 수 있다는 강력한 증거라고 하겠다.

4) yes-no의문문과 전제

지금까지 yes-no의문문이 화자의 전제와 관련해서 세 가지 용법으로 쓰일 수 있음을 논하였다. Karttunen(1973: 169)에 의하면 전제의 정의에 대한 두 가지의 기본입장이 있다. 한 입장은 전제를 한 명제와 그 결과에 의해서 정의되는 두 문장 간의 의미론적 관계로 본다. 여기에는 화자나 청자 또는 그 문장이 발화되는 화맥이 관련되어 있지 않고 전제의 주체는 바로 문장이다. 한편 전제를 화용론적 개념으로 보는 또 하나의 입장이 있는데 여기에는 화자와 청자가 개입되어 있고 전제의 주체는 바로 화자이다. 우리는 바로 이 후자의 입장을 따르겠는데 의문문의 본질적 속성인 담화적 성격을 고려할 때 전제에 대한 화용론적 정의가 우리의 논의에 더욱 유용하리라고 보기 때문이다.

5) yes-no의문문의 분류

이제 yes-no의문문을 화자의 전제라는 관점에서 분류해 보자. 먼저 화자가 아무 전제 없이 중립적인 태도로 발화하는 의문문의 화용론적 용법을 비전제용법이라고 부르기로 한다. 이때는 의문문의 긍·부정 형태에 따른 의미의 차이가 없으며 Jespersen(1993)의 unemotional question이 여기에 속한다. 한편, 화자가 어떤 전제를 가지고 발화하는 화자의 태도가 비중립적인 의문문의 화용론적 용법을 전제용법이라 부르기로 한다. 이 전제용법은 Jespersen(1993)의 emotional question을 포함한다. 이 전제용법은 화자의 전제가 담화상황에 따라 무너질 가능성이 높은 한 용법과, 화자가 전제를 청자의 동의 또는 확인을 구하여 강화하려는 용법의 두 가지로 나눌 수 있다. 전자를 더 일반적이고 의문문과 기본문의 긍·부정형태가 일치한다는 면에서 일차 전제용법이라 하고, 후자를 여러 제약이 있고 또 부정의문문만이 이 용법으로 쓰이고 기본문이 긍정문이 되는 특수한 용법이므로 이차전제용법이라 하겠다. 앞서 잠정적으로 사용한 primary emotional question은 일차전제용법으로, secondary emotional question은 이차전제용법으로 바꿔 부르겠다.[8] 끝으로 영어 yes-no의문문을 이 용어를 사용해 다음과 같이 정리할 수 있다.

(22) 영어 yes-no의문문의 화용론적 분류

8) 우리가 '의문문'이라는 용어대신에 '용법'이라는 용어를 사용하는 이유는 '의문문이 기본적으로 통사적 용어이므로 화자의 전제와 담화상황에 의하여 달라지는 화용론적 용법의 역동성을 나타내는 데 있어 '용법'이 더 적절하다고 보기 때문이다.

5. 국어의 부정의문문과 전제

이제 우리는 국어 yes-no의문문의 화용론적 용법을 다루기로 한다. 이 과정에서 김동식(1981)이 확인문과 장석진(1984)의 전형적 부가의문문은 바로 국어 부정의문문이 갖는 화용론적 용법의 특수구문임이 밝혀질 것이며, 4장의 영어 yes-no의문문의 화용론적 용법과 국어의 그것이 비교될 것이다.

1) 국어의 yes-no의문문

다음 yes-no의문문을 보기로 하자.

(23) a. 영수는 가니? (긍정의문문)
b. 영수는 가지 않니? (장형부정의문문)
c. 영수는 안 가니? (단형부정의문문)

우선 (23a), (23b), (23c)는 모두 화자가 아무 전제 없이 단지 모르는 사실을 알고자 하는 용법으로 쓰일 수 있으며 바로 비전제용법에 해당한다. 이때 (23a)의 기본문은 긍정문이고, (23b)와 (23c)의 기본문은 부정문이라는 점 외에는 화용론적 용법의 차이는 없다. 한편 (23a), (23b), (23c)가 화자가 어떤 전제를 가지고 하는 발화, 즉 전제용법일 때는 화자의 전제의 강화 가능성 여부에 따라 다시 두 가지로 하위분류된다. 하나는 화자의 전제를 명제 P 라 할 때 발화직전에 $\sim P$ 일 가능성에 직면하여 화자가 기본문 $\sim P$ 를 확인하려는 용법으로 $\sim P$ 가 의문문으로 나타난다. 이 용법은 yes-no의문문이 갖는 매우 일반적이며 보편적인 용법이므로 일차전제용법이다. 한편 화자의 전제 P 를 청자로부터 강화하기 위하여 기본문을 P 로 하고 $\sim P$ 즉, 부정명제가 의문문으로 나타나는 용법은 여러 제약이 있고 미묘한 화용론적 요인이 작용하는 유표적인 용법으로 이차전제용법이다. 이 두 용법을 (23)의 예문을 가지고 비교해 보자. 먼저 (23a)는 긍정의문문이므로 이차전제용법으로 쓰일 수 없다. (23a)가 일차전제용법이면 화자의 전제 "영수는 가지 않는다"가 무너질 상황에 직면해서 "영수는 간다"를 기본문으로 하고 이 기본문을 의문문으로 하여 확인하는 용법이다. 한편 (23b)와 (23c)가 일차전제용법이면 화자의 전제 "영수는 간다"가 무너질 상황에 직면해서 "영수는 가지 않는다(안 간다)"를 기본문으로 하고 이 기본문을 의문문으로 하여 확인하는 용법이다. 이때 장형부정의문문과 단형부정의문문의 화용론적 용법에 차이가 없다. 일차전제용법에서는 긍정의문문의 기본문은 긍정문이고, 부정의문문의 기본문은 부정문이 됨을 유의해두기로 하자. 또한 (23b)와 (23c)는 화자의 전제를 강화하기 위한 이차전제용법일 때는 화자의 전제 "영수는 간다"에 대해서 청자로부터 동의를 구하거나 청자에게 강조하기 위해서 부정의문문으로 표현된 것이다. 이때의 기본문은 "영수는 간다"라는 긍정문이라는 면에서 일차전제용법과 근본적으로 다르다. 이 경우에도 장형부정문 (23b)와 단형부정문 (23c)의 화용론적 기능에 차이가 없다. 지금까지 살펴본 의문문의 화용론적 용법은 전적으로 담화상의 상황에 의해서 결정된다. 다만 이 때 숨, 힘줌, 억양 등의 초분절요소가 그 보조적 역할을 맡게 되는데 그 비중이 언어마다 다르다.[9] 국어에서도 어느 정도까지는 이 초분절요소가 구별자질의 역할을 하는데 이 구별자질로서 (23)의 화용론적 용법을 나타내면 다음과 같다.

(24) a. 영수는 가니? (비전제용법/일차전제용법)
b. 영수는 가지 ˇ**않니**? (↑) (비전제용법/일차전제용법)
c. 영수는 ˇ**가지** 않니? (이차전제용법)
d. 영수는 ˇ**안** 가니? (↑) (비전제용법/일차전제용법)
e. 영수는 안 ˇ**가니**? (이차전제용법)

(24a)는 긍정의문문으로서 비전제용법과 일차전제용법을 초분절요소로 구분하기가 어렵고 거의 실제 담화상황에 의존하는 것 같다. (24b)와 (24d)는 비전제용법과 일차전제용법으로 쓰이며 (24c)와 (24e)는 이차전제용법으로 쓰인다. 여기서 편의상 비전제용법과 일차전제용법이 동일한 구별자질로 표시 되었으나 실제 담화상황이 주어졌을 때는 상당한 차이가 있음은 물론이다. 다만 우리의 의도는 이 두 용법과 이차전제용법사이에는 비교적 현저한 초분절요소의 차이가 존재한다는 점을 보여주는 데 있다. 여기서 또 주목할 점은 국어의 단형부정의문문도 장형부정의문문과 동일한 화용론적 용법을 갖는다는 사실이다.[10] 이 단형부정의문문의 이차전제용법에 대해서 김동식(1981)과 장

---

9) 예를 들어 '영수는 가지 않니?'의 중국어 표현 '英洙 不去嗎(↑)'은 전제에 따른 용법이 완전히 화맥에 의존한다고 한다.

석진(1984)이 전혀 다루지 않았음을 앞에서 지적했었다. 우리는 그들이 장형부정의문문만을 분석의 대상으로 삼았기 때문에 결국 '-지' 앞의 시제실현 문제와 '아니' 이하의 성격이 주관심사이지 않았나 판단된다. 국어에서 장형은 물론 단형도 이차전제용법을 가진다는 사실은 국어의 화용론적용법을 일반 부정의문문의 범주로 다룰 수 있음을 보여준다는 면에서 언어학적 의의가 크다고 하겠다.

지금까지 살펴본 국어 yes-no의문문의 화용론적 용법을 정리하면 다음과 같은 형식화가 가능하다.

(25) 국어 yes-no의문문의 화용론적용법

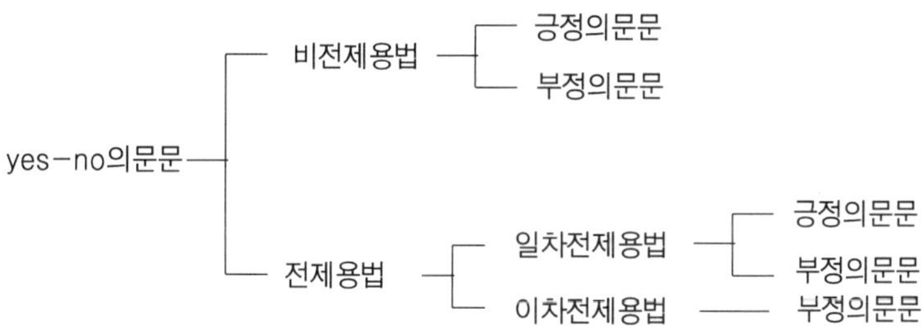

이 (25)는 영어 yes-no의문문의 화용론적 용법인 (22)와 완전히 일치하고 있다. 우리의 논의가 옳다면 yes-no의문문의 화용론적 용법은 어느 정도 상대적인 언어보편성은 있는 것 같다.

2) 국어의 부정의문문

이제 우리는 yes-no의문문의 국어 개별적 특성을 고찰하기 위하여 예문의 범위를 확대해보자. 지금부터는 yes-no의문문중 부정의문문에 대해서만 논하기로 하겠다. 먼저 "영수는 가니?"의 과거시제 부정의문문의 화용론적용법을 보기로 하자.

(26) a. 영수는 안 갔니?

10) 단형부정의문문의 전제용법을 초분절요소로 구별하기는 장형의 그것보다 더 어려운 듯하다. 그 이유는 단형이 장형보다 더 구어적(spoken)이어서 화맥 의존도가 그만큼 높기 때문인 듯하다. 예를 들어 엄마가 식사 중에 딴 짓하는 아이에게 이미 다 먹어 가는 형을 가리키며 "봐라, 형은 안 다 먹었니?"라고 할 수 있는데 이 때 화맥을 무시하고 '형은 안(다)먹었니?'의 문법성, 더 엄격하게는 가용성(acceptability)을 판단하기는 어렵다. 우리는 다만 규칙의 일반화를 위하여 단순화된 예문을 사용하고 있을 뿐이다.

b. 영수는 가지 않았니?

c. 영수는 갔지 않니?

(25)의 분류체계에 따르면 (26a)와 (26b)는 화자의 전제와 화맥에 따라 비전제용법과 일차전제용법, 이차전제용법으로 쓰일 수 있다. 이와는 달리 (26c)는 (26b)와 구조적으로 유사하면서도 의미상으로는 항상 "영수는 갔지?"라는 의미와 거의 같다. 다시 말해서 (26c)는 항상 화자의 전제 "영수는 갔다"를 강화하기 위하여 기본문 '영수는 갔다'가 부정의문문으로 나타나는 (26a)와 (26b)의 이차전제용법과 동일한 화용론적용법을 가진다. 우리가 2장과 3장에서 각각 논하였듯이 김동식(1981)은 이를 확인문으로, 장석진(1984)은 부가의문문으로 분석한 바 있다. (26b)와 (26c)의 통사상의 유일한 차이점은 (26b)는 '아니하-' 다음에 시제가 오는데 (26c)는 '-지' 앞에 온다는 점이다. 국어에서 시제는 종결어미 앞에 온다는 엄격한 규칙이 있으므로 이 규칙을 따르면 (26c)의 '-지'는 종결어미가 되는 셈이다. 이 논리가 김동식(1981)과 장석진(1984)의 핵심을 이루고 있으며, 의미상으로 '-지'에서 문장이 끝난 느낌을 준다는 의미론적 동기가 이를 뒷받침하고 있다. 그러나 이 '-지' 종결어미설의 맹점은 실제로 '-지'에서 문장이 종결되지 않고 있다는 데 있다. 다시 말해서 (26c)의 종결어미는 '니'이지 '-지'가 아니다. 한 문장에 두 종결어미가 있을 수는 없다. 우리는 뒤에서 '-지' 앞의 시제(tense) 실현자체가 '-지'의 종결어미를 보장하지는 않는다는 증거를 제시하겠다. '-지'를 종결어미라 할 때 파생하는 또 하나의 문제는 그러면 '-지' 다음에 오는 '아니' 이하의 성분을 무엇으로 보느냐 하는 문제이다. 김동식(1981)은 '아니'를 "부정 아닌 부정"이라 했으나 이는 해결이 아니라 문제의 기피이며[11], 장석진(1984)은 부가의문문의 꼬리라고 분석하고 있으나 국어 부가의문문의 꼬리에 왜 '아니'가 필수요소이며 또 꼬리가 항상 무시제(tenseless)여야 하는지를 정당화하지 못하는 듯 하다. 이러한 문제의 파생은 궁극적으로 (26c)의 '-지'에 대한 잘못된 진단에서 비롯된 것이라고 판단된다. 앞에서도 여러 차례 시사하였듯이 우리의 대안은 (26c)를 (26b)와 동일한 통사구조로 분석하고 (26c)의 '-지' 앞의 시제실현은 (26b)가 전적으로 이차전제용법으로 쓰이기 위한 특별한 장치라고 분석하는 것이다. 다시 말해서 우리의 이론 안에서는 (26c)는 부정의문문이므로 '-지'가 종결어미도 아니

11) 장경희(1982: 111)에서도 이에 대해서 "이들을 부정 아닌 부정으로 규정해버리기 보다는 이들이 왜 부정의 의미를 잃게 되었는가가 확인되어야 할 것이다"라고 지적하고 있다.

고 또 '아니' 이하를 새롭게 규정할 필요도 없다. 이제 (26c)와 같은 전용적 이차전제용법을 좀 더 살펴보기 위하여 (26)을 미래시제로 바꿔보자.

(27) a. 영수는 안 가겠니?
  b. 영수는 가지 않겠니?
  c. 영수는 가겠지 않니?

(27a)와 (27b)는 화자의 전제에 따라 비전제용법과 일·이차 전제용법의 세 가지 용법으로 쓰일 수 있으나 (27c)는 '-지' 앞에 미래시제가 나타난 구문으로 전용적인 이차전제용법으로 쓰인다. 과거시제 (26)과 미래시제 (27)을 현재시제 (24)와 비교해 보면 명시적 시제표지가 없는 현재시제 부정의문문은 전용적인 이차전제용법을 가지지 않음을 알 수 있다. 이 점을 다음 예문에서 다시 확인해 보자.

(28) a. 영수는 자지 않고 있었니?
  b. 영수는 자고 있지 않았니?
  c. 영수는 자고 있었지 않니?

먼저 (28b)를 (28a)와 비교해 보면 상(aspect)을 나타내는 어휘 '-고 있-' 이 '-지' 앞에 왔으나 (26b)가 전용적 이차전제용법으로 쓰이지 않고 (28a)와 (28b)가 비전제용법과 일·이차 전제용법으로 쓰인다. 그러나 (28c)는 '-지' 앞에 과거시제 '었'이 나온 형태로서 전용적 이차전제용법을 가진다. 다음 예를 다시 보자.

(29) a. 영수가 가지 않았었어?
  b. 영수가 갔었지 않아?
  c. 영수가 가지 않았겠니?
  d. 영수가 갔겠지 않니?

먼저 (29a)와 (29b)를 보면 (29b)의 '-지' 앞에 시제 '았'과 추정의 기능을 갖는 것으로 보이는 '었'이 연이어 나온 구문으로 (29b)는 전용적 이차전제용법으로 쓰인다. 또

(29c)와 (29d)를 비교해 보면 (29d)의 '-지' 앞에 시제 '았'과 추정의 어휘 '겠'이 연결되어 나온 구문으로 전용적인 이차전제용법으로 쓰인다. 물론 (29a)와 (29c)는 전제와 관련된 세 가지 용법을 갖는다. 이상의 논의로 판단해 볼 때 '-지' 앞에 명시적인 시제표시가 오면 그 부정의문문은 전용적 이차전제용법을 갖는다고 결론지을 수 있다. 다시 말해서 '-지' 앞의 시제표지는 이차전제용법의 전용표지(arbitrary marker)라고 우리는 본다.

이제 과연 이 '-지'가 통사적으로 종결어미의 특성이 있는지 살펴보기로 한다.

(30) a. 할아버지께서 가지 않으셨니?
b. 할아버지께서 가셨지 않니?
c.*할아버지께서 갔지 않으시니?

(30b)는 (30a)와 비교해서 시제표지 '었'이 '-지' 앞에 왔으므로 전용적인 이차전제용법만을 갖는다. 이 때 소위 존칭보조어간 '시'가 시제표지 앞에 왔다. 이와는 달리 (30c)가 비문인 것을 보면 존칭보조어간은 항상 시제표지 앞에 와야 한다는 점을 보여준다. 이 예는 일견 '-지' 종결어미설을 지지해주는 듯하기도 하다. 그러나 다음 예문을 보자.

(31) a. 아버님, 영수는 가지 않았읍니까?
b. 아버님, 영수는 갔지 않습니까?
c.*아버님, 영수는 가셨지 않니?

(31b)는 (31a)와 비교해 볼 때 시제가 '-지' 앞에 왔으므로 전용적 이차전제용법이다. 그러나 이 때 '지'에서 문장이 끝난 것으로 볼 수 없게 하는 요인이 있다. 즉, (31a)의 '-읍니까'에 표시되는 화자의 청자에 대한 존대법이 (31b)의 '-지' 앞에 표시될 수가 없는 것이다. 만일 (31c)처럼 존대법이 '-지' 앞에 실현되면 원래 의도했던 화자의 청자에 대한 존대법이 되지 않고 화자의 주어에 대한 존대법이 되어 국어에서 받아들일 수 없는 문장이 생긴다. 이 사실은 '-지'가 국어의 종결어미로서의 완전한 역할을 수행할 수 없음을 단적으로 보여준다고 여겨진다.

김동식(1981: 102)는 그의 확인문은 대응서술문이 존재하지 않는다고 보고 있으나 우리는 2장에서 이 특징이 곧 확인문 설정의 증거는 될 수 없음을 지적하였다. 우리는 그의 확인문을 부정의문문의 이차전제용법으로 분석하고 있으므로 여기에서 부정의문문과 대응서술문과의 관계에 대하여 알아보기로 한다.

(32) a. 영수는 먹지 않았니?
b. 영수는 먹었지 않니?
c. 영수는 먹지 않았다.
d.*영수는 먹었지 않다.

(32a)가 비전제용법과 일·이차 전제용법의 세 가지 용법을 가지는데 반해 (32b)는 '-지' 앞에 시제가 왔으므로 전용적 이차전제용법으로 쓰인다. 이 때 (32a)의 대응서술문 (32c)는 바른 문장이나, (32b)의 대응서술문으로 보이는 (32d)는 비문이다. 이를 근거로 만일 우리가 우리의 전용적 이차전제용법을 갖는 부정의문문은 대응서술문이 없다고 주장한다면 우리가 김동식(1981)에 제기했던 것과 동일한 문제에 빠진다. 즉 대응서술문이 없다는 특징이 확인문을 정당화하지 못하듯이 부정의문문의 이차전제용법을 정당화하지는 못한다. 따라서 우리는 대응서술문을 갖지 못하는 근본 이유를 이차전제용법의 본질에서 찾아야 한다고 본다. 전용적 이차전제용법인 (32b)는 "영수는 먹었다"를 기본문으로 하여 이 화자의 전제를 강화시키기 위하여 부정의문문의 형식을 빌린 것이다. 따라서 부정의문문이라는 틀을 벗어나서는 이차전제용법이라는 원래의 담화목적을 이룰 수 없는 것이다. 따라서 일반 부정의문문이 갖는 대응서술문의 개념을 전용적 이차전제용법의 구문에 적용시킬 수 없다고 본다. 한편 (32a)는 화맥(context)에 따라 이차전제용법으로 쓰일 수 있으나 통사상으로 비전제용법이나 일차전제용법과 동일한 구조를 가지므로 (32b)와는 달리 대응서술문이 존재한다. 이 현상은 이차전제용법 구문의 보문화에서도 확인될 수 있다.

(33) a. 영수가 가지 않았는지 모른다/궁금하다.
b.*영수가 갔지 않는지 모른다/궁금하다.

(33a)와 비교해서 (33b)가 비문인 이유는 보문화되기 전의 "영수가 갔지 않니?"가 전용적 이차전제용법으로서 대응서술문이 존재하지 않기 때문이다. 이 점은 전용적 이차전

제용법이 직접담화에서만 쓰일 수 있는 화용론적 성격이 지극히 강한 어법임을 증명하는 증거인 것 같다.

3) 이차전제용법의 제약

이제 국어의 이차전제용법이 갖는 몇 가지 제약을 살펴보기로 하자.

첫째, '못' 부정의문문은 이차전제용법으로 쓰이지 않는다.

(34) a. 영수는 못 갔니? (비전제용법/일차전제용법)
b. 영수는 가지 못 했니? (비전제용법/일차전제용법)
c.*영수는 갔지 못 하니?

국어에는 '아니' 부정문과 함께 '못' 부정문이 있는데 '못' 부정의문문은 이차전제용법으로 쓰이지 못하며, 따라서 전용적 이차전제용법으로 쓰이기 위한 '-지' 앞의 시제자체가 불가능하므로 (34c)는 비문이다.

둘째, '지 아니하'가 축약되어 '잖'이 될 수 있다. 바꾸어 말하면 '잖'은 이차전제용법의 전용표지(arbitrary marker)이다.

(35) a. 영수가 가잖았니?
b. 영수가 갔잖니?
c. 영수가 가잖겠니?
d. 영수가 가겠잖니?

(35a)와 (35c)는 일반적인 부정의문문이 이차전제용법으로 쓰일 때 축약된 형태이며 (35b)와 (35d)는 시제가 '-지' 앞에 오는 전용적 이차전제용법이므로 당연히 '잖'이 가능하다. (35)는 모두 전용적 이차전제용법이다. 이와 같이 축약이 가능하다는 현상은 '-지'와 '아니' 사이가 통사적 및 음성적으로 매우 밀접하다는 점을 보여주는 증거이며 결국 '지'를 종결어미로 보는 이론에 대한 반증이 될 것이다.[12)]

12) 이차전제용법의 '–지'와 '아니'의 밀접성은 두 성분사이에 '는', '도' 같은 조사가 삽입될 수 없다는 사실에서도 확인된다. 즉 '영수는 갔지는(도) 않니?'는 받아들일 수 없는(unacceptable) 문장이다.

셋째, 종결어미는 화자의 중립적 태도를 나타내는 '-니?', '-어?' 등 이어야 한다.

(36) a. 영수는 때리지 않았니?
b. 영수는 때렸지 않니?
c. 영수는 때리지 않았지?
d. *영수는 때렸지 않지?

(36a), (36b)와 달리 (36c)는 '-지?' 로 문장이 끝난 형태로서 이차전제용법을 갖지 못하며 따라서 '-지' 앞에 시제가 온 (36d)는 비문이다.[13]

넷째, 이차전제용법은 부정의문문의 형식을 빌어 강한 긍정을 표시하므로 당연히 부정의 의미를 갖는 어휘인 '전혀', '아직' 등과는 쓰이지 못하는 반면 전적으로 긍정의 의미인 '벌써', '이미' 등은 이차전제용법만으로 쓰인다.

(37) a.*영수는 전혀 먹었지 않니?
b.*영수는 아직 먹었지 않니?
c. 영수는 벌써 먹지 않았니?
d. 영수는 이미 먹지 않았니?

(37a)와 (37b)는 '-지' 앞에 시제가 와서 전용적인 이차전제용법이나 부정소 '전혀', '아직'과 상충되어 비문이다. 한편 (37c)와 (37d)는 '벌써', '이미' 라는 어휘 때문에 이차전제용법으로만 쓰인다. 이 점은 영어 부정의문문의 이차전제용법에 'any', 'yet' 등의 부정문에 쓰이는 어휘가 오지 못하는 제약과 일치하는 것이다.

다섯째, 장형부정문보다는 단형부정문을 취하는 특정 동사도 이차전제용법에서는 그 제약이 없다.

(38) a. 영수는 학생이지 않았니?
b. 영수는 학생이었지 않니?

13) '-지?'와 같은 화자의 태도가 비중립적임을 나타내는 종결어미가 오는 yes-no의문문은 우리의 화자의 전제와 관련된 비전제/일차전제/이차전제의 3분법과 무관한 것 같다. 이는 화자의 태도가 어휘화됨으로써 화맥으로부터 비교적 자유로워지기 때문인 듯하다.

c. 영수는 알지 않았니?

d. 영수는 알았지 않니?

(38a)는 김동식(1980: 81-85)을 따르면 계사 '이-'가 장형부정문으로 쓰이지 못하지만 (38a)가 (38b)의 의미인 이차전제의문문으로 쓰일 수 있으며, 김동식(1980: 20-22)은 동사 '알-'도 장형부정문으로 쓰이지 못한다고 밝히고 있는데 이 점을 우리가 받아들인다 해도 (38c)가 (38d)의 의미로 사용될 때 즉 이차전제용법일 때는 이 제약도 없다.

지금까지 국어의 부정의문문의 이차전제용법이 갖는 여러 가지 제약을 검토함으로써 이차전제용법의 특수성을 확인하였다.

6. 맺는 말

지금까지의 논의를 통해서 이 논문의 초두에서 제시한 (1)문형은 김동식(1981)의 확인문이나 장석진(1984)의 부가의문문이 아니라 국어의 일반적인 장형부정의문문의 이차전제용법을 위한 특수구문으로 분석되는 것이 보다 나음을 논증하였다. 이 과정에서 국어부정의문문의 화용론적용법을 화자의 전제에 따라 비전제용법과 일차전제용법, 이차전제용법의 세 가지 용법으로 형식화하였으며 이 형식화는 영어의 부정의문문에도 그대로 적용됨을 확인하였다. 또한 부정의문문의 이차전제용법이 갖는 여러 가지 제약을 밝힘으로써 이들이 일반적인 국어 부정법의 이론으로 다룰 수 없는 화용론적 특성이 매우 강한 어법임을 확인하였다.

자연언어 가운데 우리가 아는 한 유일하게 국어가 장형의문문의 이차전제용법에 두 가지 형태가 존재하는 이유는 아무래도 원문의 서술어와 '아니하-'의 첨가에 의한 '하-'라는 두 서술어의 존재에서 그 해결의 실마리를 찾아야 할 것 같다. 정상적인 국어 사용자는 시제를 술어의 어간 다음에 나타내는데, 장형부정의문문이 두 개의 술어를 가지므로 시제실현이 가능한 곳이 두 곳이 되며 장구한 언어생활을 통해서 결국에는 '-지' 앞의 시제실현 어법이 독립하여 전용적인 이차전제용법으로 굳어진 것이 아닐까 생각해 본다. 지금도 일부 방언이나 유아문법에서 두 곳에 시제가 오는 현상은 이를 드러내 보이는 흔적이 아닌가 한다. 이와 관련된 보다 구체적인 논의를 기대한다.

참고문헌

김동식(1980) 현대국어 부정법의 연구. 서울대학교 석사학위 논문.

______(1981) '부정아닌 부정', 언어 6.2, 한국언어학회.

송석중(1977) '부정의 양상'의 '부정적 양상', 국어학 5, 국어학회.

임홍빈(1973) '부정의 양상,' 서울대학교 교양과정 부 논문집 5.

장경기(1985) '국어에도 부가의문문이 있는가?' 영어영문학 3, 한국영어영문학회 경남지부.

장경희(1982) '국어의문법의 긍정과 부정.' 국어학 11, 국어학회.

장석진(1984) '국어의 부가의문.' 언어 9.2, 한국언어학회.

Cattell R.(1973) 'Negative Transportation and Tag Questions', *Language* 49.3.

Hudson R.A.(1975) 'The Meaning of Question', *Language* 51.1

Jespersen O.(1933) *Essentials of English Grammar*, George Allen & Unwin Ltd, London.

Karttunen L.(1973) 'Presuppositions of Compound Sentences', *Linguistic Inquiry* 4.2.

Lyons J.(1977) *Semantics* 2, Cambridge University Press, London.

Searle J.(1975) 'Indirect Speech Acts', *Syntax and Semantics* 3, Academic Press.

Abstract

Presuppositions of Yes-No Questions in Korean

Chang Kyung-Key

This paper argues that pragmatics of yes-no questions in Korean parallels that of English in that Korean also has unpresuppositional usages, primary presuppositional usages, and secondary presuppositional usages, which are categorized on the basis of the speaker's presuppositions.(cf. Cattell(1973), Jespersen(1933), Hudson(1975)). Unlike the other ones, the secondary presuppositional usage is a marked case in that it requires hearer's confirmation about the speaker's positive presupposition through a negative yes-no question.

Besides, Korean has an arbitrary secondary presuppositional usage, in which the question realizes its tense before '-chi' instead of after 'ha-'. Because of this unambiguous interpretation, Kim T.S. (1981) names the sentence 'a confirmative sentence' and Chang S.C. (1984) analyzes it as a typical tag question.

Unlike their approaches, we argue that the marked type is a special form of general secondary presuppositional usages, which seems to exist in Korean only.

제3장 국어의 부정의문문과 화행

1. 머리말

Karttunen(1973: 169)에 의하면 전제(presupposition)에 대한 두 가지의 다른 입장이 공존하고 있다. 하나는 전제란 명제와 그 결과로서 정의되는 문장 간의 의미적 관계라고 보는 의미론적 입장인데 이때는 화자와 청자 및 상황은 의미해석으로부터 배제되며 따라서 전제의 주체는 문장이다. 전제에 대한 또 하나의 입장은 문장의 의미를 상황 안에서의 발화(utterance)의 의미로 보며 따라서 화자와 청자 및 상황이 의미의 결정에 중요한 역할을 한다. 이때는 전제의 주체는 화자가 된다.

우리는 전제에 대한 후자의 입장에서 화자가 전제를 가지고 발화하느냐의 여부 및 어떤 전제를 가지고서 발화하느냐에 따라 yes-no의문문을 다음과 같이 분류한 바 있다 (장경기, 1986).

---

* 이 논문은 1988년 5월 창원대학에서 열린 한국 영어영문학회 경남지부 학술발표회에서 발표한 것을 정리한 것이다. 그 자리에서 필자가 사용한 국어 자료의 문법성 및 용인성에 대해서 다른 의견을 제시해준 여러 선생님께 감사드린다.

- yes-no의문문
  - 비전제용법
    - 긍정의문문
    - 부정의문문
  - 전제용법
    - 일차전제 용법
      - 긍정의문문
      - 부정의문문
    - 이차전제용법 — 부정의문문

화자가 어떤 사안의 사실 여부를 알고자 하는 목적에서 발화하는 문장이 바로 yes-no의문문이라고 할 때 화자가 발화 이전에, 관련된 문제에 대한 아무런 지식이 없이 묻는 용법이 비전제용법이며, 이때는 긍정의문문과 부정의문문의 사용에 근본적인 차이가 없다.[2] 한편 yes-no의문문을 발화하기 전에 화자가 알고자 하는 내용에 대해서 이미 사전 지식을 가지고 있다면 그 용법은 전제용법이 된다. 전제용법은 전제내용의 긍·부정에 따라 일차전제용법과 이차전제용법으로 구분하였다. 사실 우리의 이와 같은 분류법은 다음과 같은 유형의 문장을 분석하는 과정에서 구체화된 것이다.

(1) 영희는 갔지 않니?

위와 같은 문형에 대한 관심은 우리의 일상적인 언어생활에서 두루 쓰이고 있음을 고려해 볼 때 놀라울 정도로 미미하였다. 그러다가 80년대에 들어와서 이 문형에 대해서 본격적으로 연구한 두 논문, 김동식(1981)과 장석진(1984)이 나온다. 김동식(1981)은 (1)을 '확인문'이라는 새로운 문형으로 명명하였으며, 장석진(1984)은 (1)을 국어의 '전형적 부가의문문'으로 분석하였다. 우리는 장경기(1986)에서 뒤 두 논문을 비판하고 그 대안으로서 (1)을 통사적으로는 부정의문문이며 의미론 및 화용론적으로는 화자의 긍정 전제를 청자에게 확인하거나 동의를 구하는 이차전제용법으로 분석하였고, 특히 (1)은

2) 사실상 화자의 전제가 전무한 상황은 이론상으로는 가능할지라도 실제 언어 환경에는 존재할 수 없다. 따라서 우리가 전제 유·무를 구분하는 것은 상대적인 구분이며, 그 척도는 통사적 구조와 초분절요소에 미치는 영향의 정도에 따른 것이다.

시제표지 '았'이 '지' 앞에 실현됨으로써 다른 부정의문문과는 달리 이차전제용법으로만 사용되는 전용적 이차전제용법임을 밝혔다.[3)]

우리는 (1) 문형의 통사적 성격을 화자의 전제를 바탕으로 하여 규명한 후로도 (1)의 용법을 좀 더 포괄적으로 기술할 필요성이 있음을 절감해왔고 이를 위해서는 부정의문문의 화행(speech act)을 살펴보는 것이 첩경이라고 생각해왔다. 사실 (1) 유형의 부정의문문은 '질문'(question)이라는 화행을 기본적으로 수행하면서도 그밖에 여러 가지의 화행을 수행하고 있으며 바로 이러한 쓰임새의 다양함이 그동안 (1)의 분석을 어렵게 만드는 요인의 하나가 된 것이 아닌가 짐작된다. 따라서 우리가 (1)의 화행을 밝힌다는 것은 바로 (1)의 본질을 규명하는 핵심적 작업의 하나라고 하지 않을 수 없다고 본다. 이러한 작업을 위하여 2장에서는 먼저 (1)이 과연 부정의문문인가가 재검토되어야 한다. 왜냐하면 우리의 주장이 아직 언어학계에서 일반화된 것이 아닌 상황에서 (1)의 화행만을 논한다면 모래위에 성을 쌓는 허사가 될지도 모르기 때문이다. 3장에서는 부정의문문과 화행이론과의 관계를 밝히기 위하여 전반부는 Austin(1962), Searle(1975), Grice(1975)의 관련부분을 논하여 화행(speech act), illocutionary act, implicature와의 관계를 정립한 후 후반부에서는 이를 토대로 하여 부정의문문의 화행, 특히 이차전제용법의 부정의문문의 화행을 중점적으로 살펴보겠다. 끝으로 4장에서는 부정의문문의 관용어법(convention)과 대화성(conversationality)에 대해서 가볍게 언급하는 것으로 마무리 하겠다.

2. 부정의문문 재론

앞 장의 (1) 문형이 내포하고 있는 문제의 핵심은 그 구조와 의미의 상충에 있다고 하겠다. 다시 말하면 '-지 아니하-'라는 일반적인 장형부정문의 통사구조를 가진 의문문이면서도 부정의 뜻은 전혀 없고 오히려 화자의 강한 긍정 주장을 담고 있기 때문이다. 결국 (1)에 대한 분석은 기본적인 입장이 의미론적이냐 통사론적이냐에 따라 그 방향과 주장이 크게 달라질 수 밖에 없다고 하겠는데 바로 김동석(1981)과 장석진(1984)이

3) 일차전제용법과 이차전제용법의 차이는 매우 분명하다. 일차전제용법은 긍정의문문이며 화자가 긍정의 전제를 가지고 있고 부정의문문이면 화자가 부정의 전제를 가지고 있으나 이차전제용법은 항상 부정의문무으이 구조를 가지면서 긍정의 전체를 가지고 있다. 이 문제에 대한 보다 자세한 논의는 장경기(1986)에 있다.

의미론적 입장을 기본으로 하고 있는데 반해 장경기(1986)는 통사론적 입장이 기본이 되고 있다.[4]

어느 입장에 서있던지 간에 (1)의 분석을 위해서는 다음의 문장과의 관련성을 알아보는 것은 지극히 자연스러운 일이다.

(2) 영희는 가지 않았니?

상황이 배제된 가운데에서 (1)이 갖는 일반적 의미는 화자가 영희는 갔는지 알고자 하여 묻는 단순의문문의 의미이다.[5] 그러나 상황의존적인 관점에서 (2)를 다시 살펴보면 또 하나의 의미를 갖고 있음을 알게 된다. 즉, 화자가 영희는 갔다는 사실을 주장하는 의미, 곧 (1)과 유사한 의미를 갖고 있음을 알 수 있다. 물론 각각의 의미를 갖기 위해서는 각 문장에 적절한 초분절요소(suprasegmentals)가 동반되어 그 고유한 기능을 수행하게 되는데 이를 단순화된 구별자질을 사용하여 아래와 같이 나타내 보자.

(3) a. 영희는 가지 ˇ<u>않았니</u>? (↑)
b. 영희는 ˇ<u>가지</u> 않았니?
※ ˇ: 쉼, 밑줄 : 힘줌

(3a)는 바로 화자가 영희는 갔는지 알고 싶어서 묻는 질문이요, (3b)는 호자가 영희는 갔음을 청자에게 확인하거나 동의를 구하는 질문이다. 그렇다면 (1)과, (3b)의 의미로서의 (2)의 관련성이야말로 우리의 지대한 관심사가 아닐 수 없다. 우선 두 문장의 의미의 동일성 혹은 유사성이 분명해졌으며, 구조의 가시적 유사성은 (1)이 '지' 앞에 시제표지가 오는데 비해 (1)은 선어말어미로서 '았'이 시제표지로 나타나는 차이점을 제외하면 바로 구조의 동일성을 가지고 있다고 할 수 있다. 이와 같은 시제표지의 위치는 (1) 문형의 성격을 규명하는데 있어서 매우 중요한 단서가 되어왔다.

4) 의미론적 입장이 강조되면 독립된 문형의 설정이 불가피해진다. 그만큼 문법의 부담이 가중된다. 통사론적 입장이 강조되면 기존의 문형이 설명해 주지 못하던 의미 부분을 그 구조안에서 설명해주어야 하는 부담이 따르나, 만일 이 점이 가능하다면 문법은 그만큼 간결해진다.

5) 우리가 문법성을 판단할 때 상황을 배제한다고 흔히 말하지만 실제로는 상황이 배제된 의미해석은 불가능하며 따라서 이는 보다 일반적인 상황에서의 의미라고 이해되어야 한다. 많은 경우에 문법성에 대한 판단의 차이는 각 판단자가 상정하고 있는 상황의 차이에서 온다고 할 것이다.

즉, (2)가 보여주듯이 일반적으로 국어의 시제표지는 선어말어미로 나타난다는 시실에 비추어서 (1)에서 '지' 앞에 시제표지가 오는 경우에도 이 '지'를 종결어미로 보고자하는 견해가 김동식(1981)과 장석진(1984)의 주장의 핵심이 되고 있음은 이를 잘 반영해주고 있는 것이다. 물론 이러한 견해에 한 몫을 하고 있는 또 하나의 단서는 (1)이 "영희는 갔지?"라는 문형과 통사적·의미적으로 매우 닮은 모습이라는 점이다. 이와 같은 (1)의 특성을 근거로 하여 김동식(1981)과 장석진(1984)이 모두 (1)의 '지'를 종결어미라고 주장하고 있다. 이 주장들은 따르게 되면 결국 '지' 다음에 오는 '않니'의 (1)에서 차지하는 언어학적 비중은 상대적으로 낮아지는데, 과연 김동식(1981)에서는 '아니'를 소위 '부정 아닌 부정' 혹은 '가부정'이라는 특이한 용어로 불리어지고 있으며, 또 장석진(1984)에서는 (1)에서 '영희는 갔지'까지는 전형적 부정의문문의 본문에 해당하고 '않니'는 부정의문문의 꼬리(tag)라고 주장된다. 또한 시제표지가 선어말어미로 나타나는 (2)에 대해서는 김동식은 (3a)의 의미로 쓰일 때는 일반 부정의문문으로 보고, (3b)의 의미, 즉 (1)의 의미로 쓰일 때는 '확인문'으로 보았으며 장석진은 (2)가 (3a)의 의미로 쓰일 때는 일반 부정의문문으로 보고, (3b)의 의미로 쓰일 때는 화자의 태도가 비중립적인 부정의문문으로서 '본문내용 확인요청'이라는 화행을 갖는다고 보았다. 여기에서 두 논문의 견해 차이가 분명해지는 셈인데 김동식(1981)에서는 시제표지의 '지' 앞의 실현은 그의 확인문의 선택조건인데 반해서 장석진(1984)에서는 의무조건이 되고 있다. 결국 김동식(1981)의 문제는 (2)와 같은 통사상 동일한 구문이 동시에 그의 '확인문'과 부정의문문이 된다는 점이며, 장석진(1984)의 문제는 그의 부정의문문인 (1)은 'c'이라는 화행을 갖고, (3b)의 의미로 쓰이는 (2)는 '동의내용 확인요청'이라는 화행을 갖는다면 이러한 차이가 부가의문문과 부정의문문의 차이에서 기인될 수 있는 것인가 하는 점이다. 물론 이 두 이론의 밑바탕에는 (1)의 '지'를 종결어미로 간주하는 공통된 입장이 깔려있다는 점은 앞에서 지적한 바 있다.

우리는 (1)에서 '지' 앞에 시제표지가 나타나는 현상을 자체 독립적인 것으로 파악할 것이 아니라 일반 부정의문문과의 상호 관련성 속에서 파악해야 한다는 대안을 제시하였다. 우리의 주장 속에서는 (1)에서 '지' 앞에 시제표지가 나타나는 현상을 자체 독립적인 것으로 파악할 것이 아니라 일반 부정의문문과의 상호 관련성 속에서 파악해야 한다는 대안을 제시하였다. 우리의 주장 속에서는 (1)의 '지'는 종결어미가 아니라 당연히 장형부정의문문의 '지'일 뿐이다. 우리는 이 점을 보이기 위해서 국어경어법의 종결어미를 살펴보고자 한다. 국어에서 화자가 청자에게 존경을 표시하고자 할 때 그 표지는 문장의 끝, 즉 종결어미에 나타난다. 예문 (1)에 경어법이 표시된 한 문장을 검토해 보자.

(4) 영희는 갔지 않습니까?

화자는 어말에 '습니까'를 사용하여 위 문장에 보이지 않는 청자에게 경어법을 사용하고 있다. 이 문장과 (1)의 경어법의 다른 형태인 다음 문장과 비교해 보자.

(5) 누나는 가셨지 않니?

이 경우에는 어간 '가-' 다음에 '시'가 와서 경어법이 실행되고 있으나 이때는 화자가 청자에게 경어법을 사용하고 있는 것이 아니고, 화자가 (5)의 주체인 누나에게 경어법을 사용하고 있다. 이와 같이 '지' 앞의 경어법 표시로서는 화자의 청자에 대한 경어법의 실행이 불가능한 것이다. 결국 (1)의 '지'는 시제표지가 선행할 수 있다는 점에서는 부분적으로 종결어미의 기능을 수행하고 있다고 하겠으나 화자의 청자에 대한 경어법의 기능은 수행할 수 없기 때문에 국어의 종결어미로서의 완전한 자격을 갖추고 있다고 볼 수는 없다. 다시 말해서 (1)의 '않니'도 문장의 시제 실현과 경어법의 표시등 중요한 역할을 맡고 있는 문장의 일부분으로 이해해야 마땅할 것이다. 우리는 여기에서 다시 이 문제의 핵심은 '지'와 관련된 것이 아님을 보임으로써 근본적인 해결책을 모색하고자 한다. 국어의 부정문은 장형부정문과 단형부정문으로 나누어지며 대부분의 경우에 이 두 표현법을 모두 사용할 수 있다. (1)을 단형부정문으로 바꾸면 다음과 같이 된다.

(6) 영희는 안 갔니?

이 (6)은 물론 (2)의 단형부정문이기도 하다. 그런데 여기서 흥미 있는 일은 (6)에 (1)의 의미, 즉 (3b)의 의미가 있는가 하는 점이다. 다음과 같이 구별자질로 표시해서 살펴보기로 하자.

(7) a. 영희는 ˇ안 갔니?(↑)

b. 영희는 안 ˇ갔니?

(6)의 일반적인 의미는 바로 (7a)의 의미로서 화자의 전제가 없는 비전제용법과 화자가 부정 전제를 가진 일차전제용법으로 사용된다. 한편 (6)이 (7b)와 같은 초분절요소를 동반할 때는 (1)의 의미로 쓰일 수 있다.[6] 이때는 화자가 긍정전제를 가지고 묻는 이차전제용법으로 쓰이는 경우이다. 다시 말하면 화자가 영희는 갔음을 청자에게 확인하거나 동의를 구하는 (1)의 용법과 동일한 용법으로 쓰이고 있는 것이다. 그렇다면 (6)에는 '지'도 나타나지 않고 따라서 '지' 앞의 시제 시현문제로 일어나지 않으면서도 (1)과 동일한 용법으로 쓰인다는 사실은 우리에게 매우 의미있는 시사를 해준다고 하겠다. 즉, 김동식(1981)은 '지' 앞의 시제 실현을 근거로 부정의문문이 아닌 '확인문'이라는 문형을 창조했고, 장석진(1984)은 같은 근거로 국어의 '전형적인 부가의문문'으로 분석한 바 있는데 이들의 주장이 국어의 단형부정문을 설명 할 수 없고 또 실제로 그들은 언급조차 하지 않았던 것이다. 따라서 우리는 국어의 장형부정문과 단형부정문에 동일하게 적용할 수 있는 우리의 대안이 더욱 설득력이 있다고 본다. 다만 여기서 남은 한 가지 문제는 (1)과 같은 '지' 앞의 시제 실현이 부정의문문의 틀 안에서 어떻게 설명될 수 있으며, 또 부정의문문의 형식을 빌어 화자가 강한 긍정을 표현하는 용법이 과연 국어에만 있는(language-specific) 현상인지를 알아보는 것이다. 이를 위해서 영어의 부정의문문의 용법을 살펴보기로 하자.

영어에서도 부정의문문의 형식을 빌어 강한 긍정의 의미로 사용하는 용법이 결코 드문 일이 아니다. Jespersen(1933: 304)은 이미 "Isn't that nice?"가 "That is very nice."의 의미를 가질 수 있다고 기술하고 있으며, Cattell(1973: 617-618)은 다음의 (8a)가 세 가지 의미로 쓰인다고 밝히고 있다.

(8) a. Didn't Aunt Eliza get married?

b. Aunt Eliza didn't get married.

c. Aunt Eliza got married.

---

6) 이러한 판단을 위해서는 좀 더 상황의존적인 관점이 필요한 듯 하다. 예를 들어 엄마가 식사중에 딴짓하는 동생에게 이미 다 먹어가는 형을 가리키며 "봐라, 형은 안 (다) 먹었니?"라고 말할 수 있음을 우리는 받아들이면서도 "형은 안(다) 먹었니?"만을 떼어서 보면 어쩐지 부자연스러워 보인다.

즉 위의 (8a)는 적어도 다음 세 가지 의미를 가진다는 것이다.

(9) a. (8b)에 대한 검증(verification)을 요구한다.
b. (8b)에 대한 확인(confirmation)을 추구한다.
c. (8c)가 참이라 믿고서 확인을 요구한다.

여기에서 주목할 것은 (8a)가 (9a), (9b)의 의미로 쓰일 때는 (8b)라는 부정서술문을 기본으로 하고 있는데 반해, (9c)의 의미일 때는 (8c)라는 긍정서술문을 기본으로 하고 있다는 점이다. 더욱이 Hudson(1975: 13-20)에 이르러서는 이러한 용법이 구체적으로 논의되고 있다 그는 yes-no의문문을 'straight question'과 'exclamation'으로 나누고 있는데 우리의 이차전제용법으로 쓰이는 부정의문문이 바로 그이 exclamation이다. 이러한 용어의 선택도 자못 우리의 흥미를 끌고 있는데, 바로 화자의 강한 주장을 표현하는 감탄문(exclamative)과 같은 개념으로 이해해도 좋을 것이다. 특히 Hudson(1975: 13-19)이 이루어놓은 눈부신 업적은 그의 exclamation으로 쓰이는 부정의문문의 동사적 특성을 명쾌하게 밝히고 있는 점이다. 이들은 살펴보기로 하자.

첫째, exclamation의 'hot'은 반드시 'n't'가 쓰인 구문으로서 Hudson(1975)의 용어를 빌어 말하면 straight question과 exclamation의 두 용법을 가질 수 있으나 (10b)는 'not'이 축약되지 않은 표현으로서 exclamation으로 쓰일 수 없다. Hudson은 특히 exclamation의 'n't'에 대해서 주목할 만한 주장을 하고 있다. 즉, 'n't'은 원래 부정요소로 쓰였지만 점차 그 부정요소의 용법으로부터 독립하여 오늘날의 고유한 용법으로 쓰이는 어휘로 굳어지고 있다는 것이다.

둘째, exclamation에는 부정문에만 나타나는 어휘인 'any,' 'yet' 등이 올 수 있다.

(11) Won't she make someone(*anyone) a good wife?

위 문장에서 'anyone' 대신에 'someone'이 쓰이는 것은 (11)이 실제로는 부정의문문이 아니고 긍정의문문임을 보여주는 강력한 증거이다.

셋째, exclamation의 억양은 하강억양을 갖는다. 상승억양이 어떤 명제의 진리치에 대한 판단을 청자에게 맡기는데 비해 하강억양은 어떤 명제가 참임을 화자가 확신하고 있음을 반영하는 것이다. 결국 우리의 이차전제용법인 exclamation이 하강억양을 갖고 있음을 화자의 강한 긍정을 표현하는 용법임을 보여주는 것이다. 이상에서 살펴본 바와 같이 Hudson(1975)의 exclamation은 우리가 앞서 정의한 이차전제용법 자체이다. 다만 Hudson(1975)이 기본적으로 문장 중시의 의미 기술을 하고 있는데 비해 우리는 화자의 전제를 기본으로 한 화용론적 의미기술을 하고 있다는 차이점은 있다.

이제 여기에서 국어부정의문문의 이차전제용법의 통사적 특성을 살펴보자.

첫째, 장형부정의문문의 '지' 앞에 시제가 실현되면 그 문장은 이차전제용법으로만 사용된다.

(12) a. 영수가 때리지 않았니?
b. 영수가 때렸지 않니?

시제가 '지' 앞에 오지 않은 (12a)는 화자의 전제 유무 및 긍·부정에 따라 비전제용법, 일차전제용법, 이차전제용법으로 쓰이지만, 시제가 '지' 앞에 온 (12b)는 이차전제용법만으로 사용된다. 따라서 '집' 앞의 시제 실현은 바로 국어 부정의문문의 이차전제용법의 전용표지(arbitrary maker)라고 할 수 있다. 이를 영어의 'n't'와 비교해 보면 영어의 이차전제용법은 반드시 'n't'를 필요로 하지만 국어의 이차전제용법은 '지' 앞의 시제 실현을 반드시 요구하는 것은 아니며 다만 시제가 '지' 앞에 오면 그 문장은 반드시 이자전제용법으로 쓰인 것이다.

둘째, 이차전제용법의 문장은 '전혀', '아직' 등과 같은 부정요소와 함께 쓰이지 못하고 오히려 '벌써', '이미' 등과 긍정요소와 함께 쓰인다.

(13) a.*영수는 아직 갔지 않니?
b. 영수는 벌서 갔지 않니?
c. 영수는 아직 가지 않았니?
d. 영수는 벌서 가지 않았니?

'지' 앞에 시제표지가 온 (13a)와 (13b)는 이차전제용법의 문장이므로 (13a)처럼 '아직'이라는 부정요소가 오면 비문(ungrammatical)이 되지만 (13c)처럼 '아직'이 함께 쓰여도 바른 문장인 경우는 (13c)가 부정의 의미를 그대로 가지고 있는 일차전제용법으로 쓰일 때이며 (13d)처럼 '벌써'라는 긍정요소가 쓰여도 바른 문장인 경우는 (13d)가 이차전제용법으로 쓰일 때 이다. 부정요소가 이차전제용법의 문장과 함께 쓰일 수 없다는 점은 영어와 완전히 일치하고 있는 부분이다.

셋째, '아니'와 함께 국어 부정문을 만드는 대표적인 부정요소인 '못'이 쓰인 부정의문문은 결코 이차전제용법으로 쓰이지 못한다.

(14) a. 영희는 못 갔니?
b. 영희는 가지 못 했니?
c. *영희는 갔지 못 하니?

단형부정문 (14a)나 장형부정문 (14b)는 이차전제용법으로 쓰이지 못하며 (14c)는 '지' 앞에 시제표지가 왔으므로 이체전제용법으로 쓰여야 하지만 '못'과 상충되어 비문이 된다. 이와 같은 사실은 '아니' 부정문과 이차전제용법과의 특수한 관계를 시사해주고 있다고 판단된다.

넷째, 이차전제용법의 경우 '지'와 '아니' 이하의 축약이 가능하다.

(15) a. 영수는 벌써 갔잖니? (갔지 않니?)
b. 영수는 벌써 가잖았니? (가지 않았니?)
c. 영수는 아직 가지 않았니? (*가잖았니?)

(15a), (15b)는 '벌써'가 함께 쓰인 이차전제용법으로서 축약이 가능한데 비해 (15c)는 '아직'이 쓰인 일차전제용법이므로 축약이 불가능하다. 이와 같이 이차전제용법의 문장이 '지'와 '아니' 이하의 축약이 가능하다는 사실은 그만큼 '지'와 '아니' 이하의 밀접도가 강하다는 증거이며 따라서 '지'를 종결어미로 보고 '아니' 이하를 '가부정(假否定)'으로 본 김동식(1981)이나 꼬리(tag)로 본 장석진(1084)의 이론에 대한 반증이 될 것이다.

지금까지의 논의를 통해서 우리는 부정의문문의 형식을 빌어 화자의 긍정전제를 청자에게 전달하는 이자천제용법의 구어 뿐 만 아니라 영어에도 존재함을 확인하였다. 이들은 점차 원래 부정문의 특성을 읽고 고유의 독자적인 통사상의 장치를 굳혀가고 있음도 확인하였다. 이제 우리가 마련한 이차전제용법의 (1)문형이 여러 화용론적 상황에서 실제로 어떠한 의미로 쓰이는지에 대해 방향을 돌려보자. 우리의 언어생활에서 (1)은 단순히 의문문의 의미론만 쓰이고 있지는 않다. 오히려 그 강한 자기주장이 부정의 역으로 이용하여 표출되는 것이 아닌가 여겨지기도 했다. 우리의 이러한 논의를 위하여 다음 장에서 Austin(1962), Searle(1975), Grice(1975)를 통해서 그 기초를 마련한 다음 이차전제용법의 문장의 화용론적 의미를 추적하기로 한다.

3. 화행이론과 부정의문문

먼저, 여기서 우리가 하고자 하는 것은 화행(speech act)과 관련하여 특정 이론의 단순한 소개나 추종에 있지 않고 부정의문문의 이차전제용법을 정당화하기 위해서 필요하다고 한단되는 부정의문문의 화용론적 의미를 밝혀내기 위한 기초 작업으로서 Austin(1962), Searle(1975), Grice(1975)의 관련 부분을 이 장의 전반부에서 살펴보고, 후반부에서 부정의문문의 화용론적 의미를 기술하고자 한다.

Austin(1962)이 나오기 이전에도 언어는 그 완벽한 기능을 수행하면서 인간의 삶의 일부가 되어왔다. 그럼에도 불구하고 Austin(1962)이 마치 화용론의 출발점으로 이해되는 이유는 오랜 역사 속에서 언어학의 연구대상이 되어왔던 추상적 언어(language in abstract)로부터 실제 사용언어(language in use)로 연구 대상이 전환 또는 확대되는 계기가 되었기 때문이다. 이는 다시 말하면 그 이전의 언어학이 언어의 기술적 기능(descriptive function)만을 강조하고 언어학의 의미론적 연구는 이러한 문장의 진리치(truth value)를 밝히고 기술하는데 주력하였다. 그러나 Austin은 언어의 기능이 어떠한 사실의 기술을 주목적으로 하는 발화문은 'constative(서술발화문)'로 부르고 또 언어의 기능이 기술이 주목적이 아니고 어떠한 행위의 수행이 주목적인 발화문을 'performative(수행발화문)'라고 불렀다. 물론 이 수행발화문은 서술발화문과는 달리 그 진위(true or false)를 가릴 수 없고 그 행위의 성공적 수행여부는 상황의 행복(happy or unhappy)조건에 의해 결정된다. 물론 Austin(1962)의 모든 논의는 언어의 행위적 측면에 대한 명확한 기술을 하려고 하는 과정에서 여러 차례 수정을 거듭하게 된다. 사실, 행위(act)라는 관점에서 볼 때 모든 언어의 발화자체가 행위이다. 그런 면에서 처음에 constative를 performative로부터 분리하고 다시 수행동사(performative verb)에 의해서 이루어지는 명시적 발화수행문(explicit performative)과 수행동사가 표면에 나타나지 않는 일차 발화수행문(primary performative)으로 구분하는 등의 초기 단계의 작업의 어려움을 자인하게 된다. (Austin, 1962: 94)

> "It seemed that we were going to find it not always easy to distinguish performative utterances form constative, and it therefore seemed expedient to go farther back for a while to fundamentals—to consider from the ground up how many senses there are in which to say something is to do something, or in saying we do something, and even by saying something we do something."

위의 인용문에서 알 수 있듯이 처음에 생각했던 것처럼 constative와 performative를 구분한다는 것이 쉽지 않았으며 따라서 다시 어떤 발화에 따르는 행위를 세 가지로 구분하였다. 하나는 locutionary act(발화행위)로서 모든 의미 있는 발화문의 발화행위(an act of saying) 자체를 가리킨다. 또 하나의 행위는 발화 행위중에 화자가 수행하는 행위로서(an act performed in saying something) 이를 illocutionary act(발화중 수행행위)라 부른다. 마지막으로 또 하나의 행위는 발화행위의 결과(an act performed by means of saying something)로서 화자가 자기의 의지와 무관하게 이루어지는 행위로서 이를 perlocutionary act(발화결과행위)라 부른다.[7] Austin의 관심은 특히 illocutionary act(force)에 있으며 Austin(1962: 100)에서 자기를 포함한 종전의 철학자들이 illocutionary act의 문제를 locutionary usage의 문제로 잘못 생각해 왔음을 지적하면서 단어의 의미는 화맥(context)에 의해서 설명되어져야 한다고 덧붙인다. 지금까지의 논의를 통해서 다음 두 가지 점을 주목하기로 한다. 첫째, Austin의 행위 이론은 화자 중심적인 관점에서 발전시킨 것이다. 둘째, 주관심사인 illocutionary act는 구체적으로 어떤 행위자인가는 화자와 청자가 포함된 모든 상황의 적절조건(appropriate condition)에 의해서 결정된다는 점이다.

언어의 간접화행(indirect speech act)에 대해서 Searle(1975)에서 본격적으로 다루어지고 있다. 그의 간접화행이론은 Austin(1962)의 발화중 수행행위(illocutionary act)를 좀 더 구

7) locutionary act/illocutionary act/perlocutionary act에 대한 우리의 용어는 매우 불안정한 것이다. 그러나 전문 학술용어는 그 지칭하는 개념을 정확하고 간결하게 표현해야한다는 원칙에 비추어 기존의 언표적행위/언표내적행위/연표 효과적 행위(이정민, 배영남, 언어학사전, 1982)라는 모호한 용어를 도저히 사용할 수 없었다.

체화한 것으로서 간접화행을 "한 '발화중 수행행위'가 다른 '발화중 수행행위'에 의하여 간접적으로 수행 되는 것(one illocutionary act is performed indirectly by way of performing anot-her)"이라고 정의하고 있다.(Searle, 1975: 60) 우리는 여기에서 간접화행과 대조되는 개념으로 직접화행(direct speech act)을 도입하는 것이 유익하리라 본다.[8] 이 직접화행을 Lyons(1977: 785)는 발화하는데 사용되는 문장의 문법 구조에 의해서 직접 결정되는 "발화중 부수적 수행능력(incidental illocutionary force)"이라고 명명하였으며, 간접화행에 대해서는 문장의 의미와 발화중 부수적 수행능력으로부터 도출되는 것으로서 "발화중 실제적 수행능력(actual illocutionary force)"이라고 불렀다. 한편, Searle(1975: 61-62)은 "발화중 실제적 수행행위(illocution)"를 "발화중 일차수행행위(primary illocutionary act)"와 "발화중 이차수행행위(secondary illocutionary act)"로 구분하고 있다. 그에 따르면 우리의 기대와는 달리 "발화중 일차수행행위"는 비문자적 의미(nonliteral meaning)이며 이 의미는 화자·청자 간의 상호 배경정보(mutual background information), 화행이론(theory of speech acts), 일반 대화원리(general principles of conversation) 등이 작용하여 결정된다. 한편 "발화중 이차수행행위"는 문자적 의미(literal meaning)로부터 직접 수행되는 화행으로서 우리는 이를 직접화행이라 부르고 있는 Lyons(1977)의 "incidental illocutionary force(발화중 부수적 수행능력)"에 해당한다. 이와 같은 용어의 사용을 아래처럼 도식화 해보자.

(16) 화행에 대한 학자별 용어 사용의 예

<table>
<tr><th>Austin</th><th>Searle</th><th>Lyons</th><th>우리의 분류</th><th></th></tr>
<tr><td rowspan="2">illocutionary act</td><td>primary illocutionary act</td><td>actual illocutionary force</td><td>indirect speech act</td><td>nonliteral meaning</td></tr>
<tr><td>secondary illocutionary act</td><td>incidental illocutionary force</td><td>direct speech act</td><td>literal meaning</td></tr>
</table>

우리가 앞에서 Searle(1975)이 비문자적 의미에서 오는 화행을 'primary illocutionary act'라 부르는 것을 우리의 기대에 어긋난다고 한 이유는 우리의 직관으로 볼 때 문자적 의미가

8) '직접화행'이라는 용어는 우리 자신의 것이다. 이는 간접화행(direct speech act)과 대조되는 개념으로서 문자적 의미에서 나오는 화행이다. 우리가 이 용어를 쓰는 이유는 뒤에서 언급된다.

기본이며 따라서 일차적 화행이 되어야하지 않을까 생각해서이다. 그러나 언어를 행위의 관점에서 보면 실제 대화 목적에 공헌하고 있는 것은 오히려 비문자적 간접화행일 경우가 대단히 많으며 이 점이 Lyons(1977)의 'actual illocutionary force'의 'actual'에 반영되어 있다. 그러나 문제는 간접화행만이 항상 일차적이고 실제적인 화행이냐 하는 점과 또 직접화행과 간접화행의 구분이 항상 기계적으로 구분될 정도로 인간의 대화가 정적(static)인 것인가 하는 점이다. 다음의 고전적인 예문을 통해서 좀 더 살펴보기로 하자.

(17) A : Let's go to the movies tonight.

B : I have to prepare for an exam. (but let's go to the movie anyhow.)

위에서 A의 제안에 대한 B의 응답은 '거절(refusal)'이라는 간접화행을 갖는다. 이는 비문자적의미지만 문자적 의미로부터 도출된 것이다. 그러나 만약 B가 괄호안의 내용을 추가해서 발화한다면 이전에 가졌던 거절이라는 화행은 그대로 유지될 수 없다. 아니 오히려 거절이라는 간접화행에 이르지 않을 수도 있다. 이때는 단순히 '진술(statement)'이라는 문자적 의미의 직접화행만을 갖게 되는 것이다. 그럴 경우에 이 직접화행은 부수적(incidental)인 것이 아니고 실제적(actual)이며 이차적이 아닌 일차적인 화행인 것이다. 따라서 매우 복잡하고 역동적인 대화를 전제로 할 때 Searle(1977)이나 Lyons(1975)의 기계적 분류는 문제가 되지 않을 수 없다. 다만 문자적 직접화행이 매우 단순한 데 비해 비문자적 간접화행이 매우 복잡하기 때문에 그만큼 표적이 되어왔고 연구도 활발함은 부인할 수 없다. 사실 어떤 발화문이 직접화행만을 갖느냐 아니면 간접화행을 추가로 갖느냐 하는 것은 대화 상황에 달려있다. 예를 들어 "Can you reach the salt?"가 정형외가 의사가 팔을 다친 환자에게 하는 발화라면 '질문(question)'이라는 직접화행으로 쓰인 것이며 이때의 직접화행은 일차적이고 실제적인 것이다. 그러나 이 발화문이 식탁에서 쓰인 것이라면 소금 좀 달라는 '요구(request)'라는 간접화행으로 쓰인 것이며 이때는 이 간접화행이 일차적이고 실제적인 것이다. 이때 만일 간접화행이 아닌 직접화행으로 받아들이고 "Yes, I can." 정도로 응답하고 아무런 행동을 취하지 않는다면 즐거운 식사 시간이 되기는 힘들 것이다. 이때는 '질문'이라는 직접화행은 이차적이고 부수적인 화행일 뿐이다. 이상의 간단한 예에서 분명해졌듯이 직접화행이냐 간접화행이냐 하는 것은 기계적으로 정해지면서도 어느 것이 일차적이고 실제적이냐

하는 것은 대화 상황에 의해서 결정된다는 게 우리의 주장이다. 그렇다 하더라도 간접화행에 대한 이론의 중요성은 과소평가해서는 안 된다. 과연 어느 상황에서 화자가 간접화행을 사용하며 청자는 화자가 의도한 대로 그 간접화행을 이해하는 원리는 무엇인가에 대한 관심을 꾸준히 계속되어 왔다. 여기서 한 가지 중요한 사실은 간접화행의 관용화(convention)현상이다. 원래 간접화행은 적절한 상황과 대화원리에 의해서 결정되는 것이지만 일정한 표현 형식이 일정한 간접화행으로 주로 쓰여 옴으로서 하나의 정형으로 굳어진 것을 관용어법(convention)이라 한다.

(18) a. Can you pass the salt (,please)?
b. Are you able to pass the salt?

위의 (18b)는 (18a)의 'can' 대신에 'be able to'를 사용한 것으로서 (18a)가 흔히 갖는 '요구'라는 화행을 갖지 않는다. 또한 (18a)도 'please'라는 어휘를 덧붙임으로서 '요구'라는 화행만을 갖게 된다. 재미있는 것은 이 경우의 '요구'라는 화행은 비문자적 의미에서 거의 문자적의미로 변하게 된다는 점인데 이것이 바로 관용어법의 특징이다.

(19) a. I want you to do it.
b. I desire you to do it.

'want'가 쓰인 (19a)는 '요구'라는 간접화행을 가질 수 있으나 'desire'가 쓰인 (19b)는 동일한 간접화행을 갖지 않는다. (19a)도 관용어법의 하나이다. 또한 실제로 어떤 발화가 직접화행으로 쓰이는 경우와 간접화행으로 쓰이는 경우는 억양이 다르다는 점도 관용화의 하나라고 하겠다.

화자의 입장에서 간접화행을 사용한다는 것은 자기의 의도를 간접적으로 말하는 것(saying indirectly)으로서 이를 다른 말로 바꾸면 암시적으로 행위적 측면만을 본 것이지만 간접표현법은 화행을 포함한 발화의 의미 전부를 포함한 것이라는 점이다, 간접화행도 분명히 의미의 일부이기 때문이다. Grice(1975)는 이러한 간접적인 대화암시를 'conversational implicature'라고 부르면서 암시란 말해진 내용에 의해서 전달되는 것이 아니고 말해진 내용의 표현방법에 의해서 전달된다고 말한다.[9] (the implicature is not carried by what is said, but only by the saying of what is said, or by 'putting it that way') 이와 같이 간접 표현방식에 의해서 성공적인 대화가 이루어지기 위해서 대화 참여자가 준수해야할 원칙이 바로 협동원칙(cooperative principle)이며 이 원칙이 구체화된 것이 양(quantity), 질(quality), 관계(relation), 양식(manner)의 네 가지 격률(maxim)이다. Grice(1975)의 많은 부분은 청자가 암시적 대화를 듣고 어떻게 화자의 의도를 알아내는가 하는 추론전략(inferential strategy)적 측면의 구체화에 할애되고 있지만 우리가 주목할 점은 이러한 암시(implicature)도 언어 형식에 굳어진 의미로 나타나는 경우가 있다는 사실이며 이를 관용적 암시(conventional implicature)라고 불러 일반적인 대화암시(conversational implicature)와 구별하였다. 이는 간접화행의 관용어법(convention)의 이치와 다를 바 없다고 하겠다.

지금까지의 논의를 요약하면 첫째, 간접화행은 비문자적 의미이며 구체적인 의미는 대화원칙에 의해서 결정되고 둘째, 간접화행은 암시적 의미의 하나이며 대화의 협동의 원칙에 의해서 결정된다. 이러한 사실은 이미 Searle(1975: 75-76)에 분명히 언급되고 있지만 국내의 몇몇 논문에서 Austin의 illocutionary act, Searle의 indirect speech act, Grice의 conversational implicature가 각각 독립적으로 소개 및 논의되고 있지만 상호간의 관련성에 대한 논의는 거의 없었던 것 같다.

이제 간접화행에 대한 지금까지의 논의를 토대로 하여 국어부정의문문의 화행을 살펴보겠는데 이에 앞서 영어의 부정의문문의 의미에 대한 Hudson(1975)의 입장을 일별하기로 하자.

Hudson(1975: 8-9)은 다음 두 문장의 의미의 유사성에 대해서 주목할 만한 언급을 하고 있다.

(20) a. Isn't that a pretty dress?
b. What a pretty dress that is!

그는 (20a)가 (20b)의 의미로 쓰일 때 (20a)를 exclamation으로 분석하였음을 앞장에서 우리는 지적한 바 있다. 이 '감탄'이라는 의미는 (20b)의 문자적 의미이면서도 (20a)의 비문자적 의미이기도 한데 이러한 공통적 의미를 갖는 배경을 Hudson은 성실조건

9) 우리는 'implicature'가 '함축'이라고 번역되어 쓰이고 있음을 알고 있으나 여기서 굳이 '암시'라 번역한 것은 '함축'이 문장 중심적인 용어이며 '함의'(entailment)와 혼동하기 쉬운 데 비해, '암시'는 화자중심적이며 'imply', 'implicate'와 더욱 상응한다고 판단되기 때문이다.

(sincerity condition)에 의해서 설명하고 있다. 그는 이 성실조건을 화용론의 영역이 아닌 의미론의 영역에 포함시키고 있는데, 그 이유는 exclamation으로 쓰이는 부정의문문은 고유한 통사적 특징을 갖고 있기 때문이며 이는 하나의 관용어법(convention)으로 굳어져 있다고 본다. 그러면서도 Hudson(1975: 12)에서 성실조건이란 화자가 어떤 명제의 진위 여부를 청자도 자기가 아는 바대로 알고 있다고 믿는 것이라고 보고 있음은 결국 부정의문문이 '감탄'이라는 화행을 갖기 위해서는 화용론적 조건이 충족되어야함을 의미하는 것으로 우리는 이해해도 좋을 것이다.

이제 우리는 국어의 부정의문문이 의미를 화행의 관점에서 고찰하기 위하여 앞장에서 사용했던 두 문장을 다시 불러오기로 하자.

(1) 영희는 갔지 않니?

(2) 영희는 가지 않았니?

(1)은 이미 앞장에서 여러 차례 강조했듯이 시제표지가 '지' 앞에 나티난 표현으로서 영희는 갔음을 화자가 진술하는 '진술(statement)' 혹은 좀 더 강한 '감탄(exclamation)'의 화행을 갖는다. 이 (1)은 이미 부정의 의미를 상실한 관용어법(convention)이 된 것이다. 이에 비해 (2)는 그 문자적 의미의 직접화행은 '질문(question)'이지만 적절한 화용론적 상황하에서는 '진술'이나 '감탄' 등의 비문자적 의미의 간접화행을 가질 수도 있다. 이 두 화행은 일례에 불과한 것이며 그밖에 수없이 많은 화행으로 쓰일 잠재력(potential)을 가지고 있다.[10] 또한 여기서 분명히 지적되어야할 것은 (2)가 이런 다양한 화행을 갖는 경우는 이차전제용법으로 쓰일 때라는 점이다. (2)가 비전제용법이나 일차전제용법으로 쓰일 때의 화행의 범위는 지극히 좁아져서 거의 '질문'이라는 직접화행만으로 쓰이는 것과 비교해 볼 때 국어의 부정의문문의 이차전제용법이 국어 생활에서 차지하는 비중은 아무리 강조해도 지나치다고 할 수 없을 것이며, 그만큼 이차전제용법에 대한 언어학적 규명의 필요성도 지대하다 아니 할 수 없다. 여기서 다시 돌이켜보면 김동식(1981)의 '확인문' 논리나 장석진(1984)의 부가의문문 이론은 우리의 이차전제용법이 갖는 화행 중에서 '진술'이라는 화행이 부각되어 이론화된 것이라는 점을 이제 깨닫게 된다.

10) 한 가지 예를 들면 "영희는 갔는데 너는 왜 안 갔느냐"는 '비난'의 화행을 가질 수도 있고 "영희는 갔으니 너도 가라"는 '명령'의 화행을 가질 수도 있다.

그러나 이 이론들은 국어 부정의문문의 일부분으로 설명되어야 할 현상을 독립된 전체(independent whole)로 간주함으로써 오히려 부분적인 설명밖에 할 수 없었던 것이다.

이제 우리는 (1)을 부정의문문이 아닌 새로운 시각에서 바라볼 수도 있다. 화자가 "영희는 갔다"라고 서술문의 형식으로 발화하는 경우에는 "영희는 갔지 않니?"라는 의문문의 형식으로 발화하는 경우보다 '진술'이라는 화행의 강도는 높아진다. 다시 말해서 화자가 의문문의 형식을 빌리는 동기는 스스로 '진술'이라는 화행의 강도를 낮추기 위해서 직접화행이 아닌 간접화행을 수행하고자 하는데 있는 것이다. 이는 우리가 식탁에서 "소금 좀 달라."라고 말하는 대신에 "소금 좀 줄래?"라고 말하는 것과 같은 논리로 설명되어야 할 것이다. 이렇게 볼 때 우리의 이차전제용법의 문장은 의문문의 관점에서 보면 서술성이 강한 화행이 되지만, 서술문의 관점에서 보면 서술성이 약화되는 간접화행이 되고 있음을 알 수 있는데, 그만큼 이차전제용법의 활용도의 폭이 크다고 말할 수 있을 것이다.

끝으로 화자가 직접화행 대신에 간접화행의 어법을 사용하는 동기는 무엇일까에 대해서 생각해 보자. Searle(1975: 74)은 간접형식을 사용하는 중요한 동기는 바로 예의(politeness)라고 주장하면서 예를 들어 "Pass me the salt." 대신에 "Can you pass me the salt?"를 쓰면 화자가 청자의 실행 능력을 이미 알고 있다고 가정하지 않고 또 청자에게 거절할 수 있는 권한을 준다는 면에서 더 예의를 갖춘 어법이라고 본다. 이점은 일반적으로 받아들여지고 있는 사실이며 여기에는 화행의 차원뿐만 아니라 대화의 암시적 화법에도 그대로 적용될 수 있을 것이다. 지금까지의 논의를 통해서 국어의 부정의문문의 이차전제용법은 여러 가지 간접화행의 잠재력을 가진 화용론적 특성이 강한 어법임을 논증하였다.

4. 마무리말

어린이들의 말을 유심히 관찰해보면 자기가 하고자 하는 말 사이 사이에 "있지 않아?"라는 표현을 넣어 사용하는 것을 볼 수 있는데, 이 표현이야말로 원래의 부정의문문의 기능을 완전히 잊어버리고 더구나 진술이라는 간접화행의 의미조차 갖지 않는 idiom, 즉 상투적 표현으로 굳어진 대표적인 예가 될 것이다. 이 상투적 표현이 되기 전단계가 바로 관용어(convention)인데 국어 부정의문문의 이차전제용법 가운데 시제표지가 '지' 앞에 오는 전용적 이차전제용법을 바로 이 관용어법이라고 보아도 좋을 것이다. 2장에서 보았듯이 영어에서도 이차전제용법의 'not'은 의미도 사라지고 형태도 'n't'로 축약되어 발음도 [nat]가 [nt]로 약화되는 관용화의 과정을 겪어왔으며 우리말의 부정소 '아니'는 물론 의미는 잃었지만 자체의 형태의 변화는 없다. 그 대신에 장형부정의문문의 경우에 '지' 앞에 오는 서술어간 다음에 시제표지 '았'이 실현되고 원래의 자리인 '아니 하-' 다음에는 명시적 시제표지가 나타나지 않는 통사상의 변화가 있는데 이때는 전적으로 이차전제용법으로만 쓰이므로 우리는 전용적 이차전제용법이라 불렀다. 그러면 이러한 관용화의 근본 동기는 무엇일까? 매우 궁금한 문제이다. 우리는 아직 그 해답을 갖고 있지 않다. 다만 토박이의 직관과 인식론의 관점에서 이렇게 추측해 본다. 하나는 우리가 대화중에 자기의 주장을 강하게 표현하려고 할 때 자기의 의도와 반대되는 부정적 표현이 튀어나오는 경험을 가끔씩 하게 되는데 이는 바로 강한 긍정을 표현하고자 하는 화자의 욕구가 청자의 부정적 이해를 사전에 봉쇄하려는 쪽으로 무의식적으로 작용하기 때문이 아닌가를 생각해 본다. 아울러 시제표지가 '지' 앞에 오는 동기는 '지' 앞의 본술어(main predicate)에 시제를 표시함으로서 그 긍정 술어를 기정사실화하여 '아니' 이하의 부정적 의미를 무력화하려는 심리적 동기가 작용한 것이 아닌가 생각해 본다. 이러한 추측은 매우 막연한 것이며 신비스런 언어현상에 대한 외경심의 발로에 지나지 않는 것이다.

끝으로 그러면 이처럼 다양한 화행이 왜 하필이면 (부정)의문문의 형식을 빌어 나타나는지 생각해 보자. 의문문은 적어도 화자와 청자라는 두 사람을 필요로 하는 매우 대화성(conversationality)이 높은 발화문이다. 심지어 자문자답의 형식일지라도 또 하나의 자기에게 묻고 답하는 대화성이 의문문에는 있다. 또 간접화행도 지극히 대화성이 높아서 대화의 전제없이 화행 자체의 논의조차 무의미하다. 간접화행은 대화 참여자간의 협동의 원리성이 아주 강한 두 어법의 만남은 지극히 당연하면서도 놀랄만한 조화라고 하지 않을 수 없다. 이와 같은 부정의문문이 화용론적 특성에 대한 본 논증이 국어가 화용론적 언어임을 보여주는 또 하나의 의미 있는 증거가 되기를 기대한다.

참고문헌

김동식(1981) '부정아닌부정', 언어6.2, 한국언어학회.

박주현(1983) '화행이론에 대하여', 영어영문학29.2, 한국영어영문학회.

장경기(1986) '국어의 부정의문문과 전제', 어학연구22.1, 서울대학교 어학연구소.

장석진(1984) '국어의 부가의문', 언어9.2, 한국언어학회.

Austin, J.L.(1962) *How to do things with Words*. Oxford.

Cattell, R.(1973) 'Negative Transportation and Tag Questions', *Language* 49.3.

Grice, H.P.(1975) 'Logic and Conversation',

Hudson, R.A(1975) 'The Meaning of Questions', *Language* 51.1.

Jespersoen, O.(1933) *Essentials of English Grammar*, George Allen & Unwin.

Karttunen, L.(1973) 'Presupposition of Compound Sentences', *Linguistic Inquiry* 4.2.

Lyons, J.C.(1977) *Semantics* 2. London.

Searle, J.(1975) 'Indired Speech Acts', *Syntax and Semantics* 3.

국문요약

이 논문은 아래와 같은 문형과 화행의 관계를 밝히기 위해서 쓴 것이다.

(1) 영희는 갔지 않니?

이 문형의 특징은 일반적인 장형부정문과는 달리 시제 표지가 '지' 앞에 실현되고 있다는 점이다. 우리는 장경기(1986)에서 이 문형을 통사적으로는 부정의문문이며, 화자의 전제라는 관점에서는 전용적 이차전제용법이라고 분석한 바 있다.

비문자적 간접화행(nonliteral indirect speech act)은 문자적인 직접화행(literal direct speech act)을 통해서 간접적으로 수행되는 언어행위이다. (1)의 직접화행은 다른 일반 부정의문문과 마찬가지로 '질문'이다. 그러나 (1)의 간접화행은 '진술', '감탄' 등 적절한 상황에서는 여러 가지 다양한 화행을 갖는다. 이점은 비전제용법 및 일차전제용법의 부정의문문의 간접화행이 극히 제한적인 점과 비교할 때 이차전제용법의 부정의문문이 갖는 주목할 만한 화용론적 특징이다. 이는 또한 국어의 화용론적 특성을 증명하는 의미있는 증거가 될 것이다.

Abstract

Negative Questions and Speech Acts in Korean

Chang Kyung-Key

This paper aims to describe the relationship between negative questions and speech acts in Korean.

Our preceding paper(1986) has argued that Korean negative questions as well as English negative questions have unpresuppositional usages, primary presuppositional usages, and secondary presuppositional usages, which are categorized on the basis of speaker's presuppositions. Unlike the other ones, the secondary presuppositional usage is a marked case in that it asks for the hearer's confirmation about the speaker's affirmative presupposition through the syntactic negative question.

We suppose that this pragmatic nature is deeply related to the potentiality of speech acts of negative questions. The nonliteral indirect speech act is an act performed indirectly by way of performing the literal direct speech act. Our argument is that, unlike the other ones, the negative question with the secondary presuppositional usage is much more pragmatic and therefore has relatively varied types of indirect speech acts such as statement, exclamation, etc., depending on the appropriate circumstances. Last but not least, this is seemingly not language-specific but language-universal.

제4장 국어 부정의문문의 GB분석 시론

1. 머리말

이 논문은 우리가 장경기(1986)에서 기존 이론과 다르게 분석한 다음과 같은 유형의 문장이 GB이론의 틀 안에서 어떻게 정당화 될 수 있는지 검토하는데 목적이 있으며, 특히 국어 부정의문문의 의미 해석이 어느 단계에서 이루어지는지를 중점적으로 살펴보기로 한다.

(1) 영희는 갔지 않니?

위 유형의 부정의문문은 몇 가지 통사적 특성을 가지고 있다. 첫째, 다른 일반 의문문과 달리 통사적으로 대응하는 서술문이 존재하지 않는다는 점이다. 즉, "영희는 갔지 않다"는 서술문 비문이다. 둘째, 의미상으로 부정의 의미를 가지고 있는 것이 아니라 오히려 강한 긍정의 의미를 가지고 있다는 점이다. 구조상으로 아래의 부정의문문과 유사하면서도 왜 의미상으로 다르게 행동하는지 충분히 우리의 호기심을 끌만도 하다.

(2) 영희는 가지 않았니?

(1)과 (2)의 유일한 통사적 차이는 시제표지(tense marker)의 표시 위치이다. 우리의 관심은 이러한 시제 표지의 이동과 의미의 표시와 어떠한 관계가 있는가 하는 점인데,

이를 바꾸어 말하면 (2)가 일반적인 부정의 의미뿐만 아니라 (1)의 유일한 의미인 강한 긍정의 의미도 가지고 있는데, 이를 어떻게 체계적으로 설명하느냐 하는 것이다.

그 동안 국어학계에서 국어의 부정문에 보여준 관심에 비하면 우리의 이 문제에 대한 관심은 매우 미미하였다. 그러다가 80년대에 김동식(1981)과 장석진(1984)이 나오는데 두 논문이 서로 완전히 다른 분석을 하고 있을 뿐 아니라 뒤에 나온 장석진(1984)은 김동식(1981)에 대한 언급조차 없다. 이 두 논문의 (1)에 대한 통사적, 의미적 특징에 대한 이해는 앞에서 제시한 우리의 것과 다를 바 없다. 다만 다른 것은 이를 설명하는 문법이론이 다르다. 따라서 자연 언어를 보다 잘 설명하는 이론의 추구 및 선택이라는 면에서 우리는 장경기(1986)에서 두 연구의 이론 내적인 문제를 지적하고 이의 해결을 위해서는 분석의 틀(theoretical framework)을 바꾸지 않으면 안 된다는 점을 여러 증거를 들어 논증하고 대안을 제시하였다.

김동식(1981)은 한마디로 (1) 유형을 '확인문'이라는 문형을 신설하여 설명하고 있다. 비록 (1)이 확인의 의미가 있다 하더라도 이를 위해 새로운 문형을 만드는 방식은 그 문형의 설정 논리의 정당화 문제 이전에 우선 보편문법의 원리를 위반하고 있다는 절대적 부담을 안고 있다. 기존의 문형이 보편문법과 일치할 뿐 아니라 독립된 통사적, 의미적 특성을 가지고 있음을 고려해볼 때 김동식(1981)의 설명은 문제가 아닐 수 없다.

장석진(1984)은 (1) 유형을 부가의문문으로 분석한다. 이 분석은 논리적으로 국어의 부가의문문의 존재에 대한 정당화가 선행되어야 한다. 우리는 장경기(1985)에서 국어에 부가의문문이 존재한다는 주장을 하기 위해서는 몇 가지 전제가 필요함을 논하고 있는데, 그 하나는 (1) 유형의 '-지'가 종결 어미임이 증명되어야 한다는 점이다. 그러나 국어의 장형부정문에 나타나는 이 '-지'를 종결 어미로 보는 주장은 학계에 극히 드물다. 또한 장석진의 부가의문문은 지나치게 영어의 그것과 동일시한 분석인데, 장경기(1985)에서 보여 주듯이 세계 다른 언어들에서는 영어의 통사구조와 유사한 부가의문문이 별로 없고 국어도 마찬가지라는 것이 우리의 생각이다.

우리는 여기에서 이 두 논문의 일반적 문제점을 지적하는 것으로 그치겠지만 장경기(1986)에서는 각각의 이론이 지닌 문제점을 자세히 논하고 있다. 우리의 주장은 한마디로 (1) 유형은 국어 부정의문문의 특수한 형태라고 본다는 점이다. 이를 뒷받침하는 증거로서 첫째, (2)와 같은 일반적 부정의문문도 강한 긍정이라는 (1)의 용법으로 두루 쓰이며, 둘째, 김동식(1981)과 장석진(1984)이 전혀 언급하고 있지 않은 국어의 단형 부정의문문도 (1)과 같은 일반적인 국어 부정의문문의 용법의 하나임을 보였다. 또한 이러한 용법은 영어의 부정의문문에도 존재함을 보여서 언어 보편성을 확인하였고, 끝으로 이러한 용법은 통사 단계에서 설명될 성격의 것이 아니고 화자의 전제에 따라 달라지는 화용론적 단계에서 설명되어야 함을 밝혔다. 특히 (1) 유형은 '-지' 앞에 시제 표지가 실현된 구문으로 항상 강한 긍정이라는, 우리의 용어를 빌어 말하면 '전용적 이차전제용법'을 갖게 되는데, 영어에서는 시제 이동 대신에 부정 요소 'not'이 선행하는 조동사와 항상 축약되어 'n't'로 실현되는 매우 흥미로운 특성을 보여준다. 또한 우리 연구의 특징은 화자의 전제와 관련된 용법이 부정의문문에 국한된 것이 아니라 국어의 여부 의문문(yes-no question) 전반에 걸쳐 통용되는 용법의 일부임을 밝히고 있다는 점인데, 이를 다음 표로 나타낼 수 있다(장경기, 1986: p.32).

(3) 국어 여부의문문의 화용론적 용법

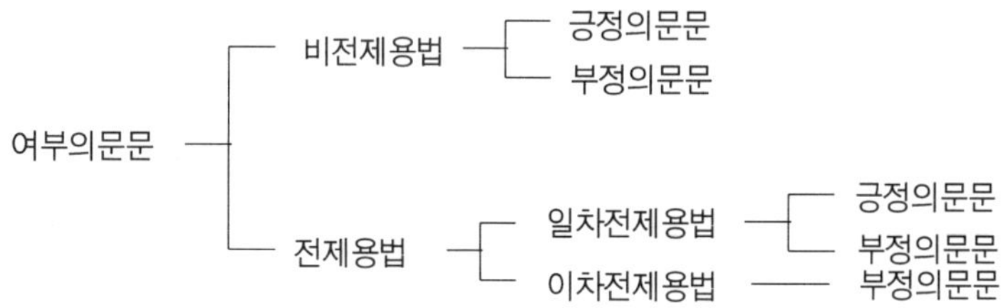

이 도표의 언어학적 동기에 대해서는 장경기(1986)에 상세히 언급되어 있으며, 영어도 국어와 동일하게 도표화 할 수 있음도 아울러 보여주고 있다.

2. 본론

여기서 우리가 다루고자 하는 과제는 두 가지이다. 첫째, 우리의 논의와 직접적으로 관련된 GB이론을 제시한다. 둘째, 제시된 이론을 토대로 부정의문문의 의미해석은 어느 단계에서 이루어져야 하는지를 살펴봄으로써 우리의 주장을 정당화한다.

현대지배결속이론(Government-Binding Theory; GB이론)이 공통적인 기본 가설과 전제를 가지고 있으면서도 전통적 생성문법(Generative Grammar)과 다른 점은 전통적 생성문법이 규칙체계(rule system)의 문법이라면 지배결속이론은 원리체계(principle system)의 문법이라고 Chomsky(1981)는 말하고 있다. 이러한 대전환이 일어난 동기는 한 마디로 말하면, 전통적 생성문법에서는 특정 구문에 대하여 특정 규칙을 설정하여 모두 다 설명하려고 하였으나, 이러한 규칙 위주의 문법으로는 깊이 있는 문법 설명이 불가능하다는 점이 밝혀지면서 한 구문의 현상을 여러 일반적 원리들을 적용하여 조합적(modular)으로 설명하는 것이 더 효율적이라는 것이 밝혀지기 시작한 때문이다. 다시 말하면 대체로 종래의 생성문법의 규칙은 각 구문마다 따로 설정하게 되는데 반해, 지배-결속 이론에서의 원리는 어떤 구문에 국한된 것이 아니라 언어 전반에 걸친 것이기 때문에 그만큼 더 언어 보편적(language-universal)인 설명력이 높아진다고 말할 수 있다. 따라서 지배결속이론에서 제안되고 있는 이러한 보편문법 원리(Universal Grammar principles=UG principles)는 핵계층이론(X-bar theory), 지배이론(government theory), 의미역이론(theta theory), 격이론(Case theory), 결속이론(binding theory), 통제이론(control theory), 한계이론(bounding theory), 투사원리(projection principle), 완전해석원리(full interpretation principle) 등 십여 가지이며, 각 원리마다 한두 가지의 매개변인(parameter)이 제안되어 있다. 이와 같은 원리체계의 조합문법은 모든 변형규칙들을 α-이동(Move-α) 또는 처리(Affect-α)로 축소, 통합하게 되고 더 나아가서 원리체계가 모든 문법적 요소를 허가하는 허가문법(licensing grammar)으로 발전되어 가고 있다. 이 허가문법에 대한 구체적 시사는 Chomsky(1986: 93)의 다음과 같은 말에서 찾아 볼 수 있다; "모든 문법적 요소는 허가되어야 한다.(Every element that appears in a well-formed structure must be licensed.)" 이러한 허가 문제를 좀 더 살펴보기 위해서는 지배결속이론의 세 가지 구성 부문(component)과 네 계층(level)을 언급할 필요가 있다. 생성문법은 통사부문(syntactic component), 의미부문(semantic component), 그리고 음운부문(phonological component)으로 구성되며, 통사부문은 생성부문으로서 D-구조(D-structure)와 S-구조(S-structure)라는 자립적 계층을 이루고, 의미부문과 음운부문은 이 통사 부문에서 각각 의미(meaning)와 형태(form)를 해석해 내는 해석부문(interpretive component)으로서 통사부문에 의존되어 있는데, 의미부문에 해당되는 논리형태(logical form; LF)와 음운부문에 해당되는 음성형태(phonetic form; PF)로 불리우며 S-구조에서 해석, 도출되는 계층이다. 실제로 투사원리에 의하여 논리형태인 LF와 D-구조와 S-구조가 거의 동일한 구조를 가지게 된다. 이 네 계층의 모든 문법 요소는 보편문법 원리에 의하여 문법내적인 허가(grammar-internal licensing)를 받아야 한다. 그런데, Chomsky(1986)는 논리형태(LF)와 음성형태(PF)의 요소들은 문법외적 허가(grammar-external licensing)도 받아야 한다고 주장하고, 이를 바꾸어 말하면 모든 계층의 문법 요소들은 통사적으로 허가되어야 할 뿐만 아니라 음운적으로 완전히 해석된 소리와 의미적으로 완전히 해석된 의미를 가져야만 적형구조(well- formed structure), 즉 정문(grammatical sentence)이 된다는 것이다. 여기서 우리의 관심은 자연스럽게 의미해석의 문제에 쏠리게 된다. 의미해석이 어느 계층에서 이루어지느냐 하는 문제야말로 생성문법의 발달사라고 할 수 있을 정도로 항상 논의의 핵심이 되어 왔는데 지배결속이론에서는 의미해석규칙을 둘로 나누고 있다. 의미해석규칙-1(semantic interpretive rules-1; SI-1 rules)은 S-구조에 적용되어 논리형태를 낳고, 다시 이 논리형태에 의미해석규칙-2(Semantic interpretive rules-2; SI-2)가 적용되어 최종적인 의미표시(Semantic representation = SR)가 나온다. Chomsky(1975)의 수정 확대표준이론(Revised Extended Standard Theory; RESD)의 문법 체계를 아래와 같이 도식화 할 수 있다.

(4) 수정 확대표준이론의 문법 체계

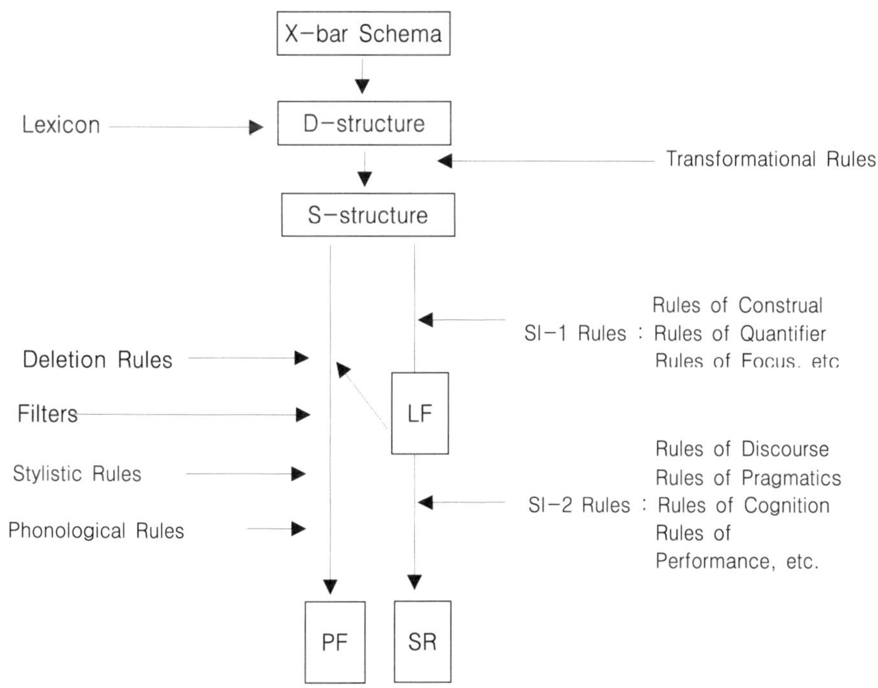

여기서 우리는 삭제규칙(Deletion rules)이 의미 해석에 아무 영향을 주고 있지 않음을 보게 되는데, 그러나 양동휘(1989: 500-506)에서 삭제규칙과 문체규칙의 적용을 받아 생긴 표면구조(Surface structure; SS)가 SI-1과 SI-2에 영향을 주는 여러 예를 제시하면서 (4)를 다음과 같이 수정할 것을 제안한다.

(5) 수정 확대표준이론의 수정된 문법체계(양동휘, 1989, p.506)

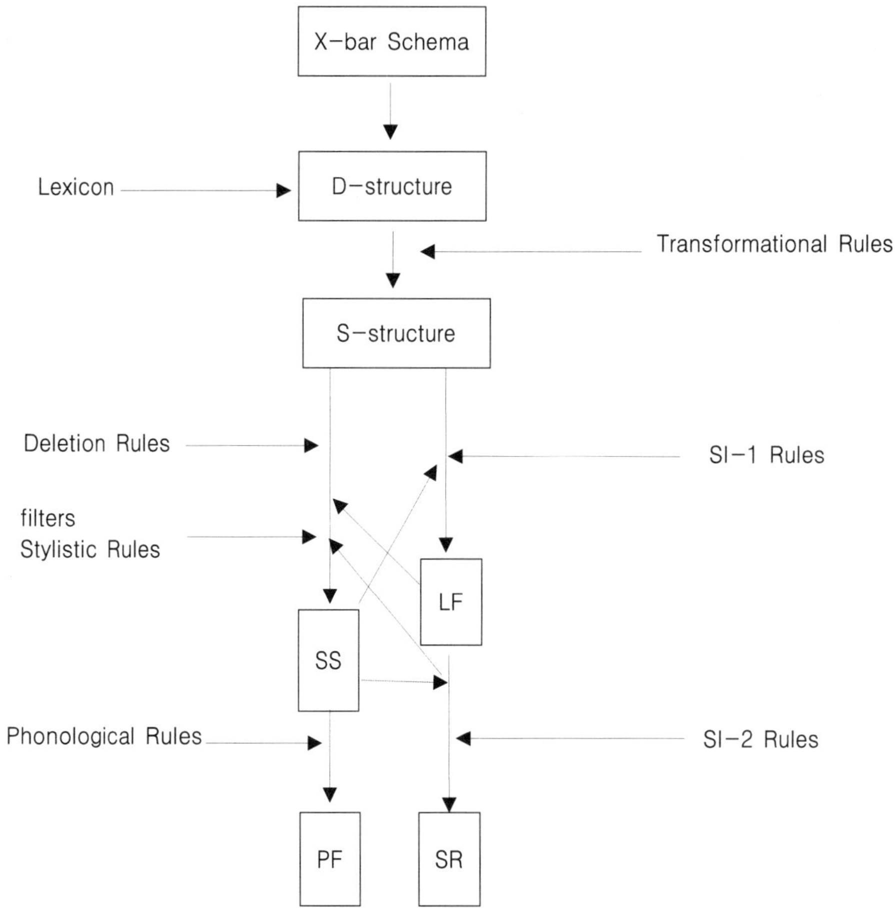

결국, Chomsky(1986)의 모델 (4)는 SI-1의 입력부는 S-구조이고, 이의 출력부인 LF가 SI-2의 입력부가 되어 최종적인 의미 출력부는 SR(semantic representation)이 되는데 반해서 양동휘(1989)의 모델 (5)는 SI-1의 입력부는 S-구조와 SS이며 이의 출력부인 LF에 SS

가 함께 입력부가 되어 최종적인 의미 출력부 SR이 도출된다. 또한 이 (5)는 논리형태인 LF와 후(後)논리형태인 LF가 삭제규칙이나 문체규칙에 영향을 줄 수 있음을 보여 준다는 면에서 주목할 만한 것이다. 우리는 이 주장이 우리의 부정의문문의 의미해석에 어떻게 작용하는지 검토하게 될 것이다. 여기서 또 하나 언급되어야 할 것은 완전한 의미해석이 무엇인가 하는 점이다. 우리는 의미 해석규칙-1의 적용으로 나온 논리형태 LF는 결국 기본적 의미(cognitive meaning)이며 여기에 의미해석규칙-2가 적용되어 최종적 의미 SR이 나오는데 이 의미는 결국 화용적 의미인 기능적 의미(functional meaning)가 기본적 의미에 추가된 총체적 의미이다. 그렇다면 SR은 문자적 의미(literal meaning)에 다름 아니고 LF는 LF에 비(非)문자적 의미(nonliteral meaning)가 결합된 의미라고 할 수 있을 것이다.

이제 지금까지 제시한 GB이론을 토대로 하여 국어 부정의문문의 의미해석 문제에 대하여 살펴보기로 하자.

어떤 의미해석에 화자의 전제가 관련되어 있다면 이는 당연히 의미해석규칙-2의 문제이다. 바꾸어 말하면 전제가 없는 비전제용법은 의미해석규칙-1의 문제이다. 그렇다면 (3)의 도식에서 제시한 비전제용법의 의미는 바로 논리형태(LF)이며 전제용법의 의미는 논리형태에 의미해석규칙-2의 한 요소인 화자의 전제가 작용된 의미인 후논리형태(LF)이다. 이렇게 볼 때 (2) 유형은 중의성을 가지며, 한 가지 의미는 LF가 바로 SR이 되는 비전제적 의미이고 또 다른 의미는 LF에 의미해석 규칙-2가 작용된 전제가 개입된 의미인 SR이다.

우리의 궁극적 관심은 (1) 유형의 의미해석의 문제이다. (1)은 화자가 영희가 갔다는 확신(=전제)을 가지고서 청자에게 강한 긍정을 표시하는 오직 하나의 의미만을 가지고 이러한 의미를 강요하는 요소는 물론 시제 표지 '았'이 종결어미 '-지' 앞의 서술어 '가-' 다음에 왔다는 점이며, 우리는 이를 이차전제용법의 전용표지(arbitrary marker)라 부른다. 결국 이 의미는 (1)의 문자적 의미이며, 따라서 의미 해석 규칙-1의 적용을 받고 있다는 것을 알 수 있다. 이를 통해서 전제표지가 어휘화되면 문장문법(sentence grammar)의 영역으로 들어오게 된다. 이러한 이차전제용법의 의미를 영어에서 살펴보면 흥미있는 결과가 나온다. Hudson(1975: 1313-20)에 의하면 영어의 부정의문문이 이차전제용법으로 쓰이려면 반드시 부정소 'not'가 'n't'로 축약된다고 말하고 있다. 이를 받아들이면 결국 음운부문(phonological component)이 의미부문(semantic component)에 영향을 줄 수 있다는 도표 (5)로 나타난 바의 양동휘(1989)의 주장을 지지하는 증거가 된다는 면에서 중요한 의의가 있다.

3. 맺는 말

지금까지 우리는 국어의 대화체에서 매우 흔하게 쓰이는 (1) 유형의 문장이 김동식(1981)의 이른바 '확인문'도 아니고 장석진(1984)의 부가의문문도 아니며, 통사적으로는 부정의문문이고 의미상으로는 전용적 이차전제용법이라는 주장을 편 장경기(1986)를 근거로 하여 이 주장이 GB이론 내에서 어떻게 수용될 수 있는지를 검토하였다. 그 결과 일반적으로 비전제적 의미는 의미해석규칙-1(SI-1)의 적용을 받아 표시되고 전제적 의미는 의미해석규칙-2(SI-2)의 적용을 받아 표시되지만, (1) 유형과 같이 전용적 전제표지가 어휘화 되어있는 경우에는 비전제적 의미와 같이 SI-1의 적용을 받는다는 점을 확인하였다. 특히 영어의 경우에 음운적 축약이 이차전제적 의미를 강요한다는 면에서 음운부문이 의미부문에 영향을 준다고 할 수 있으므로 Chomsky(1975, 1981)를 수정한 양동휘(1989)가 좀 더 설득력이 있음을 확인하는 한 증거를 확보할 수 있었다.

끝으로 우리가 순수 통사적 입장에서 이 부정(의문)문을 GB이론의 틀 안에서 다룰 수 있는 기회를 갖게 되기를 기대한다.

참고문헌

김동식 (1981) '부정아닌부정', 언어 6.2, 한국언어학회.

양동휘 (1989) 지배-결속 이론의 기초. 신아사.

장경기 (1985) '국어에도 부가의문문이 있는가?'영어영문학 3, 한국영어영문학회 경남지부.

______ (1986) '국어의 부정의문문과 전제', 어학연구 22. 1, 서울대 어학연구소.

장석진 (1984) '국어의 부가의문문', 언어 9.2, 한국언어학회.

Chomsky, N. (1975) *Reflections on Language*, Pantheon Books.

__________ (1981) *Lectures on Government and Binding*, Foris Publications.

Hudson, R. A (1975) 'The Meaning of Questions', *Language* 51.1.

제5장
국어 부정의문문의 구조와 의미해석

1. 서론

1) 논문의 목적

이 논문은 GB이론 안에서 국어의 부정문이 통사적으로 어떻게 정의되고 의미적으로 어떠한 특성을 가지는지 검토한 다음, 부정의문문이 화자의 전제와 관련하여 어떻게 분류될 수 있는지를 논하고 부정의문문의 의미해석은 어느 단계에서 이루어지는지를 알아보는 것을 목적으로 하고 있다.

2) 기본적인 GB이론

이 논문이 가정하고 있는 GB이론과 관련된 원리는 다음과 같다.

가) 허가조건(Licensing Principle): 모든 통사 현상은 통사규칙에 의하여 허가받아야 한다. (Chomsky, 1982)

나) VP-내 주어내포가설(VP-internal Subject Hypothesis): 주어를 포함한 모든 의미역이 VP 안에서 주어진다. (Koopman & Sportiche, 1988)

다) INFL-하위분류가설(Split-INFL Hypothesis): INFL은 더 많은 기능범주로 나누어진다. (Pollock, 1989)

---

* 이 논문은 한국영어 영문학회 경남지회 춘계 학술발표회 (1993.5.15 해군사관학교)에서 발표한 것이다. 이 자리에서 도움을 주신 분들께 감사드린다.

라) Head Parameter를 가정한다: 영어는 Head-initial language이고, 국어는 Head-final language이다.

마) 영상원리(Mirror Principle): 형태론적 파생은 통사론적 파생을 직접 반영한다. (Baker, 1988)

바) 핵이동제약(Head Movement Constraint): X는 자신을 특수지배하는 Y로만 이동해야 한다. (Baker, 1988)

3) 논문의 구성

(1) 문장의 정의와 문형을 결정하는 기준은 무엇인가? (2장)
(2) 의문문의 통사적 특성은 무엇인가? (3장)
(3) 어휘부정문과 통사부정문을 가름하는 기준은 무엇인가? (4장)
(4) 영어 부정문의 통사 및 의미론적 특성은 무엇인가? (5장)
(5) 국어 부정문의 통사 및 의미론적 특성을 무엇인가? (6장)
(6) 국어 부정의문문의 구조와 의미는 무엇인가? (7장)
(7) 국어 부정의문문의 의미해석은 어느 단계에서 이루어지는가? (8장)
(8) 맺는 말 (9장)

2. 문장의 정의

1. Quirk et al.(1985)의 논의

Quirk et al.(1985: 47)은 문장과 문법의 관계에 대하여 매우 깊은 통찰력을 보여주고 있다. 일반적으로 문법의 역할이 정문을 명시적으로 기술하는 것이라고 할 때 문법과 문장의 정의는 독립적으로 내려질 수 없고 상호적으로 정의되는 것이라는 입장을 가지고 있다. 전통적으로 문법학자들이 문법을 정의하기 전에 문장을 정의하려고 했고, 혹은 문장에 대한 정의의 수단으로 문법을 정의하려고 했던 것은 문장과 문법을 분리하여 생각한 데서 나온 발상인 것이다.

Quirk et al.(1985)은 이 둘 중 어느 것도 명확한 정의가 불가능하다고 본다. 그 이유는 첫째, 문장과 담화(discourse)의 구분이 어렵기 때문이요, 둘째, 문법적 용인성(grammatical acceptability)에는 불가피하게 의미, 스타일, 어휘의 용인성(lexical acceptability), 문맥 속의 용인성(acceptability in context) 등이 개입되지 않을 수 없기 때문이라는 것이다. 따라서 어떤 문법이론을 전개할 때 자료의 문법성에 대한 판단이 학자마다 다른 경우가 흔한데, 이는 바로 위와 같은 다양한 요인들이 화자의 문법성의 판단에 개입되기 때문인 것이다. 그만큼 문법이론의 전개 과정에서 분석 대상에 대한 올바른 선택이 중요하다고 생각할 수 있고, 이 과정 자체가 문법의 일부가 된다는 의미이기도 하다.

Quirk et al.(1985: 78)은 문장 처리에 앞서 문법 범주를 가리키는 용어로서의 문장 유형과 발화(utterance)의 화용론적, 의미론적 지위를 지칭하는 용어로서의 문장 유형이 구분되어 사용되어야 한다고 본다. 서술문(Declarative), 의문문(Interrogative), 명령문(Imperative), 감탄문(Exclamative)은 문법 용어이며, 단언(statement), 질문(question), 지시(directive), 감탄(exclamation) 등은 화용론적 용어이다.

우리가 이러한 인용을 하는 동기는 문장에 대한 통사적 분석에 앞서 분석 대상이 통사론의 영역에 속하는 것인지 화용론적 대상에 속하는 것인지를 분명히 하는 것이 논의의 올바른 방향 정립을 위하여 얼마나 긴요한 것인가를 강조하기 위함이다. 문장의 의미가 이처럼 복합적인 점과는 대조적으로 절(clause)은 순전히 통사적 의미이다. 문장에 대한 통사 분석의 기본 단위는 독립절(independent clause)이다. Quirk et al.(1985: 79)은 독립절의 구조를 아래와 같이 나타낸다.

(1) He had given the girl an apple.

<table>
<tr><td colspan="3">Sentence</td></tr>
<tr><td colspan="3">Independent Clause</td></tr>
<tr><td>Subject</td><td colspan="2">Predicate</td></tr>
<tr><td></td><td>Aux and Operator</td><td>Predication</td></tr>
<tr><td>He</td><td>had</td><td>given the girl an apple</td></tr>
</table>

지금까지 살펴본 바를 토대로 하여 판단해볼 때 문장은 문법이론에 의하여 정의되어야 하며, 통사 분석의 기본 단위로서의 문장은 독립절과 동일한 개념으로 이해된다고 할 수 있다.

2) 문장 분류의 통사적 기준

그렇다면 과연 문장을 분류하는 통사적 기준은 무엇인가가 관심사이다. 이를 바꾸어 말하면 문장의 핵어(Head)가 무엇이냐 하는 문제이기도 하다. 굴절어(屈折語)이며 Head-initial language인 영어는 INFL(= Aux and Operator)의 작용에 의해서 문장의 유형이 결정되고, 교착어(膠着語)이며 Head-final language인 국어는 문장의 끝에 오는 어말 어미를 변화시켜 문형을 결정한다. 생성문법의 핵계층구조(X'-Structure)를 따르면 문장은 IP이며, IP의 핵인 I가 시제를 가진 I(=AGR)일때 정형문(finite clause), 즉, 독립절이 된다. 이 AGR은 IP의 지정어(Spec) 자리에 오는 주어에 주격을 허가(Spec-Head Agreement)한다. Chomsky(1981: 27)는 INFL을 'mood indicator'로 가정한다. 다시 말하면 INFL에 의해서 서법(mood)이 구현된다고 본다. 그렇다면 문형의 차이는 곧 문장의 서법의 차이라고 할 수 있다. 흔히 직설법, 명령법, 가정법이라 부르는 명칭이 바로 문형을 가리키는 이름인 셈이다. 여기서 Fillmore(1968)의 격문법(Case Grammar)에서 문장을 어떻게 규정하는가를 살펴볼 필요가 있다.

(2) Fillmore(1968)의 문장의 정의 및 구성

a. Sentence → Modality + Proposition

b. Proposition → Predicate + C_1 +... +C_n (C는 deep Case)

이 격문법의 모델을 보더라도 문장의 유형이 양상부(modality)에 의해서 결정된다는 것을 알 수 있다. Quirk et al.(1985: 219)은 "Modality may be defined as the manner in which the meaning of a clause is qualified so as to reflect the speaker's judgment of the likelihood of the proposition it expresses being true."라고 정의하고 있는데, 이를 요약하면 명제의 진리치에 대한 화자의 판단을 반영하는 양식이라고 말할 수 있다. 따라서 이 양상부 안에는 당연히 Tense, Aspect가 포함되고 부정, 의문의 요소도 포함되며, 명령, 가정(假定)의 요소도 포함된다. 더 구체적인 의미론적 실현, 즉 허가, 의무, 의지, 가능성, 필연성, 예측 등도 이 양상의 개념에 포함된다. 이러한 양상의 구현 방법은 언어마다 다른데 영어는 서법 조동사(modal auxiliary)에 의해서 그 의미가 구체적으로 문장에 표현된다. 의미에 따라서는 여러 개의 서법 조동사(modal auxiliary)가 연결되는데

문법적으로 가장 중요한 기능을 하는 것은 맨 처음에 오는 서법동사로서 시제표시된 조동사(tensed-INFL)이 되고, 부정문, 의문문을 만드는 연산자(Operator)의 역할을 겸한다. 한편, 국어는 고유한 기능을 가진 어휘의 첨가에 의해서 양상이 실현되는데 가장 두드러진 특징은 문장의 종결어미에 의하여 문장의 유형을 결정하는 방식이라고 하겠다. 즉, 종결어미의 선택에 의해서 그 문장이 직설법, 의문법, 명령법 등의 서법이 결정되게 된다. 이러한 서법이 문장의 유형을 결정하는 체계를 이을환·이철수(1978: 216-3)에서 잘 보여주고 있다.

(3) 이을환·이철수(1978)의 서법체계

<table>
<tr><th colspan="9">서법</th></tr>
<tr><th colspan="3">서상법</th><th colspan="3">의지법</th><th colspan="3">직설법</th></tr>
<tr><td colspan="2">응락</td><td>가정</td><td>청유</td><td>소망</td><td>명령</td><td>감탄</td><td>의문</td><td>평서</td></tr>
<tr><td>허락</td><td>약속</td><td>추정</td><td></td><td></td><td></td><td></td><td></td><td></td></tr>
<tr><td>-렴</td><td>-마</td><td>-라</td><td>-자</td><td>-소서</td><td>-라</td><td>-구나</td><td>-냐?</td><td>-다</td></tr>
</table>

이 체계는 종결어미에 의해서 문장의 양상에 따른 문형이 표시된다는 우리의 입장과 완전히 일치하고 있다. 그렇다면 국어의 종결어미가 영어의 INFL의 기능을 하고 있는 것일까? 이 문제는 격 이론 및 국어 통사론의 전반적인 문제와 관련된 매우 중요한 문제이고, 과연 국어에 INFL이 존재하느냐의 문제에서부터 주격 부여자가 무엇이냐에 이르기까지 이 문제와 관련된 논의가 매우 활발하고 어느 하나로 아직 정립되지 않고 있다는 점을 지적하면서 더 구체적인 논의는 우리의 논점 밖에 있으므로 보류하기로 한다. 다만 하나 더 언급할 필요가 있는 것은 우리가 국어의 종결어미를 INFL로 본다면 Head-initial language인 영어는 IP의 Head인 I가 D-구조에서 문장의 맨 앞에 오고, Head-final language인 국어는 Head인 I가 문미에 옴으로써 Head- Parameter와 절묘한 조화를 보여주고 있다는 점이다. 물론 이러한 관찰은 Koopman & Sportiche(1988)의 VP-내 주어내포 가설(VP-internal Subject Hypothesis)을 받아들일 때 가능하다. 또한 Modality의 복합성을 구조적으로 표현하기 위해서 현대 GB이론은 Pollock(1989)의 INFL-하위분류 가설(Split-INFL Hypothesis)을 받아들이고 있다. 물론 이 기능범주의 순서는 언어마다 다르다.

3. 의문문의 통사적 특성

1) 의문문의 통사적 정의

이제 의문문은 통사적으로 어떻게 정의되어야 하는가를 살펴보기로 하자.

Modality의 관점에서 보면 의문문은 명제의 진리치에 대한 의문의 제기라고 할 수 있다. 이를 실현하는 방법은 영어에서는 연산자로서 INFL이 주어 앞자리, 즉, CP의 C 자리로 이동(I-Movement)하여 이루어진다. 국어에서는 종결어미를 의문형 종결어미 '-냐'를 첨가하여 의문문을 만든다. 의문형 종결어미의 위치에 대해서도 영어의 경우와 동일하게 C의 자리라고 하는 주장이 있으나 우리는 국어에서는 의문문을 만들기 위하여 어순의 변화를 가져오지 않고 다만 어미의 변화를 가져온다는 면에서 서술문의 종결어미 '-다'가 들어갈 자리, 즉 I의 자리에 들어간다고 가정한다. 또 하나의 증거는 종결어미가 문장의 유형을 결정하는 양상의 기능을 가지고 있으며 이 기능은 바로 I가 담당하므로 의문문의 종결어미 '-냐'의 위치도 I라고 본다.

2) 의문문의 유형

의문문은 다시 일반적으로 WH-의문문과 Yes-No의문문, 그리고 선택의문문으로 나누어진다. 영어의 경우 WH-의문문은 WH-word가 CP의 SPEC 자리인 문두로 이동하는 특징이 있으며, 응답은 Yes/No로 하지 않는다. 선택의문문의 기본 형식은 WH-의문문과 Yes-No의문문의 두 가지를 모두 가지고 있으나 응답의 형식이 선택적이다. 국어의 경우는 이러한 하위분류가 응답의 형식을 달리한다는 데에는 영어와 다를 바 없으나 어순의 변화나 종결어미의 차이를 가져오지 않는다는 면에서 통사적 의의는 다르다.

4. 어휘부정문과 통사부정문

1) 통사적 부정문의 형식

이제 서술문의 하나인 부정문의 통사성과 의미성을 살펴보기 전에 통사적 부정문의 형식을 정립할 필요가 있다. 부정문은 서술문의 하위범주로서 긍정서술문과 Modality

가 대조되는 개념이다. 의문문의 통사적 구조가 비교적 간단한 것과 달리 부정문은 의미와 통사구조의 복잡함은 어느 언어나 마찬가지이다. 의미론적으로도 진리치가 정반대가 된다는 면에서 그만큼 부정문이 언어에서 차지하는 비중이 크고, 따라서 이에 대한 언어학적 관심과 연구도 오랜 역사에 걸쳐서 지속되어왔다. 부정문의 이러한 본질은 연구 방법에도 그대로 영향을 주어 왔는데 의미론적으로는 물론이고 통사적으로도 서술문과의 대조적 관계로 파악되어왔고 이는 당연한 접근 절차이기도 하다.

2) 통사적 부정문의 정의

부정문의 통사적 특성을 연구하기 위해서 먼저 그 영역을 분명히 갈라야 할 필요가 있다. 먼저, 어휘부정문(Lexical negation)은 통사부정문(Syntactic negation)과 구분되어야 한다. 어휘부정문은 의존형태소(bound morpheme)인 부정접사(negative affix)가 특정어휘에 부착되어 부정의 의미를 갖는 문장을 말한다. 영어는 부정접두사 a-, dis-, in-, non-, un-, 등과 부정접미사 -less 등이 있다. 국어는 주로 한자어에서 온 부정접두사로서 '부-, 불-, 비-, 무-, 미-, 몰-' 등이 있다. 이 어휘 부정형태소는 오직 그 어근의 의미를 부정하여 새로운 어휘를 만드는 역할을 하며, 새로 만들어진 어휘는 사전의 목록에 들어간다. 이렇게 볼때 어휘부정문이라는 용어는 자체 모순적일지 모른다. 부정 어휘형태소가 부정문을 만드는 것이 아니라 부정의 의미가 있는 어휘가 내포된 문장을 만들고 있다는 것이 정확한 표현일 것이다. 다만 그동안 관행이 되어 쓰이고 있기 때문에 논의의 편의상 그 용어를 그대로 사용하겠다. 한편 통사부정문은 특정한 부정요소(negative element = Negator)가 독립형태소(free morpheme)로서 통사규칙에 따라서 작용하여 긍정문이 부정문이 된 것이다. 이 부정소는 영어는 not, no, never, neither, nor 등이 있으며 또 부정어휘 none, nothing 등이 통사부정문을 만들기도 한다. 또한 특정 부정소를 가지고 있지 않지만 통사부정문을 만드는 부정 부사어로서 seldom, rarely, scarcely, hardly, barely, little, few 등이 영어에는 있다. 국어는 '안, 못, 말' 등이 통사부정문을 만드는데 일반적으로 장형부정문과 단형부정문이 형식과 분포에 있어서 차이를 보이고 있다. 이 점에 대해서는 뒤에서 다시 자세히 언급하기로 한다.

5. 영어 부정문의 통사 및 의미론적 특성

1) Quirk et al.(1985)의 분류

Quirk et al.(1985: 775)은 영어의 통사부정문을 다음과 같이 분류하였다.

(4) 영어 부정문의 유형

① 문부정(Clause negation): 문장의 모든 요소가 부정의 대상이 된다.

- 동사내적 문부정(Clause negation through verb negation)
  - a. I have not finished.
  - b. She does not work hard.

- 동사외적 문부정(Clause negation other than through verb negation)
  - a. She is no different. (cf. She is not any different: 동사내적 부정)
  - b. Not one guest arrived late.
  - c. Under no circumstances will she return here.
  - d. I seldom get any sleep.

② 어부정(Local negation): 단어나 구를 부정하되 문부정을 만들지 못한다.

- a. She's a not unattractive woman, in some ways(*in any respect)
- b. I visit them not infrequently.
- c. Not surprisingly, they missed the train.
- d. No news is good news. ['Receiving no news is good news.']

③ 술부부정(Predication negation): 몇 몇 조동사 다음에서 술부만을 부정하는 매우 제한적인 특수 용법이다.

- a. They may not go swimming.
  ['They are allowed not to go swimming']
- b. You could not attend any of the meetings.
  ['It's possible for you not to attend any of the meetings.']

물론 표면 구조상으로 부정문이 중의적인 경우도 있다. 술부부정은 당연히 중의성을 가지며 오히려 일반적인 의미는 문부정으로서의 의미이다. 또, 어부정인 나(d)는 “무소식이 희소식이다”는 의미이지만 문부정이 되면 “희소식은 아무것도 없다”라는 전혀 다른 의미가 된다. 우리는 Quirk et al.(1985)의 위와 같은 분류를 그대로 받아들이되 어부정과 술부부정을 문부정을 만들지 못하고 해당 성분만을 부정한다는 면에서 성분부정(constituent negation)으로 단일화하기로 한다. 이 성분부정은 어휘화되어있지 않다는 면에서 어휘부정문과 구분되지만 부정의 의미상의 범위가 그 어휘, 혹은 성분에만 미친다는 면에서 같은 범주로 묶을 수 있다. 여기서 중요한 부정은 문부정인데 문부정만이 통사적, 의미론적으로 부정문의 언어학적 의의를 보여주는 특성이 있기 때문이다. 예를 들어 어부정 나(a)는 ‘not’이 문장과는 전혀 관계가 없음을 부정 극성어(Negative Polarity Item: NPI)인 ‘any’와 함께 쓰이지 못하고, ‘some’과 함께 쓰이고 있는데서 잘 확인할 수 있다. 이를 다음 문장과 비교해보자.(Quirk et al., 1985: 791)

(5) She's not an attractive woman in any respect, is she?

(5)가 문부정임을 두 가지의 대표적인 통사적 특성에 의해서 잘 확인할 수 있다. 첫째, 부정 극성어 any와 함께 쓰이고 있으며, 둘째, 부가의문문이 긍정의문문이므로 본문이 통사적 부정문임을 잘 드러내 보인다. 지금까지 살펴본 부정문의 유형을 아래와 같이 도표화 할 수 있다.

(6) 영어 부정문의 분류

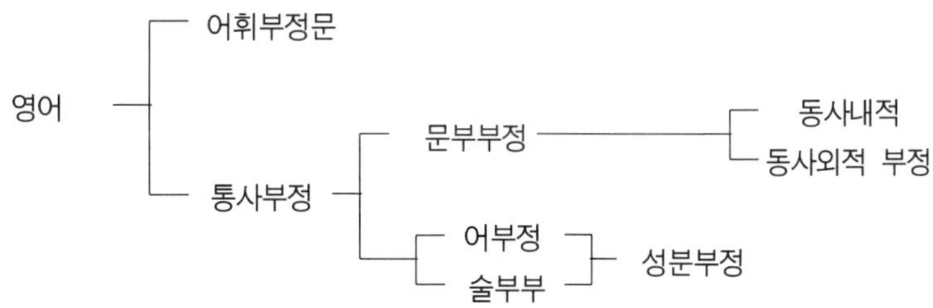

이상과 같은 부정문의 하위분류와 용어의 정리는 앞으로의 논의를 위하여 매우 긴요한 것인데 과거의 연구가 용어 사용의 혼란과 연구 대상의 영역에 대한 합의의 결여

등이 부정문에 대한 올바른 논의에 장애 요소였음을 어렵지 않게 확인할 수 있기 때문이다. 영어부정문에 대한 통사적 연구는 곧 문부정(clause negation)만이 연구의 영역이 된다는 점을 분명히 해야 한다는 것이 우리의 기본 입장이다. 사실, 전통적으로 국내외의 연구가 문부정과 술어부정, 성분부정 등의 용어가 잘못 쓰이거나 혼동되어 쓰이고 있다. Klima(1964)는 부정문에 대한 본격적인 통사론적 분석을 하고 있는데, 그는 우리의 동사내적 부정을 술어부정이라고 하고 동사외적 부정을 문장부정이라고 해온 종래의 입장을 통사론적 증거를 들어 반박하고 있다. 동사내적 부정과 동사외적 부정을 함께 문부정으로 보는 Quirk et al.(1985)와 Klima(1964)의 주장이 일치하고 있다. Kroch(1975: 101-2)는 어휘부정을 술어부정이라고 부르고 있는데 이도 용어의 오용의 일면을 보여주고 있는 것이다. Lasnik(1976a[1972])은 부정소와 양화사 간의 의미영역의 중의성(Scope ambiguity)를 논하면서 동사내적 부정을 술어부정, 동사외적 부정을 문장부정으로 부르면서 중의성은 술어부정에서만 생긴다고 주장한다. 중의성에 대한 이론의 정당성 여부에 상관없이 여기에서도 용어 사용의 혼돈을 볼 수 있다. 우리가 판단하기로는 동사내적 부정을 술어부정이라고 부르고 동사외적 부정을 문장부정이라 부르는 것은 단순히 표면에 들어나는 가시적 모습에 근거한 것이라고 볼 수밖에 없다. 두 문장이 통사적 차이를 전혀 보이지 않는다는 면에서 문부정으로 통합하는 Quirk et a.(1985)가 옳다고 본다. 우리의 일관된 입장은 문법이론상의 용어는 통사적으로 뒷받침되지 않으면 통사론 연구의 대상이 될 수 없다고 보기 때문이다. 다만 동사내적 부정과 동사외적 부정이 의미영역의 분명한 차이를 보인다면 부정문의 유형에 의해서 그렇게 되었다기보다는 양화사와 부정소 간의 통사적 관계, 즉 지배관계(command)나 선행관계(precedence)라는 일반적 통사 현상에 의해서 설명되는 것이므로 이를 근거로 부정문의 유형을 가르는 것은 적절치 않다고 본다. 또 의미의 중의성에 대해서는 일반 화자뿐만 아니라 학자들 간에도 의견이 일치하지 않는 부분이 매우 많은 것도 부정문의 연구를 어렵게 하고 있는 한 요인이라고 판단된다.

2) 문부정문의 부정 의미영역

이제 문부정의 부정소가 어떠한 의미상의 영향력(semantic influence)을 가지는지 검토할 차례이다. 이 점에 대하여 Quirk et al.(1985: 787-790)을 먼저 보기로 하자. Quirk et al.(1985)은 부정소는 자기의 영향권 안에 있는 요소를 지배한다고 보며, 그 영향권은 자신으로부터 문장 끝까지이지만 문장 끝에 놓인 부사어는 제외된다고 본다. 이러한 주장은 다음 문장을 설명하는데 유용하다.(Quirk et al.: 85)

(7) a. Some people never send any Christmas cards.
b.*Any people never send some Christmas cards.

(7a)는 부정소 'never'의 영역 안에 있는 극성어 'any'를 지배하고 있으므로 정문이지만 (7b)의 'any'는 부정소 'never'의 지배하에 있지 못해 비문이다. 이를 현대 언어학에서는 부정 극성어 허가조건(NPLC)이라 부른다.

(8) 부정 극성어 허가조건(Negative Polarity Licensing Condition: NPLC):
부정 극성어는 S-구조에서 부정소에 의해서 m-command되어야 한다.
(An NPI must be governed by a negator at S-structure.)

이 NPLC는 다음과 같은 흥미있는 예문의 차이를 잘 설명해준다.(Quirk et al.:788)

(9) a. I didn't listen to some of the speakers.
['There were some of the speakers that I didn't listen to.']
b. I didn't listen to any of the speakers.
['There were not any speakers that I listened to.']

(9a)가 정문인 이유는 'some'이 부정소의 영향권 밖에 있을 경우이며, (9b)는 'any'가 부정소의 영향권 안에서 최대범주통어(m-command)되는 경우이다. 당연히 두 문장의 의미는 다르다. 그러나 Quirk et al.(1985: 789)은 부정소의 영향권이 과연 부정소 다음에 오는 요소에만 미치는가에 대해서 초점(focus)이 주어진다면 부정소 앞에 있는 요소도 그 부정 영역 안에 들어갈 수 있다고 본다. 다음 예문은 부정소가 문장의 어느 요소도 초점으로 삼을 수 있음을 잘 보여준다.

(10) a. I didn't take Joan to swim in the pool today. -- I forgot to do so.
b. I didn't take Joan to swim in the pool today. -- It was Mary.
c. I didn't take Joan to swim in the pool today. -- just to see it.
d. I didn't take Joan to swim in the pool today. -- It was last week that I did so.
e. I didn't take Joan to swim in the pool today. -- I took her to the seaside.
f. I didn't take Joan to swim in the pool today. -- It was my broth who took her.

(10)의 부정소 'not'은 뒤에 오는 어떤 요소도 화맥(context)에 따라 부정의 표적(negation target)이 될 수 있을 뿐 아니라 (10f)가 보여주듯이 앞에 오는 주어 'I'도 부정될 수 있다고 본다. 이러한 입장은 앞으로의 논의를 위해서 매우 중요한 것인데 이는 문부정 만의 고유 속성이다. 즉, 어휘부정이나 성분부정은 부정의 영역이 항상 자기 자신이 되는데 반해 문부정은 문장의 어떤 어휘도 부정의 표적이 될 수 있다고 정리할 수 있다. 이런 면에서 Quirk et al.(1985)가 영역(scope)와 초점(focus)는 상호 관련되어있으며 초점은 영역에 포함될 수 있다고 주장한 것을 우리는 그대로 받아들이게 된다. 그러나 일반적으로 부정소와 양화사 간에 발생하는 의미 영역의 중의성(scope ambiguity)은 양화사가 지닌 특수한 언어학적 의미와 더불어 분리해서 다루어지고 있다. 다음 문장을 살펴보자.

(11) John didn't read many books.

(11)은 'not'이 미치는 영역에 따라 두 가지 의미를 갖는다. 'not'이 문장 전체를 영역으로 할 때는 "There are many books, which John didn't read."의 의미로서 "많은 책이 있는데 John이 그 책을 읽지 않았다"는 뜻이 되고, 'not'이 'many' 만을 부정할 때는 "There are many books, some of which John read."의 의미로서 "John이 몇 권의 책은 읽었다"는 뜻을 갖는다. 물론 이러한 중의성은 일정한 화맥 안에서 초점에 의해서 구현된다는 것은 분명하다. 여기서 다시 강조되어야 할 점은 이러한 영역의 중의성도 오직 문부정의 경우에만 존재한다는 사실이다. 그동안 부정문의 중의성에 대한 연구, 특히 양화사가 들어있는 부정문의 중의성에 대한 연구는 학계의 중요한 주제가 되고 있지만 아직 확고한 정립은 안 되어있다는 것이 우리의 견해이다.

3) 요약

지금까지 살펴본 바와 같이 영어의 대표적인 통사부정문은 문부정이며, 문부정문은 통사적으로는 부가의문문의 꼬리문(tag)이 긍정의문문이 오고, 부정 극성어와 함께 쓰이며, 의미론적으로는 문장의 모든 어휘가 부정의 표적이 될 수 있는 부정문이라고 정의할 수 있다. 우리의 다음 관심은 국어의 부정문 연구에 지금까지 우리가 영어를 중심으로 살펴본 부정문의 성질이 어떻게 활용될 수 있느냐 하는 점이다.

6. 국어 부정문의 통사 및 의미론적 특성

1) 국어 부정문의 분류

이제 국어 부정문의 통사 및 의미론적 특성을 구체적으로 검토하기로 한다.

먼저 5장의 (6)과 같은 영어 부정문의 유형을 국어 부정문도 갖는지 궁금하다. 먼저 어휘 부정문은 매우 일반적이다. 성분부정의 하나인 어부정도 흔하다. 술부부정은 시법 조동사(modal auxiliary)가 독립형태소로 존재하지 않는 국어에는 없다고 본다. 문부정 가운데 동사내적 문부정은 일반적이다. 여기에 국어는 형용사도 술어가 되므로 동사와 형용사를 포함하는 용어로서 '술어내적 부정' 이라고 부르기로 한다. 그러면 '술어외적 부정'은 있는가? 우리는 일반적으로 국어에는 영어와 같은 부정 극성어가 존재하지 않는다는 면에서, 또 '아무', '전혀' 등의 부정 어휘가 있기는 하지만 이들도 혼자서 부정문을 만들지 못하고 부정소와 함께 쓰인다는 면에서 술어외적 부정은 국어에 존재하지 않는다고 가정한다. 이렇게 볼 때 국어 부정문의 통사적 분석의 대상은 바로 문부정 하나라고 할 수 있다. 이는 영어와 일치하고 있다는 면에서 대조상의 용이성이 있을 뿐 아니라 보편문법의 확인과 정립이라는 면에서 언어학적 의의가 크다. 이를 아래와 같이 도표화 할 수 있다.

(12) 국어 부정문의 분류

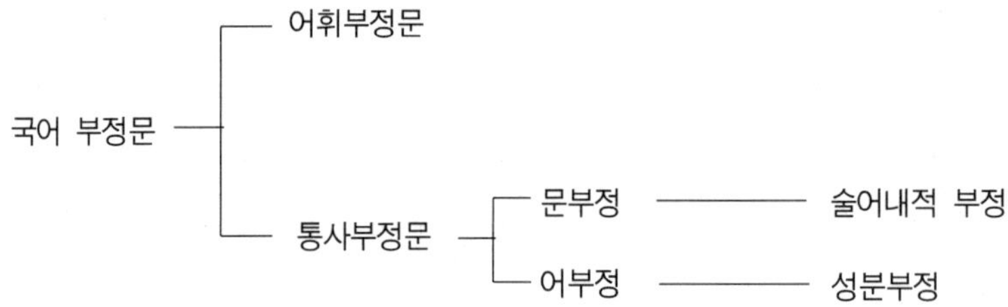

영어 부정문과 마찬가지로 국어 부정문의 연구에 있어서도 용어의 혼란은 매우 심각한 것이었음을 쉽게 확인할 수 있다. 대표적인 경우로 서정수(1978: 272)를 들 수 있는데 여기에서 서정수는 그동안의 국어학계의 부정법 연구를 전반적으로 개관하고 있다는 면에서 학계의 일반적 견해를 대변하는 것으로 볼 수 있다. 그는 "일반적으로 한 문장의 술어 동사에 부정 요소가 직접 작용하는 경우는 문장 부정법이라 하는데 대해서 문장을 구성하는 한 단어(술어 동사 이외)나 특정 성분에만 부정 요소가 직접 작용하는 경우 성분 부정법이라 하는 것이다"라고 정의하고 있는데 이는 우리의 분류와 완전히 일치하고 있는 것처럼 보인다. 그러나 그가 직접 든 예문에서는 이러한 정의가 달리 적용되고 있는 것을 보면 놀라지 않을 수 없다.(예문 번호는 원문의 것임)

(10) 나는 그를 권총으로 쏘지 않았다.

(10)' 그를 권총으로 쏜 것은 내가 아니다.

서정수(1978)는 다시 "(10)이 (10)'와 같은 해석이 될 경우만을 문장부정법이라 정의하고 그 밖의 단어나 성분(e.g, "그", "권총으로" 따위)을 특별히 부정한 경우는 성분부정으로 정의하고 있다"라고 함으로써 그동안의 학계의 용어의 혼란의 심각성을 여실히 보여주고 있다. 이러한 설명을 근거로 판단해 볼 때 서정수의 정의는 완전히 의미상의 정의였음이 명백하다는 면에서 우선 통사적 정의가 기본이어야 한다는 우리의 입장과 다르고, 의미론적 정의를 인정한다고 하더라도 (10)이 술어동사 '쏘다'를 부정하는 의미로 해석하는 것이 일차적 해석이라고 판단되는데 (10)' 처럼 '나'를 부정하는 의미로 해석함도 잘못일 뿐 아니라 이를 문장부정이라고 보았다는 점에서도 스스로의 정의에도 어긋나고 있다고 생각된다. 우리는 (10)이 국어의 일반적인 문부정문이며, 부정의 표적이 어느 부분인가는 화맥에 의해서 결정될 것이고 (10)'의 의미도 그중 하나일 뿐이라고 본다. 또, 임홍빈(1973: 119-121)에서 문부정이 있을 수 없다고 주장했는데, 이것이 영어 부정문에서의 오해처럼 우리의 술어외적 부정문의 의미로 쓰였다면 그 내용은 옳다. 그렇지 않다면 이것도 통사론과 의미론이 문장의 분류에 혼돈되어 사용된 데서 오는 잘못된 결과일 수 있다. 이와는 대조적으로 송석중(1967, 1971), 이홍배(1970, 1972) 등은 문장부정법의 용어를 통사적으로 정확하게 사용하여 국어의 장/단형의 일반적 부정문을 연구 대상으로 하고 있음은 매우 고무적이다.

2) 국어 부정문의 부정소

국어 부정문의 대표적 부정소(Negator)는 '안' 이다. 흔히 '안'을 '아니'의 축약형으로 간주하고 있으나 우리는 앞으로의 논의에서 이 둘이 완전한 동의어는 아님을 밝히게 될 것이다. 이 '안'이 어떻게 국어의 통사부정문을 만드는 지에 대하여 학계에서 거의 통일된 입장이 있다. 그 명칭은 각기 다를 수 있지만 국어의 통사부정문에는 두 가지 형태가 적어도 표면 구조상에 존재한다는 데에 의견의 일치를 보고 있다. 즉, 한 형태는 술어 앞에 '안'을 놓아 부정문을 만드는 방법이고, 다른 한 형태는 술어의 어간 다음에 '-지'를 첨가하고 종결어미 앞에 '-안 하-'를 놓는 방식, 즉, 술어의 어간 다음에 '-지 않-'을 놓아 만드는 방식이다. 이 두 방식이 모두 술어를 통하여 부정문을 만든다는 면에서 영어와 마찬가지로 문부정의 속성을 그대로 지니고 있는 점이 흥미롭다. 우리는 전자를 단형부정문(short-form preverbal negation)이라 부르고, 후자를 장형부정문(long-form postverbal negation)이라 부르기로 하자.

3) 국어 부정문의 통사성

먼저 국어 부정문의 통사적 특성에 대한 우리의 가정은 다음과 같다.

① 국어 문부정은 통사부정문으로서 단형부정문과 장형부정문이 있다.
② 두 부정문을 어느 한 부정문으로부터 규칙에 의해서 도출하려는 이론은 단형부정문의 다음과 같은 분포 및 용법상의 제약 때문에 받아들일 수 없다.

(a) 명령문과 청유문에 쓰이는 '말' 부정문에 단형부정문이 쓰일 수 없다.
예 떠들지 말라/말자 (*말 떠들어라 / *말 떠들자)

(b) 단형부정문은 특정 어휘와 함께 쓰이지 못한다.
예 모르지 않다 (*안 모르다) / 없지 않다 (*안 없다)

(c) 단형부정문은 어휘의 속성에 따라 어순이 제한되어있다.
예 조용하다 / 조용하지 않다 / 안 조용하다 / 조용 안 하다
공부하다/ 공부하지 않다 /*안 공부 하다 / 공부 안 하다

(d) 단형부정문은 '안'이 서술어 앞(왼쪽)에 자리하고 있어서 NegP를 설정하고 핵이동을 시킨다고 가정할 경우 항상 핵이동제약(Head Movement Constraint: HMC)을 어기게 된다. 결국 단형부정문은 최대투사(Maximal projection) 범주를 구성하지 못하고 항상 술어 앞에서 일반 부사와 같은 수식어로서 V-부가 된다는 것이 우리의 가정이다.

③ 장형부정문은 '-지 않-' 이 술어 뒤(위)에서 NegP라는 기능범주를 구성하며, 하위 핵의 이동과 상위 핵으로의 이동 등의 핵이동이 HMC를 준수한다. 이는 장형부정문의 생산성과 더불어 국어의 대표적 부정문이 장형부정문임을 말해주는 것이다.

④ 장형부정문의 '-지 않(아니하)-' 의 특성은 다음과 같다.

(a) '-지'는 다음에 격조사 '이/을' 이 첨가될 수 있으므로 명사이지만 독립된 의미가 없으므로 의존명사이다. 그러나 명사화 접미사 '-기' 의 이형태소라는 주장(송석중, 1967)은 받아들일 수 없다. 왜냐하면 이형태소는 완전히 동일 환경에서 동일기능을 해야 하는데 '-기' 다음에는 격조사의 부가가 의무적인데 반해 '-지' 다음의 격조사의 부가는 선택적이면서 유표적이기 때문이다. 또한 '-기'의 기능이 순전히 명사화에 있는데 반해 '-지'의 일차적 기능은 문부정문을 만드는 것임이 분명하지 않은가? 따라서 우리는 '-지'를 NegP의 한 구성성분으로 본다.

(b) '않' 의 '하-' 가 본동사라는 학계의 일부 주장을 받아들일 수 없다. 만일 본동사라면 의미역(theta role)을 가진 핵으로써 논항구조(Argument structure)

를 형성해야 하는데 논항구조는 부정문 이전의 명제의 핵어가 이미 가지고 있으므로 부정문을 위하여 들여온 '-하' 는 부정의 양상을 실현하기 위한 법조동사 즉, 보조용언이라고 본다. 또 '하-'는 앞에 오는 부정소 '안'과 항상 축약되고 있다는 점도 '하'의 부정문에서의 특수성을 반영하고 있다고 본다.

예 그는 학교에 가지 않았다. (*안 했다)

(c) '아니' 의 축약형이 항상 '안'이 되는 것이 아니라는 증거가 또 있다. 즉, '아니'는 혼자 쓰일 수 있으나 '안'은 술어와 함께 쓰인다.

예 영수야, 너 밥 먹었니? / 아니.(*안)/(안 먹었어. (?아니 먹었어)

(d) '-지' 다음에 선택적으로 부가될 수 있는 격조사는 D-구조에서 일어나는 것이 아니므로 의미역과 무관하고 술어가 자동사(형용사)이면 주격조사가 붙을 수 있고, 타동사(형용사)이면 목적격조사가 붙을 수 있다.

국어 부정문의 위와 같은 특성을 반영하는 통사 구조를 수형도로 나타내면 다음과 같다. VP-내 주어내포가설(VP-internal Subject Hypoothesis)을 가정한다.

(13) (a) 단형부정문

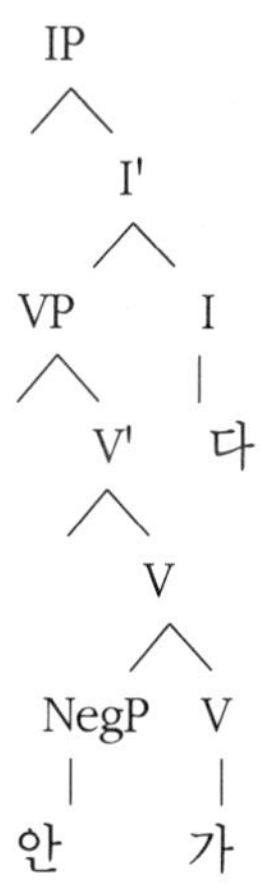

(b) 장형부정문

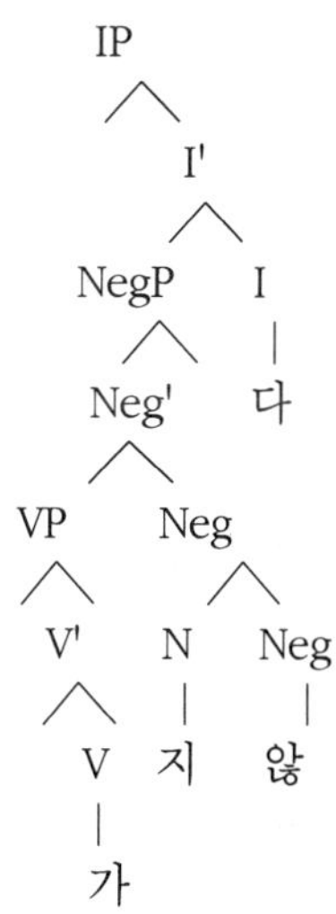

이 수형도는 잠정적이고 실험적인 것이다. 그러나 국어 부정문에 대한 우리의 입장을 그대로 반영한 것이며 현대 GB이론의 원리를 최대한 수용하고 있다고 할 수 있다. 특히 장형부정문만이 NegP를 가지며 Neg 안에 '-지 않-'을 통합하는 입장을 취하고 있는 것이 기존 입장과 크게 다르다. 우리의 장점은 부정의 양상부(modality)가 다른 부수적인 규칙 없이 NegP 만으로 실현될 수 있다는 점이다. 또한 우리는 축약형 '않'을 거의 한 형태소로 보고 있는 점도 특이하다. 여기에서 축약의 통사적 의의를 Quirk et al. (1985: 122)를 통해서 살펴보자. 그들은 "The negative word 'not' following an operator can in most cases be contracted and attached, as an enclitic particle, to the auxiliary." 라고 언급하고 있는데, 영어의 'not' 이 앞에 오는 조동사에 'n't' 로서 축약되는 것이 일반적이듯이 이를 국어와 비교하면 장형부정문에서 '안' 이 '하' 와 거의 의무적으로 축약되는 현상과 일치하고 있다. 형태론은 통사론을 반영한다는 Baker의 영상규칙을 받아들일 때 결국 구조상으로 한 구성소 NegP를 형성한다고 보는 우리의 견해는 정당성을 갖는다고 본다. 더구나 국어는 '지' 와 '않' 의 축약이 구어체에서 가능하며, 이 현상이 관용화되어 어휘화 된 것으로 예를 들어 '괜찮다', '귀찮다' 등이 있다는 점도 간접적으로 우리 분석을 정당화해주는 증거이다.

4) 의미의 중의성과 통사구조

지금까지 국어 문부정문의 장/단형이 통사적으로 완전히 다른 구조를 가지고 있음을 확인하였다. 이제 의미 영역의 중의성에 대하여 국어 부정문은 어떠한 특성을 가지는지 살펴보기로 한다. 이와 관련하여 조준학(1975: 71)은 국어의 단형부정문과 장형부정문이 영역의 중의성과 초점에 있어서 완전히 다르게 행동한다고 분석하면서 단형부정문은 초점과 영역의 중의성이 없고 장형부정문만이 영역의 중의성을 갖는다고 본다. 한편 남기심/고영근(1985: 363)은 장형과 단형 간에 영역과 초점 등에 있어 중의성의 차이를 보이지 않는다고 본다. 조준학(1975)은 국어에 대한 토박이의 직관과 전혀 일치하지 않는다는 것이 우리의 판단이며, 남/고(1985)의 주장이 옳다는 것을 다음 예문에서 확인할 수 있다. 그들의 예문을 직접 가져온다.

(14) a. 회원이 다 안 왔다.

b. 회원이 다 오지 않았다.

위 문장은 부사적 양화사 '다' 가 부정의 범위 안에 드느냐, 그렇지 않으냐에 따라 다음과 같이 두 가지로 해석이 된다.

a. 회원이 온 사람이 하나도 없다.
b. 회원이 오긴 왔는데 모두 온 것이 아니다.

따라서 국어 문부정의 장/단형은 의미상의 차이가 없다는 것이 우리의 견해이다. 결국 영어에서 부정소와 양화사의 표면적 위치에 의하여 의미의 중의성을 설명하려는 이론은 국어에는 적용할 수 없다고 결론지을 수 있다.

5) 요약

지금까지 살펴본 바와 같이 국어의 통사 부정문은 문부정문이며, 이를 장형부정문과 단형부정문으로 나눌 수 있다. 통사적으로는 이 두 부정문은 구조적 차이와 분포의 차이를 보이고 있지만 의미상의 차이는 없고 문장의 어떤 요소도 부정의 초점이나 표적이 될 수 있다고 정리할 수 있다.

7. 국어 부정의문문의 구조와 의미

1) 부정의문문의 통사구조

부정의문문은 부정과 의문이라는 두 가지의 양상(Modality)이 한 문장에 동시에 표현된다는 면에서 부정문과 의문문의 통사 구조를 동시에 가지고 있는 문장이다. 우리는 이미 의문문과 부정문의 구조를 밝혔으므로 이를 통합하는 작업은 어렵지 않다. 영어는 부정서술문의 연산자(operator)가 CP의 C 자리로 이동함으로써 부정의문문이 된다. 만일 INFL과 부정소가 축약되어 있으면 축약된 어휘가 C 자리로 이동한다. 국어의 경우에는 영어보다 더 간단하다. 부정서술문의 종결어미를 의문문의 종결어미 '냐?'로 바꾸면 된다.

2) 부정의문문의 의미

문제는 부정의문문의 의미에 있다. 이 의미가 단순히 부정문의 의미와 의문문의 의미가 물리적으로 결합된 의미라고 정의될 수 있을까? 이 점에 대하여 우리는 부정의문문의 의미는 부정문의 의미와 의문문의 의미가 화학적 변화를 하여 부정의문문의 고유한 의미를 갖고 있다고 본다. 우선 의문문은 대화의 기본 구조이다. 서술문은 대화가 아닐 수 있다. 의문문은 비록 독백이라 하더라도 청자를 전제로 하는 대화구조이다. 그 대화가 긍정의문문이 아닌 부정의문문으로 묻는 대화라면 화자와 청자 사이의 대화 상황이 더욱 복잡하리라는 것은 상상하기 어렵지 않다. 따라서 부정의문문의 의미는 문자적 의미만으로는 설명할 수 없다. 오히려 화자의 전제를 포함한 화용론적 의미가 더 본질적일 수 있다. 편의상 우리는 이를 화용론적 용법이라고 부르겠다. 장경기(1985, 1986, 1989, 1991)에서 영어와 국어의 부정의문문의 의미 구조에 대하여 다각적인 검토를 해온 바 있다. 이에 따르면(장경기, 1986: 30-32) 화자가 어떤 전제를 가지고 묻느냐에 따라 그 용법을 다음과 같이 분류할 수 있다는 것이다. 이러한 분류는 영어와 국어가 동일하게 적용될 수 있다는 면에서 언어 보편적 정당성을 확보할 여지를 보여주고 있다.

(15) Yes/No의문문의 용법

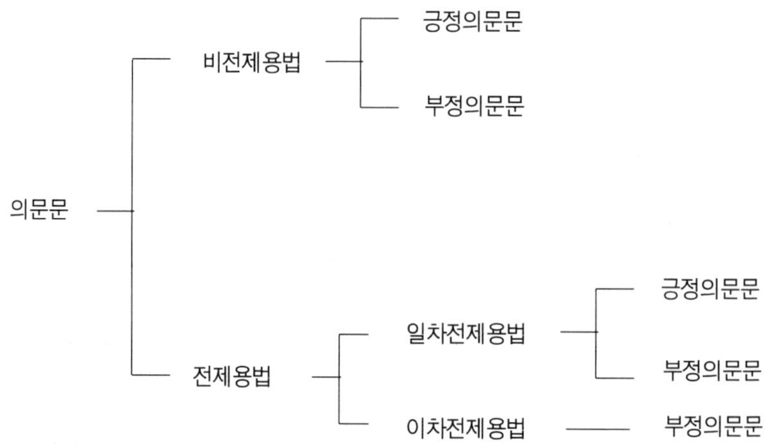

이러한 분류에 대한 언어학적 근거는 장경기(1986)에서 자세히 다루고 있다. 이제 이를 부정의문문의 관점에서 다시 아래와 같이 분류할 수 있다.

(16) 부정의문문의 용법

- 부정의문문
  - 비전제용법
  - 전제용법
    - 일반적 이차전제용법
    - 전용적 이차전제용법

우선 비전제용법이란 화자가 아무 전제없이 단순히 사실의 확인을 위해 묻는 의문문이다. 이때는 긍정의문문과 부정의문문의 차이는 스타일상의 차이 정도다. 일차전제용법이란 화자가 이미 전제를 가지고 묻는 의문문인데 전제의 내용은 그 의문문의 대응 서술문이다. 예를 들어 "영수는 안 갔니?" 라고 물을 때 전혀 사실을 모르고서 알고자 물을 때는 비전제용법이요, 영수가 안 갔음을 어느 정도 알고서 확인하고자 할 때는 일차전제용법이다. 물론 이들의 차이는 억양, 쉼, 초점 등에 의해서 대화중에 청자에게 전달된다. 한편, 이차전제용법은 화자의 전제가 일차전제용법의 전제와 반대의 내용이라는 면에서 완전히 구분된다. 즉, "영수는 안 갔니?" 라는 부정의문문이 화자가 영수가 갔음을 전제하고서 청자에게 강조하기 위해서 사용할 수 있는데 우리는 이 용법을 이차전제용법이라고 부른다. 아래 문장을 통해서 좀 더 검토해 보기로 하자.

(17) a. 영수는 갔니? (긍정의문문)

b. 영수는 안 갔니? (단형부정의문문: [+amb])

c. 영수는 가지 않았니? (장형부정의문문: [+amb])

c'. 영수는 가잖았니? (축약: 이차전제용법: [-amb])

d. 영수는 갔지 않니? (장형부정의문문: 전용적 이차전제용법: [-amb])

d'. 영수는 갔잖았니? (축약/시제의 이동: 전용적 이차전제용법: [-amb])

이러한 이차전제용법을 국어 부정의문문은 장/단형 구분 없이 가지고 있다. 이러한 용법은 영어 부정의문문도 마찬가지로 가지고 있음을 장경기(1986)에서 상론하였다. 우리의 남은 관심은 (17d)와 같은 문형에 있다. (17c)와 비교해볼 때 Tense가 술어 '가-' 다음으로 이동한 모습인데, 이때는 항상 이차전제용법으로 쓰이므로 우리는 이를 전용적 이차전제용법이라 부르고 이러한 특징을 가져오는 시제표지를 전용표지(arbitrary marker)라 부른다. 여기에서 또 하나 중요한 사실은 (17c')가 보여주는 바와 같이 '-지 않-'의 축약이다. 이러한 축약은 부정서술문에도 존재한다는 점을 이미 지적하였지만 부정의문문에서는 이 축약이 의미해석에 영향을 미쳐서 결국 (17c)와 달리 (17c')를 중의성이 없이 항상 이차전제용법의 의미만을 갖게 한다는 점이다. (17d')도 축약이 되었지만 이미 시제이동에 의하여 전용적 이차전제용법으로 쓰이고 있으므로 그 역할이 중복되어있는 셈이다. 또한 간과할 수 없는 점은 '-지' 의 이와 같은 축약은 '지' 의 정체를 밝혀주고 있다는 점이다. 즉, 이 '지' 를 부정문의 '지' 와 달리 보려는 어떠한 시도도 정당화 될 수 없음을 보여주는 긴요한 증거라고 본다. (17d) 에 대한 종래의 연구에는 장석진(1984)의 '부가의문문' 설이 있고, 김동식(1981)의 '확인의문문' 설이 있다. 이 두 이론에 대한 자세한 비판은 장경기(1986)에서 다루고 있으나 문제의 심각성은 장석진보다 김동식에 있다. 왜냐하면 장석진은 기존의 문형으로 설명하는 방식을 택했지만 김동식은 새로운 문형을 만들었기 때문이다. 우리는 지금까지의 긴 논의를 통해서 문장은 무엇이며, 문장을 분류하는 통사적, 의미론적 기준은 무엇인가를 자세히 논하였다. 그 결과 (17b), (17c), (17d)가 모두 국어의 문부정문이며 통사적, 의미론적 공통점을 가지고 있다는 면에서 (17d) 만을 오직 의미론적 이유만으로 새로운 문형을 만들 수는 없다고 본다. 남기심/고영근(1985: 362)도 (17d)를 '확인문'으로 보고 있는바 우리는 같은 이유로 이를 받아들일 수 없다. 한편, 서정수(1992: 570)는 이를 확인질문의 의미를 갖는 찬부의문문(Yes/No의문문)의 특수 용법으로 보고 있는데 새로운 문형을 설정하지 않은 것은 진일보한 견해이나 우리는 이러한 용법이 의문문의 특성에서 오는 것이 아니라 부정문의 본질에서 오는 것이라는 점에서 의견을 달리한다. 다시 말해서 청자에게 확인하는데 일차적 목적이 있다기보다는 화자의 강한 주장이 주요 목적이라고 본다. 더 정확히 말하면 부정문과 의문문의 각각의 특성에다 부정의문문의 고유성이 만들어내는 언어 현상이라고 할 수 있다. 우리의 입장은 이와 동일한 용법이 국어에만 있는 것이 아니라 영어에도 그대로 존재한다는 것을 확인함으로써 언어 보편적 정당성을 갖게 된다.

Jespersen(1933), Cattel(1973), Hudson(1975) 등을 통해서 장경기(1986)는 영어 부정문도 국어 부정문과 같은 체계를 가지고 있음을 논증하고 있다.

8. 국어 부정의문문의 의미해석과 GB이론

지금까지 살펴 본 바와 같이 부정의문문은 부정서술문과 다른 차원에서 의미의 중의성이 생긴다. 이는 화자의 전제에 의해서 결정되는 것으로서 일차전제 용법의 의미와 이차전제용법의 의미로 나눌 수 있다. 비전제용법의 의미는 기본적으로 일차전제 용법과 다르지 않으므로 해석 단계에서의 구분은 필요하지 않다.

이러한 부정의문문의 의미를 GB이론에서는 어떻게 수용할 수 있을까? 장경기(1991)는 의미해석에 관한 Chomsky(1975)의 모델과 양동휘(1989)의 모델을 제시하고 부정의문문의 의미해석을 위해서는 양동휘의 모델이 더욱 적절하다고 주장하였다. 먼저 두 모델을 보기로 하자.

(18) Chomsky(1975)의 모델

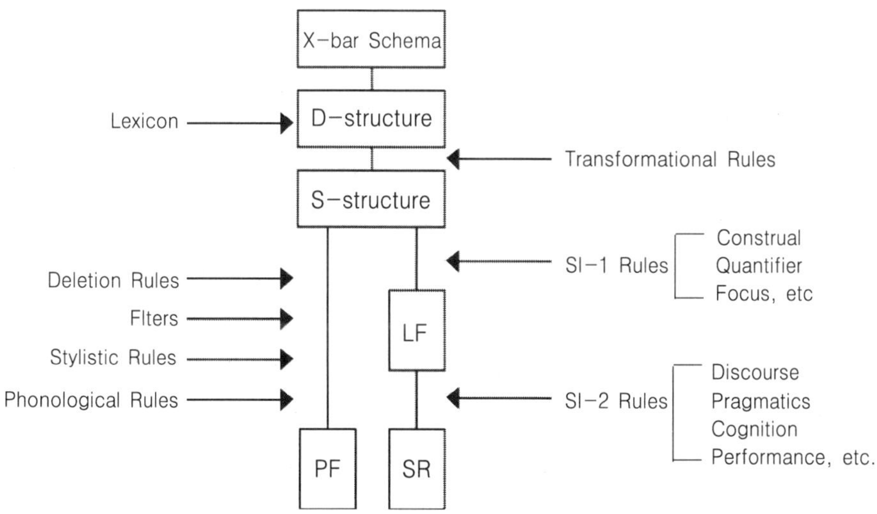

(19) 양동휘(1989)의 모델

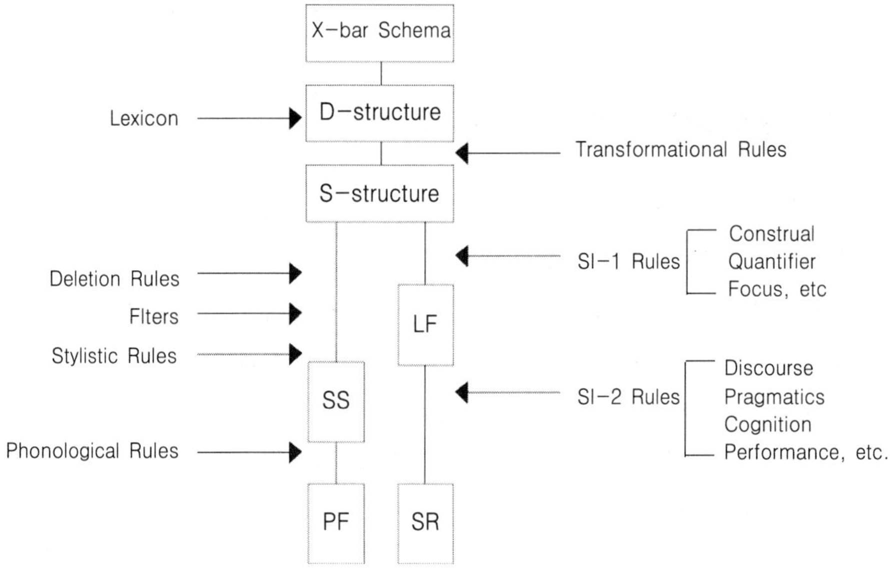

두 모델의 중요한 차이는 양동휘(1989)의 모델은 S-구조와 PF 사이에 SS(표면구조=Surface Structure)를 설정하는 것이다. 이 S-구조는 음운규칙의 입력부로서 의미해석규칙(I, II)에 영향을 준다는 면에서 Chomsky(1975)의 모델과 다르다. Chomsky(1975)의 모델은 음성해석부와 의미해석부가 완전히 독립되어 있기 때문이다. 그런데 앞에서 살펴본 바의 국어 부정의문문의 이차전제용법은 (17c')와 (17d')와 같은 축약현상과 관련되어 있다. 이 축약현상은 바로 음운생략현상이므로 음운해석부에서 생략규칙(Deletion Rule)의 적용을 받아 생긴 SS이다. 이 SS가 의미해석부에 영향을 주어 이차전제용법의 의미를 갖게 하고 있다. 이 점을 Chomsky(1975)의 모델에서는 반영할 길이 없다. 또한 (17d)와 같은 시제표지의 이동형상은 스타일의 문제인데 이것도 양동휘의 모델에서는 중간에 SS를 설정함으로써 스타일 규칙의 적용으로 인하여 시제가 이동된 형태가 SS가 되고 이 SS는 전용적 이차전제용법으로 쓰이게 됨으로써 결국 음운부가 의미부에 영향을 주게 된다. 이 현상도 Chomsky(1975)의 모델에서는 반영할 수 없다. 따라서 국어 부정의문문의 올바른 의미해석을 위해서는 Chomsky(1975)의 모델보다는 양동휘(1989)의 모델이 더욱 정당함을 확인하였다.

또한 우리의 비전제용법과 일차전제 용법은 의미해석규칙1(SI-1)의 적용을 받아 LF가 되며, 이차전제용법은 의미해석규칙2(SI-2)의 적용을 받아 의미표시(SR)가 된다. 그러나 전용적 이차전제용법과 축약된 부정의문문은 어휘화된 것이므로 해석규칙1의 적용을 받아 LF가 된다.

지금까지 국어의 부정의문문의 의미가 GB이론 안에서 어떻게 해석될 수 있는지 살펴보았다.

9. 맺는 말

지금까지 "부정문이란 무엇인가?" 라는 지극히 평범한 질문에 대하여 "부정문이란 부정하는 문장이다." 라는 지극히 상식적인 응답을 할 수는 없다는 가정하에 그러면 어떻게 언어학적인 해답을 끌어내야 하느냐를 밝히는 탐구 과정을 수행해왔다. 그 결과 어휘부정문은 통사부정문과 구분되어야 하고, 통사부정문은 통사적 특성과 함께 의미론적 특성을 갖추어야 한다는 것을 알았다. 이러한 특성은 언어마다 다르겠지만 분명한 것은 통사적 자격과 의미적 자격을 엄격하게 갖추어야 한다는 점이다. 국어의 (통사)부정문은 모두 문(장)부정문으로서 부정소가 서술어 앞에 오는 단형부정문과 서술어 뒤에 오는 장형부정문의 두 종류가 있으며, 전자는 부정소가 수식어 자리를 차지하고 후자는 최대투사 NegP를 형성한다. 의미론적 특징으로는 양화사와 함께 쓰이면 장/단형 구분 없이 항상 영역의 중의성(scope ambiguity)을 갖는다는 점이다. 여기서 한걸음 더 나아가서 부정의문문의 의미에 대하여 살펴보았으며 장경기(1986)에서 처음 논한 데로 화자의 전제 여부에 따라 부정의 의미의 확인과 긍정의 의미의 강조라는 상호 대립되는 의미를 갖게 되는 것을 다시 확인하였으며 이 사실은 국어의 장/단형 부정의문문이 의미상의 차이가 없다는 일반성을 지지해주고 있다는 면에서 의의가 크다. 결론적으로 우리가 전용적 이차전제용법이라고 분류한 부정의문문의 한 용법에 대하여, 단지 강한 긍정의 의미만을 갖는다는 점을 주된 이유로 부가의문문으로 분석한 장석진(1984)이나, 확인의 의미가 있다고 하여 '확인문'이라고 명명한 김동식(1981)은 문형의 분류에 있어 통사적 뒷받침이 없이 의미론적으로 분류한 오류를 범하고 있다는 것이 우리의 주장의 하나이다. 우리는 통사적인 증거와 의미론적인 증거에 의해서 국어의 부정의문문의 한 용법이라는 것을 충분히 정당화 할 수 있게 되었다.

우리 논의의 또 하나의 성과는 국어 부정의문문의 의미해석의 과정을 살펴볼 때 의미해석부와 음성해석부가 독립되어있는 Chomsky(1975)의 모델보다 음성해석부가 의미해석부에 영향을 줄 수 있다는 양동휘(1989)의 모델이 더 정당함을 확인할 수 있었다는 점이다. 이제 본 논문을 마무리하면서 국어 부정문의 통사성에 대한 보다 포괄적인 분석 없이 우리의 입장을 제시한 것이 아쉽고 미진함을 실감하면서 기본 입장을 정당화 할 수 있는 보다 깊은 연구를 기대한다.

참고문헌

김동식 (1981) '부정아닌 부정', 언어 6.2, 한국언어학회.

남기심·고영근 (1985) 표준국어문법론. 탑출판사.

문용 (1987) 고급영문법해설. 박영사.

서정수 (1978) 국어구문론연구. 탑출판사.

______ (1992) '국어의 특수 의문문에 대하여', 언어학과인지. 김태옥교수화갑논총. 송석중 (1977) "부정의 양상'의 부정적 양상', 국어학 5, 국어학회.

양동휘 (1989) 지배-결속이론의 기초. 신아사.

이을환·이철수 (1978) 한국어문법론. 개문사.

장경기 (1985) '국어에도 부가의문문이 있는가', 영어영문학 3, 한국영어영문학회 경남지부.

______ (1986) '국어의 부정의문문과 전제', 어학연구 22.1, 서울대어학연구소.

______ (1991) '국어 부정의문문의 GB분석 시론', 김상훈선생회갑논문집. 울산대.

장석진 (1984) '국어의 부가의문', 언어 9.2, 한국언어학회.

Cho Choon-Hak (1975) 'The Scope of Negation in Korean', The Korean Language.6. The Center for korean Studies. Univ. of Hawaii.

Chomsky, N. (1975) Reflections on Language, Pantheon Books.

___________ (1981) Lectures on Government and Binding, Foris Publication.

___________ (1986) Knowledge of Language: Its Nature, Origin and Use. Praeger Publishers.

Fillmore, C.J. (1968) 'Case for Case', Universals in Linguistic Theory.

Klima, E.(1964) 'Negation in English', The Structure of Language. ed.

Fordor & Katz. New Jersey: Prentice Hall.

Pollock, J.-Y. (1989) 'Verb Movement, Universal Grammar, and the Structure of IP', LI. 22.

Quirk et al. (1985) A Comprehensive Grammar of The English Language, Longman.

Abstract

The Structure of Korean Negative Questions and Semantic Interpretation

Chang, Kyung-Key

This paper's first aim is to justify that Korean negative questions have unpresuppositional usages, primary presuppositional usages, and secondary presuppositional usages according to the speaker's presuppositions just as English negative questions do. (cf. Cattell(1973), Jespersen(1933), Hudson(1975)) The secondary presuppositional usage is a marked one in that the question asks for the hearer's confirmation about the speaker's positive presupposition through a formal negative question. Our main argument is that Korean syntactic negative question has two types such as preverbal short-form negation and postverbal long-form negation and that these two types have the identical semantic behaviors and also presuppositional usages.

This paper's second aim is to justify that the long-form negative question has an arbitrary(exceptional) secondary usage, in which the sentence realizes its tense marker before '-chi(지)' instead of normal after-'ha(하)' position and that falsify other two alternatives, Kim's 'confirmation sentence' argument(1981) and Chang's 'tag question' argument(1984).

This paper's third aim is to justify Yang's model(1989) against Chomsky's(1975) in that the above presuppositional usages of Korean negative questions show that the phonetic component influences the semantic component in the course of semantic interpretations.

제6장 부가의문문의 보편문법과 경상도 방언

1. 머리말

일반적으로 언어의 기본 단위인 문장(sentence)은 통사상의 문법(grammar) 기술의 최고이자 최후의 대상이라고 말할 수 있다. 따라서 전통적으로 언어학자들은 문장을 정의하고 기술하기 위한 방편으로 일정한 기준에 따라서 분류하는 것을 중요한 작업으로 삼아왔던 것이다. 그 실례로서 Quirk et al.(1985: 803-4)은 영어 문장의 유형(sentence type)을 단문(simple sentence)을 기준으로 하여 그 형태(form)에 따라 서술문(declarative), 의문문(interrogative), 명령문(imperative), 감탄문(exclamative) 등으로 분류하였고, 그 각각은 화용적 기능(function)에 따라 서술문은 진술(statement), 의문문은 질문(question), 명령문은 지시(directive), 감탄문은 감탄(exclamation)의 전형적이고 일차적인 용법을 갖는다고 보았다. 또 최현배님(1935: 854)은 국어의 문장을 서술문, 의문문, 명령문, 청유문(commissive)으로 분류하고 있는 바, 이를 Quirk et al.(1985)과 비교해 보면 영어는 감탄문이 있는 대신에 국어는 청유문이 있는 것이 주목된다. 우리는 그 근본 이유가 두 언어의 통사구조의 차이에서 비롯된 것이라고 보는데, 영어의 감탄문은 다른 문형과 독립된 형태, 즉 통사구조를 가지고 있지만 국어의 감탄 표현은 독자적인 통사구조가 존재하지 않기 때문에 국어의 감탄문은 없으며[1], 또 국어의 청유문은 "-자(-ㅂ/읍

1) 영어의 감탄문이 'what'이나 'how'로 시작하는 고유한 어순을 갖는 문형인 반면에 국어의 감탄 표현은 예를 들어 "이 꽃은 얼마나 아름다우냐"라는 표현이 의문문과 구조적인 차이가 없음을 볼 때, 국어의 감탄문을 인정하지 않은 최현배님(1935)의 혜안이 놀랍다. 아울러 전통문법에서 기원문(optative)을 설정하기도 하지만 "May God bless you."처럼 조동사가 주어 앞으로 이동하는 것이 기원문의 통사적 특성이 아니라 의문문의 특성이므로 기원문을 인정하지 않은 Quirk et al.(1985)을 우리는 받아들인다.

시다)"와 같은 독립적인 문장 종결어미에 의해서 청유문을 만들지만 영어의 청유 표현은 "Let us(=Let's)"로 시작하는 일종의 명령문의 구조를 갖기 때문에 독립적인 청유문의 문형으로 설정되지 않은 것이다. 또한 각각의 문장은 긍·부정의 서술 양식에 따라 긍정문(positive sentence)과 부정문(negative sentence)으로 다시 양분된다. 이러한 분류에 의해서 어떤 문장의 형식과 기본적 의미 및 화용적 기능이 대체로 결정된다.

그러나 이상의 기준으로 분류할 수 없는 대표적인 문장이 부가의문문(tag question)이다. 즉 부가의문문은 형태상으로는 선행하는 서술문에 일정한 의문문적인 요소가 부가되어 전체적으로 하나의 의문문을 만들고, 기능상으로도 진술(statement)과 질문(question)의 기능을 동시에 수행한다는 면에서 매우 특이한 문형이라고 말할 수 있다.[2] 우리는 주로 영어의 부가의문문을 분석하여 부가의문문의 보편문법을 기술하고, 이를 근거로 하여 국어의 부가의문문에 관한 기존의 이론을 비판적으로 검토한 다음, 결론적으로 아마도 유일하게 경상도 방언에만 국어 부가의문문이 존재함을 증명하는 것이 이 연구의 목적이다.

2. 영어 부가의문문과 보편문법

1) 영어 부가의문문의 통사적 특징

부가의문문에 관한 연구는 주로 영어를 중심으로 이루어져 왔다. '부가(附加)'라는 용어 자체도 바로 영어의 *tag*를 번역한 것으로 보인다. 그 이유는 무엇보다도 영어가 부가의문문의 통사적 특성을 가장 잘 드러내 보이는 언어라는 데에 있다. 다음 예문을 보기로 하자.

(1) a. Mary *won't* read the book, <u>*will* she</u>?

b. Mary *will* read the book, <u>*won't* she</u>?

c. Mary *will* read the book, <u>*will* she</u>?

d. Mary *won't* read the book, <u>*won't* she</u>?

---

2) 부가의문문의 선행문이 반드시 서술문이 아닐 수도 있다. 그 경우가 바로 선행문이 명령문인 경우인데, 일반적으로 명령문도 이인칭 주어가 생략된 서술문으로 분석할 수 있기 때문에 논의의 편의상 부가의문문의 선행문은 서술문이라고 단순화하기로 하겠다.

위 예문은 선행 서술문과 후행 부가문(tag)의 결합 가능성을 잘 보여주고 있다. 의미 및 기능적 용법을 논외로 할 때, 통사적으로는 선행 서술문과 부가문의 긍·부정 형태에 따라 네 가지가 가능한데, Culicover(1976: 132-5)가 (1d)와 같은 [부정문 + 부정문]의 결합을 비문으로 보는 것과 달리 Zandvoort(1965: 224-6), Quirk et al.(1972: 390-2), Lyons(1979: 764), Cattell(1973: 614-6) 등의 대부분의 학자들이 위의 네 가지 형태를 모두 정문으로 간주하고 있다. 또한 위 예문은 선행 서술문과 부가문의 조동사가 일치해야 된다는 점과 부가문의 주어는 선행 서술문 주어와 일치하는 대명사여야 한다는 엄격한 제약이 있음을 잘 보여주고 있다.

그렇다면 과연 영어의 모든 부가의문문이 위와 같은 엄격한 통사적 제약이 있는 것일까? 학자들의 다른 논의를 보면 반드시 그렇지도 않음을 확인할 수 있다. 다음 예문들을 보자.

(2) a. He is a nice man, <u>isn't he</u>?
    b. He is a nice man, <u>don't you think</u>?

(3) They forgot(/didn't forget) to attend the lecture, am I right?(isn't that so?/ don't you think?/wouldn't you say?)

위 예문들 가운데 (2a)를 제외한 (2b)와 (3)은 모두 앞서 제시한 통사적 제약을 어기고 있으나 모두 생산적으로 쓰이는 부가의문문이다. 먼저 Zandvoort(1965: 225)는 (2b)를 (2a)와 동일한 의미를 갖는 부가의문문으로 보았으며, Quirk et al.(1985: 814)은 (3)처럼 선행 서술문의 긍·부정에 관계없이 다양한 부가문(tag)이 뒤 따라 올 수 있음을 보여주고 있다. 따라서 예문 (1)에서 제시한 유형만을 영어의 부가의문문으로 규정할 수 없다고 보아야 한다. 우리는 편의상 예문 (1) 및 (2a)와 같이 선행 서술문과 구조적으로 밀접하게 관련된 부가문을 갖는 부가의문문은 통사적 부가의문문(syntactic tag question)으로, 예문 (2b), (3)과 같이 부가문이 선행 서술문의 구조와 관계없이 화자(speaker)가 청자(hearer)에게 선행 서술문의 내용에 관한 견해를 묻는 부가의문문은 화용적 부가의문문(pragmatic tag question)으로 부르기로 하겠다.

또 다른 유형의 부가의문문으로 특정 어휘가 선행 서술문의 뒤에 부가되는 문형이 존재한다. 예를 들어 Quirk et al.(1985: 814)은 아래 예문도 구어체에서 쓰이는 부가의문문이라고 본다.

(4) She passed(/didn't pass) the exam, right/eh?

Stageberg(1980: 300)는 세계의 많은 언어가 고정된 어휘소에 의해서 부가의문문을 만든다고 언급하고 있는 바, 예를 들어 중국어는 *ma*, 스페인어는 *verdad*, 네덜란드어는 *niet waar*, 영어는 *huh*, *eh* 등이 어휘적 부가문(lexical tag)으로 쓰인다고 기술하고 있다.

이상의 논의를 토대로 우리는 부가의문문의 유형을 부가문이 일정한 문장의 형식을 갖춘 통사적 부가의문문과 화용적 부가의문문, 그리고 특정 어휘가 부가문으로서 선행 서술문에 부가된 어휘적 부가의문문(lexical tag question)으로 분류하기로 하겠다.

부가의문문의 또 하나의 통사적 특징은 다른 문형과 달리 보문화가 불가능하다는 점이다. 그 이유를 배태영(1973: 71)은 논리적 근거를 가지고 설명하고 있다.

(5) a. John died, didn't he?
b. I don't know that John died.
c. I don't know whether John died.
d.*I don't know that/whether John died.

부가의문문 (5a)는 선행 서술문과 이의 생략형 의문문이 결합된 문장이므로 각각의 보문화는 정문 (5b)와 (5c)가 보여주듯이 가능하지만 서술문과 의문문을 동시에 보문화할 수 있는 보문자는 존재하지 않으므로 (5d)는 비문이 된다. 결국 부가의문문은 서술문과 의문문의 성질을 동시에 가지고 있는 특수구문이라는 점을 여기에서도 확인할 수 있다.

부가의문문의 용법상의 두드러진 특징 가운데 하나는 대화성(conversationality)이다. 대화를 구성하는 필수적인 요소는 화자와 청자이다. 화자가 혼자 중얼거릴 때에도 자신을 청자로 상정하고 대화 형식을 반드시 갖춰야 하는 문장이 부가의문문임을 아래의 Lyons(1977: 765)가 제시하는 예문에서 확인할 수 있다.

(6) a. "The door isn't open, is it?" he asked himself.

b.*"The door isn't open, is it?" he wondered.

c. "Isn't the door open?" he wondered.

(6a)의 인용문 "The door isn't open, is it?"은 부가의문문으로서 자문 자답 형식의 대화에서 쓰이고 있는 데 반해 대화문이 아닌 (6b)의 모문 술어인 'wondered'의 내포문인 직접 인용문으로 쓰이지 못함을 보여준다. 한편 장형부정의문문인 "Isn't the door open?"은 술어 'wondered'의 내포문으로 쓰일 수 있음을 정문 (6c)가 보여준다.

2) 영어 부가의문문의 음성적 특성

부가의문문의 본질적인 대화 의존성 때문에 발화시의 음성적 측면이 전달하고자 하는 의미에 크게 영향을 준다. 즉, 부가의문문의 부가문(tag)이 하강억양으로 끝나느냐 상승억양으로 끝나느냐에 따라 상당한 의미 차이가 있다. Quirk et al.(1985: 811)은 부가의문문의 선행 서술문은 화자의 가정(assumption)을, 부가문은 화자의 기대(expectation)를 표현한다고 언급하면서 부가문이 하강억양으로 끝나면 화자가 자신의 긍·부정 진술에 대하여 청자가 확인(confirmation)해주기를 적극적으로 기대(positive/negative expectation)하고, 부가문이 상승억양으로 끝나면 화자가 자신의 긍·부정 진술에 대하여 청자가 명제의 사실성 여부를 검증(verification)해주기를 중립적으로 기대(neutral expectation)한다고 기술하고 있다.[3)]

부가의문문의 선행 서술문과 부가문 사이에는 거의 공통적으로 쉼표(comma)가 자리하고 있다. 이 쉼표는 부가의문문의 중요한 두 가지 특성을 반영하고 있다. 하나는 선행 서술문과 부가문이 상호 연결되어 있음을 나타내는 장치이다. 즉, 화자는 부가의문문을 두 문장이 아닌 한 문장으로 인식하며, 따라서 선행 서술문의 끝이 일반적인 서술문과 달리 하강억양을 갖지 않고 수평억양(sustained contour)을 가짐으로써 문장이 끝나지 않았음을 표시한다. 아울러 마침표와 달리 쉼표는 두 문장이 단절되지 않고 연속되고 있음을 의미한다. 다음 예문을 보자.

3) 실제로는 Quirk et al.(1985: 811)은 부가문의 핵심어조(nuclear tone)가 조동사에 오느냐의 여부에 따라 상승조/하강조를 구분하지만 우리는 일반적인 분류에 따라 부가문의 끝이 올라가느냐 내려가느냐로 분류하였다. 결국 조동사가 상승억양을 가지면 문장의 끝은 하강억양을 갖고 조동사가 하강억양을 가지면 문장의 끝은 상승억양을 가진다.

(7) a. She is so busy, isn't she?
b. She is so busy, am I right?
c. She is so busy. Am I right?

화자는 일반적인 부가의문문 (7a) 대신에 (7b)를 사용할 수도 있다. 그러나 (7b)와 유사한 구조와 기능을 가지고 있는 (7c)는 문형상 완전히 독립된 서술문과 의문문이 연속되고 있을 뿐이다. 다시 말해서 (7b)는 화자가 선행 서술문 "She is so busy."를 가정하고 있지만, (7c)의 화자는 이러한 가정을 하고 있다는 아무 단서가 없다는 중요한 차이가 있는 것이다. 결론적으로 부가의문문의 쉼표는 선행 서술문과 부가문의 본질적 관계, 즉 완전히 두 문장은 아니면서도 상대적으로 독립성을 유지하고 있음을 동시에 표현하는 의미있는 장치라고 보아야 한다.

3) 영어 부가의문문의 의미 및 기능상의 특징

아마도 부가의문문의 용법이 가장 잘 발달된 언어가 바로 영어인 듯한데, 통사적으로 복잡한 구조를 갖는 것과 걸맞게 그 의미 및 기능상의 용법도 매우 다양하다. 또한 학자마다 그 주장이 매우 다르고 복잡하다.[4] 우리는 여기에서 부가의문문의 보편문법을 규명하고자 하는 목적에 맞추어 Quirk et al.(1985: 811)의 기술을 기본으로 삼고자 한다. 그는 부가의문문의 선행 서술문은 화자의 가정(assumption)을 나타내고, 부가문은 화자의 청자에 대한 기대(expectation)를 나타내는데, 부가문의 끝이 상승억양이면 화자가 청자에게 자신의 가정에 대한 검증(verification)을 요청하고, 부가문이 하강억양으로 끝나면 화자가 청자에게 자신의 가정에 대한 확인(confirmation)을 요청한다고 기술하고 있다. 일반적으로는 부가의문문이 상승억양을 가지면 화자가 청자에게 확인을 요청하고, 하강억양이면 화자가 청자에게 동의(agreement)를 요청한다고 이해되고 있는 것과 다르지 않다. 분명한 것은 부가의문문이 상승억양으로 끝나면 화자는 자신의 가정에 대하여 중립적(neutral) 기대를 가지며, 하강억양으로 끝나면 화자는 자신의 가정에 대하여 비중립적(unneutral; positive or negative) 기대를 가지고 있다는 점이다. 그러나 이러한 화자의 발화가 실제 대화중에는 반드시 청자의 반응을 필요로 하는 것은 아니고, 오히려

4) 부가의문문의 의미·기능상의 용법에 관한 논의는 Zandvoort(1965), Quirk et al.(1972), Lyons (1979), Cattell(1973), Lakoff(1969), 성광수(1980), 박병수(1974), 전병쾌(1984) 등이 있다.

많은 경우에 화자가 자신의 가정을 강조함으로써 다양한 함축적 의미(conversational implicature)나 화행(speech act)을 실현하기 위한 생산적 장치가 되고 있다.

4) 부가의문문의 보편문법

이제 지금까지 살펴본 영어 부가의문문의 성질을 토대로 부가의문문의 보편문법을 어떻게 규정할 수 있는가를 생각해 보기로 하자. 이러한 작업은 이 연구의 중요한 목적인 국어의 부가의문문을 기술하는데 꼭 필요한 작업이다.

첫째, 부가의문문의 선행문은 서술문이고 부가문(꼬리)은 의문문이다. 먼저 선행 서술문은 화자의 가정(assumption), 혹은 전제(presupposition)를 나타내며, 부가문은 화자가 자신의 가정에 대한 청자의 기대(expectation)를 의문문 형식으로 요청하고 있다. 이 요청의 강도(strength)에 따라 부가문이 상승억양으로 끝나면 청자가 화자의 가정에 동의하지 않을 수 있을 정도이고, 부가문이 하강억양으로 끝나면 일반적으로 청자가 화자의 가정에 거의 동의하게 되는 의미를 갖게 된다.

둘째, 부가의문문의 부가문은 어휘적 요소로 나타날 수도 있고, 선행 서술문에 기초한 생략된 의문문의 구조를 갖기도 하며, 때로는 독립적인 의문문이 부가문이 되기도 한다. 중요한 것은 이 요소가 의문문의 구조로서 전체를 부가의문문이라는 의문문의 문형을 만든다는 점이다.

셋째, 선행 서술문과 부가문의 긍·부정 형태에 대한 어떠한 보편문법적인 제약도 없다. 물론 영어의 경우에 두 성분의 긍·부정 형태가 의미상의 차이를 가져오는 것은 당연하지만 선행 서술문과 완전히 독립된 문장도 부가문이 될 수 있다는 것은 두 성분 사이의 통사적 제약은 부가의문문의 보편적 성질은 아니라고 보아야 한다.

넷째, 부가의문문의 선행 서술문과 부가문을 연결하는 쉼표가 가지는 보편성은 무엇일까를 생각해보자. 물론 구두점 자체는 모든 언어에 필수적인 요소는 아니다. 우리는 영어 부가의문문의 쉼표가 갖는 상징성이 있으며, 이는 곧 부가의문문의 보편적 성격을 반영하는 하나의 장치라고 본다. 이는 바로 선행 서술문이 종결된 것이 아니라 부가문과 연관된다는 관계성의 의미를 가질 뿐만 아니라 선행 서술문은 통사적으로 완전한 문장의 구조를 독립적으로 가지고 있다는 두 가지 보편문법을 반영하고 있다고 본다. 따라서 다른 언어에서 이런 두 가지 보편성을 보여주는 다른 장치도 개별 문법적

(particular grammar) 특성으로서 존재할 수도 있다고 보아야 한다.

이상과 같이 부가의문문의 보편문법을 가정하고서 우리는 다음 장에서 국어의 부가의문문의 논의에 들어가기로 하겠다.

3. 국어 부가의문문의 기존 이론 검토

이제 국어의 부가의문문에 관한 대표적인 기존 이론을 검토하여 논의의 쟁점을 정리하기로 하겠다.

1) 성광수(1980)의 이론

성광수(1980: 61)는 국어 부가의문문에 관하여 "부가의문은 선행서술문의 상위 구조에 포함된 이행동사(performative verb)로 인한 의미론적 제약을 받으면서도 구조상으로는 완전한 문장으로의 환원이 가능하다"고 기술하고 있다. 이를 근거로 하여 성광수의 논의를 다시 풀어보면 다음과 같다.

첫째, 국어 부가의문문[5]은 선행 서술문 자체가 아닌 선행 서술문의 상위 구조에 포함된 이행동사에 의하여 의미론적 제약을 받는다.

둘째, 국어 부가의문문은 선행 서술문의 상위문(higher sentence)으로부터 완전한 문장으로의 복원이 가능하다.

그러면 이러한 두 가지 주장의 구체적인 내용과 타당성을 다음 문장을 통해서 살펴보자.

(8) a. 철수는 모범생이다, 아이가?
b. [철수는 모범생이다]가 사실이 아닌가?
c. 내가 너에게 [[철수는 모범생이다]가 사실이다]를 묻는다.

성광수(1980)에 의하면 먼저 (8b)는 경상도 방언 (8a)의 부가문(tag) "아이가?"를 "사실이 아닌가?"로 풀어쓰고 있음을 보여주고 있는데, 이는 앞에서 살펴본 영어 예문 (7b)와

5) 성광수(1980)는 실제로 부가의문문 대신에 '부가의문'이라는 용어를 사용하고 있으나 우리는 선행서술문과 뒤에 오는 꼬리(tag)를 포함한 문형은 부가의문문이라 부르고 꼬리만은 부가문이라 부르기로 한다.

일치하고 있다고 말할 수 있다. 이를 Quirk et al.(1985)을 따라 설명하면 화자는 "철수는 모범생이다"고 가정하고 있으며, 이 가정을 부가의문문의 형식 (8a)를 통해서 청자에게 그 가정의 사실성 여부를 청자에게 검증하거나 확인을 받고자 하는 문장이다.[6] 또한 그는 부가의문문 (8a)는 (8c)라는 완전한 이행동사 구문으로 복원된다고 주장하고 있는데, 이는 아래 예문과 같은 순수한 의문문도 동일한 (8c)의 이행동사 구문으로 분석된다는 면에서 부가의문문과 일반 의문문과의 차이를 포착할 수 없다는 심각한 문제점을 가지고 있다고 본다.

(9) a. 철수는 모범생이가?('이가'는 '이니'의 경상도 방언임)
b. 나는 [철수가 모범생이다]가 사실이 아닌가?
c.*나는 너에게 [[철수가 모범생이다]가 사실이다]를 묻는다.

위 예문을 예문 (8)과 비교해볼 때 부가의문문과 일반 의문문의 차이를 전혀 보여주기 못하므로 우리는 성광수(1980)의 주장을 받아들일 수 없다.

셋째, 성광수(1980: 56-8)는 부가의문문의 선행 서술문과 부가문(tag)의 긍·부정 형태에 대하여 논하고 있다. 다음 예문을 보기로 하자.

(10) a. 물에도 산소가 있다, 그지? ('그지'는 '그렇지'의 경상도 방언)
b. 물에도 산소가 있다, 아이가? ('아이가'는 '아니니'의 경상도 방언)

(11) a. 영자가 미인은 아니다, 그지?
b. 영자가 미인은 아니다, 아이가?

위의 예문은 경상도 방언의 전형적인 부가의문문인데, 보는 바와 같이 선행문과 부가문의 긍·부정 형태가 자유롭게 쓰이면서도 인지적 의미(cognitive meaning)의 차이를 가져오지 않고 있음을 잘 보여주고 있다. 즉 예문 (10)처럼 선행문이 긍정문일 때도 부가문은 긍정형 '그지'와 부정형 '아이가'가 가능하고, 예문 (11)처럼 선행문이 부정문일 때

6) 영어의 부가의문문과 마찬가지로 국어의 부가의문문도 상승억양으로 끝나면 화자의 가정에 대한 청자로부터의 기대감이 상대적으로 약하고(neutral expectation), 하강억양으로 끝나면 화자의 가정에 대한 청자로부터의 기대감이 상대적으로 강하다.(positive or negative expectation)

도 부가문은 긍정형 '그지'와 부정형 '아이가'가 모두 가능하다. 성광수(1980: 62)는 부가문이 긍정형 '그지'가 사용된 부가의문문은 적극적 의문법이고 부가문이 부정형 '아이가'가 사용된 부가의문문은 소극적 의문법이라고 기술하고 있다. 그러나 우리는 그 근본 이유가 긍·부정형의 차이에 있다기 보다는 부가문의 종결어미의 특성에 있다고 본다. 즉 긍정형 '그지?'는 '-지'라는 비중립적 종결어미를 사용하고 있고, 부정형 '아이가?'는 '-가?'(=니)라는 중립적 종결어미를 사용하고 있기 때문이라고 본다.[7)]

한편 성광수(1980: 57)는 부가의문문이 상승억양으로 끝나느냐 하강억양으로 끝나느냐에 따라 의미의 차이가 크게 달라진다고 본다. 상승억양으로 끝나는 부가의문문은 '순수 의문'으로서 청자가 화자의 진술에 대하여 선택적으로 긍정이나 부정으로 답할 수 있으며, 하강억양으로 끝나는 부가의문문은 '반문 의문'으로서 화자의 진술을 단정 혹은 확인하는 청자의 답이 요구되거나 전혀 청자의 답이 없어도 무방하다고 기술하고 있다. 중요한 것으로서 여기에서 국어의 부가의문문은 부가문의 긍·부정 형태는 선행문의 긍·부정 형태에 따른 통사적 제약이 없다는 면에서 영어와 다르지 않다는 점을 확인하였고, 아울러 부가의문문의 기능상의 용법은 종결어미의 억양에 의해서 결정된다는 점도 영어와 동일함을 확인하였다.

넷째, 성광수(1980: 58-60)는 부가의문문의 상승억양과 하강억양이 부가의문문의 통사구조와 선행 서술문과 부가문의 연접(juncture)에도 영향을 준다고 기술하고 있다. 다음 예문을 보자.

(12) a. 그 사람은 이미 죽었다, 아입니꺼? (/그지예?)
     b. 그 사람은 이미 죽었습니다, 아입니꺼? (/그지예?)[8)]

그에 따르면 부가의문문이 하강억양으로 끝나면 선행 서술문과 부가문 사이가 폐쇄연접(closed juncture)이 되어 그만큼 두 구문 사이의 쉼(pause)이 짧고, 상승억양으로 끝나

7) 비중립적 종결어미 '지' 대신에 중립형을 사용하면 "그렇지?"가 아닌 "그렇니?"가 되고, 중립형 종결어미 '가' 대신에 비중립형 어미를 사용하면 '아이가'는 '아니지'가 된다. 비중립적 종결어미 '지'는 화자의 가정 혹은 전제가 매우 강하다. 그런 의미에서 경상도 방언의 부가의문문의 부가문 "그지?"와 "아이가?"는 상호간에 완전한 대조를 이루는 것이 아니라는 점이 흥미롭다. 왜냐하면 '그지'는 비중립적 표현이고, '아이가'는 중립적 표현이기 때문이다.

8) 성광수(1980: 60)는 이 예문 대신에 "그 사람은 이미 돌아가셨다, 아입니꺼?(/그지예?)"로 되어 있으나 "돌아가셨다"는 주어인 그 사람"을 화자가 존대하는 어법일 뿐 화자가 청자를 존대하기 위해서는 '-ㅂ니다'가 선행서술문의 종결어미로 되어야 한다는 것이 우리의 판단이며. 따라서 예문을 (12b)처럼 고쳤다.

면 선행 서술문과 부가문 사이가 개방연접(open juncture)가 되어 폐쇄연접보다 상대적으로 쉼이 길다. 또한 통사적으로 중요한 차이를 보여 주는데, 하강억양이면 선행문의 종결어미에 청자 존대법이 실현되지 않고 부가문에 "-ㅂ니꺼"로 실현되는 반면에, 상승억양이면 선행문의 종결어미에 청자 존대법이 "-습니-"로 실현되고 동시에 부가문의 종결어미에도 실현된다고 기술하고 있다. 다시 말하면 이러한 통사적인 차이점이 (12a)는 반드시 하강억양을 가지며, (12b)는 상승억양을 가진다고 예측하게 해준다는 주장이 된다.

2) 전병쾌(1984)의 이론

전병쾌(1984: 84)는 국어의 부가의문문을 선행 서술문의 종결어미에 따라 두 가지로 분류하고, 선행 서술문의 긍·부정 형태에 따라 부가문의 긍·부정 형태의 실현 가능성이 달라진다. 다음 예문을 보자.

(13) a. 내가 어제 그에게 실수했다, 그렇지? (/그렇지 않니?)
b. 내가 어제 그에게 실수했지, 그렇지? (/그렇지 않니?)
c. 나는 어제 그에게 실수했지? 그렇지? (/그렇지 않니?)

(14) a. 나는 어제 그에게 실수하지 않았다, 그렇지? (/*그렇지 않니?)
b. 나는 어제 그에게 실수하지 않았지, 그렇지? (/*그렇지 않니?)
c. 나는 어제 그에게 실수하지 않았지? 그렇지? (/그렇지 않니?)

첫째, 전병쾌(1984)는 국어 부가의문문을 선행 서술문의 종결어미에 따라 둘로 나누었다. 위 예문 (13)과 (14)에서 보듯이 국어 부가의문문은 선행 서술문의 종결어미에 따라 '-다' 종결어미형과 '-지' 종결어미형으로 나누어진다. 성광수(1980)가 국어에 유일하게 존재하는 전형적인 경상도 방언의 부가의문문에 '-지' 종결어미형이 존재하지 않는다고 주장한 것과 배치된다는 점에 주목한다.

둘째, 전병쾌(1984)는 선행 서술문과 부가문(tag)의 긍·부정 형태는 위 예문 (13)이 보여주듯이 선행문이 긍정문이면 부가문은 긍정문이나 부정문이 다 가능하지만, 예문 (14)가 보여주듯이 선행문이 부정문이면 부가문은 오직 긍정문만 가능하다고 보았다. 이 점도 성광수(1980)와 매우 다른 점으로 (13b)가 (13c)와 비슷한 의미이듯이 (14b)는

(14c)와 비슷한 의미인 점을 받아들인다면 전병쾌(1984)의 주장을 받아들일 수 없다는 것이 우리의 입장이다.

셋째, 전병쾌(1984)는 부가문(tag)을 긍정형은 "그렇지?"로, 그리고 이의 부정형으로 "그렇지 않니?"만을 인정하였다

3) 장석진(1984)의 이론

장석진(1984: 259)은 국어 부가의문문을 "평서문/의문문 문미에 꼬리표(tag)를 붙이는 꼬리표 의문(tag question)"으로 정의하면서 다시 꼬리가 "안그래?, 그렇지?" 등이 있다고 기술하고 있다. 우리는 그가 부가의문문의 선행문으로서 서술문 뿐만 아니라 의문문도 포함하고 있음에 주목하게 된다. 우선 그의 중요한 주장을 살펴보기로 한다.

첫째, 그는 국어의 전형적인 부가의문문으로서 꼬리가 "않아(요)?/않니?/않냐?/않습니까?"인 다음 문장을 설정한다.

(15) a. 비가 오지 않았어?
b. 비가 왔지 않아?
c. 비가 왔지? 그렇지 않아?

장석진(1984)은 예문 (15a)는 장형부정의문문이지만 (15b)는 "전형적인 부가의문문"으로 설정한다. 두 구문의 차이는 바로 시제소의 위치에 의해서 결정되는데, 이 문제는 '지'의 통사적 성격과도 관련된다. 즉 (15a)의 '지'는 국어의 장형 부정문에 오는 부정소 안의 '지'이고 시제 '았'은 부정소 '않' 다음에 오지만, 부가의문문 (15b)의 '지'는 선행문의 종결어미이고 "않아?"는 꼬리라고 본다. 여기에서 중요한 점은 부정의문문 (15a)의 여러 의미 중에서 (15b)와 화행이 유사한 의미가 있다는 점이다. 다시 말해서 (15a)와 (15b)가 다 같이 (15c)의 의미를 갖는다는 것이다. 장석진(1984: 266)은 이를 인정하면서도 두 구문이 화행의 차이가 있다고 주장한다. 즉 (15a)는 "확인 요청"의 화행을 가지며, (15b)는 "동의 요청"의 화행을 갖는다고 주장하고 있다. 우리는 뒤에서 장석진(1984)의 두 가지 주장, 즉 부가의문문의 선행문이 의문문일 수 있느냐 하는 문제와 예문 (15b)와 같은 구문이 국어의 전형적인 부가의문문인지를 검토하기로 하겠다.

둘째, 장석진(1984: 267)은 부가의문문의 꼬리(=부가문)인 "안그래?, 그렇지?" 등을 대용 표현 "그러하다"에서 나온 것으로 보고, 이러한 유형의 부가의문문을 '대용어 부가의문'이라고 부른다. 그는 꼬리의 긍·부정 형태는 "그래-안그래?," "그렇지-그렇지 않아?" 등이 선행문의 긍·부정문과 관계없이 쓰일 수 있다고 본다. 다만 선행문이 평서문이면 비문이 된다고 본다는 점은 매우 특이하다. 다음 예문을 보자.

(16) a. 비가 왔어, 그래?/안그래?/그렇지?/그렇지 않아?
b. 비가 안왔어, 그래?/안그래?/그렇지?/그렇지 않아?
c.*비가 왔습니다, 그렇습니까?
d. 비가 왔다, 그렇지?

(16a)와 (16b)의 문법성은 선행문의 긍·부정 형태에 상관없이 부가문(tag)은 일정함을 보여준다. 다시 말하면 선행문의 긍·부정 형태에 관계없이 꼬리의 긍·부정 형태가 자유롭게 쓰일 수 있다는 것을 의미한다. 한편 장석진(1984: 267)은 (16c)를 비문으로 보는데, 그 이유는 선행문이 의문문이 아니고 평서문이기 때문이라는 것이다. 그러나 이 주장은 (16d)가 정문인 것을 설명해주지 못하는 문제점이 있다. 왜냐하면 (16d)는 선행문이 분명히 서술문이고 또 정문이기 때문이다.

셋째, 장석진(1984: 271-2)은 부가의문문의 보문화가 가능하다고 언급하면서 다음 예문을 제시하고 있다.

(17) a. [비가 많이 왔지 않는냐]고 대답했다/말했다/*물었다.
b. [아무도 안 왔지 않느냐]고 대답했다/말했다/*물었다.
c. [비가 많이 오지 않았느냐]고 대답했다/말했다/물었다.

먼저 장석진(1984)은 그의 '전형적인' 부가의문문만 보문화된다고 기술하고 있지 대용어 부가의문에 대한 언급이 없다. 또한 부가의문문 (17a) 및 (17b)는 주절동사가 부정의문문의 주절동사와 달리 "물었다"가 될 수 없다고 논증없이 기술하고 있다. 먼저 우리는 그의 전형적인 부가의문문인 (17a)와 (17b)와 부정의문문인 (17c)의 문법성이 주절동사 "물었다"에 의해서 달라진다는 주장을 우리의 국어에 대한 직관상 받아들일 수 없다. 또한 우리는 뒤에서 부가의문문의 보문화 문제에 대하여 다시 검토하기로 하겠다.

넷째, 장석진(1984: 272-6)은 부가의문문의 본문과 꼬리가 이어지는 절 경계(clause boundary)의 억양과 휴지(pause) 여부, 꼬리의 억양을 살피고 정서법, 특히 구두점 사용에 관한 방안을 논하고 있다.

우선 그의 전형적인 부가의문문은 본문과 꼬리 사이에 휴지가 없고, 그 사이에 어떤 토씨—는, 도, 요 등—도 끼지 못한다. 다음 예문을 보자.

(18) a.*비가 왔지는/도 않아?
b.*비가 왔지요 않아요?

또한 본문과 꼬리 사이에 휴지가 없기 때문에 쉼표(,)도 없으며, 꼬리는 상승억양(high)이나 중평억양(mid)이 되고 구두점은 물음표(?)가 된다. 상승억양과 중평억양 사이에는 동의 요청의 정도의 차이가 있다.

장석진(1984: 274)은 그의 대용어 부가의문문은 본문과 꼬리 사이에 절 경계가 있고 꼬리 끝은 상승억양을 갖는다고 기술하고 있다. 한편 본문의 끝은 종결어미가 '지'이면 상승, 중평, 하강의 억양을 가질 수 있고, 종결어미가 '어'이면 중평, 하강의 억양을 갖는다고 기술하고 있다. 이 때 구두점은 중평이면 쉼표를 넣거나 생략할 수 있으며, 상승이면 물음표(?), 하강이면 마침표(.)를 넣는다고 기술하고 있다. 이 문제에 대해서도 뒤에서 다시 논하기로 하겠다.

4. 경상도 방언의 부가의문문과 보편문법

앞에서도 언급하였듯이 성광수(1980: 50)는 경상도 방언에서 "국어 가운데서도 비교적 완전하게 부가의문문이 실현되고 있다"고 기술하고 있다. 우리는 이 점에 대하여 동의하면서 이 경상도 방언의 부가의문문을 통해서 국어의 부가의문문의 특성을 밝히고, 이를 영어의 부가의문문과 비교하여 부가의문문의 보편문법을 기술하기로 하겠다.

1) 경상도 방언의 부가의문문

먼저 가장 일상적으로 쓰이는 경상도 방언에 다음과 같은 표현이 있다. 이 표현의 통사적, 의미론적 특성을 부가의문문과 관련하여 면밀히 검토하기로 하자.[9)]

(19) a. 어제 밤에 비가 (안) 왔다(,) 그지?/맞지?
b. 어제 밤에 비가 (안) 왔다(,) 아이가?
c.*어제 밤에 비가 (안) 왔지(,) 그지?/맞지?
d.*어제 밤에 비가 (안) 왔지(,) 아이가?
e. 어제 밤에 비가 (안) 왔다(,) 그지예?/맞지예?
f.*어제 밤에 비가 (안) 왔습니다(,) 그지예?/맞지예?
g. 어제 밤에 비가 (안) 왔습니다. 그지예?/맞지예?/

우선 우리는 위 예문에서 다음과 같은 사실을 추론할 수 있다.

첫째, 정문 (19a)와 (19b)는 서술문과 의문문의 두 문장으로 연결되어 있다. 그 증거는 선행문이 서술형 종결어미 '다'로 끝나고 있고 꼬리는 의문형 종결어미 '지?'와 '가?'로 끝나고 있다. 이 증거는 바로 부가의문문의 일반적인 통사적 정의에 부합한다.

둘째, 예문 (19a)와 (19b)는 화자가 "어제 밤에 비가 (안) 왔다"는 명제를 가정하고 이에 대하여 청자가 확인 혹은 동의 해주기를 요청하는 화용론적 용법을 가지고 있다. 이 용법은 꼬리의 끝을 올리느냐 내리느냐에 따라, 올리면 화자의 가정의 정도가 약하고 내리면 가정의 강도가 강하다. 이 점도 일반적인 부가의문문의 화행과 다르지 않다.

셋째, 선행 서술문과 꼬리 사이에 휴지가 있는 것은 사실이지만 완전한 마침(.)이 아니며 이를 쉼표(,)로 나타낼 수 있으나 국어에서는 형태소에 의해서 문장의 종결여부가 표시되므로 쉼표 자체가 부가의문문의 문법성을 결정하는 성분으로 이해되어서는 안된다. 따라서 우리는 이 성분을 괄호 안에 넣었다. 두 문장이 아니라는 증거는 바로 정문 (19e)와 비문 (19f), 정문 (19g)에 의해서 증명된다. 즉, 화자가 부가의문문 안에서 청자를 존대하는 어법을 사용하고자 할 때는 선행 서술문의 종결어미 앞에 청자 대우법의 "-ㅂ니-"를 실현하는 것이 아니라 부가의문문 전체의 종결어미, 즉 꼬리의 종결어미 뒤

9) 이 예문에 대한 문법성 내지 용인성 판단은 1999학년도 2학기 울산대학교 영미어문학부 1학년 <영어 2> 수강생, 3학년 <영어통사론 2> 수강생, 그리고 교육대학원 <영문법 연구> 수강생들에게서 직접 확인하여 얻어낸 것임.

에 "-예"를 부착하여 실현하고 있다. 이는 두 문장의 병렬인 (19g)에서의 청자 존대법의 실현과 완전히 다르다는 점을 보여준다. 이는 결국 부가의문문은 처음에는 두 문장으로부터 만들어지지만 일단 만들어지면 한 문장으로 행동함을 증명하는 중요한 증거라고 보아야 한다.

넷째, 부가의문문의 선행 서술문과 부가문의 긍·부정 형태는 아무 제약이 없으며, 인지적 의미의 차이도 보여주지 않는다는 점을 알 수 있다. 아울러 꼬리도 "그지/맞지/아이가" 등으로 매우 제한적인 형태만이 쓰인다는 것을 보여준다.

다섯째, 정문 (19a)와 (19b), 비문 (19c), (19d)는 부가의문문의 선행문은 서술문이면서 반드시 중립적 종결어미만이 가능함을 보여준다. 아직 그 이유를 알 수 없지만 비중립적 종결어미 '지'가 쓰이지 못한다는 것은 '지'가 장석진(1984)에서 보듯이 의문형 종결어미로 쓰일 뿐만 아니라 비중립적 의미로 쓰이므로 꼬리인 "그지?"의 '지'와 중복되는 점이 차이점으로 드러난다.

끝으로 예문 (19a)와 (19b)는 꼬리의 억양에 따라 화행의 차이가 분명히 있다. 꼬리가 상승억양이면 화자의 가정에 대한 확신이 그만큼 약하므로 청자도 이를 부인할 가능성이 더 높아지고, 꼬리가 하강억양이면 화자의 확신이 그만큼 강하므로 청자도 이를 부정할 가능성은 더 적어진다.

이러한 증거로 볼 때 예문 (19a)와 (19b)는 바로 경상도 방언에 나타나는 국어의 전형적인 부가의문문이라고 보아야 할 것이다.

2) 경상도 방언의 부가의문문의 보편문법

이제 우리가 2장에서 영어 부가의문문의 기술을 통해서 부가의문문의 보편문법이라고 추론한 내용을 기준으로 하여 경상도 방언의 부가의문문이 이러한 보편문법을 가지는지 검토하기로 하자.

첫째, 부가의문문의 선행문은 서술문이고 꼬리(부가문)는 의문문이다. 이 규칙에 비추어 볼 때 경상도 방언의 부가의문문은 선행문은 '-다'종결어미로 끝나는 서술문만이 가능하고, 부가문은 긍정형 "그지?"나 부정형 "아이가?"가 의문문으로서 부가되므로 보편문법과 일치하고 있음을 알 수 있다.

둘째, 부가의문문의 부가문은 어휘적 요소로 나타날 수도 있고, 선행 서술문에 기초한 생략된 의문문의 구조를 갖기도 하며, 때로는 독립적인 의문문이 부가문이 되기도 한다. 이 규칙에 비추어 경상도 방언의 부가문은 선행 서술문에 의해서 좌우되지 않는다는 면에서는 어휘적인 특성을 가지면서도 "그지?"는 대용어(pro form)일 뿐 아니라 '-지'라는 의문형 종결어미를 갖고 있고, 또 부정 부가문 "아이가?"도 '-가'라는 의문형 종결어미를 가진 통사-어휘적 부가문이라고 볼 수 있기 때문에 보편문법과 일치한다.

셋째, 선행 서술문과 부가문의 긍·부정 형태에 대한 어떠한 보편문법적인 제약은 없다. 경상도 방언의 긍정형 부가문 "그지?"와 부정형 "아이가?"가 선행 서술문의 긍·부정 형태와 무관하게 거의 자유롭게 쓰일 수 있다는 면에서 제약이 없고, 오히려 이 점이 보편문법이라고 말할 수 있다.

넷째, 부가의문문의 선행 서술문과 부가문을 연결하는 쉼표가 의미하는 보편성이 있다. 경상도 방언의 부가의문문의 선행 서술문과 부가문은 완전한 두 문장이 아닐 정도의 연계성과 완전히 한 문장도 아닐 정도의 음운론적 휴지(pause)가 있다. 그 증거는 앞에서 언급한 대로 선행문이 서술형 종결어미 '-다'로 끝나면서도 청자 존대법이 이 종결어미에 실현될 수 없다는 제약이 있다는 점이다. 그러나 이를 문자 언어에서 구두점으로 표시하느냐 하는 문제는 부차적인 것이다. 특히 영어와 달리 국어에서의 구두점은 형태소에 의한 마침법과 이음법의 보조역할을 한다는 면에서 잉여적인 면이 있다고 보아야 한다. 따라서 우리는 국어 부가의문문에서 이 보편성이 쉼표로 표시되느냐의 여부는 그렇게 중요하지 않다고 보며, 편의상 쉼표로 부가의문문의 선행 서술문과 부가문의 경계를 표시할 뿐이라고 본다.

다섯째, 부가의문문의 종결은 억양에 따라 두 가지로 나누어진다. 먼저 상승억양으로 끝나면 선행 서술문에 대한 화자의 가정이 약하여 청자가 이를 부정하는 응답이 가능하며, 만일 하강억양으로 끝나면 선행 서술문에 대한 화자의 가정이 강하여 일반적으로 청자가 이를 부인하기 위해서는 더 많은 정확한 정보의 제시가 뒤따라야 한다. 그러면 부가의문문의 화행(speech act)은 항상 화자의 청자로부터의 확인 혹은 동의 요청만을 갖는지 생각해보자. 사실 화자가 부가의문문을 사용하면서도 반드시 청자의 응답을 기다리지 않는 경우가 매우 많으며, 동시에 청자도 상대방의 부가의문문에 대하여 반드시 응답할 의무를 갖지 않는다는 것을 언어생활에서 어렵지 않게 확인할 수 있다. 따라서 우리는 부가의문문의 여러 화행 가운데 확인 요청 혹은 동의 요청이 대표적인 화행이며, 구체적인 화행은 화맥(pragmatic context)에 의해서 결정된다고 본다.

지금까지 살펴본 대로 경상도 방언의 부가의문문은 국어에서 매우 자연스럽고 생산적인 어법일 뿐만 아니라 영어의 부가의문문을 기초로 하여 우리가 추론한 부가의문문의 보편문법과도 거의 완벽하게 일치하고 있음을 확인하였다.

5. 기존 이론 비판

이제 4장에서 살펴본 국어 부가의문문의 보편문법을 근거로 하여 3장에서 제시한 국어 부가의문문의 선행연구의 타당성 여부를 면밀히 검토하기로 하자.

1) 성광수(1980) 비판

성광수(1980)의 대표적 주장 중에서 네 가지를 차례대로 살펴보자. 첫째, 그는 국어의 부가의문문은 선행 서술문 자체가 아닌 선행 서술문의 상위구조에 포함된 이행동사(performative verb)에 의하여 의미론적 제약을 받는다고 주장하고 있다. 이를 경상도 방언의 부가의문문으로 판단해 볼 때, 부가문(꼬리)은 항상 "그지?"나 "아이가?"라는 고정된 성분이므로 선행 서술문이나 더 나아가서 그 상위의 이행동사구문에 의해서 의미론적 제약을 받는다고 볼 수는 없다.

둘째, 그는 부가의문문은 완전한 선행 서술문의 상위문으로부터 완전한 문장으로의 복원이 가능하다고 기술하고 있다. 그러나 우리는 의미의 유사성을 기초로 하여 상위문을 상정하는 문제와 부가의문문의 특성과는 별개의 문제라고 본다. 왜냐하면 일반의문문도 동일하게 상위문으로 복원할 수 있기 때문이다.

셋째, 성광수(1980: 56-8)는 부가의문문의 선행 서술문과 부가문의 긍·부정 형태에 대하여 논하고 있다. 그는 경상도 방언의 부가의문문은 선행문과 부가문의 긍·부정 형태가 자유롭게 쓰이면서도 인지적 의미(cognitive meaning)의 차이를 가져오지 않는다고 주장하고 있다. 우리는 그의 주장에 전적으로 동의한다. 아울러 이는 부가의문문의 보편문법과 일치하고 있다.

넷째, 성광수(1980: 58-60)는 부가의문문의 상승억양과 하강억양이 부가의문문의 통사구조와 선행 서술문과 부가문의 연접(juncture)에도 영향을 준다고 기술하고 있다. 우리는 경상도 방언의 부가의문문에서 서술문과 부가문 사이의 연접, 즉 휴지(pause)의 시간이 부가문의 상승억양과 하강억양에 의해서 제약을 받는다는 그의 주장을 받아들일 수 없다. 우리는 두 구문의 휴지는 바로 두 구문의 독립성과 관련성을 동시에 표현하는 장치라고 보며, 부가문의 종결억양은 화자의 가정에 대한 강도(strength)를 표현하는 독립적인 장치라고 본다. 이는 또한 부가의문문의 보편문법이기도 하다.

2) 전병쾌(1984) 비판

전병쾌(1984: 84)의 국어의 부가의문문에 대한 주장을 다시 검토해보자.

첫째, 그는 국어의 부가의문문을 선행 서술문의 종결어미의 형태소에 따라 두 가지로 분류하고 있다. 즉, 국어 부가의문문은 선행 서술문의 종결어미에 따라 '-다' 종결어미형과 '-지' 종결어미형으로 나누어진다. 우리는 전형적인 경상도 방언의 부가의문문에 '지' 종결어미형이 존재하지 않는다는 점을 근거로 하여 이를 받아들이지 않는다.

둘째, 전병쾌(1984)는 선행 서술문과 부가문의 긍·부정 형태는 선행문이 긍정문이면 부가문은 긍정문이나 부정문이 모두 가능하지만, 선행문이 부정문이면 부가문은 오직 긍정문만 가능하다고 보았다. 이는 경상도 방언의 부가의문문과도 배치되는 주장일 뿐만 아니라 우리가 상정한 부가의문문의 보편문법과도 상치된다.

셋째, 전병쾌(1984)는 부가문을 긍정형은 "그렇지?", 그리고 이의 부정형으로 "그렇지 않니?"만을 인성했다. 이를 경상도 방언의 부가의문문의 부가문과 비교해보면 긍정형 "그지?"는 "그렇지?"와 동일형태로, 부정형 "아이가?"는 "그렇지 않니?"와 대응시킬 수 있으나 실제로는 관용적인 이유로 사용되고 있지 않다고 볼 수 있다.

3) 장석진(1984) 비판

이제 장석진(1984)의 국어 부가의문문에 관한 주장을 검토하기로 하자.

첫째, 그는 국어의 전형적인 부가의문문으로서 꼬리가 "않아(요)?/않니?/않냐?/않습니까?"인 다음 문장을 설정한다. 문제는 그의 전형적인 부가의문문이 바로 국어의 장형 부정의문문과 구조적으로 뿐만 아니라 의미·화행적으로도 매우 유사하다는 점이다. 다음 예문을 다시 보자.

(20) a. 비가 왔지 않아?

b. 비가 오지 않았어?

c. 비가 왔잖아?

d. 비가 오잖았어?

장석진(1984)은 예문 (20a)는 국어의 '전형적인' 부가의문문으로서 "비가 왔지?"라는 선행 의문문과 "않아?"라는 의문문형식의 부가문이 결합된 문장으로 본다. 그는 부정의문문 (20b)와 통사적으로나 화행적으로 유사하지만 그 차이는 시제소가 실현되는 위치에 따라 구분된다고 본다. 김동식(1980)은 구문 (20a)을 "확인문"이라는 새로운 문형으로 설정하는 논의를 제시한 바 있고, 특히 장경기(1986)는 구문 (20a)가 김동식(1981)의 확인문도 아니고 장석진(1984)의 "전형적인 부가의문문"도 아니며, 국어 부정의문문의 독특한 형태라는 주장을 한 바 있다.

장석진(1984)의 이러한 주장은 우리가 설정한 부가의문문의 보편문법에 비추어 두 가지의 심각한 문제점이 있다는 것이 우리의 판단이다. 첫째, 그의 전형적인 부가의문문인 구문 (20a)는 선행문이 '-지?'종결어미를 갖는 의문문인데, 이는 부가의문문의 보편문법과 배치된다. 더구나 그는 '전형적'이라는 표현을 쓰고 있는 바, 이는 대표적이고 생산적인 의미라고 볼 때 국어의 대표적인 부가의문문이 보편문법을 어기고 있다는 것은 심각한 문제점이라고 하지 않을 수 없다. 물론 이 구문이 의심의 여지없는 부가의문문이라는 증거가 있다면 국어의 개별문법적 특성이라고 볼 수도 있으나, 장경기(1986)에서 논하고 있듯이 부가의문문이 아니라 부정의문문일 가능성이 매우 크기 때문에 국어의 전형적인 부가의문문이라는 주장을 받아들일 수 없다. 둘째, 예문 (20a)는 '지'와 '않'의 축약이 구어체에서 매우 생산적으로 일어난다. 이 점은 바로 부가의문문의 보편문법상 선행문과 부가문 사이에 일정한 휴지가 있어야 한다는 조건을 위반하고 있는 것이다. 박남식(1982: 229)이 지적하고 있듯이 축약과 생략은 바로 의미와 발음의 약화를 유발하게 되는데, 이를 (20a)에 적용해보면 바로 '지'는 부정의문문의 '지'이지만 실제로는 강한 긍정의 의미를 가지고 있기 때문에 '지'와 부정소 '않'의 축약으로 '잖'이 된다고 볼 수 있는 것이다. 우리의 주장이 옳다면 (20a)의 '지'는 종결어미가 아니므로 당연히 한 문장이고 "않니?"도 부가의문문의 꼬리가 아니라 장형부정의문문의 부정소일 뿐이다.

둘째, 장석진(1984: 267)은 부가의문문의 꼬리(부가문)인 "안그래?, 그렇지?" 등을 대용 표현 "그러하다"에서 나온 것으로 보고, 이러한 유형의 부가의문문을 "대용어 부가의문"이라고 부른다. 그는 꼬리의 긍·부정 형태는 "그래-안그래?," "그렇지-그렇지 않아?" 등이 선행문의 긍·부정문과 관계없이 쓰일 수 있다고 본다. 우리는 이 주장은 부가의문문의 보편문법과 일치하므로 그대로 받아들인다. 그러나 "그래-안그래?"가 국어 부가의문문의 일반적인 부가문인지는 뒤에서 더 논하기로 하겠다.

셋째, 장석진(1984: 271-2)은 부가의문문의 보문화가 가능하다고 기술하고 있다. 영어 부가의문문의 경우 배태영(1973)은 논리적으로 보문화가 불가능하다고 주장하는데, 그 이유는 선행 서술문과 의문문 형식인 부가문을 동시에 연결해주는 보문자가 영어에는 존재하지 않기 때문에 영어 부가의문문의 보문화는 불가능하다고 설득력있게 진술하고 있다. 이러한 논리가 국어의 부가의문문에 어떻게 적용되는지 살펴보자.

(21) a. 어제 밤에 비가 왔다, 그지?
b. ?[어제 밤에 비가 왔다, 그지]라고 <u>물었다</u>.
c. ?[어제 밤에 비가 왔다, 그지]라고 <u>말했다</u>.
d. "어제 밤에 비가 왔다, 그지?"라고 물었다/말했다.

전형적인 국어의 부가의문문인 경상도 방언의 예문 (21)에서 보듯이 국어 부가의문문의 보문화도 두 가지 면에서 자연스럽지 못하다. 첫째, 선행서술문과 의문형인 부가문을 동시에 만족하는 주절술어가 없기 때문에 보문화가 부자연스럽다. 즉 술어 '묻다'는 보문이 의문문일 경우의 주절 술어이고, 술어 '말하다'는 보문이 서술문일 경우의 주절 술어일 뿐 의문문과 서술문을 동시에 보문화할 술어는 존재하지 않는다. 둘째, 보문화 과정에서 보문은 직접화법에서 간접화법으로 전환되어야 하는데 부가의문문은 직접 대화하는 어법이므로 (21d)처럼 직접화법으로 표현하지 않으면 원래의 화행상의 의미가 전달되지 못한다. 직접화법으로 표현하면 주절동사(=전달동사)도 '묻다'와 '말하다'다 모두 가능한 것도 흥미롭다. 이러한 우리의 논의가 옳다면 영어와 마찬가지로 국어도 부가의문문의 보문화가 불가능하다고 보아야 하며, 결국 장석진(1984)의 부가의문문의 보문화가 가능하다는 주장을 우리는 받아들일 수 없다.

넷째, 장석진(1984: 272-6)은 부가의문문의 본문과 꼬리가 이어지는 절 경계(clause boundary)의 억양과 휴지(pause) 여부, 꼬리의 억양을 살피고 정서법, 특히 구두점 사용에 관한 방안을 논하고 있다. 그는 부가의문문의 선행문과 부가문 사이의 휴지와 관련하여 휴지도 없고 쉼표도 없는 경우와 휴지가 있고 쉼표가 있는 경우, 그리고 휴지가 있고 마침표가 있는 경우로 분류하고 있다. 이 때 선행문의 종결어미 및 억양도 이 문제에 영향을 준다고 주장하고 있다.

이를 부가의문문의 보편문법적 입장에서 고려해보면 몇 가지 문제가 있다. 첫째, 선행문과 부가문(꼬리) 사이에 휴지가 없는 경우를 부가의문문으로 본 것은 보편문법상 받아들일 수 없다. 물론 장석진(1984)이 앞에서 언급한 (20a)를 부가의문문으로 본 데서 온 논리적 귀결이지만, 이를 역으로 말하면 (20a)가 부가의문문이 아니라는 증거가 될 수도 있는 것이다. 둘째, 선행문과 부가문 사이에 마침표가 있는 경우를 부가의문문으로 본 것은 바로 부가의문문의 정의에 비추어 모순이 아닐 수 없다는 것이 우리의 입장이다. 마침표는 바로 두 문장이 독립적이라는 표시이므로 한 문장인 부가의문문으로 분류될 수 없다. 물론 통사적으로나 혹은 의미, 화용론적으로 마침표로 이어지는 두 문장과 쉼표로 연결된 부가의문문이 유사성을 가질 수는 있으나 이를 동일한 문형으로 분류할 수는 없다고 본다. 셋째, 선행문의 종결억양을 상승억양과 중평억양으로 나눈 것도 보편문법과 상치된다. 쉼표는 오직 중평억양만을 가진다는 것이 보편문법적 견해이다. 물론 장석진(1984)이 상승억양을 갖는다고 분류한 것은 (20a)의 '지'가 의문형 종결어미이므로 상승억양을 갖는다고 분류했지만, 우리는 이를 인정하지 않고 단지 부정의문문의 '지'라고 본다.

6. 결론

우리는 지금까지 비교적 명시적으로 기술된 것으로 인식되는 영어 부가의문문의 성질을 토대로 하여 부가의문문의 보편문법을 가정하고, 이 보편문법에 따라 국어에도 과연 부가의문문이 존재하는지를 논의하였다.

구체적으로 우리는 부가의문문의 보편문법을 다음과 같이 설정하였다. 첫째, 부가의문문은 선행하는 서술문과 후행하는 의문문 형식의 부가문이 결합된 독립된 문형이다. 둘째, 부가의문문의 부가문은 어휘적 요소로 나타날 수도 있고, 선행 서술문에 기초한 생략된 의문문의 구조를 갖기도 하며, 때로는 독립적인 의문문이 부가문이 되기도 한다. 셋째, 선행 서술문과 부가문의 긍·부정 형태에 대한 어떠한 제약도 없다. 넷째, 부가의문문의 선행 서술문과 부가문 사이에는 쉼표 정도의 휴지가 있다. 다섯째, 부가의문문의 종결억양이 상승억양이냐 하강억양이냐에 따라 나누어지고, 상승억양이면 화자의 가정이 약하여 청자가 이에 대하여 부정할 수도 있으나 하강억양이면 화자의 가정이 상대적으로 강하여 청자는 이를 부정하기가 쉽지 않다.

이러한 부가의문문의 보편문법에 비추어 볼 때, 국어의 부가의문문에 관한 대표적인 선행연구인 성광수(1980), 전병쾌(1984), 장석진(1984) 등이 모두 심각한 문제점을 가지고 있음을 확인하였다. 그 가운데서도 공통적으로 나타나는 문제점은 의심할 여지가 없는 국어의 전형적인 부가의문문을 제시하지 못하고 있다는 점이다. 다시 말해서 우리는 국어를 모국어로 사용하는 화자가 자연스럽게 부가의문문으로 인식하고 있는 예문을 제시하고, 또 이를 분석의 대상으로 삼고 있다는 어떠한 확증이나 논의를 선행연구에서 발견할 수 없었다.

우리는 과연 국어에도 부가의문문이 존재하는지를 확신하지 못하고, 또 국어 사용자라면 누구나 인정할 수 있는 부가의문문의 예문조차 발견하지 못한 채로 방황하다가 정말 우연히 경상도 방언에서 두루 쓰이고 있는 다음과 같은 문장을 발견하게 되었다. 4장 2절에서 논의된 예문을 다시 제시한다.

(22) a. 어제 밤에 비가 (안) 왔다(,) 그지?/맞지?
b. 어제 밤에 비가 (안) 왔다(,) 아이가?
c. *어제 밤에 비가 (안) 왔지(,) 그지?/맞지?
d. *어제 밤에 비가 (안) 왔지(,) 아이가?
e. 어제 밤에 비가 (안) 왔다(,) 그지예?/맞지예?
f. *어제 밤에 비가 (안) 왔습니다(,) 그지예?/맞지예?
g. 어제 밤에 비가 (안) 왔습니다. 그지예?/맞지예?/

그러면 우리가 어떻게 위 예문 (22a)와 (22b)가 의심의 여지가 없는 국어의 부가의문문으로 받아들였는가가 궁금할 수 있다. 그 근거는 다음과 같다. 첫째, 위 예문들이 지극히 구어적이고 생산적으로 사용되는 대화체 문장으로서 조사에 응한 경상도 토박이 학생들 중 단 한 명도 이 예문의 문법성 및 용인성(acceptability) 판단에 대하여 이의를 제기하지 않았다. 둘째, 통사적으로 위 예문들이 선행 서술문과 의문형의 부가문(tag)으로 구성되어 있다. 이 때 선행 서술문의 종결어미는 중립적 종결어미 '다'만이 가능하고 부가문(tag)은 긍정형에서는 의문형 종결어미 '지?'가, 부정형에서는 의문형 종결어미 '가?'가 사용된다. 이 부가문은 선행문과 독립되어 있다는 면에서는 어휘적이지만, '지'나 '가'와 같은 의문형 종결어미가 부착되고, 또 예문 (22e)와 같이 청자 존대 종결어미 '-예'가 부착된다는 면에서는 통사적인 특성도 가지고 있다. 셋째, 위 예문들이 선행 서술문과 부가문의 긍·부정 형태에 대한 아무 제약이 없다. 넷째, 위 예문들의 선행 서술문과 부가문 사이는 약간의 휴지가 있으나 결코 종결, 혹은 단절이 없이 자연스럽게 부가문으로 이어진다.[10]이 점은 언어학적으로 매우 의미가 있는데, 통사적으로도 다른 성분이 선행 서술문과 부가문 사이에 개입할 수 없음을 의미하며, 또 화자의 청자에 대한 존대법조차도 선행 서술문의 종결어미에 실현되면 (22f)처럼 비문이 되고 (22e)처럼 오직 부가의문문의 끝, 즉 부가문의 종결어미에 청자대우법이 실현된다는 것은 부가의문문 (22a)나 (22b)는 결코 독립된 두 문장을 마침표를 없애고 단순히 이어 놓은 문장이 아니라는 점을 증명해주고 있는 것이기 때문이다. 이 사실은 음운론적으로도 선행 서술문의 종결어미 '다'가 하강억양을 갖지 않는다는 점에서도 지지를 받고 있다. 따라서 음성언어가 아닌 문자언어에서 영어처럼 쉼표로 구분할 것인가 아닌가는 국어 부가의문문의 기술에서는 지엽적인 문제라고 보아야 할 것이다. 이러한 우리의 입장을 편의상 선택적인 쉼표((,))로 기술하였다. 다섯째, 음운론적으로 예문 (22a)와 (22b)는 상승억양으로 끝나면 선행 서술문에 대한 화자의 가정이 상대적으로 약하여 청자가 이를 부인할 수도 있으며, 하강억양으로 끝나면 선행 서술문에 대한 화자의 가정이 상대적으로 강하여 이를 청자가 부인하기가 그만큼 어렵게 된다.

지금까지의 우리의 논의가 옳게 진행되었다면 경상도 방언의 구어체 예문 (22a) 및 (22b)와 같은 유형의 구문은 바로 부가의문문의 보편문법을 그대로 준수하고 있음이 증명된 것이며, 의심의 여지가 없는 국어 부가의문문으로 판명된 것이라고 우리는 주장한다.

---

10) 선행 서술문과 부가문이 자연스럽게 이어진다는 것을 설득력 있게 설명한다는 것은 사실상 불가능하다. 필자는 전라도 토박이이고, 서울에서 오래 살았지만 부가의문문의 선행연구들이 제시한 예문을 보고서 자연스러운 문장, 즉 선행 서술문과 부가문이 끊기지 않고 이어지는 문장이라는 판단이 들지 않았다. 바꾸어 말하면 영어의 원어민들이 부가의문문을 사용할 때 선행서술문과 부가문을 자연스럽게 이어서 발화하는 것과 비교해보면 국어의 부가의문문은 매우 인위적이고 부자연스럽게 인식되었다. 그런 면에서 보면 적어도 전라도 방언이나 서울말에는 부가의문문이 없다는 것이 필자의 판단이다. 오직 경상도 방언에 나타나는 부가의문문은 필자가 청자의 입장에서 판단할 때 영어와 거의 비슷하게 선행서술문과 부가문이 단절 없이 이어지고 있음을 확인하였다. 다시 말하지만 경상도 방언을 사용하지 않는 사람은 왜 (22a)와 (22b)가 자연스러운 문장인지를 이해하기 어렵다는 것이 우리의 판단이다.

끝으로 우리가 국어 부가의문문에 관하여 논하고자 했을 때 다른 언어학적 주제와는 사뭇 다르다는 사실을 곧 깨닫게 되었다. 즉 무엇을 국어의 부가의문문으로 간주하고 이를 분석할 것인가, 즉 기술의 대상이 확정되어있지 않다는 점이 그것이다. 국어의 부정문을 기술한다고 할 때, 혹은 국어의 의문문을 기술한다고 할 때 서술문이나 명령문과 다른 의문문이 분명히 드러나게 되고 이를 분석의 대상으로 삼는 데는 일단 어려움이 없는데 반해 국어의 부가의문문은 어떤 문장이 국어 부가의문문인지 불분명한데 어떻게 이를 분석하고 기술할 것인가 하는 문제에 부딪치게 되었다. 이는 바로 국어 부가의문문이 이론적으로 정립되지 않았음을 의미하는데, 우리는 이를 확인하기 위하여 몇 가지 선행연구를 검토하였으나 예상한대로 부가의문문의 분석의 대상도 일정하지 않고 이의 정의조차 일치하지 않았다. 이를 극복하기 위하여 비교적 잘 기술되어 있는 영어 부가의문문의 이론을 참고로 하여 일단 부가의문문의 보편문법을 확립하고, 이에 따라 국어 부가의문문을 규정하고자 하였다. 그 과정에서 다행히도 경상도 방언에서 국어의 부가의문문으로 보이는 예문이 있음을 발견하게 되었고, 이를 임시적인 분석의 대상으로 삼고 이미 확립된 보편문법이라는 자(standard)를 사용하여 부가의문문인지를 검증하는 방법을 사용하였다. 그 결과 경상도 방언에는 부가의문문이 분명히 존재한다는 점이 사실로 밝혀지게 되었고, 부수적으로는 전라도 방언이나 서울말에는 부가의문문이 존재하지 않는다는 것도 밝혀지게 되었다. 그러나 필자가 아는 바가 없는 북녘 땅 어느 하늘 아래 오지나 충청도 혹은 강원도, 아니면 바다건너 삼다도의 어느 마을에서 부가의문문이 생생히 살아 숨 쉬면서 언어학자의 손길을 안타깝게 기다리고 있지나 않을는지 모르겠다.

참고문헌

김동식(1981) '부정아닌 부정,' 언어 6.2, 한국언어학회

박병수(1974) 'Tag Question 재고: Discourse Analysis의 한 시도,' 영어영문학 51-2. 한국 영어영문학회.

배태영(1973) '부가의문에 관한 소고,' 영어영문학 47. 한국 영어영문학회.

성광수(1980) '국어 부가의문에 대하여,' 한글 제168호.

장경기(1986) '국어의 부정의문문과 전제.' 어학연구 22.1, 서울대. 어학연구소.

장석진(1984) '국어의 부가의문,' 언어 9.2, 한국언어학회.

전병쾌(1984) 한국어 부정구조의 분석. 서울: 한신문화사.

최현배(1935) 우리말본. 서울: 정음문화사.

Cattell, Ray.(1973) Negative Transportation and Tag Questions. *Language* 49.3.

Culicovor, Peter W.(1976) *Syntax*. New York.

Hudson R. A.(1975) The meaning of Questions, *Language* 51.1.

Jespersen O.(1933) Essentials of English Grammar, George Allen & Unwin, London

Lakoff, Robin(1969) *A Syntactic Argument for Negative Transportation*. CLS.

Lyons, John(1979) *Semantics* 2. Cambridge.

Park Nahm-Sheik(1982) Constraint on Proximate Reduction, *Language Research* 18.1.

Ohalla, J.(1994) *Introducing Transformational Grammar*, Edward Arnold.

Quirk R. et al.(1972) *A Grammar of Contemporary English*. Seminar Press.

Quirk R. et al.(1985) *A Comprehensive Grammar of the English Language*, Longman.

Stageberg, Norman C.(1981) *An Introductory English Grammar*. New York.

Abstract

Universal Grammar of Tag Question and Gyong-sang Dialect

This paper argues that Tag Question is language-universal and that the Korean language has tag questions as well. As a preliminary work for the UG of Tag Question, we explicitly describe English tag questions. We argue that the UG of Tag Question is as follows. First, a tag question consists of a preceding declarative and a following interrogative-type tag. Second, the tag of Tag Question may be an interrogative short form of the preceding declarative, an interrogative lexical type, or an independent interrogative. Third, the positive or negative form of the declarative and tag has no matching constraint. Fourth, the declarative and tag are connected by a pause or comma, which means the two constituents are not independent but interrelated. Fifth, Tag Question has two rising or falling intonation contours, which is classified according to the intensity or the degree of strength of the speaker's assumption.

We closely examine some foregoing arguments on korean tag questions on the UG basis of Tag Question, where we find neither satisfying explanatory adequacy nor theoretical consistency. Among others, they share neither general definition of Tag Question nor the same types of data of Korean tag questions.

Luckily but amazingly enough, we come to discover typical Korean tag questions in the Gyong-sang dialects, which almost perfectly observe our UG of Tag Question. We conclude that the Gyong-sang dialect only among several Korean dialects has tag questions with reservation about the other untouched Korean dialects.

제7장
국어 부정의문문의 통사적 연구 *

Chang, Kyung-Key. 2001. A Syntax of the Korean Negative Question. *Korean Journal of Linguistics* 26-1, 185-208. This paper syntactically argues that the sentence type (1a) below with a markedly-posited tense marker is a regular Korean negative question and that (1a) is derived from (1b) through the Neg Transportation Rule, which language-universally supports that a negative constituent can head-move within the clause or across the clause boundary observing both the Head Parameter and the Head Movement Principle of the Universal Grammar.

(1) a. Yonghi-nun jumshim-ul mug-uss-chi anh-ni?

b. Yonghi-nun jumshim-ul mug-chi-anh-ass-ni?

1. 서론

현재 사용되고 있는 고등학교 국어 문법 교과서 가운데 적어도 두 종류는 국어의 매우 생산적이며 지극히 구어적인 표현의 하나인 아래 예문 (1a)에 관해서 서로 다른 기술을 하고 있다. 즉, 예문 (1a)에 대하여 성균관대학교 대동문화연구원(1991: 123) 발행 교과서를 보면 "장형(=긴) 부정문인 것 같으나 이것은 확인 의문문이다"라고 기술되고

---

* 이 논문은 1999년 11월 6일 대한영어영문학회에서 발표한 것을 보완한 것임.

있는데 반해, 서울대학교 사범대학 국어교육연구소(1998: 95-6) 발행 교과서를 보면 "부정문의 형식을 취하고 있지만 확인의 뜻을 나타낸다"고 기술되고 있다. 이 두 기술은 일견 그 내용이 매우 비슷해 보이지만 실제는 상당히 다르다. 전자는 예문 (1a)의 문장의 형식, 즉 문형(sentence type)을 '확인 의문문'으로 보고 있으며, 후자는 이를 '부정문'으로 보고 있다. 이처럼 문법 교과서에서조차 다른 문형으로 기술되고 있는 이 구문이 과연 국어의 어떤 문형으로 분석되어야 할 지에 대한 해답을 새롭게 규명하는 것이 이 연구의 동기이다.

1) 연구의 목적 및 이론적 배경

이 연구는 보편문법과 통사론적 접근 방법을 기초로 하여 아래의 예문 (1a)의 문형이 국어의 장형부정의문문임을 논증하는데 주요 목적이 있다. 그 과정에서 이 문제에 관한 선행연구를 검토하고, 특히 이 구문을 '융합형 부가의문문'이라고 주장한 비교적 최근의 연구인 구종남(1992)에 대한 반론을 제시하며, 이미 이 구문을 장형부정의문문이라고 주장한 장경기(1986)를 지지하는 새로운 증거와 부분적인 수정안을 제시하게 될 것이다.

(1) a. 영희는 점심을 먹었지 않니?
 b. 영희는 점심을 먹지 않았니?
 c. 영희는 점심을 먹었다.

구문 (1a)에 대한 학계의 관심과 연구는 비교적 오랫동안 꾸준히 지속되어 왔다. 그 핵심적인 내용은 대체로 예문 (1a)와 (1b)가 보여주는 표면적인 구조 및 화용론적 용법의 유사성과 관련되어 있다. 다시 말하면 우선 구조적으로 예문 (1a)와 (1b)가 적어도 표면적으로는 시제소 '았/었'이 실현되는 위치만 (1b)와 다른데, (1b)는 의심할 여지가 없는 장형부정의문문이므로 (1a)의 구조를 (1b)와 비교하여 논하는 것은 매우 자연스러운 접근방법이었다. 나아가서 화용론적으로 (1a)는 화자가 자신이 강하게 믿고 있는 긍정명제 (1c)를 청자에게 확인하고자 하는 화용론적인 의미를 가지고 있는데, 이와 유사한 용법을 장형부정의문문 (1b)도 가지고 있으므로 이는 두 문장의 화용론적 의미의 동일성 여부에 관한 관심과 논의도 동시에 지속되어 왔던 것이다.

아마도 이 문제에 대한 학계의 본격적인 연구는 김동식(1981)의 '확인문'론과 장석진(1984)의 '전형적 부가의문문'론일 것이다. 먼저 김동식(1981)은 구문 (1a)는 화자가 청자에게 긍정명제 (1c)에 대한 확인을 요청하는 '확인문'이라는 새로운 문형을 창조하여 설명하고 있다. 한편 장석진(1984)은 구문 (1a)를 국어의 '전형적 부가의문문'으로 규정하고 있다는 면에서 기존의 부가의문문이라는 문형에 (1a)를 포함시켜 설명하고 있다. 이어 나온 장경기(1986)는 (1a)에 관하여 각각 독립적으로 이루어졌던 두 선행 연구인 김동식(1981)의 '확인문'론과 장석진(1984)의 '전형적 부가의문문'론을 모두 비판하고, 대안으로 구문 (1a)는 통사적으로는 (1b)와 같은 장형부정의문문이며 화용론적으로는 (1b)를 포함한 국어의 부정의문문이 화자의 전제와 관련하여 쓰이는 용법 중의 하나인 전형적인 이차전제용법(arbitrary secondary presuppositional usage)만으로 쓰인다고 주장하였다.[1] 그 뒤에 이어 나온 구종남(1992)은 이와 같은 각각 다른 세 이론을 종합적으로 논의하고 있는데, 그는 장석진(1984)의 '전형적 부가의문문'론을 비판적으로 계승하여 '융합형 부가의문문'론을 제안하고 있다. 그 과정에서 장경기(1986)의 '장형부정의문문'론에 대한 상세한 비판을 전개하였다.

이상에서 간략하게 언급된 기존의 연구는 예문 (1a)와 (1b)의 구조와 화용론적 용법의 유사성을 인정하고자 하는 입장과 이러한 유사성을 인정치 않고 구문 (1a)를 독립된 문형으로 분석하려는 입장으로 나누어져 있다. 전자에는 장경기(1986)가 속하며, 후자에는 김동식(1981), 장석진(1984), 구종남(1992)이 속한다. 후자의 입장은 다시 김동식(1981)처럼 (1a)를 '확인문'이라는 새로운 문형을 만들어 기술하는 입장과 장석진(1984)과 구종남(1992)처럼 (1a)를 부가의문문이라는 기존의 문형으로 분석하는 입장으로 나누어진다. 전자에는 김동식(1981)이 속하며, 후자에는 장석진(1984)과 구종남(1992)이 속한다.

1) 우리는 장경기(1986: 26-32)에서 부저의문문의 화용론적 용법을 Karttunen(1973: 169)에 따라 화행(speech act)이 아닌 전제(presupposition)를 기준으로 하여 기술할 수 있다고 주장하였다. 또한 Jespersen(1973: 304), Cattell(1973: 617-8), Hudson(1975: 13-20)을 참고로 하여 화자의 전제유무에 따라 부정의문문의 화용론적 용법을 비전제용법(unpresuppositional usage)과 전제용법(presuppositional usage)으로 나누고, 다시 전제용법은 전제내용의 긍·부정문 여부에 따라 일차전제용법(primary presuppositional usage), 이차전제용법(secondary presuppositional usage) 등으로 분류하였다. 특히 이러한 분류는 영어와 국어에 똑 같이 적용되는 보편문법적 특성임을 자세히 논증하였다. 본 논문에서는 필요에 따라 2장 3절(p. 5), 2장 4절 (p. 6), 3장 1절(pp. 9-11) 등에서는 부분적으로 다루어지고 있으나 체계적인 논의는 장경기(1986)에 있다.

2. 선행연구 검토

이제 앞장에 제시된 구문 (1a)에 대한 선행연구를 간단히 살펴보되, 이 논문의 논의와 직접 관련된 장경기(1986)와 구종남(1992)을 중심으로 검토하도록 하겠다.

1) 김동식(1981)의 '확인문'론

김동식(1981: 20)은 위 예문 (1a)가 긍정명제 (1c)를 확인하는 문장으로서 '지' 앞에 시제 요소가 나타나며, '지'에서 문장이 끝나는 느낌이 들고, 뒤에 오는 '아니'는 부정의 의미가 없다는 면에서 일반 부정의문문과 다르다는 점 등을 근거로 하여 기존의 문형과 완전히 독립된 문형인 '확인문'으로 규정한다. 또한 김동식(1981: 101-2)은 예문 (1a)가 '지'에서 끝나는 느낌을 주고 '지' 이하를 잘라 내어도 기본적인 의미 차이를 가져오지 않는다는 면에서 '지'를 종결어미로 보고 있다. 그러나 그는 '지' 앞의 시제 실현을 그의 확인문의 필수요소로 보지 않는다. 다시 말해서 그는 시제소 '았/었'이 부정소 '않' 다음에 실현된 문장 (1b)도 화자가 긍정명제 (1c)를 확인하는 화행을 수행하면 확인문으로 분석하고 있다.

2) 장석진(1984)의 '전형적 부가의문문'론

장석진(1984: 260)은 예문 (1a)의 시제소가 '지' 앞에 실현된다는 점을 주요한 통사적 근거로 하여 '지'를 선행 서술문의 종결어미로 보고, "않니?"는 시제를 갖지 않는 꼬리(tenseless tag)로 규정하여 (1a)를 국어의 '전형적인 부가의문문'으로 분류한다. 그러나 시제소가 부정소 '않' 뒤에 실현되는 (1b)는 (1a)와 유사한 화행을 수행하는 용법으로 쓰이는 경우에도 장형부정의문문으로 분류된다. 그는 또한 두 구문이 중요한 화행의 차이가 있다고 보는데, 그의 부가의문문 (1a)는 '동의요청'의 화행을 갖고 부정의문문 (1b)는 '확인요청'의 화행을 가지며 이를 발화수반력(illocutionary force)의 차이라고 본다.

3) 장경기(1986)의 '장형부정의문문'론

장경기(1986: 19-40)는 기본적으로 김동식(1981)의 '확인문'론을 비판하는데 초점이 맞추어져 있었다. 즉, 구문 (1a)가 화자가 청자에게 긍정명제 (1c)를 확인하기 위하여 사용될 수 있는 문장임을 받아들인다고 하더라도 이를 김동식(1981)처럼 기존의 문형과 독립된 확인(의문)문이라는 문형을 새로이 창조하여 설명하기에는 문형이 본질적으로 통사적 개념임을 고려할 때 다른 문형과 독립해서 설정해야 할 통사론적 및 화용론적 동기가 너무 약하다는 것이 우리의 입장이었다. 특히 구문 (1a)의 '아니'를 부정 아닌 부정, 즉 가부정(假否定)의 '아니'라고 규정하면서도 어떠한 이론적 근거를 제시하지 않았고, 또한 의미상으로 문장이 '지'에서 끝나는 느낌이 들고, 또 시제가 '지' 앞에 나타난다는 점 등을 근거로 하여 '지'를 종결어미로 간주하면서도 더 이상의 논증이 없는 점을 우리는 비판하였다.

아울러 장경기(1986: 23-26)는 구문 (1a)를 '전형적 부가의문문'으로 분석한 장석진(1984)을 비판하였다. 장석진(1984)은 구문 (1a)를 부가의문문이라는 기존의 문형 안에서 기술하였다는 면에서 김동식(1981)의 '확인문'론이 가진 새로운 문형 창조의 정당성을 증명해야 하는 부담이 없는 것은 사실이다. 그러나 학계에서 널리 인정된 국어의 '전형적'인 부가의문문에 관한 확립된 이론이 없는 현실에서 장석진(1984)이 구문 (1a)를 부가의문문으로 규정하면서도 이에 상응하는 통사적 논증이 없는 점을 우리는 비판하였다. 그 가운데 하나는 장석진(1984)이 국어의 전형적인 부가의문문이 왜 선행서술문의 종결어미는 반드시 "-지"가 되는지, 그리고 꼬리는 왜 항상 시제가 없는 "않니?"가 되는지를 논증하지 않고 있다고 비판하였다. 더욱이 예문 (1a)와 (1b)가 보여주는 화행의 정도의 차이를 부가의문문과 부정의문문이라는 문형의 차이로 본 것은 화행이 본질적으로 구조-의존적인(structure-dependent) 개념이 아니고 화맥-의존적인(context-dependent) 개념이라는 면에서 그의 주장을 받아들일 수 없다고 우리는 보았다.

장경기(1986: 30)는 구문 (1a)와 시제의 실현 방법만 다르고 유사한 의미, 즉 긍정명제 (1c)를 화자가 청자에게 강하게 전달하는 용법으로 쓰일 수 있는 구문 (1b)의 구조와 화용론적 용법에 주목하였다. 그 이유는 (1b)가 국어의 전형적인 장형부정의문문으로서 학계에서 비교적 잘 기술되어 있기 때문이다. 더 나아가서 장경기(1986: 30-38)에서 국어의 장형부정의문문뿐만 아니라 단형 부정문의문문 중에서 '안'부정문은 화자가 전제하는 긍정명제를 청자에게 강조하는 용법으로 쓰일 수 있음을 밝히고 이를 이차전제 용법(secondary presuppositional usage)이라고 규정하였다. 이 과정에서 특히 장형부정의문문의 경우 부정소인 '지 않'이 축약되어 '잖'이 되거나 혹은 일반적인 장형부정의문문에서 부정소 '지 않' 다음에 오는 시제소가 예문 (1a)처럼 본술어 다음 자리에 실현되면,

화자가 항상 긍정명제를 강조하는 용법으로만 쓰이므로 이를 이차전제용법을 위한 전용표지(arbitrary marker)라고 보았다. 우리의 입장에서 보면 이차전제용법의 부정의문문이 어떤 화행을 갖느냐 하는 점은 역동적인 화맥(context) 안에서 결정되는 것일 뿐, 김동식(1981)의 '확인문'의 기능이나 장석진(1984)의 '확인요청' 혹은 '동의요청' 등은 있을 수 있는 다양한 화행의 일례에 불과하다고 주장하였다.

장경기(1986)는 이러한 기본 입장에서 우리의 주장을 지지해주는 언어 보편적(language universal) 증거를 찾고자 하였는데, Jespersen(1933: 304), Cattell(1973: 617-8), Hudson (1975: 13-20) 등에서 영어의 부정의문문을 통하여 화자가 긍정명제를 청자에게 강조하여 전달하는 용법을 다루고 있음을 확인할 수 있었다. 특히 Hudson(1975)은 부정의문문의 부정소 'not'이 'n't'로 축약되어 조동사에 부착되면 항상 이차전제용법으로 쓰인다고 언급하고 있는데, 우리는 이는 국어의 장형부정의문문의 부정소 '지 않'이 '잖'으로 축약되면 항상 이차전제용법으로 쓰이는 것과 완전히 일치하고 있다고 주장하였다. 또한 영어의 이차전제용법으로 쓰이는 부정의문문은 부정극어(negative polarity item)가 아닌 긍정극어 'some,' 'already' 등이 쓰인다는 점도 국어의 경우 긍정극어 '이미,' '벌써' 등이 쓰이는 점과 일치하고 있음을 밝혀내었다.

장경기(1986)는 결론적으로 구문 (1a)는 국어의 장형부정의문문의 하나이며, '지 않'은 장형부정문의 부정 구성성분(negative constituent)임을 논증하고자 하였다.

4) 구종남(1992)의 '융합형 부가의문문'론

구종남(1992)은 예문 (1a)를 '융합형 부가의문문'으로 분석한다는 면에서 장석진(1984)의 '전형적 부가의문문'론을 지지하고 '장형부정의문문'론을 주장하는 장경기(1986)와 정면으로 대립하는 이론이다. 여기에서는 예문 (1a)와 관련된 선행연구에 대한 그의 비판을 살펴본 다음, 그의 대안인 '융합형 부가의문문'론을 검토하기로 하겠다.

(1) 선행연구에 대한 구종남(1992)의 비판

구종남(1992)은 기존의 세 연구인 김동식(1981), 장석진(1984), 장경기(1986)를 비판적으로 검토하고 있다.

구종남(1992: 289)은 김동식(1981)의 '확인문'론 가운데서 '지' 종결어미설을 부분적으로 수용한다. 즉 우리가 2장 1절에서 언급한 대로 김동식(1981)은 예문 (1a)처럼 '지' 앞에 시제가 실현되는 경우뿐만 아니라 '지' 다음에 시제가 실현되는 예문 (1b)가 (1a)와 유사한 의미로 쓰이는 경우에는 모두 '지'를 종결어미로 보았으나 구종남(1992)은 '지' 앞에 시제가 실현되는 구문 (1a)의 '지'만을 종결어미로 본다. 그리고 김동식(1981)에서 "않니?"에 대한 구체적인 설명이 없음을 비판하고 있다.

구종남(1992: 289)은 장석진(1984)의 '전형적인 부가의문문'론에 대하여 두 가지 점을 논하고 있다. 하나는 장석진(1984)의 부가의문문 (1a)와 장형부정의문문으로서 (1a)와 비슷한 화행을 갖는 (1b)의 화행의 정도의 차이에 유의한다. 장석진(1984: 267)은 "부가의문과 비중립적 부정의문은 화행이 아주 유사하고, 차이가 있다면 전자는 본문명제가 참임을 단언하면서 청자의 동의를 청하는데 비해 후자는 청자에게 명제가 참임을 확인해줄 것을 요청하는 화행이다. 부가의문이 비중립적 부정의문보다 동의요청의 힘이 더 강하다"라고 언급하고 있다. 구종남(1992)은 이 차이를 매우 중요시하여 장석진(1984)과 마찬가지로 예문 (1a)는 부가의문문이지 장형부정의문문일 수 없다고 본다. 구종남(1992)의 장석진(1984)에 대한 또 하나의 논의는 부가의문문 (1a)의 꼬리인 "않니?"가 대용적인 요소(pro-form)를 포함하고 있지 않다는 면에서 통상적인 부가의문문의 꼬리와 다른데, 장석진(1984)에는 이 꼬리에 대한 통사적인 설명이 없다는 점을 비판하고 있다.

구종남(1992)은 장경기(1986)에 대하여 앞서의 두 논문보다 더 상세한 논의를 하고 있다. 먼저 그는 장경기(1986)의 국어의 부정의문문의 전제용법에 관한 논의를 대부분 수용하지만, 예문 (1a)를 일반적인 장형부정의문문 (1b)에서 도출된 것이라는 장경기(1986)의 주장을 받아들이지 않는다. 장경기(1986)는 구문 (1a)가 (1b)와 시제표지의 위치를 달리 하여 항상 강한 긍정의 의미, 즉 전용적 이차전제용법(arbitrary secondary presuppositional usage)을 갖는다고 보았다. 아울러 장경기(1986)는 예문 (1a)와 (1b)의 화용론적 의미가 상황에 따라 혹은 개인에 따라 약간 다를 수 있으나, 이는 두 구문을 다른 문형으로 분류되어야 할 정도의 차이는 아니라고 보았다. 그러나 구종남(1992: 291)은 장경기(1986)의 전용적 이차전제용법을 받아들이지 않는다. 그 주된 이유는 (1a)와 (1b)의 화행의 힘(strength)이 동일하지 않다고 보며, 이를 두 구문이 다른 문형에 속한다는 결정적 증거로 보기 때문이다.

(2) 구종남(1992)의 대안—'융합형 부가의문문'론

구종남(1992: 300-7)은 구문 (1a)가 전용적인 이차전제용법의 부정의문문이라는 장경기(1986)의 대안으로서 국어의 부가의문문에서 도출된 소위 '융합형 부가의문문(amalgam type of tag question)'이라는 새로운 제안을 하고 있다. 그는 자신의 대안이 김동식(1981)의 '확인문'론이나 장석진(1984)의 '전형적 부가의문문'론을 통합하고, 동시에 장경기(1986)의 '장형부정의문문'론이 가지는 문제점을 해결할 수 있다고 주장하고 있다.

우선 그는 장석진(1984: 267)을 따라 다음 예문을 동일한 화행을 갖는 부가의문문으로 가정하고 있다.

(2) a. 비가 왔지, 안 그래? (그렇지 않아?)
b. 비가 왔어, 안 그래? (그렇지 않아?)
c. 비가 왔잖아? (왔지 않아?)

다만 구종남(1992)이 문제로 삼는 것은 예문 (2c)의 꼬리(tag) "않아?"에 관하여 장석진(1984)도 구조적인 설명이 없고, 김동식(1981)도 '가부정'이라는 이름을 붙이는 정도에 그치고 있다는 점 등이다. 구종남(1992)은 대안으로 그의 부가의문문 (2c)는 다음과 같은 4단계를 거쳐 만들어진다고 본다.

(3) a. 비가 왔지? 그렇지 않아? (두 문장)
b. 비가 왔지, 그렇지 않아? (부가의문문 형성)
c. 비가 왔지 않아? ('그렇지' 탈락)
d. 비가 왔잖아? ('지 않'이 '잖'으로 융합)

구종남(1992)의 주장은 한마디로 말하면 구문 (1a)는 부가의문문 "영희가 점심을 먹었지, 그렇지 않니?"의 대용표현 "그렇지"가 탈락되고 종결어미 '지'와 융합되어서 생긴 '융합형 부가의문문'으로서 표면적인 구조 및 화행상의 유사성을 갖는 장형부정의문문(1b)와는 문형상으로 아무 관계가 없다는 것이다.

구종남(1992: 303-4)은 그의 '융합형 부가의문문'론만이 다음과 같은 설명력을 갖는다고 주장하고 있다.[2)] 첫째, 확인문에서 시제요소가 '지' 앞에 나타나는 이유가 설명된다.[3] 둘째, 장형부정문에서는 의문문이 부자연스러운 '이다,' '알다' 등의 술어가 확인문에서든 자연스럽게 쓰이는 사실이 설명된다. 셋째, '못'부정문이 확인문에서 쓰이지 못하는 이유가 설명된다. 넷째, 확인문의 '지' 뒤에 '만,' '도'와 같은 특수조사가 쓰이지 못하는 이유도 설명된다. 다섯째, 확인문에서 부정 극성어 '전혀,' '아직' 등이 쓰이지 못하는 이유를 설명할 수 있다. 그는 자신의 '융합형 부가의문문'론만이 위와 같은 설명력을 갖기 때문에 다른 이론에 없는 타당성이 있다고 주장한다. 우리는 다음 장에서 구종남(1992)에 대한 타당성을 검토하기로 하겠다.

3. 구종남(1992)에 대한 비판

이제 우리는 구종남(1992)의 '융합형 부가의문문'론을 비판적으로 검토하기로 하겠다. 먼저 그의 두 가지 핵심적 주장을 검토한 다음, 그의 장경기(1986) 비판에 대한 반론과 대안을 제시하도록 하겠다. 그의 첫 번째 중요한 주장은 구문 (1a)와 (1b)가 각각 화자의 동의요청과 확인요청의 화행을 갖는다는 면에서 통사적으로 독립된 문형, 즉 전자는 부가의문문이고 후자는 장형부정의문문이라는 주장이고, 두 번째 주장은 구문 (1a)는 부가의문문 "영희가 점심을 먹었지, 그렇지 않니?"에서 대용표현인 "그렇지"가 생략된 '융합형 부가의문문'으로서 의문형 종결어미 "-지?"가 꼬리 "않니?"와 융합되면 "잖니?"가 된다는 주장이다.

(1) 구종남(1992)의 '화행중심'론 비판과 우리의 대안 - '전제중심'론

우리는 구종남(1992)의 첫 번째 주장, 즉 동의요청과 확인요청이라는 화행의 차이를 본질적인 근거로 하여 (1a)를 부가의문문으로, 그리고 (1b)를 장형부정의문문으로 분류하는 주장은 다음과 같은 문제점이 있다고 본다.

---

2) 이 증거들은 구종남(1992)이 독자적으로 제시한 증거가 아니고, 이미 김동식(1981)이 자신의 '확인문'론을 주장하면서 제시한 자료이며, 장경기(1986)는 이 증거들이 그의 '확인문'론만을 지지하는 증거가 아니라 이차전제용법으로 쓰이는 국어의 장,단형 부정의문문 모두에게 적용되는 증거임을 논증한 바 있다.

3) 여기에서 '확인문'이라는 용어는 원래 김동식(1981)에서 나온 것이지만, 구종남(1992)은 자신의 '융합형 부가의문문'이라는 용어를 사용하기 전까지는 구문 (1a)를 '확인문'이라고 부르고 있다. 그러나 김동식(1981)은 구문 (1a)는 물론 (1b)도 확인의 용법으로 사용되면 '확인문'이라고 보았기 때문에 엄밀하게는 '확인문'의 지시 대상이 동일하지 않다.

첫째, 우리는 구종남(1992)이 구문 (1a)와 (1b)를 각각 동의요청과 확인요청이라는 화행으로 고정해 놓고 화행이 다르다는 점을 근거로 하여 전자는 부가의문문, 후자는 부정의문문이라는 독립된 문형으로 분류한 것을 받아들일 수 없다. 왜냐하면 화행은 주어진 문장이 다양한 화용론적 환경에서 쓰이면서 역동적으로 결정되기 때문이다. 일반적으로 동일한 문장이 화맥에 따라 다양한 화행을 갖게 되고, 동일한 화행도 다양한 문장에 의해서 실현되기도 한다. 다시 말해서 화행은 화용론적 개념이고, 문장의 유형, 즉 문형은 통사적 개념이므로 화행과 문형은 차원을 달리하는 독립적인 개념이라는 것이 우리의 판단이다.

둘째, (1a)와 (1b)가 동의요청과 확인요청이라는 정도의 차이가 있더라도 이는 문장의 구조의 차이에서 비롯된 것이 아니라는 증거가 있다. 즉, 국어보다 더 잘 기술되어 있는 영어 부가의문문의 경우, 동일한 문장이 하강억양(falling tone)으로 끝나면 동의요청이고, 문장이 상승억양(rising tone)으로 끝나면 확인요청이다. 바꾸어 말하면 동일한 문형이 문미 억양의 차이에 의해서 화행이 달라지고 있다. 이런 면에서 구종남(1992)이 (1a)와 (1b)를 화행의 차이를 근거로 각각 부가의문문과 부정의문문으로 분류한 것을 우리는 받아들일 수 없다.

셋째, 구종남(1992: 295-298)은 자신이 예로 든 대화 속에서 문장의 자연스러움, 즉 용인성(acceptability)에 대한 주관적 판단을 주요 근거로 하여 예문 (1a)는 적절하고 예문 (1b)는 부적절한 경우가 있다고 언급하면서 이는 부가의문문과 부정의문문의 동의요청과 확인요청이라는 화행의 차이 때문이라고 주장한다. 그러나 우리는 적어도 이 문제의 용인성에 대한 판단은 모든 화맥(pragmatic context)을 공유하지 않는 한 개인차이가 심하므로 이를 주요 근거로 하여 예문 (1a)가 통사적 개념인 문형상으로 부정의문문이 아니고 부가의문문이라고 주장할 수 없다고 본다.[4)]

화행을 문형 분류의 기준으로 삼을 수 없다고 주장하는 우리는 예문 (1a)와 (1b)를 모두 장형부정의문문으로 분석한다. 문제는 이 문형상의 부정의문문이 어떻게 화자가 청자에게 긍정명제 (1c)를 강하게 표현하는 용법으로 사용될 수 있는가를 밝혀내는 것이다.

4) 구종남(1992)이 든 예문의 화행과 관련된 용인성에 대하여 우리는 그와 판단이 다르며, 구문 (1a)와 (1b)가 용인성의 차이를 보이지 않는 예문을 쉽게 발견할 수 있다. 또한 김동식(1981), 장석진(1984), 구종남(1992) 등이 일반적인 부정의문문과 그들의 확인문 혹은 부가의문문의 화행의 차이를 표시하기 위하여 특정 어휘의 힘줌(고딕), 특정 자리의 쉼(v), 문미의 올림과(↑) 내림(↓) 등의 초분절 요소를 사용하고 있지만, 우리는 이러한 초분절 요소가 문형을 가르는 기준이 될 수 없다고 보고 통사적인 문형 분석을 위하여 이들을 사용하지 않는다.

장경기(1986: 29-34)는 이 문제를 해결하기 위하여 Karttunen(1973: 169)의 전제(presupposition)에 관한 정의 중에서 화용론적 정의를 수용하였다. 즉, 그에 따르면 전제의 정의에 관한 두 가지의 기본 입장이 있는데, 하나는 전제를 어떤 명제와 그 결과에 의해서 정의되는 두 문장간의 의미론적 관계로 보는 전통적 입장이며, 또 하나는 전제를 화용론적 개념으로 정의하여 화자는 전제의 주체로서 자신의 전제를 문장 안에 실현하게 된다고 본다. 우리는 후자의 입장을 따라서 부정의문문의 전제와 관련된 화용론적 용법을 논함으로서 자연스럽게 부정의문문 (1a)와 (1b)는 화자가 긍정명제 (1c)를 청자에게 강조하는 용법으로 쓰이는 문장임을 논증하였다. 구체적으로 예문 (1b)는 화자의 전제에 따라 비전제용법, 일차전제용법, 이차전제용법으로 쓰일 수 있다는 면에서 화용론적 중의성(pragmatic ambiguity)을 갖는 문장이며, (1a)는 본술어 다음에 시제소가 놓여서 예문 (1b)가 갖는 중의성이 해소되고 항상 이차전제용법만으로 쓰이므로 이를 전용적 이차전제용법으로 불렀다. 이러한 분류는 Jespersen(1933), Cattell(1973), Hudson(1975) 등을 근거로 하여 영어 부정의문문도 동일하게 분석될 수 있음을 논증하여 보편문법적 타당성을 가지고 있다고 주장하였다.

이제 우리는 '화행(speech act)'의 개념과 달리 '전제(presupposition)'의 개념은 문장의 구조와 직접 관련되어있다는 점을 밝혀야 할 단계이다. 화용론적 개념의 '전제'는 화자가 특정 구조의 문장을 통해서 실현하는 자신이 옳다고 믿는 명제라고 정의할 수 있다. 다음 예문을 살펴보자.

(4) a. 영희는 점심을 먹지 않았니?
b. 영희는 점심을 먹지 못했니?
c. 영희는 점심을 먹지 않았지?
d. 영희는 점심을 먹잖았니?
e. 영희는 점심을 먹지 않았다.
f. 영희는 점심을 먹었다.

먼저 예문 (4a)는 (1b)를 다시 쓴 것인데, 이 예문은 화자가 아무 전제를 하지 않고 사용하면 단순히 화자가 청자에게 부정명제 (4e)를 확인하는 비전제용법으로 쓰일 수도 있고, 또 긍정명제 (4f)를 전제하되 부정명제 (4e)를 청자에게 확인하는 일차전제용법으로 쓰일 수도 있으며, 또 긍정명제 (4f)를 전제하고 이를 청자에게 강조 또는 확인하는 이차전제용법으로 사용될 수도 있다. 그러나 '못'부정문인 (4b)는 비전제용법과 일차전제용법으로는 쓰이지만 이차전제용법으로는 결코 쓰이지 못한다. 비중립적 종결어미 "-지?"를 가진 예문 (4c)도 비전제용법과 일차전제용법으로는 쓰이지만 이차전제용법으로는 결코 사용될 수 없다. 결과적으로 이차전제용법은 국어의 중립적 종결어미 "-니?" 등을 가진 '안'부정문에서만 가능함을 증명하고 있다. 아울러 예문 (4d)는 (4a)의 부정소 '지 않'이 '잖'으로 축약된 것인데, 이 예문은 반드시 이차전제용법만으로 쓰이므로 이 증거도 이차전제용법이 부정소 축약이라는 통사적 장치와 밀접하게 관련되어 있음을 보여준다. 이제 다음 문장을 보자.

(5) a. 영희는 점심을 먹었지 않니?
b.*영희는 점심을 먹었지 못하니?
c.*영희는 점심을 먹었지 않지?
d. 영희는 점심을 먹었잖니?
e. 영희는 점심을 먹었다.

위 예문 (5a)는 예문 (1a)를 다시 쓴 것인데, 이를 활용한 '못'부정문 (5b) 및 비중립적 부정의문문 (5c)를 보면 전제가 문장의 구조와 관련되어 있고, 이차전제용법은 중립적인 '안'부정문에서만 가능함을 다시 확인할 수 있다. 즉, 항상 긍정명제 (5e)를 전제로 하며 이를 강조하는 이차전제용법만으로 쓰이는 예문 (5a)와 달리 '못'부정문 (5b)와 비중립적 종결어미 "-지?"를 가진 '안'부정문 (5c)는 처음부터 비문이므로 전용적 이차전제용법이 매우 구조-의존적인 용법임을 잘 말해준다. 아울러 예문 (1a)의 본술어 다음 자리라는 표면적인 시제소의 실현은 오직 이차전제용법만을 가능하게 하는 구조적인 전용표지(structural arbitrary marker)라고 말할 수 있다. 더 나아가서 예문 (5d)는 예문 (5a)의 부정소 '지 않'이 축약되어 '잖'이 될 수 있음을 보여주는데, 이를 예문 (4d)와 비교해볼 때 (5d)는 부정소 이동과 부정소 축약이라는 두 가지 통사적 장치를 통해서 장형 부정의문문이 전용적 이차전제용법으로 쓰이도록 해준다고 말할 수 있다.

2) 구종남(1992)의 '융합형 부가의문문' 론 비판

이제 구종남(1992)의 두 번째 핵심적인 주장, 즉 구문 (1a)가 부가의문문 "영희가 저녁을 먹었지, 그렇지 않니?"에서 "그렇지"가 생략되고 형성된 '융합형 부가의문문'이라는 주장의 타당성을 검토하기로 하겠다.

첫째, 구문 (1a)가 '융합형 부가의문문'이라는 구종남(1992: 302)의 주장은 부가의문문의 정의와 양립할 수 없다는 것이 우리의 판단이다. 즉, 부가의문문이 매우 생산적으로 쓰이고, 그 문법도 비교적 잘 정립된 영어 부가의문문의 정의로부터 부가의문문의 보편문법적 정의를 일반화하면 "부가의문문이란 선행서술문과 이 서술문에서 도출된 생략형 의문문으로 구성된 독립된 문형"이라고 말할 수 있다. 이 정의에 비추어 볼 때, 구종남(1992)처럼 예문 (1a)를 부가의문문으로 보면 선행문이 의문형 종결어미 "-지?"를 가진 의문문이 되므로 결과적으로 부가의문문의 보편적 정의와 배치된다.[5)]

둘째, 아래 예문 (6b)의 부정형 꼬리 "그렇지 않아?"의 구조를 보면 바로 우리의 장형부정의문문의 구조, 즉 구종남(1992)의 '융합형 부가의문문'의 구조를 가지고 있음을 알 수 있다. 다음 예문을 보자.

(6) a. 비가 왔지, <u>않아</u>?
    b. 비가 왔지, (그렇지) <u>않아</u>?
    c. 비가 왔지, (그렇지) (그렇지) <u>않아</u>?
    d. 비가 왔지, (그렇지) (그렇지) (그렇지) (............) <u>않아</u>?

구종남(1992)을 따르면 그의 부가의문문 (6a)는 (6b)의 대용어 '그렇지'가 생략되어 생성되는데, (6b)의 "그렇지 않아?"라는 꼬리 자신이 바로 그의 부가의문문의 구조를 가지고 있으므로 이 구조의 꼬리인 "않아?"는 다시 (6c)의 "그렇지 않아?"라는 부가의문문에서 '그렇지'가 생략되어 만들어져야 하고, 결국 (6d)와 같은 끝없는 구조를 상정하지 않으면 안된다[6)]. 결과적으로 부가의문문 (6a)는 무한대의 구조에서 만들어진다는 비논리

---

5) 예문 (1a)의 '지'의 정체에 대한 논의는 곧 이 예문의 본질과 직접 관련된 문제이기도 하다. 김동식(1981)은 분명한 언급은 없지만 서술형 종결어미로 보고 있고, 장석진(1984: 270)은 화자의 비중립적 '추정'의 서술형 종결어미로 본다. 또 장경기(1986)와 같이 장형부정문의 '지'로 보는 임홍빈(1973: 123-7)도 있다. 그리고 국어의 일반적인 부가의문문에 관한 학계의 대표적인 논의로는 장석진(1984), 성광수(1980), 전병쾌91984), 장경기(1985) 등이 있으나 부가의문문의 기본적인 정의와 구조조차 일치하지 않고 있다.

적인 주장을 하고 있다는 것이 우리의 판단이다. 우리의 이러한 논의가 옳다면 구종남(1992)의 대용어 "그렇지"의 생략이론은 부가의문문의 본질상 매우 심각한 문제점이 내재되어 있다고 하지 않을 수 없다. 즉, 일반적인 부가의문문은 선행서술문과 이 본문의 의문형 대용어(pro-form)인 꼬리(tag)로 구성되는데, 구종남(1992)은 오히려 대용어가 의무적으로 생략되고 "않아?"만 남게 된다는 주장을 하고 있는 것이다.

이러한 우리의 입장을 뒷받침하는 증거가 자연언어에 실재한다. 장경기(1999)에 의하면 국어의 진정한 부가의문문은 경상도 방언에만 존재하며, 경상도 방언의 부가의문문의 선행서술문은 항상 중립적인 종결어미인 '-다'로 끝나고, 꼬리는 선행서술문의 긍·부정문에 관계없이 긍정형 "그지?/그쟈?/그지예?"와 부정형 "아이가?/아입니까?/아닝교?" 등이 쓰일 수 있다[7]. 여기서 매우 중요한 사실은 대용표현인 긍정형 꼬리와 부정형 꼬리가 결합된 형태의 꼬리인 "그렇지 않나?" 등은 결코 쓰이지 않는다는 점이다. 다시 말하면 구종남(1992)의 비생략형 꼬리인 "그렇지 않니?"와 동일구조의 꼬리는 경상도 방언의 부가의문문에 존재하지 않는다. 이를 받아들이면 구종남(1992)이 대용어 생략이론은 실제로 국어의 부가의문문에 존재하지 않는 꼬리인 "그렇지 않니?에서 대용어를 생략하여 "않니?"를 도출하고 있다는 논리적 모순을 내포하고 있다는 것이 우리의 입장이다.

셋째, 구문 (1a)를 시제표지의 위치만으로 (1b)와 달리 부가의문문으로 분류할 경우에 국어에서 명시적인 시제표지가 없는 현재시제는 과연 어떤 문형으로 분류되어야 할지가 문제가 된다. 다음 예문을 보기로 하자.

---

6) 이 주장을 동지표화(coindexing)하면 [그렇지 않아]가 [않아]와 동일지시물이므로 결국 [그렇지 [않아]$_i$]$_i$ 로 표시되는데, 이는 논리적으로 "i-within-i condition" 라는 "동지표 내포금지조건"에 해당되어 비문이 된다. 이 조건에 따라 어떤 구조가 이 조건에 해당되면 무한대의 순환논리(circularity)에 빠지므로 비문으로 판정된다. (i-within-i condition: *[α ...β...] where α and β have the same index.) 이 조건은 결속이론(A)에서 유용하게 사용되는 조건이기도 하다.

7) 장경기(1999)는 영어 부가의문문을 토대로 하여 부가의문문의 언어 보편적 정의를 "화자의 전제-중립적 선행서술문에 의문형 꼬리(tag)가 중단없이 자연스럽게 연결된 의문문"이라고 정의하고, 이 정의에 부합되는 국어의 부가의문문은 오직 경상도 방언에만 존재한다고 주장하고 있다. 그 한 예문은 다음과 같다.

a. 어제 밤에 비가 (안)왔다, 그지(예)?/맞지(예)?/아이가?/아잉교?

위 예문은 국어 부가의문문의 특성을 잘 보여준다. 첫째, 선행선행문의 긍·부정 형태와 꼬리의 긍·부정 형태는 무관하다. 둘째, 선행서술문은 반드시 중립적 서술형 '-다'종결어미로 끝난다. 이 서술어미에는 청자 대우법인 '-습니다' 등이 결코 쓰이지 않는데, 이는 문장이 종결되지 않았다는 강력한 증거이다. 셋째, 꼬리는 긍정형과 부정형이 있으나, 긍정형 대용표현과 부정형이 결합된 "-그렇지 않니?"에 상응하는 경상도 방언은 존재하지 않는다. 이는 구종남(1992)의 '대용어 생략'론에 대한 강력한 반증이 될 수 있다. 넷째, 선행서술문과 꼬리 사이가 단절되지 않고 자연스럽게 이어진다. 우리는 단지 논의의 편의상 그 경계를 쉼표(,)로 표시하였으나 실제의 발화에서는 결코 멈춤이 없다. 이는 부가의문문이 한 문장임을 증명하고 있다. 서울말이나 필자의 토박이말인 전라도 방언에서 이와 같은 자연스런 흐름의 부가의문문 형식의 표현을 필자는 전혀 발견할 수 없었다.

(7) a. 영희는 점심을 먹었지 않니?
b. 영희는 점심을 먹지 않았니?
c. 영희는 지금 점심을 먹지 않니?

구종남(1992)에 의하면 예문 (7a)는 그의 융합형 부가의문문이고, 예문 (7b)는 장형부정의문문이다. 그 기준은 바로 시제표지 '었/았'의 실현 위치에 따라 (7a)의 '지'는 종결어미가 되고 (7b)의 '지'는 장형부정문의 부정소의 일부로서의 '지'가 된다. 그렇다면 예문 (7c)처럼 어느 곳에도 형태적으로 실현되고 있지 않은 현재 시제문은 어떻게 분류할지가 문제이다. 만일 이 문장을 부가의문문이라고 분석하면 장형부정의문문에는 현재 시제 문장이 존재하지 않게 되고, 만일 장형부정의문문이라고 분석하면 부가의문문에 현재시제 문장이 존재하지 않는다는 비논리적 결론에 이르게 된다. 그렇다면 이러한 문제점을 극복하기 위하여 예문 (7c)를 구조적인 중의성을 갖는 문장으로 분석할 수 있는 방안을 생각해볼 수 있으나, 각기 다른 독립된 문형을 넘나드는 구조적 중의성을 정당화하기는 이론적으로 더욱 어려울 것으로 판단된다. 따라서 우리는 이 문제를 야기시킨 구종남(1992)의 주장 자체의 정당성에 의문을 제기하지 않을 수 없다. 우리는 시제표지가 본술어 다음에 실현되느냐의 여부를 부가의문문과 장형부정의문문의 문형 구별 자질로 보지 않으며, 예문 (7c)를 일반적인 장형부정의문문의 현재 시제문으로 분석함으로써 문제 자체가 발생하지 않게 된다고 본다.

이상의 세 가지 이유는 구종남(1992)의 '융합형 부가의문문'론이 가진 직접적인 문제점이다. 다음 절에서 그의 이론이 장경기(1986)보다 더 나은 설명력을 갖는다고 주장하는 논거의 타당성 여부를 검토하기로 하겠다.

3) 장경기(1986) 비판에 대한 반론

이제 구종남(1992: 303-4)의 '융합형 부가의문문'론이 장경기(1986)의 '장형부정의문문'론보다 더 나은 설명력을 갖는다고 주장하는 항목들을 차례대로 살펴보기로 하겠다.

첫째, 그는 자신의 이론 안에서 확인문, 즉 그의 융합형 부가의문문에서 시제요소가 '지' 앞에 나타나는 이유가 설명된다고 주장하지만, 이는 '지'를 종결어미로 보는 데서 오는 당연한 결과일 뿐이다.

둘째, 그는 자신의 이론 안에서 장형부정문에서는 쓰임이 부자연스러운 '이다,' '알다' 등의 술어가 확인문에서는 자연스럽게 쓰이는 사실이 설명된다고 주장하지만 이것도 '지'를 종결어미로 보면 선행문이 긍정 서술문이므로 어떤 술어의 쓰임도 제한되지 않는다. 따라서 이 점도 '지'종결어미설의 결과일 뿐이다.

셋째, 그는 자신의 이론 안에서 '못'부정문이 확인문에서 쓰이지 못하는 이유가 설명된다고 주장하지만, 우리는 '못'부정문은 본질적으로 이차전제용법(=확인문)으로 쓰이지 못한다고 본다. 다음 예문을 보자.

(8) a. 민선이가 피아노를 치지, 그렇지 못하니?
  b. 민선이가 피아노를 치지 못하니?
  c. 민선이는 피아노를 친다.
  d. 민선이는 피아노를 치지 못한다.

구종남(1992: 305)은 예문 (8a)의 꼬리인 "그렇지 못하니?"가 진위 여부를 되묻는 형식이 아니고 능력 부정을 나타내는 '못'부정문으로서 꼬리를 구성할 수 없으며, 이 (8a)로부터 도출된 (8b)도 당연히 확인문으로 쓰이지 못한다고 주장한다. 그러나 장경기(1986)는 구종남(1992)과 세 가지 면에서 견해를 달리 하였다. 첫째, 예문 (8a)는 긍정명제 (8c)를 청자에게 확인하는 '확인문'으로 쓰일 수 있다. 둘째, 예문 (8b)는 (8a)와 달리 부정명제 (8d)를 청자에게 확인하는 '확인문'으로 쓰일 수 있다. 셋째, 예문 (8b)가 (8a)처럼 긍정명제 (8c)를 확인하는 용법으로 쓰일 수 없는 이유는 '못'부정문 자체가 본질적으로 그의 확인문, 즉 우리의 이차전제용법으로 쓰일 수 없기 때문이다. 더 나아가서 구종남(1992)은 그의 '융합형 부가의문문'의 꼬리가 '안'부정문이면 대용어 "그렇지"가 생략되어 '확인문'이 될 수 있고, '못'부정문이면 대용어 "그렇지"가 생략될 수 없어서 '확인문'이 될 수 없다고 주장하지만, 이에 상응하는 통사적인 논증을 하지 않고 있다. 오히려 우리는 그의 '융합형 부가의문문'을 도출하는 동일한 절차에 따르면 예문 (8a)에서 (8b)를 도출하는 것을 막을 수 없다고 주장한다. 그가 이런 도출을 불가능하다고 주장하는 근거는 다름 아닌 화용론적 동기, 즉 예문 (8b)가 긍정명제 (8c)를 확인하는 용법을 갖지 않는다는 점이다. 따라서 화용론적 근거를 문형 분석의 본질적 기준으로 삼을 수 없다는 우리의 일관된 입장에서 그의 이러한 주장을 받아들일 수 없다.

넷째, 그는 확인문의 '지' 뒤에 '만,' '도'와 같은 특수조사가 쓰이지 못하는 이유도 설명된다고 주장하지만, '지'가 종결어미라면 어떤 요소도 뒤에 붙지 못하는 것이 당연하므로 우리는 이 점도 그의 이론의 장점이 아니라 '지'종결어미설의 일부라고 주장한다.

다섯째, 그는 확인문에서 부정극어 '전혀,' '아직' 등이 쓰이지 못하는 이유를 설명할 수 있다고 주장하지만, 우리는 '지'가 선행 긍정문의 종결어미라면 당연히 부정극어와 함께 쓰이지 못하므로 이 점도 '지'종결어미설의 부산물이라고 본다.

우리는 이와 같은 근거에서 구종남(1992)이 주장하는 다섯 가지 설명력 중 네 가지는 그의 '융합형 부가의문문'론에서 나오는 것이 아니라 이미 '지'종결어미설을 주장한 김동식(1981)과 장석진(1984)으로부터 나온다는 점을 밝히게 되었으며, 나머지 한 가지인 '못'부정문이 '확인문'으로 쓰이지 못하는 이유는 그의 '융합형 부가의문문'론을 지지하는 증거가 될 수 없고 오하려 그 반증이 될 수 있다고 주장한다. 이제 우리는 이 '지'가 종결어미가 아니고 장형부정의문문의 '지'임을 다음 장에서 상세히 논함으로써 구종남(1992)의 '지'종결어미설에 대한 반론을 제기하게 될 것이다.

4. '장형부정의문문'론의 통사적 논증

우리는 장경기(1986)에서 제안하고, 앞장에서 구종남(1992)을 비판하면서 시사했듯이 예문 (1a)는 장형부정의문문이라고 주장한다. 이를 정당화하기 위한 구체적인 방법으로 첫째, '지 않'이 장형부정의문문의 부정소임을 통사적으로 증명하고, 둘째, 예문 (1a)가 (1b)로부터 핵이동(Head Movement)의 하나인 부정소 이동규칙(Neg Movement)에 의해서 도출되었음을 논증하기로 하겠다.

1) '지 않'이 장형부정의문문의 부정소라는 증거

구문 (1a)를 (1b)와 같은 장형부정의문문이라고 주장하는 우리의 입장에서 (1a)의 '지 않'이 통사적으로 (1b)의 부정소 '지 않'과 동일하게 행동하고 있음을 밝힘으로써 (1a)도 장형부정의문문임을 증명하기로 하겠다.

첫째, 예문 (1a)의 '지 않'은 일반적인 장형부정의문문 (1b)의 부정소 '지 않'과 동일하게 행동하므로 (1a)도 장형부정의문문이라고 볼 수 있다. 예문 (1a)와 (1b)를 아래와 같이 다시 써보자.

(9) a. 영희는 점심을 먹었[지 않]니?
b. 영희는 점심을 먹[지 않]았니?
c. 영희는 점심을 먹었니?

일반적인 장형부정문 (9b)의 부정소 '지 않'은 부정 구성성분(negative constituent = Neg Phrase)을 이루며, 이는 이 부정소를 생략하면 긍정의문문 (9c)가 도출된다는 점에서 정당화된다. 마찬가지 논리로 예문 (9a)의 '지 않'을 생략하면 긍정의문문 (9c)가 도출되므로 예문 (9a)도 장형부정의문문이고 '지 않'은 부정소구(NegP)라고 볼 수 있다.

둘째, 국어의 장형부정의문문의 NegP '지 않'은 '잖'으로 축약이 가능한데, 예문 (1a)의 '지 않'도 '잖'으로 축약이 가능하므로 예문 (1a)도 장형부정의문문임이라고 볼 수 있다. 다음 예문을 보자.

(10) a. 영희는 점심을 먹[지 아니하]았니?
b. 영희는 점심을 먹[지 않]았니?
c. 영희는 점심을 먹[잖]았니?
d.*영희는 점심을 먹[지 안하]였니?
e.*영희는 점심을 먹[잔 하]였니?

먼저 예문 (1b)를 활용한 예문 (10a)의 부정소 '지 아니하'의 일부인 '아니하'가 (10b)의 '않'으로 축약된다는 것은 '아니하'가 직접구성성분(immediate constituent)을 이룬다는 것을 보여주며, 다시 예문 (10c)로 축약될 수 있음은 '지 않'도 상위구조에서 구성성분을 이룬다는 것을 증명한다. 한편 비문 (10d)는 (10a)의 '아니'가 '안'으로 축약된 경우인데, 이는 '아니/안' 만으로는 장형부정문의 구성성분이 되지 못함을 보여주며, 또한 비문 (10e)는 예문 (10a)의 부정소의 일부인 '지 아니/잔' 만으로도 장형 부정문의 구성성분이 되지 못함을 증명한다.[8)]

8) '아니'와 '안'이 항상 동일한 것은 아니다. 어떤 질문에 대한 부정적인 대답은 항상 '아니'이지 '안'으로 축약되면 비문이다. 예를 들어 "너 밥 먹었니?"에 대한 대답으로 '아니'는 좋지만 '안'은 비문이다.

만일 문제의 예문 (1a)의 '지 아니하'에도 예문 (1b)가 갖는 위와 같은 통사상의 제약이 있다는 것이 증명된다면 이 성분은 장형부정문의 부정소이고 예문 (1a)는 장형부정의문문이라고 말할 수 있을 것이다. 다음 예문을 통하여 이 점을 검증해보자.

(11) a. 영희는 점심을 먹었[지 아니하]니?
b. 영희는 점심을 먹었[지 않]니?
c. 영희는 점심을 먹었[잖]니?
d.*영희는 점심을 먹었[지 안 하]니?
e.*영희는 점심을 먹었[잔 하]니?

예문 (1a)를 활용한 위 예문 (11a)의 '지 아니하'의 축약에 관한 통사적 제약이 장형부정의문문 (1b)를 활용한 (10a)의 통사적 제약과 완전히 일치하고 있음을 (10)과 (11)의 각 예문의 문법성이 잘 보여주고 있다. 따라서 우리는 (1a)는 (1b)와 마찬가지로 통사적으로 장형부정의문문이며 '지 아니하'도 장형부정문의 부정소라고 주장한다.

셋째, 장형부정의문문 (1b)의 부정소 '지 아니하'가 '잖'으로 축약된 예문 (10c)는 축약되기 전의 (10b)와 달리 항상 긍정명제 (1c)를 강조하는 이차전제용법만으로 쓰인다. 이와 마찬가지로 예문 (1a)의 '지 않'도 '잖'으로 축약이 가능하고 항상 긍정명제 (1c)를 강조하는 용법으로 쓰인다. 따라서 부정소의 축약과 관련련 이차전제용법도 예문 (1a)와 장형부정의문문 (1b)가 동일하게 행동하고 있으므로 이는 예문 (1a)도 장형부정의문문임을 증명한다고 말할 수 있다.

그러면 여기서 부정소의 축약과 이차전제용법은 어떤 관계가 있는지 생각해보자. Hudson(1975)에 의하면 영어 부정의문문의 부정소 'not'이 'n't'으로 축약될 때만 긍정명제를 강조하는 용법으로 쓰일 수 있는데, 이는 국어의 장형 부정문의 축약형 (10c)가 이차전제용법으로만 쓰인다는 사실과 매우 유사하다. 우리는 그 이유를 부정소의 축약은 결국 발음의 약화로 이어지고, 이는 곧 부정의 의미의 약화와 긍정의 의미의 강화로 이어진다고 언어 보편적 현상의 하나라고 본다.[9]

9) 국어의 어휘에도 축약으로 인하여 부정의 의미가 약화되거나 소실되어 독립된 관용어구로 굳어진 다음과 같은 예가 있다.
a. 귀하지 아니하다 → 귀찮다 b. 젊지 아니하다 → 젊잖다 → 점잔다 c. 하지 아니하다 → 하찮다
위 예들은 원래 장형부정문의 부정소 '지 아니하'가 '잖'으로 축약되어 부정의 의미가 거의 사라진 것이다.

이상과 같은 통사적인 증거로 볼 때 예문 (1a)는 예문 (1b)와 동일한 장형부정의문문의 구조적 특성을 그대로 가지고 있으므로 장형부정의문문으로 분석되어야 한다고 우리는 주장한다. 그러면 장형부정의문문 (1b)와 표면적으로 시제표지의 실현위치가 다른 예문 (1a)는 어떻게 생성되었는지를 다음 절에서 검토하기로 하겠다.

2) 부정소 이동규칙의 증거

장경기(1986)는 구문 (1a)를 장형부정의문문 (1b)와 비교할 때 구조적인 차이점은 바로 장형부정문의 부정소 '지 않' 다음에 실현되던 시제가 (1a)에서는 본술어 다음에 실현된다는 점이라고 분석한 바 있다.

이제 우리는 이 문제를 좀 더 일반화된 통사규칙 안에서 설명할 수 있는 방안을 모색하고자 한다. 그것은 다름 아닌 부정소 이동규칙(Neg Transportation Rule)이다. 먼저 일반적인 부정소 이동규칙은 하위절의 부정소가 상위절로 이동하는 수의규칙으로서 두 문장의 인지적 의미(cognitive meaning)가 동일하다는 전제하에서 가능하다.[10)] 다음은 부

10) 익명의 심사위원은 두 가지 점을 지적해 주었다.
첫째, 부정소 이동규칙을 인정하지 않는 입장을 고려할 필요를 지적하였다. 이 점은 매우 중요하다. 이론적으로 이 규칙의 타당성 여부를 논하는 자리는 아니지만 우리는 본문의 (1a)와 (1b)의 화용론적 의미의 차이를 인정하지만 구조, 즉 문형의 차이라고 보아야 할 정도는 아니라는 입장에서 (1a)를 (1b)로부터 도출하기 위하여 부정소 이동규칙을 가정하였다. 한편 (1a)와 (1b)의 화용론적 의미가 다르다는 입장에서 구조, 즉 문형도 다르게 보는 입장은 곧 우리가 비판해온 김동식(1891), 장석진(1984), 구종남(1992) 등이 있다. 이런 면에서 부정소 이동규칙이 영어나 국어에서 존재하지 않는다는 것이 밝혀진다면 우리의 주장은 무너진다. 그러나 부정소 이동이 존재한다는 주장은 아직 건재하고, 특히 다음의 예문은 부정소 이동을 지지해주는 강력한 증거이다.
a. I think John won't leave until tomorrow.
b. I don't think John will leave until tomorrow.
위 예문에서 전치사 'until'은 행위나 상태가 계속되는 문장에서 쓰이는데 (a)는 John이 떠나지 않은 상태가 내일까지 계속된다는 면에서 정문인데 반해, (b)는 John이 내일까지 계속해서 떠난다는 행위가 불가능하므로 전치사 'until'의 사용이 불가능한데도 정문인 이유는 바로 (b)는 정문 (a)에서 부정소 이동규칙에 이해서 도출된 문장이라고 설명될 수 있다. 그러나 모든 술어가 부정소 이동규칙이 적용되는 것은 아니다. 일반적으로 심적 상태를 나타내는 타동사(think, believe, expect, guess, suppose)와 자동사(appear, seem), 형용사(likely) 등이 부정소 이동규칙이 적용 가능한 술어이다. 이를 심사위원은 epistemic certainty의 정도에 따라서 그 정도가 아주 높거나(claim, assert), 아주 낮은 경우(hope)에는 이 규칙이 적용되지 않으며, 그 정도가 중간정도인 술어에만 적용된다고 지적해주었다. 중요한 것은 어느 기준을 따르던지 부정소 이동규칙으로 설명하는 것이 이론적으로 더 바람직한 경우가 영어는 물론 국어에도 존재한다는 점이다.
둘째, 익명의 심사위원은 본문의 구문 (1a)와 (1b)의 비인지적(non-cognitive/epistemic) 의미의 차이를 설명할 필요성을 제기하였다. 결국 (1a)의 통사적, 화용론적 정체성에 관한 논의는 우리처럼 (1a)와 (1b)의 인지적 의미는 같고, 비인지적 의미, 즉 화자의 전제에 관한 강조의 정도의 차이만 다르다고 보는 입장과 김동식(1981)처럼 (1a)가 갖는 '확인'의 의미는 그의 '확인문'이라는 독립된 문형에서 온다는 주장이나, 장석진(1984), 구종남(1992)처럼 국어의 전형적인 부가의문문의 구조에서 온다는 '동의요청'이라는 화행의 의미가 온다는 입장에서는 두 입장이 모두 (1a)라는 원래의 독립적인 구조에서 그 의미가 온다고 보기 때문에 그 의미는 인지적 의미이다. 이러한 우리의 입장이 옳다면 결국 (1a)와 (1b)의 비인지적 의미의 차이를 잘 설명할 수 있는 이론은 (1a)를 (1b)에서 도출하는 우리의 이론인 셈이며, 이러한 결론을 끌어내는 데에 심사위원의 지적이 큰 도움이 되었다.

정소 이동규칙이 적용된 몇 가지 예문들이다.

(12) a. I think [that John didn't come]

→ [I don't think] that John came]

b. It looks [as if they are not coming]

→ [It doesn't look] as if they are coming.

c. I intend [not to interfere]

→ [I don't intend] to interfere.

d. He seems [not to be happy]

→ [He doesn't seem] to be happy.

위 예문들은 모두 논리적으로 하위절에 있던 부정소 'not'이 상위절로 이동되는 부정소 이동규칙이 적용되어 생성된다.

다음 예문들은 동일절 안에서 부정소가 이동되는 경우이다.

(13) a. Did they [not] warn you?

→ [didn't] they warn you?

b. I would [never] have married her.

→ I [never] would have married her.

→ [Never] *would* I have married her. (조동사의 도치를 이끌어냄)

위 예문에서 부정소 'not'과 부정 부사어 'never'는 각각 원래의 자리에서 왼쪽 방향으로 이동되어 또 하나의 문장을 생성한다. 이를 현대생성문법적 관점에서 보면[11] 선핵언어(Head First language)인 영어는 NegP(Neg Phrase)의 핵인 Neg 'not'이 반드시 자신이 속한 절의 핵이 있는 왼쪽 방향으로 이동한다고 설명한다. 이런 면에서보면 하위절에서 상위절로의 부정소 이동도 핵이동의 원칙을 준수하면서 핵이 있는 왼쪽 방향으로 이동하고 있음을 알 수 있다.

---

11) 생성문법적으로 보면 핵(Head)은 반드시 핵의 자리로만 이동하는 원칙(Head-to-Head Movement)이 있고 이동의 방향은 핵매개변인(Head Parameter)에 따라 영어와 같은 선핵언어는 핵이 왼쪽에 있으므로 통사적 이동은 왼쪽으로만 가능하며, 국어와 같은 후핵언어는 핵이 있는 오른쪽으로만 통사적 이동이 가능하다.

이제 국어에도 부정소 이동규칙이 존재하는지 검토할 단계이다. 먼저 절 사이의 부정소 이동이 가능한지 아래와 같은 위 영어 예문 (12)의 자연스런 국어 대응문을 살펴보자.

(14) a. 나는 [순이가 오지 않았다고] 생각해.
→ 나는 [순이가 왔다고] 생각하지 않아
b. [그들이 오지 않을 듯] 해.
→ [그들이 올 듯]하지 않아
c. [나는 방해하지 않으려고] 해.
→ [나는 방해하려고] 하지 않아.
d. [그는 기분이 좋지 않은 것] 같아.
→ [그는 기분이 좋은 것] 같지 않아.

우리가 위 각 예문의 문법성을 받아들이고 또 부정소의 실현 위치만 다른 두 문장 사이의 인지적 의미의 동일성을 받아들인다면, 국어도 영어와 같이 상위절과 하위절 사이의 통사적인 부정소 이동규칙이 존재한다고 말할 수 있다.

이제 동일절 안에서 부정소 이동이 일어난 국어의 아래 예문을 보자. 여기 위에서 제시했던 영어 예문 (13)의 국어 대응문이다.

(15) a. 그들이 너에게 경고하[지 않]았니?
→ 그들이 너에게 경고하였[지 않]니?
b. 나는 그녀와 [절대로] 결혼하지 않았을 텐데.
→ 나는 [절대로] 그녀와 결혼하지 않았을 텐데.
→ [절대로] 나는 그녀와 결혼하지 않았을 텐데.

먼저 예문 (15a)를 보면 부정소 '지 않'이 술어 '경고하-' 다음의 위치에서 시제소 '았(었)'의 다음 위치로 부정소 이동이 이루어지고 있는데, 이는 양상부 안에서 부정소가 후핵언어인 국어의 핵이 있는 오른쪽 방향으로 이동하고 있음을 보여주고 있다. 한편 예문 (15b)를 보면 부정 부사어인 '절대로'가 부정소 이동과 달리 왼쪽 방향으로 이동하고 있음을 보여준다. 우리는 상대적으로 어순이 자유로운 국어에서 양상부 안으로 이동이 불가능한 이 부사구가 문장의 앞쪽으로 이동하는 전치이동(frontng)을 하고 있다고 본다. 이러한 전치이동은 개념상 영어의 예문 (13b)와 다를 수 없다는 것이 우리의 기본 입장이다.

지금까지 우리는 절 사이의 부정소 이동규칙이나 동일절 안에서의 부정소 이동이 관련된 문장 사이의 부정소 이동규칙이나 동일절 안에서의 부정소 이동이 관련된 문장 사이의 인지적 의미가 동일하다는 전제하에 이 규칙이 영어와 국어에 모두 존재하는 보편문법임을 논증하고자 하였다.

이제 이러한 논의를 토대로 하여 부정소 이동이 적용되기 전과 후의 두 문장 사이의 비인지적(non-cognitive/epistemic) 의미의 차이에 대하여 검토하기로 하자. 두 문장간의 비인지적 의미의 차이는 결국 구조의 차이에서 비롯된 것이므로, 이는 부정소가 수식하는 술어에 미치는 영향, 즉 부정적 힘(negative strength)의정도의 차이라고 말할 수 있다. 이러한 견해는 일찍이 Poutsma(1928)에서 피력되었고, 가까이는 Bolinger(1977)의 "형태가 내용을 결정한다(More of form is more of content)"는 주장 및 Lakoff와 Johnson(1979)의 "근접성이 영향력이다(Closeness is strength of effect)"는 논의에서 구체화되어 왔다. 이를 우리가 받아들이면 앞에서 제시한 예문 (12), (13)의 영어나 (14), (15)의 국어가 모두 부정소가 이동되면 그만큼 부정소 이동 전의 술어에 미치는 부정의 힘이 약해지는 차이가 있게 된다고 말할 수 있다.

우리는 이제 비인지적 의미의 차이를 만드는 부정소 이동의 구문 (1a)와 (1b)의 이차적 전제용법의 차이를 설명하는 장치가 될 수 있다고 가정하겠다. 다음 문장을 보자.

(16) a. 영희는 벌써 점심을 먹[지 않]았니?
b. 영희는 벌써 점심을 먹었[지 않]니?
c. 영희는 벌써 점심을 먹었다.

장형부정의문문 (16a)의 술어 다음에 있는 부정소 '지 않'이 보조용언(auxiliary verb)의 하나인 시제소 '았'의 오른쪽으로 이동하여 (16b)를 만들면서 후핵언어의 핵이동 원리을 준수하고 있다. 그 이동의 결과 표면적으로 시제소가 본동사의 오른쪽에 놓이게 된다. 부정소 이동구칙이 인지적 의미를 바꾸지 않듯이 이 때도 부정소 이동 전의 (16a)와 이동 후의 (16b)의 이차전제용법으로서의 차이가 없다. 다시 말해서 예문 (16a)와 (16b)는 화자가 전제하고 있는 긍정명제 (16c)를 강조하는 용법으로 사용된다. 그러나 이러한 구조적으로 다른 구조를 사용함으로써 화자가 자신의 전체를 강조하는 힘의 정도는 예문 (16b)가 (16a)보다 더 강하며, 이 의미가 바로 비인지적 의미이다. 일상생활에서 화자가 이 두 구문 중 어떤 구문을 선택하느냐 하는 점은 전적으로 화자 자신에게 달려 있겠지만, 경우에 따라서는 두 구문을 동시에 사용함으로써 자신의 의도를 명백히 하기도 한다.[12] 아래의 실례는 우리의 이러한 분석이 모국어 사용자의 정신문법(mental grammar)을 반영하고 있음을 증명해주고 있다.

(17) a. "...박세리 선수가 2라운드에서 약간 어려움을 겪고 있었[지 않]습니까.... 겪[지 않]고 있었습니까?..." (99년 6월 4일 LPGA 중계 어나운서의 중계 중에서)

b. "...일본의 기록이 33개라고 하데예, 저는 적어도 34개는 쳐야 되[지 않]겠나.... 치[지 않]아야 되겠나 생각합니다...."

(99년 6월 4일 27게임 연속안타 신기록 수립후 박정태 선수의 인터뷰에서)

위 예문은 모두 화자가 자신의 긍정명제를 강조하기 위하여 한 문장에서 구문 (1a)형과 구문 (1b)형을 동시에 사용하고 있다는 면에서 우리의 논의와 직접 관련있는 살아있는 구어체 문장이다.

구체적으로 살펴보면 예문 (17a)는 "...겪고 있었지 않...까?"와 "...겪지 않고 있었...까?"를 동일 화자가 동시에 사용함으로써 구문 (1b)와 구문 (1a)가 동일한 화용론적 환경에서 사용될 수 있음을 그대로 보여주고 있다. 이 예문은 게임을 중계하면서 연속적으로 이어지는 논평이므로 청자에게 확인 혹은 동의를 요청하는 화행을 수행하는 것이 아니고, 화자가 "박세리 선수가 어려움을 겪고 있다"는 긍정명제를 강조하기 위하여 무의식적으로 구문 (1a)형과 (1b)형을 모두 사용하고 있는 것이다.

또한 예문 (17b)에서는 화자가 "저는 적어도 34개는 쳐야 되겠다"는 긍정명제를 강조하기 위하여 일반적 장형부정의문문의 두 가지 형식을 동시에 사용하고 있다. 즉 "...쳐

12) 장석진(1984: 263)은 '지' 앞과 '아니' 뒤의 양쪽에 시제가 오는 문장을 사용하는 사람이 있다고 언급하고 있다. 예를 들면 "영희는 밥을 먹었지 않았니?" 등의 문장을 사용하는 화자가 있다는 것이다. 우리는 이를 부정소 이동의 결과 본술어 '먹-'과 시제소 '었'이 인접하게 되어 긍정의 의미가 사실적으로 강조되고, 또 부정 보조술어 '지 아니하-' 다음에 있던 시제표지 '았'이 그대로 남아있는 표현으로서 이처럼 중복되어 쓰이면 긍정의 의미가 더 강조되는 효과가 있다고 본다.

야 되지 않겠나…"라는 형식과 "…치지 않아야 되겠나…"라는 두 구조를 사용하고 있는데, 여기에는 (17a)와 달리 명시적인 시제소가 없으면서도 부정소의 이동에 의해서 다른 구문이 도출되고 있다.[13] 이를 좀더 검토하기 위하여 예문 (17b)에서 우리의 논의와 관련된 부분을 뽑아 다음과 같이 약간 고쳐서 다시 써보자.

(18) a. 그는 안타를 치[지 않]아야 되겠니? (D-구조)
b. 그는 안타를 쳐야 되[지 않]겠니? (부정소 일차이동)
c. 그는 안타를 쳐야 되겠[지 않]니? (부정소 이차이동)
d. 그는 안타를 치지 않아야 되겠다. (부정명제)
e. 그는 안타를 쳐야 되겠다. (긍정명제)

위 예문 (18a)는 장형부정의문문으로서 복합술어는 "치어야 되겠-"이며, 이는 다시 '치-'라는 본술어와 '(야)되-'라는 당위의 보조술어, 그리고 '겠-'이라는 의도의 보조술어로 구성되어 있다. 이 술어에는 명시적인 시제소가 없고 보조술어 '겠-'에 미래시제가 복합되어 있는 것으로 보인다. 이 술어를 부정하기 위하여 부정소 '지 않'이 본술어 '치-' 다음에 놓인 문장 (18a)가 이동규칙이 적용되기 전의 구조이며, 이 부정소가 핵의 방향인 보조술어 '되-' 다음으로 이동하면 예문 (18b)가 생성되고, 다시 이 부정소가 보조술어 '겠-' 다음으로 이동되면 예문 (18c)가 된다.

이제 이 예문들의 화자의 전제와 관련된 화행을 살펴보면 부정소 이동규칙이 적용되기 전의 예문 (15a)는 모든 국어의 부정의문문이 그렇듯이 화자가 전제없이 단지 부정명제 (15d)를 청자에게 확인하거나 긍정명제 (15e)를 전제로 하여 부정명제 (18d)를 확인하고자 하는 일차전제용법으로 쓰일 수도 있고, 화자가 긍정명제 (18e)를 전제하면서 이를 청자에게 강조하기 위한 용법으로 사용될 수도 있다. 그러나 이와 대조적으로 부정소 이동규칙이 일차로 적용된 예문 (18b)와 부정소 이동규칙이 이차로 적용된 (18c)의 화용론적 용법은 화자가 긍정명제 (18e)를 강조하는 용법만으로 쓰인다. 더욱이 (18b)와 (18c)를 비교해보면 부정소 이차이동이 일어난 (18c)가 부정소 일차이동이 일

13) 우리는 주로 시제소와 관련된 논의를 해왔지만 선행연구는 시제를 포함한 다른 보조용언도 언급하고 있다. 김동식(1981)은 시제와 시상을 모두 동일하게 다루고 있으며, 장석진(1984: 262)은 시제는 그의 '전형적 부가의문문'의 본문에만 허용되고, 시상(aspect)은 부정의문문과 부가의문문의 본문에 허용되며, 의도의 '겠' 혹은 회상의 '더'와 같은 서법(mood)은 부가의문문에는 허용되지 않는다고 본다.

어난 (18b)보다 강조의 정도가 더 강하다.

이와 같은 분석이 옳다면 예문 (1a)와 (1b)의 표면적인 차이인 시제소의 실현 위치가 화용상의 의미 차이를 만드는 것이 아니라 부정소의 핵이동에 따른 화자의 전제 실현 방법의 차이라는 우리 주장의 정당성을 위 예문들이 다시 확인시켜주고 있다. 아울러 부정소 이동규칙은 국어의 현재시제 문장에서는 왜 전용적인 이차전제용법이 존재하지 않는가도 자연스럽게 설명할 수 있다. 즉 양상부의 하나인 명시적인 시제 보조술어가 없기 때문에 이 보조술어 다음의 위치로 부정소 이동이 원천적으로 불가능한 것이다. 결과적으로 구문 (1a)는 (1b)로부터 동일절의 양상부(modality) 안에서의 부정소 이동규칙에 따라 생성된 구문의 하나라고 규정할 수 있게 되었다.

5. 결론

우리는 지금까지의 논의를 통해서 이 연구의 서두에 제시한 구문 (1a)가 국어의 일반적인 장형부정의문문 (1b)에서 부정소 이동규칙이 적용되어 도출된 문장임을 보편문법과 통사적 접근법을 통하여 논증하고자 하였다. 그 과정에서 구문 (1a)는 통사적으로는 국어의 일반적인 장형부정의문문 (1b)에서 핵매개변인(Head Parameter)과 핵이동원리(Head Movemant Principle)에 따라, 부정소 '지 않'이 시제소와 같은 양상부의 오른쪽으로 부정소 이동(Neg Movement)을 거쳐서 도출된 문장임을 논증하고자 하였다. 아울러 구문 (1a)가 화용론적으로 항상 구문 (1c)와 같은 긍정명제를 화자가 주장하는 용법으로 쓰이는 이유는 국어의 일반적인 장형부정의문문인 구문 (1b)의 다양한 화용론적 용법 가운데 하나인 이차전제용법으로 쓰이는 경우에 부정소 이동이 일어나기 때문이라고 논증하였다.

그 과정에서 이 문제에 대한 대표적인 선행연구를 검토하고 비판하였다. 구체적으로 김동식(1981)의 '확인문'론, 장석진(1984)의 '전형적 부가의문문'론, 그리고 구종남(1992)의 '융합형 부가의문문'론을 차례대로 검토하였다. 우리의 주장은 이미 김동식(1981)과 장석진(1984)을 비판하는데 초점이 맞추어져 있던 장경기(1986)에서의 논의와 크게 다르지 않지만, 구종남(1992)이 주로 장경기(1986)의 '장형부정의문문'론을 비판하고 있기 때문에 이에 대한 반론과 그의 '융합형 부가의문문'론에 대한 반증을 제시하였다.

더 나아가서 우리는 구문 (1a)의 정체성, 즉 화자의 입장에서 구문 (1b) 대신에 (1a)를 사용해야 할 독립적 동기를 밝히고자 하였다. 화자는 구문 (1b)를 가지고 자신의 긍정명제 (1c)를 강조하는 용법으로 사용할 수 있다. 그러나 (1b)는 비전제용법이나 일차전제용법 등으로 쓰일 수도 있기 때문에 화용론적 중의성을 가진 문장이다. 이 화자의 전제 유무와 관련된 중의성을 해소하고 항상 이차전제용법으로 쓰이게 하는 방법의 하나가 부정소 '지 않'를 '잖'으로 축약하는 방법이다. 그런데 구문 (1a)는 부정소의 이동이라는 또 하나의 구조적인 변화에 의해서 이차전제용법을 실현하고 있는 구문이다. 우리는 이러한 부정소 이동은 결과적으로 본술어로부터 거리가 멀어짐에 따라 부정 기능의 약화로 이어져서 화자의 전제인 긍정명제를 강조하는 용법으로 발전된 것으로 분석하였다. 끝으로 우리는 지극히 구어적인 구문 (1a)가 오랜 세월 속에서 거의 관용적 표현을 굳어지면서 일반 대중들에게는 그 도출과정은 무의식적인 언어지식으로 남게 된 것은 아닐까 하는 생각을 해본다.

참고문헌

구종남 (1992). "국어 융합형 부가의문문의 구조와 의미," 언어 17.2. 한국언어학회.

김동식 (1981). "부정 아닌 부정," 언어 6.2. 한국언어학회.

교육부 (1991). 고등학교 문법, 성균관대학교 대동문화연구원.

교육부 (1998). 고등학교 문법, 서울대학교 사범대학 국어교육연구소.

성광수 (1980). "부가의문문에 대하여," 한글 제168호.

임홍빈 (1973). "부정의 양상." 논문집 5. 서울대 교양과정부.

장경기 (1985). "국어에도 부가의문문이 있는가," 영어영문학 3. 현대영미어문학회.

장경기 (1986). "국어의 부정의문문과 전제," 어학연구 22.1. 서울대. 어학연구소.

장경기 (1999). "부가의문문의 보편문법과 경상도 방언," 인문논총 17. 울산대학교.

장석진 (1984). "국어의 부가의문," 언어 9.2. 한국언어학회.

전병쾌 (1984). 한국어 부정구조의 분석. 한신문화사.

Cattell, Ray (1973). "Negative Transportation and Tag Questions," *Language* 49.3.

Hudson R. A. (1975). "The meaning of Questions," *Language* 51.1.

Jespersen O. (1933). *Essentials of English Grammar*. George Allen & Unwin, London

Karttunen L. (1973). "Presupposition of Compound Sentences," *Linguistic Inquiry 4.2.*

Quirk, R. et al. (1972). *A Grammar of Contemporary English*. New York.

참고문헌

강명윤 (1992). 한국어 통사론의 재문제. 한신문화사.

구종남 (1992). 국어 융합형 부가의문문의 구조와 의미. 언어 17.2. 한국언어학회.

국어연구회편 (1990). 국어연구 어디까지 왔나. 서울대 대학원. 동아.

김민수 (1960). 국어문법론 연구. 서울: 통문관

김완진외 (1985). 국어연구의 발자취(I). 서울대학교출판부.

문용 (1987). 고급영문법해설. 서울: 박영사.

박승빈 (1972) 조선어학. 복사본. 서울: 통문관.

서정목 (1999). 변형과 제약. 서울: 태학사.

서정수(1978). 국어 구문론 연구. 탑출판사.

송석중 (1967). *Some Transformational Rules in Korean*. Ph. D, Diss. Indiana Univ.

신인철 (1987). 영어통사론. 한신문화사.

양동휘 (1988). 한국어의 대용화. 한국문화사.

양동휘 (1989). 지배결속이론의 기초. 서울: 신아사.

양동휘등 (1991). 지배-결속이론의 기초. 서울: 한신문화사.

양동휘 (1994). 문법론. 한국문화사.

이은섭 (1996). 현대 국어 부정문의 통사구조. 국어연구 제140호. 서울: 국어연구회.

이을환. 이철수 (1978). 한국어 문법론. 개문사.

이익환 (1985). 현대 의미론. 민음사.

이정민(1977). '부정명령의 분석', 어학연구 4.1

장경기 (1985). 국어에도 부가의문문이 있는가. 영어영문학 3. 한국영문학회 경남지부.

장경기 (1986). 국어의 부정의문문과 전제. 어학연구 22.1. 서울대 어학연구소.

장경기 (1993). 수정 격여과조건과 격승계가설. 언어 12.2.

장경기 (1994). 영.한 IP-구조와 격부여의 비교. 이맹성 선생 정년기념논문.

장석진 역음 (1994). 현대언어학-지금어디로. 한신문화사.

전병쾌(1983). 『한국어 부정구조의 분석. -변형·생성문법적 고찰』 한신문화사.

최현배 (1961). 우리말본. 정음사

한학성 (1990). GB통사론. 한신문화사.

Chomsky, N. (1970). Remarks on Nominalization. *in Readings in English Trasnsformational Grammar*, ed. R. Jacobs & P. Rosenbaum.

Chomsky, N. (1975). *Reflections on Language*. Pantheon Books.

Chomsky, N. (1977). On wh-Movement. In P. W. Culicover, T. Wasow, and A. Akmajian, eds., *Formal Syntax*. New York: Academic Press.

Chomsky, N. (1980). On Binding. *Linguistic Analysis* 2.

Chomsky, N. (1981). *Lectures on Government and Binding*. Dordrecht.

Chomsky, N. (1982). *Some Concepts and Consequences of the Theory of Government and Binding*. Cambridge. MIT Press.

Chomsky, N. (1984). *Changing Perspectives on Knowledge and Use of Language*. Unpublished Manuscript, MIT. Cited in Flynn, 1985.

Chomsky, N. (1986a). *Knowledge of Language: Its Nature, Origins, and Use*. MIT.

Chomsky, N. (1986b). *Barriers*. MIT Press.

Chomsky, N. (1991). Some Notes on Economy of Derivation and Representation. In R. Freidin, ed. *Principles and Parameters in Comparative Grammar*. MIT Press.

Chomsky, N. (1992). A Minimalist Program for Linguistic Theory. *MIT Occasional Papers in Linguistics* 10. MIT.

Chomsky, N. (1994). Bare Phrase Structure. In G. Webelhuth, ed. *Government and Binding Theory and the Minimalist Program*. Oxford & Cambridge. USA.

Chomsky, N. (1995). *The Minimalist Program*. MIT Press.

Chung S. (1983). The ECP and government in Chamorro. *NLLT* 1.

Crystal, D. (1985). *A Dictionary of Linguistics and Phonetics*. Basil Blackwell.

Fillmore, C. J. (1968). Case for Case. *Universals in Linguistic Theory*.

Fukui, N. (1993). Parameters and Optionality. *LI* 24.

Groat, E. (1993). English Expletives: A Minimalist Approach. In *Havard Working Papers in Linguistics. Vol.3. Papers on Syntax*. eds. by H. Thrainsson, S.D. Epstein, & S. Kuno.

Grimshaw, J. (1990). *Argument Structure*. MIT Press.

Haegeman, L. (1991). *Introduction to Government and Binding*. Blackwell.

Hale, K. & J. Keyser (1990). The Syntactic Character of Thematic Structure. ms. MIT.

Jackendoff, Ray. (1983). Semantics and Cognition. MIT Press.

Klammer, P. Thomas, Muriel R. Schulz & Angela Della Volpe. Analyzing English Grammar. 4th Edition. Pearson. 2004.

Jespersen, Otto. (1933). *Essentials of English Grammar*. George Allen & Unwin Ltd. London.

Larson, R. (1988). On the Double Object Construction. *Linguistic Inquiry* 19.

Lasnik, H. & J. Uriagereka (1988). *A Course in GB Syntax*. MIT.

Lasnik, H. (1992). Case and Expletives: Notes toward a Paramtric Account. *LI*. 23.

Lasnik, H. (1993). The Minimalist Theory of Syntax: Motivations and Prospects.

Poole, Geoffrey. (2002). Syntactic Theory. Palgrave.

Quirk, et al. (1985). *A Comprehensive Grammar of The English Language*.

Radford, A. (1981). *Transformational Syntax*. Cambridge Univ. Press.

Radford, A. (1986). *Transformational Grammar*. Cambridge Univ. Press.

Traugott, C. E. (1972). *The History of English Syntax*. Holt, R. & W.

Webelhuth, G. (1994). X-bar Theory and Case Theory. In G. Webelhuth, ed. *Government and Binding Theory and the Minimalist Program*.

찾아보기

(ㄱ)
가부정(假否定) / 275, 308
가시적 이동(overt movement) / 175
가시적/외현적 이동규칙 / 173
간접명령문 / 159
간접부정표현 / 159
간접의문문 / 43, 132
강조표현(intensifying expression) / 123
개념-의도체계(conceptual-intentional system) / 88, 173
개별문법(particular grammar) / 33, 36
검증가능성(falsifiability) / 242
격 자질(Case feature) / 93, 97
격문법(Case Grammar) / 336
격부여자(Case assigner) / 69
격부여조건(Case assignment Condition) / 211
격이론(Case Theory) / 40, 69
결과구문(resultative construction) / 55
결속이론(Binding Theory) / 37, 39, 40, 83, 86, 87
결정적 연령(critical age) / 29
경계이론(Bounding Theory) / 40
경제성조건(Economy Condition) / 94
경제원리(Economy Principle) / 89, 90, 94
경험자역(experiencer) / 215
고유격(inherent Case) / 69
공범주(empty category) / 81
관계구문(relative construction) / 78
관계대명사 / 58
관계부사 / 59
관계사(relative pronoun or adverb) / 78
관찰적 타당성(observational adequacy) / 34
구절범주(phrasal category) / 43
구조-독립적(structure-independent) / 200
구조격(structural Case) / 69
구조문법(structural grammar) / 20, 21, 22, 33
구조주의 언어학(structural linguistics) / 25, 26
구조주의(structuralism) / 16, 20
국어 부가의문문 / 256
규범주의(prescriptivism) / 20
규칙체계(rule system) / 40
긍정명제(affirmative proposition) / 105, 389
기능범주(functional category) / 44, 50, 147
기술문법(descriptive grammar) / 17, 41, 241
기술적 타당성(descriptive adequacy) / 35

(ㄴ)
내재논항(internal Argument) / 72, 73, 76
내재보충어 / 48
내재언어(internal(ized) language) / 22
내재의미역 / 74
내재적 언어(I-language: internal language) / 33
내적 수식어(internal modifier) / 62
내적 이동 / 79
내포구조(embedded structure) / 27
내포적 부정어 / 106, 115, 190, 193, 226
내포절(embedded clause) / 41
논리형태(logical form; LF) / 32, 90, 94, 125
논항(Argument) / 70, 80, 93, 174, 211, 217, 23
논항구조 / 73, 76

(ㄷ)
다시쓰기규칙(rewriting rule) / 48
다중주어구문(multi-subject construction) / 216
단원(module) / 40
단형부정의문문 / 276
대명사(pronominal) / 83
대명사류 / 71
대용술어구문(pro-predicate construction) / 220
대용술어론 / 219
대용어(anaphor) / 71, 83
대용어(pro-form) / 133
대응서술문 / 274
대조부가성분(checking tag) / 255
대조부가의문 / 258
대조부가의문문 / 249
대주어(SUBJECT) / 84
동격절 / 60
동명사절 / 52
동물의 언어(animal language) / 26
동의내용 확인요청 / 303
동지표 표시(coindexing) / 77
등위구조 / 65

(ㅁ)
말-부정문 / 238
매개변인(parameter) / 30, 33
명사구 이동(NP-movement) / 77
명시적 부정문 / 200
명시적 부정어(explicit negative) / 107, 200
명시적인 언어능력(explicit competence) / 35
명제논항 / 52
명제적 의미(propositional meaning) / 52
못-부정문 / 236
묘사구문(depictive construction) / 55
문부정문(sentence negation) / 109, 231

(ㅂ)
반사의문문(reactive question) / 249
반사적 용법 / 250
발화수반력(illocutionary force) / 279, 280
변항 / 85
변형규칙(T-rule) / 40
보문구조(complement structure) / 42
보문소절(complement small clause) / 54
보문자(complementizer; COMP) / 41, 42, 43, 58
보문절(complement clause) / 43, 58
보상이론(reinforcement theory) / 26
보충어(complement) / 44, 45, 47, 48, 61, 62, 67, 72
보충어절(complement clause) / 60
보편문법(Universal Grammar) / 16, 22, 29, 33, 43, 36, 242
보편성(universality) / 35
복사부가의문문 / 250, 258
복사부가의문문(copy tag question) / 248
복합명사(compound) / 47
본문내용 동의요청 / 303
부가구조(adjunction structure) / 44, 59, 60
부가부문(tag) / 118
부가성분(copy tag) / 255
부가소절(adjunct small clause) / 54
부가어(adjunct) / 45, 48, 60, 61, 62
부가어절(adjunct clause) / 60
부가의문문(Tag Question) / 247, 279
부가이동(adjunction) / 81
부분부정 / 165, 166
부정 극성어 / 110, 123
부정 극성어 허가조건(NPLC) / 124, 343
부정 부사 / 147
부정 연결어 / 147
부정 한정사(negative determiner) / 110
부정명제(negative proposition) / 105
부정법(negation) / 105
부정어 이동 / 125, 224

부정어 축약조건(negative contraction) / 117
부정어(negative; negator) / 105
부정의문문 / 149, 275
비논항(nonargument) / 70, 71, 72
비사실 술어(nonfactive predicate) / 125, 225
비언어능력(nonlinguistic faculty) / 32
비운용자 부정문 / 110
비운용자 부정어 / 143
비전제용법 / 285, 307
비중립적 부정의문문 / 279
비지시적 표현(nonreferential expression) / 173

(ㅅ)
사실 술어 / 125
상관어구(correlatives) / 147
생략(ellipsis) / 128
생성문법(generative grammar) / 22
생성부(generative component) / 39
생성언어학(generative linguistics) / 16, 25, 36, 241
서술발화문 / 309
선택규칙(Select-α) / 91
선핵언어(Head first language) / 30, 44
선행사(antecedent) / 75
설명적 타당성(explanatory adequacy) / 35
성분부정 / 137
성분부정문 / 111
성분통어(C-command) / 68
성분통어조건 / 122
소절 / 52, 53
수식어(modifier) / 47, 48, 59
수식절(modifier) / 54
수행동사(performative verb) / 253
수행발화문 / 309
습득용이성(learnability) / 36
단일성(uniformity) / 36
시제문(tensed clause) / 43
신속성(rapidity) / 36
심리적 실재(psychological reality) / 35
심층구조(deep structure) / 22

(ㅇ)
안-부정문 / 236
양상부(modality) / 41
양태부사(manner adverb) / 136
양화사(quasi-quantifier) / 80, 164, 233
어휘 부정어 / 128
어휘범주 / 44
언어능력 / 16
언어능력(language faculty) / 26, 32
언어능력(linguistic competence) / 22
언어수행(linguistic performance) / 26, 30
언어습득장치(language acquisition device) / 26
언어학(linguistics) / 25
언어행위(verbal behavior) / 32
연산체계(computational system) / 90
연쇄(chain) / 75
영어 부가의문문 / 248, 256
오른쪽 부가(right-adjunction) / 59
완전부정 / 165
완전해석원리(Full Interpretation Principle) / 87, 94, 231
외재 부가어 / 48
외재논항(external Argument) / 72
외재언어(external(ized) language) / 22
외적 수식어(external modifier) / 62
외적 이동(overt movement) / 77
외치이동(extraposition) / 59
왼쪽 부가(left-adjunction) / 59
운용자 부정문(operator negation / 110, 113
운용자(operator) / 77, 108
원리체계(principle system) / 40
유사 장형부정의문문 / 271
음성형태(phonetic form; PF) / 32, 94
의문문(question; Q) / 42

의문사 자질(WH) / 42
의문사구-이동(Wh-Movement) / 77
의미역 / 54
의미역 이론 / 70
의미역(semantic role) / 215
의미역(theta role) / 39
의미역기준 / 75
의미역이론(Theta Theory) / 40, 70
이동규칙(Move-α) / 39, 40, 76, 91, 173
이중 부정문(double negation) / 139
이차전제용법 / 284, 285, 292, 307
이항술어(two-Argument predicate) / 52, 71, 72, 73
이형태(allomorph)설 / 215
인본주의(humanism) / 28
인접조건(Adjacency Condition) / 69
인지과학(cognitive science) / 28
일차전제용법 / 284, 285, 307
일항술어(one-Argument predicate) / 71, 72

(ㅈ)
자극-반응(stimulus-response: S-R) / 26
자립통사론(autonomous syntax) / 36, 37
장형부정의문문 / 272, 276
전수식어(premodifier) / 46
전술어 부정문(Pre-predicate Negation) / 200, 231, 243
전제(presupposition) / 267, 299
전체부정(total negation) / 166
전치 부가구조 / 61
전통문법(traditional grammar) / 19, 35
전형적 부가의문문 / 271
접근가능성(Accessibility) / 84
접합점 / 93
정신문법(mental grammar) / 41, 241
제한어(limiter) / 135
존재구문 / 71
주절(matrix clause) / 41, 43
중간구조(intermediate projection structure) / 44, 48
중립적 부정의문문 / 279
지배결속이론 / 43
지배범주(GC; Governing Category) / 84, 85
지배의 장벽(barrier to government) / 68
지배이론(Government Theory) / 40
지배자(governer) / 67
지배조건(Government Condition) / 69
지시표현 / 71
지정어(specifier) / 44, 48, 72, 143
지정어-핵 일치(Spec-Head agreement) / 51
직접구성성분 / 45

(ㅊ)
초분절요소(suprasegmentals) / 302
촉매적 역할(triggering effect) / 29
최대 제한성(maximally constrained) / 35
최대투사 / 44
최소노력조건(least effort condition) / 180
최소이론 / 89
최소주의(minimalism) / 89
최후수단원리(Principle of Last Resort) / 95
추상격(abstract Case) / 70
축약(contraction) / 118

(ㅌ)
통제이론(Control Theory) / 40, 81
통제자(controller) / 82
투사원리(Projection Principle) / 40

(ㅍ)
파탄(Crash) / 94
표면구조(surface structure) / 22
피지배자(governee) / 67
피해자(patient) / 70

(ㅎ)
하위범주화(subcategorization) / 37, 54

학교문법(school grammar) / 19
한정사(determiner; D) / 143
합치(Convergence) / 92
합치조건(Convergence Condition) / 94
해석부(interpretation component) / 40
핵(head) / 67
핵매개변인(Head parameter) / 30, 34
핵심문법(core grammar) / 29, 33
핵이동(Head movement) / 208, 219
핵이동제약(Head Movement Constraint) / 180
행동주의 심리학(behavioral psychology) / 26
행위자(agent) / 70
행위자역(agent) / 215
허가원리 / 87
허사(expletive) / 71
형태격(morphological Case) / 70
형태적 부정어 / 107
확인문 / 271
확인의문문(confirmative question) / 249, 272
회복가능성 / 129
후술어 부정문(Post-predicate Negation) / 200, 231, 243
후치 부가구조 / 61
후치 수식어(postmodifier) / 60
후핵언어(Head last language) / 30, 44
흔적(trace) / 75, 83